Das Untermaßverbot

Europäische Hochschulschriften
Publications Universitaires Européennes
European University Studies

Reihe II
Rechtswissenschaft

Série II Series II
Droit
Law

Bd./Vol. 4006

PETER LANG
Frankfurt am Main · Berlin · Bern · Bruxelles · New York · Oxford · Wien

Vasileios Tzemos

Das Untermaßverbot

PETER LANG
Europäischer Verlag der Wissenschaften

Bibliografische Information Der Deutschen Bibliothek
Die Deutsche Bibliothek verzeichnet diese Publikation in der Deutschen Nationalbibliografie; detaillierte bibliografische Daten sind im Internet über <http://dnb.ddb.de> abrufbar.

Zugl.: Freiburg (Breisgau), Univ., Diss., 2004

D 25
ISSN 0531-7312
ISBN 3-631-52605-9

www.peterlang.de

Meinen Eltern Giorgos und Eleni und
meiner Schwester Christina

VORWORT

Die Arbeit wurde von der juristischen Fakultät der Albert-Ludwigs-Universität Freiburg im Breisgau im Wintersemester 2002-2003 als Dissertation angenommen. Sie befindet sich grundsätzlich auf dem Stand des Monats September 2002. Vereinzelte Aktualisierungen und Ergänzungen wurden bis März 2003 vorgenommen.

Mein tiefer Dank gilt meinem verehrten Lehrer und Doktorvater, Herrn Professor Dr. Thomas Würtenberger, der durch Hinweise und Anregungen die vorliegende Studie bereichert hat und durch die Gewährung und Freiraum das Entstehen dieser Arbeit stets gefördert hat. Insbesondere durch seine freundliche Bereitschaft zur wissenschaftlichen Auseinandersetzung hat er zum Gelingen dieser Arbeit beigetragen.

Herzlich danke ich Herrn Professor Dr. Dietrich Murswiek, der das Zweitgutachten erstellt hat. Ich möchte auch dem DAAD, der Graduiertenförderung des Landes Baden-Württemberg und der Svolos-Stiftung danken, die mich durch Stipendien finanziell und moralisch unterstützt haben. Ich möchte weiterhin allen meinen Freiburger Kollegen und Freunden für ihre Unterstützung danken, insbesondere Herrn Rechtsanwalt Antonios Papadimitropoulos LL.M. (Freiburg), Frau Rechtsanwältin Katerina Roka LL.M. (Freiburg), Herrn Rechtsanwalt Konstantinos Trivoureas, Herrn Wiss. Mitarb. Dipl.-Ing. Dimitris Katsoulas, Herrn Rechtsreferendar Jens-Hinrich Binder LL.M. (LSE), Herrn Referendar Sebastian Strohmayer, Herrn Referendar Vasilis Kanellopoulos, Herrn Panos Folinas und Herrn Dimitris Varouchas. Ein besonderer Dank gilt Herrn Rechtsreferendar Georgios Filioussis und Herrn Wiss. Ang. Dr. Gernot Sydow für ihre stetige und aufopfernde Hilfe.

Schließlich möchte ich meiner Schwester Christina, meiner Mutter Eleni und meinem Vater Giorgos, die mich immer unterstützt haben und die ich tief liebe, herzlich danken. Ihnen widme ich diese Arbeit.

Athen, im Mai 2003

Vassilis Tzemos

INHALTSVERZEICHNIS

EINFÜHRUNG 1

KAPITEL 1. DIE GENESE DES UNTERMASSVERBOTS UND DER STAND DER STAATSRECHTLICHEN LITERATUR 4

1.1. DIE GENESE DES UNTERMASSVERBOTS ALS VERFASSUNGSRECHTLICHER BEGRIFF 4

1.1.1. DIE ERSTMALIGE VERWENDUNG DES BEGRIFFS UNTERMASSVERBOT BEI SCHUPPERT 4

1.1.2. DER KRITISCHE UND ZURÜCKHALTENDE STANDPUNKT SCHUPPERTS DEM UNTERMASSVERBOT GEGENÜBER 5

1.2. UNTERMASSVERBOT UND VERFASSUNGSRECHT. DAS UNTERMASS-VERBOT IN DER ALLGEMEINEN LITERATUR DES STAATSRECHTS 6

1.2.1. ZURÜCKHALTENDE BEFÜRWORTUNG DER RECHTSFIGUR DES UNTERMASSVERBOTS 7

1.2.2. ZITIERUNG DES UNTERMASSVERBOTS OHNE KLARE STELLUNGNAHME 8

1.2.3. MISSBILLIGUNG DES UNTERMASSVERBOTS 9

1.2.4. KEINE EXPLIZITE DARSTELLUNG DES UNTERMASSVERBOTS IM RAHMEN DER GRUNDRECHTLICHEN SCHUTZPFLICHTEN 10

1.2.5. FOLGERUNGEN 12

KAPITEL 2: DIE ENTWICKLUNG UND DIE VIER MASSGEBLICHEN SÄULEN DER VORHANDENEN UNTERMASSVERBOTSDOGMATIK 13

2.1. GRUNDRECHTLICHE SCHUTZPFLICHTEN ALS ERSTE SÄULE DES UNTERMASSVERBOTS 13

2.1.1. DIE LEHRE VON CANARIS ÜBER GRUNDRECHTE UND PRIVATRECHT UND DAS UNTERMASSVERBOT 14

2.1.1.1. GRUNDRECHTE UND PRIVATRECHT NACH CANARIS 15

2.1.1.1.1. DER GANG DER UNTERSUCHUNG VON CANARIS 15

2.1.1.1.2. KRITIK DER LEHRE VON DER UNMITTELBAREN DRITTWIRKUNG DER GRUNDRECHTE 16

2.1.1.1.3. KRITIK DER LEHRE VON DER MITTELBAREN DRITTWIRKUNG UND DER AUSSTRAHLUNGSWIRKUNG DER GRUNDRECHTE 17

2.1.1.1.4. DIE HAUPTTHESEN VON CANARIS 19

2.1.1.1.5. KRITIK DER THESEN VON CANARIS ZUM FRAGENKREIS „GRUNDRECHTE UND PRIVATRECHT" 21

2.1.1.2. FUNKTIONELLE VERANSCHAULICHUNG DER EINGRIFFSVERBOTSFUNKTION UND DER SCHUTZGEBOTSFUNKTION DER GRUNDRECHTE NACH CANARIS 22

2.1.1.2.1. DIE UNTERSCHEIDUNG DER GELTUNG DER GRUNDRECHTE IM PRIVATRECHT ALS EINGRIFFSVERBOTE UND ALS SCHUTZGEBOTE 22

2.1.1.2.2. BEISPIELE FÜR DIE GELTUNG DER GRUNDRECHTE ALS EINGRIFFSVERBOTE NACH CANARIS 23

2.1.1.2.3. BEISPIELE FÜR DIE GELTUNG DER GRUNDRECHTE ALS SCHUTZGEBOTE NACH ANSICHT VON CANARIS 25

2.1.1.3. DIE THEMATISIERUNG DES UNTERMASSVERBOTS DURCH CANARIS 28

2.1.1.3.1. DER WEG ZUR EINFÜHRUNG DES TERMINUS UNTERMASSVEROT 28

2.1.1.3.2. UNTERMASSVERBOT UND SCHUTZPFLICHT 29

2.1.1.3.3. UNTERSCHEIDUNG ZWISCHEN UNTERMASSVERBOT UND ÜBERMASSVERBOT 30

2.1.1.3.4. ZWISCHEN ÜBERMASSVERBOT UND UNTERMASSVERBOT 32

2.1.1.3.5. ERGEBNISSE DER ÜBERLEGUNGEN VON CANARIS ZUM UNTERMASSVERBOT UND KRITISCHE WÜRDIGUNG 33

2.1.2. DER ZUSAMMENHANG ZWISCHEN GRUNDRECHTLICHEN SCHUTZPFLICHTEN UND UNTERMASSVERBOT BEI ISENSEE ____ 35
2.1.2.1. DIE ÜBERLEGUNGEN ISENSEES ZUR LEHRE DER GRUNDRECHTLICHEN SCHUTZPFLICHTEN ____ 35
2.1.2.2. DAS UNTERMASSVERBOT ____ 37
2.1.2.3. BEREICHSSPEZIFISCHE PROBLEME DER UNTERMASSVERBOTSPROBLEMATIK NACH ISENSEE ____ 39
2.1.2.3.1. DAS GRUNDRECHT AUF EHRE ALS STAATLICHE SCHUTZPFLICHT. MEINUNGSFREIHEIT UND EHRE ZWISCHEN ÜBERMASS- UND UNTERMASS-VERBOT ____ 39
2.1.2.3.2. KUNSTFREIHEIT UND PERSÖNLICHKEITSRECHTE UNTER DER ÜBERMASS- UND UNTERMASSVERBOTSKONTROLLE ____ 41
2.1.3. DIE KONGRUENZ ZWISCHEN GRUNDRECHTLICHER SCHUTZPFLICHT UND UNTERMASSVERBOT ____ 41
2.1.3.1. DIE AUFFASSUNG DER LITERATUR ____ 41
2.1.3.2. KRITISCHE WÜRDIGUNG ____ 43
2.1.4. EIGENE STELLUNGNAHME ZUM DOGMATISCHEN ZUSAMMENHANG ZWISCHEN GRUNDRECHTLICHEN SCHUTZPFLICHTEN UND UNTERMASSVERBOT ____ 44

2.2. DIE WESENSGEHALTSGARANTIE ALS ZWEITE SÄULE DES UNTERMASSVERBOTS ____ 46
2.2.1. DIE WESENSGEHALTSGARANTIE ALS DOGMATISCHE STÜTZE DES GRUNDRECHTLICHEN UNTERMASSVERBOTS IN DER THEORIE ____ 47
2.2.1.1. DER ZUSAMMENHANG ZWISCHEN WESENSGEHALTSGARANTIE UND UNTERMASSVERBOT NACH HUBER ____ 47
2.2.1.1.1. GRUNDRECHTLICHE SCHUTZPFLICHTEN, UNTERMASSVERBOT UND WESENSGEHALTSGARANTIE ____ 47
2.2.1.1.2. RECHTSCHUTZGARANTIE, UNTERMASSVERBOT UND WESENSGEHALTSGARANTIE ____ 48
2.2.1.1.3. KRITISCHE WÜRDIGUNG ____ 48
2.2.1.2. DIE GRUNDRECHTE ALS UNTERMASSVERBOT UND DIE WESENSGEHALTSGARANTIE NACH SCHERZBERG ____ 49
2.2.1.2.1. DIE VERFASSUNGSTHEORETISCHEN PRÄMISSEN VON SCHERZBERG ____ 49
2.2.1.2.2. ANSÄTZE EINER UNTERMASSVERBOTSDOGMATIK ____ 50
2.2.1.2.3. DIE POSITIVE DOGMATISCHE HERLEITUNG DES UNTERMASSVERBOTS AUS ART. 19 ABS. 2 GG ____ 51
2.2.1.2.4. KRITISCHE WÜRDIGUNG ____ 53
2.2.2. ZUM UMFANG DER WESENSGEHALTSGARANTIE ALS NOTWENDIGE VORAUS-SETZUNG FÜR IHRE VERBINDUNG MIT DEM UNTERMASSVERBOT ____ 55
2.2.2.1. ALLE GRUNDRECHTSERSCHTSFUNKTIONEN ODER NUR DIE ABWEHR-RECHTE? ____ 55
2.2.2.2. ABSOLUTER ODER RELATIVER SCHUTZ? ____ 56
2.2.3. WESENSGEHALTSGARANTIE UND ANDERE GRUNDSÄTZE DES VERFASSUNGS-RECHTS ____ 58
2.2.3.1. MENSCHENWÜRDEGARANTIE UND WESENSGEHALTSGARANTIE ____ 58
2.2.3.2. VERHÄLTNISMÄSSIGKEIT UND WESENSGEHALTSGARANTIE ____ 60
2.2.4. ERGEBNISSE ____ 62
2.2.4.1. EIGENE STELLUNGNAHME ZUM GEHALT DER WESENSGEHALTSGARANTIE ____ 62
2.2.4.2. PARTIELLE DECKUNGSGLEICHHEIT UND UNTERSCHIEDE ZWISCHEN WESENSGEHALTSGARANTIE UND GRUNDRECHTLICHEM UNTERMASSVERBOT ____ 63

2.3. DIE FUNKTIONELL-RECHTLICHEN GRENZEN DER VERFASSUNGSGERICHTSBARKEIT UND DAS UNTERMASSVERBOT ____ 65
2.3.1. DIE FUNKTIONELL-RECHTLICHEN GRENZEN DER VERFASSUNGSGERICHTSBARKEIT ____ 65
2.3.2. VON DEN FUNKTIONELL-RECHTLICHEN GRENZEN DER VERFASSUNGSGERICHTSBARKEIT ZUR KONSTRUKTION EINES FUNKTIONELL-RECHTLICHEN EINWANDES GEGEN DAS UNTERMASSVERBOT ____ 69
2.3.3. DIE FUNKTIONELL-RECHTLICHEN EINWÄNDE GEGEN DAS UNTERMASSVERBOT ____ 70
2.3.4. KRITISCHE BEMERKUNGEN ____ 71
2.3.5. HANDLUNGSNORM UND KONTROLLNORM BEI DER VERFASSUNGSGERICHTLICHEN PRÜFUNG DER GESETZE ____ 73

2.4. DIE IDENTITÄT BZW. TRENNUNG ZWISCHEN ÜBERMASS- UND UNTERMASSVERBOT ALS VIERTE SÄULE DER UNTERMASSVERBOTSDOGMATIK 74
2.4.1. SUMMARISCHE DARSTELLUNG DER KONTROVERSE 74
2.4.2.HAUPTSTREITPUNKT: UNTERMASSVERBOT UND SCHUTZ DURCH EINGRIFF 76
2.4.2.1. DIE KONGRUENZTHESE VON HAIN 76
2.4.2.2. DIE DOGMATISCHE EIGENSTÄNDIGKEIT DES UNTERMASSVERBOTS NACH DIETLEIN 78
2.4.3. DIE STELLUNG DER LITERATUR ZUM STREIT ZWISCHEN HAIN UND DIETLEIN 80
2.4.4. KRITISCHE WÜRDIGUNG 82

2.5. ZWISCHENERGEBNIS 86

KAPITEL 3. DIE KONTURIERUNG DES UNTERMASSVERBOTS IN DER RECHTSPRECHUNG UND IN DER THEORIE 88

3.1. DIE ZWEI ASPEKTE DES GRUNDRECHTLICHEN UNTERMASSVERBOTS IN DER RECHTSPRECHUNG 88
3.1.1. DAS UNTERMASSVERBOT ALS VERBOT VON EVIDENT UNZUREICHENDEN SCHUTZMASSNAHMEN 88
3.1.2. DAS UNTERMASSVERBOT ALS WIRKSAMKEITS- UND ANGEMESSENHEITSGRENZE 89
3.1.3. DIE KOMBINATION DER ZWEI UNTERMASSVERBOTSMODELLE 92
3.1.4. STELLUNGNAHMEN ZUR RECHTSPRECHUNG DES BUNDESVERFASSUNGSGERICHTS 94
3.1.5. KRITISCHE WÜRDIGUNG 95

3.2. DIE GLIEDERUNG DES GRUNDRECHTLICHEN UNTERMASSVERBOTS IN DER THEORIE 97
3.2.1. DIE UNTERMASSVERBOTSPRÜFUNG ALS DREIGLIEDRIGE ZWECK-MITTEL VERHÄLTNISMÄSSIGKEITSPRÜFUNG 98
3.2.2. DIE DREI GLIEDERUNGSMODELLE DES GRUNDRECHTLICHEN UNTERMASSVERBOTS NACH DEM VORBILD DES VERHÄLTNISMÄSSIGKEITSPRINZIPS 100
3.2.2.1. DIE UMKEHRUNG DER ÜBLICHEN VERHÄLTNISMÄSSIGKEITSPRÜFUNG: DAS ABWEHRRECHT ALS ZIEL IN DER ZWECK-MITTEL-UNTERMASSVERBOTSPRÜFUNG 100
3.2.2.2. DIE NORMATIVE GRUNDRECHTLICHE SCHUTZPFLICHT ALS ZIEL IN DER ZWECK-MITTEL-PRÜFUNG 102
3.2.2.3. DAS GRUNDRECHTLICHE UNTERMASSVERBOT IM WEITEREN SINNE ALS DREIGLIEDRIGE ZWECK-MITTEL-PRÜFUNG MIT ZWEI ZWECKEN 105
3.2.3. GRUNDRECHTE ALS PRINZIPIEN UND DIE GLIEDERUNG DES GRUNDRECHTLICHEN UNTERMASSVERBOTS 107
3.2.3.1. DER STAND DER PRINZIPIENLEHRE UND DIE DARAUS RESULTIERENDE KONKRETISIERUNG DES GRUNDRECHTLICHEN UNTERMASSVERBOTS 107
3.2.3.2. DIE KRITIK DES OPTIMIERUNGMODELLS IN DER THEORIE 112
3.2.3.3. STELLUNGNAHME 115
3.2.4. KRITISCHE STIMMEN GEGEN EINE GLIEDERUNG DES GRUNDRECHTLICHEN UNTERMASSVERBOTS NACH DEM VORBILD DER VERHÄLTNISMÄSSIGKEIT 117
3.2.5. KRITISCHE WÜRDIGUNG 119

3.3. DIE KRITERIEN ZUR ANWENDUNG DES GRUNDRECHTLICHEN UNTERMASSVERBOTS 122
3.3.1. DIE ART DES DIE NORMATIVE GRUNDRECHTLICHE HANDLUNGSPFLICHT AUSLÖSENDEN GRUNDRECHTS 123
3.3.2. DIE INTENSITÄT DES GRUNDRECHTSEINGRIFFS BZW. DER GRUNDRECHTSGEFÄHRDUNG 124
3.3.3. DIE RESTITUTIONSFÄHIGKEIT DER BEEINTRÄCHTIGUNG 125
3.3.4. DIE MÖGLICHKEIT DES SELBSTSCHUTZES 126
3.3.5. SCHLUSSBEMERKUNG 126

KAPITEL 4: BEREICHSSPEZIFISCHE ERÖRTERUNG DES UNTERMASS-VERBOTS 128

4.1. DAS UNTERMASSVERBOT IM ALLGEMEINEN VERWALTUNGSRECHT 129

4.1.2. DIE ABWEICHUNG VON DEM ANTRAGSPRINZIP AUFGRUND DES UNTERMASSVERBOTS 131
4.1.3. DER ZUSAMMENHANG ZWISCHEN ÖFFENTLICHEM UND ZIVILRECHT UND DAS UNTERMASSVERBOT 131
4.1.4.ZWISCHENERGEBNIS 132

4.2. DAS UNTERMASSVERBOT IM STEUERRECHT 132

4.3. DAS UNTERMASSVERBOT IM UMWELTRECHT 134
4.3.1. UMWELTVERFASSUNGSRECHT 135
4.3.2. VERLETZUNG, GEFAHR, RISIKO UND UNTERMASSVERBOT 136
4.3.3. SCHUTZPFLICHTEN UND UNTERMASSVERBOT IM ZUSAMMENHANG ZWISCHEN ART. 20a GG UND DEN GRUNDGESETZLICHEN UMWELTRELEVANTEN GRUNDRECHTSGEWÄHRLEISTUNGEN 139
4.3.4. ÖKOLOGISCHES EXISTENZMINIMUM 140
4.3.5. DER STREIT UM DIE KONTROLLDICHTE DES UNTERMASSVERBOTS IM UMWELTRECHT 140
4.3.6. REVERSIBILITÄT UND SCHUTZ DER KÜNFTIGEN GENERATIONEN 143
4.3.7. PRIVATISIERUNG UMWELTRECHTLICHER STAATLICHER AUFGABEN UND UNTERMASSVERBOT 144
4.3.8. ERGEBNISSE 145

4.4. DAS UNTERMASSVERBOT IM POLIZEIRECHT 146
4.4.1. POLIZEIVERFASSUNGSRECHT 146
4.4.2. ERMESSENSREDUZIERUNG AUF NULL UND ANSPRUCH AUF EINSCHREITEN DER POLIZEI 149
4.4.2.1. UNTERMASSVERBOT UND ERMESSENSREDUZIERUNG DES POLIZEILICHEN HANDELNS 149
4.4.2.2. DER ANSPRUCH AUF EINSCHREITEN DER POLIZEI 151
4.4.3. SCHÄDLICHKEITSGRENZE UND UNTERMASSVERBOT 151
4.4.3. PRIVATISIERUNG DER GEFAHRENABWEHR UND DAS UNTERMASSVERBOT 153

KAPITEL 5: ZUR BILDUNG EINER UNTERMASSVERBOTSDOGMATIK 158

5.1. DER ANWENDUNGSBEREICH DES GRUNDRECHTLICHEN UNTERMASSVERBOTS 159
5.1.1. GRUNDRECHTLICHE SCHUTZPFLICHTEN, GRUNDRECHTLICHE HANDLUNGSPFLICHTEN UND DIE ANWENDUNG DES UNTERMASSVERBOTS 159
5.1.1.1. STAATLICHE GRUNDRECHTLICHE HANDLUNGSPFLICHTEN IN DER ALLGEMEINEN GRUNDRECHTSLEHRE 160
5.1.1.2. ZUR ABGRENZUNG VON GRUNDRECHTLICHEN SCHUTZPFLICHTEN UND ANDEREN GRUNDRECHTLICHEN HANDLUNGSPFLICHTEN 162
5.1.1.3. ZUR ANWENDUNG DES GRUNDRECHTLICHEN UNTERMASSVERBOTS BEI ALLEN GRUNDRECHTLICHEN HANDLUNGSPFLICHTEN 163
5.1.2. ABWEHRRECHTLICHE FUNKTION DER GRUNDRECHTE UND UNTERMASSVERBOT 165

5.2. VERFASSUNGSRECHTLICHES UNTERMASSVERBOT UND GRUNDRECHTLICHES UNTERMASSVERBOT IM ENGEREN UND IM WEITEREN SINNE 168
5.2.1. DIE UNTERSCHEIDUNG ZWISCHEN GRUNDRECHTLICHEM UND (ANDEREM) VERFASSUNGSRECHTLICHEM UNTERMASSVERBOT 168
5.2.2. DIE UNTERSCHEIDUNG ZWISCHEN GRUNDRECHTLICHEM UNTERMASSVERBOT IM ENGEREN SINNE UND GRUNDRECHTLICHEM UNTERMASSVERBOT IM WEITEREN SINNE 169
5.2.3. DAS UNTERMASSVERBOT NACH CANARIS UND ISENSEE UND DIE HIER ENTWICKELTE UNTERSCHEIDUNG ZWISCHEN GRUNDRECHTLICHEM UNTERMASSVERBOT IM ENGEREN UND IM WEITEREN SINNE 172
5.2.4. STELLUNGNAHME ZUR KONKRETISIERUNG DES GRUNDRECHTLICHEN UNTERMASSVERBOTS IM ENGEREN SINNE UND DES GRUNDRECHTLICHEN UNTERMASSVERBOTS IM WEITEREN SINNE 173

5.2.4.1. DIE ZWEI EBENEN DER NORMATIVITÄT JEDES GRUNDRECHTS UND DIE ZWEI SCHRITTE DER GLIEDERUNG DES GRUNDRECHTLICHEN UNTERMASSVERBOTS IM ENGEREN SINNE 173
5.2.4.2. DER DRITTE SCHRITT DES GRUNDRECHTLICHEN UNTERMASSVERBOTS IM ENGEREN SINNE BEI DEN GRUNDRECHTLICHEN HANDLUNGSPFLICHTEN 175
5.2.4.3. DIE KONKRETISIERUNG DES GRUNDRECHTLICHEN UNTERMASSVERBOTS IM WEITEREN SINNE 177

5.3. VOM UNTERMASSVERBOTSPRINZIP ZUR UNTERMASSVERBOTSDOGMATIK: GRUNDRECHTLICHES UNTERMASSVERBOT IM ZUSAMMENHANG MIT DER ALLGEMEINEN GRUNDRECHTSLEHRE 178

5.3.1. GRUNDRECHTLICHES UNTERMASSVERBOT IM WEITEREN SINNE UND GRUNDRECHTSKOLLISIONEN 178
5.3.1.1. DIE ANGELPUNKTE DES HIER ENTWICKELTEN GRUNDRECHTLICHEN UNTERMASSVERBOTS IM WEITEREN SINNE 179
5.3.1.2. DIE EINFÜGUNG DES VERHÄLTNISMÄSSIGKEITSPRINZIPS IM ENGEREN SINNE IN DIE GRUNDRECHTLICHE UNTERMASSVERBOTSDOGMATIK 181
5.3.1.2.1. EINWÄNDE GEGEN DIE ANWENDUNG DES VERHÄLTNISMÄSSIGKEITSPRINZIPS IM VERFASSUNGSRECHT 181
5.3.1.2.2. DIE THESE VON DEM VERFASSUNGSRANG DES VERHÄLTNISMÄSSIGKEITSPRINZIPS 182
5.3.1.2.3. VOM DREISCHRITTIGEN VERHÄLTNISMÄSSIGKEITSPRINZIP IM WEITEREN SINNE ZUR ANGEMESSENHEIT-VERHÄLTNISMÄSSIGKEIT UND IHREM VERFASSUNGSRANG 183
5.3.2. UNMITTELBARE DRITTWIRKUNG DER GRUNDRECHTE, GRUNDRECHTLICHE SCHUTZPFLICHTEN UND GRUNDRECHTLICHE UNTERMASSVERBOTSDOGMATIK 185
5.3.2.1. DRITTWIRKUNG DER GRUNDRECHTE 185
5.3.2.2. DRITTWIRKUNG DER GRUNDRECHTE UND GRUNDRECHTLICHE SCHUTZPFLICHTEN 187
5.3.2.3. UNMITTELBARE DRITTWIRKUNG DER GRUNDRECHTE UND GRUNDRECHTLICHES UNTERMASSVERBOT 190

KAPITEL 6: ZUSAMMENFASSUNG 193

EINFÜHRUNG

Das Untermaßverbot ist ein modernes Prinzip des deutschen Verfassungsrechts, das mittlerweile in vielen Rechtsbereichen Anwendung gefunden hat. Die folgende Untersuchung erörtert das Untermaßverbot als Teil der allgemeinen Grundrechtslehre. Es wird versucht, zwei Ziele zu erreichen. Zum einen soll der Stand der wissenschaftlichen Diskussion zum Thema Untermaßverbot systematisch und kritisch dargestellt werden. Zum anderen sollen eine Präzisierung und Konturierung des grundrechtlichen Untermaßverbotsprinzips und die Entwicklung einer grundrechtlichen Untermaßverbotsdogmatik erreicht werden.

Dem ersten Ziel widmen sich die ersten vier Kapitel dieser Arbeit. Dazu gehören zunächst der Hinweis auf die erste Verwendung des Terminus „Untermaßverbot" durch Schuppert und die Darstellung des Standes der staatsrechtlichen Literatur. Weiterhin wird auf die vier Säulen der Untermaßverbotsdogmatik eingegangen: Grundrechtliche Schutzpflichten, Wesensgehaltsgarantie, funktionell-rechtliche Grenzen der Verfassungsgerichtsbarkeit und Übermaßverbot erweisen sich als die Eingangstüren für die Entwicklung einer Lehre des Untermaßverbots. Im Anschluß daran werden die Vorschläge der Rechtsprechung und der Literatur für die Konturierung des Untermaßverbots systematisch und kritisch dargestellt. Es handelt sich dabei um die Erörterung der zwei Wege der Untermaßverbotsprüfung in der Rechtsprechung, um die Darstellung der Gliederung bzw. der Strukturierung des grundrechtlichen Untermaßverbots in der Theorie und um die Entwicklung der Maßstäbe bzw. Kriterien für die praktische Handhabung der grundrechtlichen Untermaßverbotsprüfung. Schließlich wird das Untermaßverbot bereichsspezifisch in verschiedenen Bereichen des Öffentlichen Rechts erörtert.

Das fünfte Kapitel widmet sich der Aufgabe, grundsätzliche Konturen einer grundrechtlichen Untermaßverbotsdogmatik zu gewinnen. Es wird darauf abgezielt, offene Frage zu klären, Lücken zu schließen und die bisherige Diskussion neu zu strukturieren. In diesem Zusammenhang wird zuerst der Anwendungsraum des grundrechtlichen Untermaßverbots präzisiert. Im Anschluß werden zwei Arten des grundrechtlichen Untermaßverbots bestimmt. Weiterhin wird eine eigene schrittweise Gliederung bzw. Strukturierung der zwei Arten des grundrechtlichen Untermaßverbots entwickelt. Schließlich wird durch die Integration des grundrechtlichen Untermaßverbots in die allgemeine Grundrechtslehre der Übergang vom grundrechtlichen Untermaßverbotsprinzip zur grundrechtlichen Untermaßverbotsdogmatik geschildert.

Die Arbeit steht und fällt mit der vorgeschlagenen Unterscheidung zwischen grundrechtlichem Untermaßverbot im engeren und grundrechtlichem Untermaßverbot im weiteren Sinne. Eine überzeugende Unterscheidung und strukturelle Gliederung dieser zwei Kategorien des grundrechtlichen Untermaßverbots und ihre harmonische Integration in die allgemeine Grundrechtslehre sind Ziel der Überlegungen.

Das Untermaßverbot wird nicht allein als eine Teilproblematik der Lehre von den grundrechtlichen Schutzpflichten, des Verhältnismäßigkeitsgrundsatzes oder der Wesensgehaltsdogmatik betrachtet. Die Berührungszonen werden zwar entwickelt, die Kongruenzthesen werden jedoch mit Nachdruck widerlegt. Die hier vertretene These ist, daß das grundrechtliche Untermaßverbot selbst über eine reiche eigenständige Dogmatik verfügt. Schutzpflichten, Verhältnismäßigkeit, Wesensgehaltsgarantie und andere Grundpfeiler der Dogmatik der Grundrechte werden dabei als Bestandteile einer selbständigen grundrechtlichen Untermaßverbotsdogmatik erörtert. Der Anwendungsraum des grundrechtlichen Untermaßverbots geht weit über die grundrechtlichen Schutzpflichten hinaus. Das grundrechtliche Untermaßverbot wird nicht ausschließlich aus der Wesensgehaltsgarantie dogmatisch hergeleitet. Das grundrechtliche Untermaßverbot ist weder eine Kategorie des Verhältnismäßigkeitsprinzips noch sein Antipode. Die Lehre der Verhältnismäßigkeit und die Dogmatik der funktionell-rechtlichen Grenzen der Verfassungsgerichtsbarkeit vermögen nicht ohne weitere Stütze die Untermaßverbotsdogmatik abschließend zu konkretisieren.

Einige der hier angesprochenen Ansätze setzen sich mit der herrschenden allgemeinen Grundrechtsdogmatik auseinander. Der Grund dafür ist, daß von einer unmittelbaren Drittwirkung der Grundrechte, von einer Skepsis gegenüber dem Verhältnismäßigkeitsgrundsatz und vor allem von einem Verständnis der Grundrechte ausschließlich als Regeln ausgegangen wird, die keinesfalls nach Optimierung nach dem tatsächlich Möglichen drängen, die, mit anderen Worten, nicht unter dem Vorbehalt des faktisch, realistisch bzw. wirtschaftlich oder logisch Möglichen stehen.

Das Maßhalten mit dem Untermaßverbot ist schwierig, denn letztendlich handelt es sich um die Erforschung des gerechten Maßes. Die Idee des gerechten Maßes geht auf die Antike zurück. Bereits Isiodos[1] hat für das Maßhalten plädiert. In den Tragödien[2] besitzt das gerechte Maß eine überragende Stellung. Pindaros[3] sieht in dem Maß einen Befehl der Götter. Kleovoulos der Weise[4] bezeichnet das Maß als Ausgezeichnetes. Berühmt ist die Aussage bzw. die Empfehlung von Solon dem Weisen „Nichts im Übermaß."[5] Diese Forderung als überragender Bestandteil des geistigen Erbes der Sieben Weisen der Antike steht über den Tempel des Gottes Apollo in Delphi[6]. Aristoteles begehrt und unter-

---

[1] «Μέτρα φυλάττεσθαι.». S. Isiodos, Erga kai Hmerai, Stichos 694, in: Skartsis, Archaia Elliniki grammateia, „Oi Ellines".

[2] Aischilos Hoiforoi, Stichoi 797ep.: «συ δ εν δρόμω προστίθει μέτρον τε και σωζόμενον ρυθμόν». S. Papanoutsos (Hrsg.), Archaioi Ellines Suggrafeis, Xoiforoi, S. 86f.

[3] «Χρη δε κατ αυτόν αιει παντός οράν μέτρον.»: Pindaros, Puthionikos 2, Stichos 34. S. Lazanas, Pindarou Epinikoi.

[4] «Μέτρον άριστον». S. Kyrgiopoulos (Hrsg.), Bibliothiki ton ellinon, «Bioi Filosofon», Kleovoulos, A, 93, 8.

[5] «Μηδέν άγαν». S. Kyrgiopoulos (Hsg.), Bibliothihi ton ellinon, «Bioi Filosofon», Solon, A, 63, 9.

[6] Dazu s. auch Peters, Mitte und Maß, S. 31f.

sucht das Maß sowohl in seinen politischen[7] als auch in seinen ethischen[8] Werken.

Glücklicherweise liefern im Hinblick auf das grundrechtliche Untermaßverbot die Grundrechte bzw. die Verfassung den festen Maßstab unserer Überlegungen. Die Bestimmung des grundrechtlichen Untermaßverbots als Verfolgung des grundrechtlichen Maßes ist hier keine orientierungslose Jagd nach der Gerechtigkeit oder der Freiheit. Das grundrechtliche Untermaßverbot wird nicht durch das ideologisch oder (rechts)politisch Wünschenswerte oder Ideale gefärbt, sondern durch das verfassungsrechtlich Geforderte konturiert. Bei dem grundrechtlichen Untermaßverbot ist das Maß aller Dinge nicht mehr der Mensch,[9] sondern die für ihn positiv geregelten und ihm zustehenden Grundrechte der Verfassung.

Der Bereich des grundrechtlichen Untermaßverbots bietet keinen Raum, eigene rechtspolitische Beunruhigungen, Begehren, Utopien oder Vorschläge zu entwickeln. Man denkt nicht nach Aristoteles an die „goldene Mitte" bzw. an das „ausgezeichnete Maß". Man soll dabei vielmehr seine Treue zum positiven Recht immer beweisen. Man überlegt nicht, was das rechte Maß ist, sondern man entwickelt es aus dem Grundgesetz. Es geht weniger um Rechtsphilosophie, sondern eher um Rechtswissenschaft. Auf dieser Grundlage vermittelt die folgende Untersuchung ein Stück von allgemeiner Grundrechtsdogmatik.

[7] Aristoteles, Politika D, 1295ep. S. Zacharopoulos (Hrsg.), Aristoteles Politika D, Bibliothiki archaion ellinon pezografon kai poiiton.

[8] Aristoteles, Ithika Nikomachia, 1106 b, 16. S. in: Papiros, Epistimoniki etaireia ton ellinon siggrafeon. Aristoteles definiert dort die Tugend bzw. die Moral als Zustand des Maßes.

[9] «Πάντων χρημάτων μέτρον άνθρωπος.» (Der Mensch ist Maß(stab) aller Dinge). So die Aussage des Protagoras, in: Kyrgiopoulos (Hrsg.), Bibliothihi ton ellinon, «Bioi Filosofon», Protagoras, 51, S. 68f.

KAPITEL 1. DIE GENESE DES UNTERMASSVERBOTS UND DER STAND DER STAATSRECHTLICHEN LITERATUR

1.1. DIE GENESE DES UNTERMASSVERBOTS ALS VERFASSUNGSRECHTLICHER BEGRIFF

1.1.1. DIE ERSTMALIGE VERWENDUNG DES BEGRIFFS UNTERMASSVERBOT BEI SCHUPPERT

Erstmals ist vom Untermaßverbot im Jahr 1980 in der Monographie Schupperts über die funktionell-rechtlichen Grenzen der Verfassungsinterpretation[10] die Rede. Bis dahin war das Untermaßverbot sowohl in der Literatur als auch in der Rechtsprechung ein unbekanntes Wort[11]. Schuppert erörtert in seinem Beitrag das damals neue theoretische und über die klassische abwehrrechtliche Funktion der Grundrechte hinausgehende Verständnis der Grundrechte als Teilhaberechte, als Quellen von Organisationsmodellen und als Schutzpflichten[12] und wendet sich kritisch gegen diese neuen Grundrechtsfunktionen[13].

Was den Problemkreis „Grundrechte als Verpflichtung zum Rechtsgüterschutz" angeht, sieht Schuppert in der Schutzpflicht des Staates für die Leibesfrucht, soweit diese im ersten Abtreibungsurteil zum Ausdruck kommt, ein immanentes Untermaßverbot. Das Untermaßverbot richte sich an den Gesetzgeber und verlange die Prüfung, ob er nicht hinter dem verfassungsrechtlich geforderten Umfang des Schutzes zurückgeblieben ist: „In durchaus neuartiger Weise wird hier vom Bundesverfassungsgericht geprüft, ob das Parlament gegen ein aus einer wertentscheidenden Grundsatznorm abgeleitetes Untermaßverbot verstoßen hat."[14]

---

[10] Schuppert, Funktionell-rechtliche Grenzen, S. 14-15. Vgl. auch ders., in der Aussprache zum Thema „Die Verfassungsgerichtsbarkeit im Gefüge der Staatsfunktionen" in: VVDStRL 39 (1981), S. 193.

[11] Der Ausdruck „Untermaßverbot" ist aus keiner spontanen Wortschöpfung Schupperts entstanden. Er stellt eine glückliche Bezeichnung der Kernaussagen des ersten Fristenlösungsurteils dar. Damit ist bereits hier anzumerken, daß der Begriff „Untermaßverbot" im ersten Abtreibungsurteil andeutungsweise und im zweiten Abtreibungsurteil ausdrücklich zu finden ist.

[12] Die über die abwehrrechtliche Dimension hinausgehenden Funktionen der Grundrechte thematisiert Schuppert unter dem Schlagwort „mehrdimensionale Freiheitsprobleme" (Schuppert, Funktionell-rechtliche Grenzen, S. 38f.). Dieser Terminus ähnelt den oft in der Schutzpflichtendogmatik zitierten und diskutierten „Dreieckskonstellationen". Der Terminus „Dreieckskonstellationen" bezieht sich jedoch nur auf die Schutzfunktion der Grundrechte. Die weit über die „klassische Abwehrdimension" der Grundrechte hinausgehenden Grundrechtsfunktionen werden hier nicht mehr als „objektiv-rechtlicher Gehalt der Grundrechte" sondern als „Grundrechtsfunktionen der zweiten Generation" thematisiert.

[13] Die Hauptthese Schupperts ist, daß diese neue Grundrechtsdimensionen die Gewaltenteilung zuungunsten des Gesetzgebers beeinträchtigen können.

[14] Schuppert, Funktionell-rechtliche Grenzen, S. 15.

Schuppert betont, daß das Untermaßverbot in der Rechtsprechung unausgesprochen im Zusammenhang mit der Dogmatik der grundrechtlichen Schutzpflichten aus Anlaß des Fristenlösungsurteils entwickelt worden ist[15]. Bereits frühzeitig erkennt er, daß die Abtreibungsthematik und die Schutzpflichtenlehre nur einen Anwendungsbereich des Untermaßverbots darstellen.

Das Untermaßverbot ist nach Schuppert vor allem ein verfassungsrechtlicher Kontrollmaßstab, anders formuliert „ein methodisches Rüstzeug"[16], so wie das Verhältnismäßigkeitsprinzip. Im Gegensatz zu der Verhältnismäßigkeit, welche im Verständnis der Grundrechte als Abwehrrechte angelegt sei, sei das Untermaßverbot in einem darüber hinausgehenden Verständnis der Grundrechte angesiedelt. Das Untermaßverbot habe seine Bedeutung nämlich in einem Grundrechtsverständnis, „das aus Grundrechten Handlungsanweisungen an dem Gesetzgeber zur Gestaltung der sozialen Wirklichkeit gewinnt."[17] Dieses Grundrechtsverständnis umfasse also sowohl die Schutzpflichtenlehre als auch die Teilhaberechtslehre und die Dogmatik der Grundrechte als Quellen von Organisationsmodellen. Es handele sich um die Grundrechte als wertentscheidende Grundsatznormen[18], welche konkretisierungsbedürftige und primär an den Gesetzgeber gerichtete Verfassungsaufträge in sich bergen.

Kurz gefaßt ist das Untermaßverbot nach Schuppert ein umfassender verfassungsrechtlicher Kontrollmaßstab, welcher von den neuen Funktionen der Grundrechte ausgelöst wird und dessen wichtigster Anwendungsbereich die Schutzpflichtenlehre bietet. Aus den Überlegungen Schupperts ergibt sich jedoch nicht, ob und wie das Untermaßverbot im Rahmen dieses neuen Grundrechtsverständnisses mit dem Übermaßverbot zusammenwirken kann[19].

1.1.2. DER KRITISCHE UND ZURÜCKHALTENDE STANDPUNKT SCHUPPERTS DEM UNTERMASSVERBOT GEGENÜBER

Es ist zweifellos, daß Schuppert als erster von einer Untermaßverbotslehre spricht. Er sieht in dem Untermaßverbot den Kern der Überlegungen des ersten Fristenlösungsurteils. Er sieht darüber hinaus im Untermaßverbot den zentralen Kontrollmaßstab eines neuen, die abwehrechtliche Dimension der Grundrechte überwindenden Grundrechtsverständnisses. Er stellt dessen Verwendung im Rahmen dieses Verständnisses als dogmatisch stringent und notwendig dar. Er

[15] Schuppert, Funktionell-rechtliche Grenzen, S. 14-15.
[16] Schuppert, VVDStRL 39 (1981), S. 193.
[17] Schuppert, VVDStRL 39 (1981), S. 193.
[18] Schuppert, Funktionell-rechtliche Grenzen, S. 15, 17, 56.
[19] Wie unten zu zeigen versucht wird, stellt der Zusammenhang zwischen Untermaß- und Übermaßverbot eine zentrale und noch nicht endgültig entschiedene Frage der allgemeinen Grundrechtslehre dar. Dazu ausführlicher Kapitel 2.4., 3.2. und 5.3.1.2. Vgl. auch zu den Ausführungen von Canaris Kapitel 2.1.1.3.3. und Kapitel 2.1.1.3.4. und zu denen von Isensee Kapitel 2.1.2.2. und Kapitel 2.1.2.3.

ist jedoch zugleich kein Anhänger des Untermaßverbots, weil er sich kritisch gegen dieses erweiterte Grundrechtsverständnis stellt.

Mit dem neuen Grundrechtsverständnis und dem unvermeidlich daraus folgenden Untermaßverbot sei die funktionale Grenzziehung zwischen Verfassungsgerichtsbarkeit und Gesetzgebung berührt[20]. Eine Überprüfung des Handelns des Gesetzgebers am Maßstab des Untermaßverbots gehe zu weit und widerspreche der im Grundgesetz vorgeschriebenen Gewaltenteilung. Deswegen solle man zurückhaltend gegenüber einer solchen Ausweitung des Grundrechtsverständnisses sein und zumindest bei seiner Handhabung und dem Umgang mit dem Untermaßverbot die funktionell-rechtlichen Grenzen der Verfassungsinterpretation mit in den Blick nehmen[21]. Auf dieser Grundlage schlägt Schuppert bei den mehrdimensionalen Freiheitsproblemen[22], bei denen eine Untermaßverbotskontrolle eintrete, eine Begrenzung der Intensität der Nachprüfung des Handelns des Gesetzgebers durch das BVerfG vor[23].

1.2. UNTERMASSVERBOT UND VERFASSUNGSRECHT. DAS UNTERMASSVERBOT IN DER ALLGEMEINEN LITERATUR DES STAATSRECHTS

Die Frage nach dem Untermaßverbot ist Teil des Verfassungsrechts und konkreter der allgemeinen Grundrechtslehre. Jeder Teilaspekt einer Untermaßverbotsdogmatik ist im Prinzip und primär verfassungsrechtlicher Natur. Hier sind Stellung und Bedeutung des Untermaßverbots in der allgemeinen Literatur des Staatsrechts systematisch zu schildern.

In den Lehrbüchern, Handbüchern und Kommentaren des Staatsrechts der Bundesrepublik Deutschland wird die Frage nach einem Untermaßverbot nicht eingehend untersucht. Entweder wird das Untermaßverbot kurz und ohne Kommentierung zitiert, oder es wird bloß auf Quellen in der Rechtsprechung und Literatur verwiesen. Eingehendere Erörterungen des Untermaßverbots werden

---

[20] Schuppert, Funktionell-rechtliche Grenzen, insbesondere S. 23ff. Vgl. auch Hesse, Funktionelle Grenzen der Verfassungsgerichtsbarkeit, S. 311f.; Heun, Funktionell-rechtliche Schranken der Verfassungsgerichtsbarkeit, S. 12ff, 35ff. und 53ff.; Brohm, NJW 2001, S. 1ff. (9f.). Zu den funktionell-rechtlichen Schranken der Verfassungsgerichtsbarkeit im Zusammenhang mit dem Untermaßverbot Kapitel 2.3.

[21] Schuppert, VVDStRL 39 (1981), S. 193; ders., Funktionell-rechtliche Grenzen, S. 55-57.

[22] Schuppert unterscheidet zwischen eindimensionalen und mehrdimensionalen Freiheitsproblemen (Schuppert, Funktionell-rechtliche Grenzen, S. 38ff. (41); vgl. auch Schmidt-Aßmann, AöR 106 (1981), S. 205ff. (208); Hennig, Die Rechtsprechung des Bundesverfassungsgerichts, S. 179ff.). Bei den eindimensionalen Freiheitsproblemen handele es sich um eine zweiseitige Beziehung zwischen Staat und Privaten und die Grundrechte fungieren nur in ihrer klassischen Funktion als Abwehrrechte. Die privaten Abwehrrechte kollidieren nur mit Gemeinschaftsgütern. Bei den mehrdimensionalen Freiheitsproblemen trete der Staat als Anwalt von Grundrechtspositionen Dritter in der Rolle des Handlungsbeauftragten bzw. des Angreifers auf. Bei den mehrdimensionalen Freiheitsproblemen handelte es sich in der Regel um die Schutzfunktion und die Förderfunktion der Grundrechte. Es gehe dabei um Grundrechtskollisionen zwischen Privaten (private Grundrechtsbeziehungen, Drittwirkung), welche der Staat durch seine aktive Teilnahme zu lösen hat.

[23] Schuppert, Funktionell-rechtliche Grenzen, S. 57.

darüber hinaus durch eine Tendenz zu seiner Unterschätzung oder sogar auch zu seiner Ablehnung, oft mit dem Vorwurf der Überflüssigkeit[24], begleitet. Eine zurückhaltende Zustimmung zu dem neuen Verfassungsprinzip ist trotzdem ebenfalls feststellbar.

1.2.1. ZURÜCKHALTENDE BEFÜRWORTUNG DER RECHTSFIGUR DES UNTERMASSVERBOTS

Götz[25] und Isensee[26] sind die ersten, die im Bereich des Staatsrechts die Anwendung des Untermaßverbots befürwortet haben. Götz hat das Untermaßverbot im Zusammenhang mit der Staatsaufgabe innere Sicherheit erörtert und für die Praktizierung einer aus der Staatsaufgabe Sicherheit zu entwickelnden Untermaßverbotsprüfung plädiert[27]. Isensee ist innovativ auf die Einordnung des Untermaßverbotsprinzips in die Lehre von den grundrechtlichen Schutzpflichten eingegangen und hat maßgeblich zur Entwicklung der Untermaßverbotsdogmatik beigetragen[28].

Manssen[29] befürwortet das Arbeiten mit dem Untermaßverbot, obwohl er die Schwierigkeit der praktischen Bestimmung des Minimums an garantiertem Schutz, welches das Untermaßverbot auslöst, anerkennt. Manssen erblickt in dem Untermaßverbot einen notwendigen Schritt und ein besonderes Problem der Schutzpflichtenlehre: Das Untermaßverbot stelle die Frage nach der ausreichenden Erfüllung einer grundrechtlichen Schutzpflicht durch den Staat. Nachdem bejaht worden ist, daß sowohl ein schutzfähiges Rechtsgut als auch eine Gefährdungslage vorliegt, sei zu erörtern, ob der Staat seine Schutzpflicht in ausreichendem Maße erfüllt hat[30].

Unter diesem positiven Blickwinkel wird das Untermaßverbot auch im Casebook Verfassungsrecht präsentiert. Die Verfasser erörtern die Untermaßverbotsfrage im Kapitel über den Inhalt der grundrechtlichen Schutzpflicht und gehen davon aus, daß der Gesetzgeber das Untermaßverbot zu beachten hat[31]. Sie erörtern des weiteren das Untermaßverbot bereichsspezifisch und der Rechtsprechung des BVerfG folgend im Rahmen des Grundrechts auf Leben und kör-

[24] Zur Überflüssigkeit des grundrechtlichen Untermaßverbots wegen seiner Deckungsgleichheit mit den grundrechtlichen Schutzpflichten Kapitel 2.1.3. Zu seiner Überflüssigkeit wegen der Deckungsgleichheit mit dem grundrechtlichen Übermaßverbot Kapitel 2.5.2.1.

[25] Götz, HdbStR III, § 79, Rdnr. 30.

[26] Isensee, Das Grundrecht, Rdnr. 165ff.

[27] Götz, HdbStR III, § 79, Rdnr. 30. Zum Zusammenhang zwischen Sicherheit und Untermaßverbot auch Würtenberger, Freiheit und Sicherheit, S. 15ff. (20f.). Dazu auch Kapitel 5.2.1.

[28] Dazu eingehender Kapitel 2.1.2. An dieser Stelle ist nur anzumerken, daß vor allem Canaris und Isensee die Entwicklung des dogmatischen Zusammenhanges zwischen grundrechtlichen Schutzpflichten und Untermaßverbot geprägt haben.

[29] Manssen, Grundrechte, Rdnr. 41, 226.

[30] Manssen, Grundrechte, Rdnr. 42.

[31] Richter/Schuppert, Casebook, S. 34.

perliche Unversehrtheit (Art. 2 Abs. 2 S. 1 GG)[32] und der Grundrechte von Art. 6 Abs. 1 GG[33].

Depenheuer[34] stellt im Rahmen seiner Ausführungen zu Artikel 14 Abs. 1 GG die Frage nach einem Untermaßverbot. Er geht von der unumstrittenen Voraussetzung[35] aus, daß Art. 14 Abs. 1 GG das Eigentum sowohl als subjektives Recht als auch als Rechtsinstitut gewährleistet. Die Eigentumsinstitutsgarantie ziele auf die Stärkung vorhandener subjektiver Eigentumsrechte und verbiete, daß solche Bereiche der Privatrechtsordnung entzogen werden, die zum elementaren Bestand grundrechtlich geschützter Betätigung im vermögensrechtlichen Bereich gehören. Mit anderen Worten sichere die Institutsgarantie einen Grundbestand an Normen, ohne die das Rechtsinstitut Eigentum seinen Namen nicht verdiente, und wirke sich als ein Leitprinzip aus, das die Freiheit im vermögensrechtlichen Sinne gewährleiste[36].

Daran anschließend befürwortet Depenheuer die Auffassung[37], daß die Institutsgarantie einen Mindeststandard an freiheitssichernden Vermögensrechten gewährleistet und insofern als strikt zu beachtendes Untermaßverbot fungiert. Bemerkenswert ist dabei die Gleichstellung von Institutsgarantie und Untermaßverbot. Untermaßverbot und Eigentum als Institutsgarantie fallen in eins. Daraus ergeben sich neue Dimensionen der Begrifflichkeit sowie der Brauchbarkeit des Untermaßverbots. Schließlich sollte man beachten, daß das Untermaßverbot beim Schutz der Institutsgarantie nach Depenheuer nur an den Gesetzgeber[38] gerichtet ist.

1.2.2. ZITIERUNG DES UNTERMASSVERBOTS OHNE KLARE STELLUNGNAHME

Jarass erörtert das Untermaßverbot im Zusammenhang mit der Verletzung von grundrechtlichen Schutz- bzw. Leistungspflichten. Er geht davon aus, daß hier die Figur des Gesetzesvorbehalts nicht paßt, weil der Ausgestaltungsauftrag der Grundrechte dem Gesetzgeber bereits erhebliche Spielräume verschafft[39]. Er

[32] Richter/Schuppert, Casebook, S. 112ff.
[33] Richter/Schuppert, Casebook, S. 226ff.
[34] Depenheuer, Art. 14 GG, in: v. Mangoldt/Klein/Starck, GG, Rdnr. 91, 227.
[35] Dazu BVerfGE 20, 351ff. (355); 24, 367ff. (389f.); 31, 229ff. (240f.); 58, 300ff. (339); Stern, Staatsrecht III/1, S. 827.
[36] Depenheuer, Art. 14 GG, in: v. Mangoldt/Klein/Starck, GG, Rdnr. 91f. und Rdnr. 227f.; vgl. zum Zusammenhang zwischen Untermaßverbot und Eigentumsgarantie auch BVerfGE 24, 367 (389); 58, 300, (339); Wendt, in: Sachs, GG, Art. 14 GG, Rdnr. 60; Ehlers, VVDStRL 51 (1992), S. 211ff. (216); Jaschinski, Der Fortbestand des Anspruchs, S. 103-104; Mampel, NJW 1999, S. 975ff. (979).
[37] Diese Auffassung geht auf Ehlers, VVDStRL 51 (1992), S. 216 zurück: „Die Institutsgarantie ... garantiert dem Bürger einen Mindeststandard privatnützig zugeordneter Vermögensrechte und wirkt insoweit als strikt zu beachtendes Untermaßverbot." Vgl. auch BVerfGE 83, 201ff. (208f.).
[38] Depenheuer, Art. 14 GG, in: v. Mangoldt/Klein/Starck, GG, Art. 14 GG, Rdnr. 227.
[39] Jarass, in: Jarass/Pieroth, GG, Vorb. vor Art. 1 GG, Rdnr. 52; ders., AöR 120 (1995), S. 345ff. (373f.).

läßt jedoch die Frage offen, ob hierbei eine Untermaßverbotskontrolle die Verhältnismäßigkeitsprüfung ergänzen soll.

Hesse[40] weißt ganz kurz im Rahmen einer Fußnote auf das Untermaßverbot hin, wie es durch das zweite Abtreibungsurteil entwickelt wurde[41]. Demselben Weg folgt auch Bleckmann[42], der etwas ausführlicher auf die Aussage des BVerfG zum Untermaßverbot eingeht. Krebs[43] stellt ähnlich nur fest, daß in der Literatur ein Untermaßverbot zur Bestimmung des leistungsstaatlichen Wesensgehalts des jeweiligen Einzelgrundrechts diskutiert wird.

1.2.3. MISSBILLIGUNG DES UNTERMASSVERBOTS

Maurer[44] sieht in dem Untermaßverbot ein Pendant und ein Gegenstück des Übermaßverbots. Das Untermaßverbot legt seiner Meinung nach dem Gesetzgeber, wenn er zum Handeln durch eine grundrechtliche Schutzpflicht verpflichtet ist, eine bestimmte Untergrenze auf, welche nicht zu unterschreiten sei. Zugleich stellt sich Maurer kritisch gegen die dogmatische Figur des Untermaßverbots, welche keinen neuen Aspekt[45] in sich berge. Maurer vertritt die Auffassung, daß bei einer Dreieckskonstellation[46], wo das Untermaßverbot einschlägig sein kann, sich die Obergrenze des Übermaßverbots mit den Untergrenzen des Untermaßverbots deckt. Der Erforderlichkeitsgrundsatz genüge zur angemessenen Schlichtung der gegenläufigen Grundrechtspositionen: „Da aber der Staat nur insoweit in die Grundrechte des störenden Dritten eingreifen darf, als dies zum Schutze des gefährdeten Rechtsgutes erforderlich ist, decken sich Obergrenze und Untergrenze."[47] Auch[48] bei Maurer bleibt der Vorzug des Übermaßverbots gegenüber dem Untermaßverbot bei einer möglichen Deckungsgleichheit im Rahmen eines Dreiecksverhältnisses ohne weitere Begründung.

Siekmann/Duttge[49] messen dem Untermaßverbot die Aufgabe der Konkretisierung einer Schutzpflichtverletzung bei. Sie erheben jedoch gleichzeitig schwerwiegende rechtspolitische Bedenken gegen eine Überschätzung und eine

[40] Hesse, Grundzüge des Verfassungsrechts, Rdnr. 350, Fn. 8.
[41] Hesse spricht in einem anderen relevanten Beitrag (Bedeutung der Grundrechte, HdbVerfR, Rdnr. 49ff.), in dem er ebenfalls die grundrechtlichen Schutzpflichten erörtert, kaum vom Untermaßverbot. Das ist dadurch zu erklären, daß das zweite Abtreibungsurteil zu diesem Zeitpunkt noch nicht vorlag.
[42] Bleckmann, Die Grundrechte, S. 475-476.
[43] Krebs, in: v. Münch/Kunig, GG, Art. 19 GG, Rdnr. 26.
[44] Maurer, Staatsrecht, S. 235-236.
[45] Vgl. auch Gallwas, Grundrechte, wo das Untermaßverbot als Teil der Schutzpflichtenlehre fehlt (S. 67ff.) und es bloß als ein neuer und differenzierter Beitrag des BVerfGE 88, 203 vorgestellt wird (S. 123). Kritisch auch Dreier, Vorb. vor Art. 1 GG, in: ders., GG, Rdnr. 64.
[46] Dazu vor allem Wahl/Masing, JZ 1990, S. 353ff. (356) m. w. N.
[47] Maurer, Staatsrecht, S. 236.
[48] In dieser Richtung auch Hain, DVBl. 1993, S. 982ff.; ders., ZG 1995, S. 131ff.; Starck, JZ 1993, S. 816ff.; Unruh, Zur Dogmatik, S. 84ff. Zur Kongruenzthese zwischen Übermaß- und Untermaßverbot Kapitel 2.5.2.1., 2.5.3.
[49] Siekmann/Duttge, Grundrechte, S. 95f.

erweiterte Anwendung der Schutzpflichten- sowie der Untermaßverbotslehre. Sie betonen die Gefahren für die Freiheit, die daraus entstehen könnten[50]. Sie fügen hinzu, daß nur bei gänzlicher Untätigkeit der staatlichen Organe oder bei evidenter Unzulänglichkeit der bisherigen Maßnahmen eine Schutzpflichtverletzung vorliege und das Untermaßverbot einschlägig sei.

Eher kritisch gegenüber dem Untermaßverbot ist auch Stern. In manchen Stellen seines Werkes[51] weist er kurz auf das Vorhandensein der Figur hin, ohne daß er sich deutlich dagegen oder dafür äußert. An einer Stelle leugnet er jedoch die Notwendigkeit des Untermaßverbots in der verfassungsrechtlichen Diskussion[52].

In diesem Sinn macht Stern klar, daß er bei Grundrechtskollisionen zwischen Abwehrrechten und grundrechtlichen Schutzpflichten die traditionelle Vorgehensweise des BVerfG der situationsbedingten Abwägung im Rahmen des Verhältnismäßigkeitsprinzips bevorzugt. Den Korridor zwischen Übermaß- und Untermaßverbot findet er überflüssig und problematisch. Daran anschließend merkt er an, daß das Übermaßverbot eine Antwort „sowohl für das Problem des zulässigen Höchstmaßes des Eingriffs als auch des Mindestmaßes staatlichen Schutzes“[53] anbieten kann.

1.2.4. KEINE EXPLIZITE DARSTELLUNG DES UNTERMASSVERBOTS IM RAHMEN DER GRUNDRECHTLICHEN SCHUTZPFLICHTEN

Es ist beachtenswert, daß die Erwähnung des Untermaßverbots im Rahmen des dogmatischen Instrumentariums der grundrechtlichen Schutzpflichten in einer Vielzahl von Beiträgen der allgemeinen Staatsrechtsliteratur fehlt. Das ist eine, was die Lehrbücher des Staatsrechts betrifft, im Moment überwiegende Tendenz. Dieses Phänomen könnte durch den kritischen Widerhall, den das Untermaßverbot als neues Verfassungsprinzip gefunden hat, erklärt werden. Der maßgebliche Grund ist jedoch die mangelnde Konturierung des grundrechtlichen Untermaßverbots.

Prägnantes Kennzeichnen dieser Nichterwähnung des Untermaßverbots bieten die Lehrbücher von Maunz/Zippelius[54], Pieroth/Schlink[55] und Sachs[56]. Diese Lehrbücher beschäftigen sich an vielen Stellen[57] mit der Lehre der grundrechtlichen Schutzpflichten und ihrer praktischen Handhabung. Sie erörtern vie-

---

[50] Siekmann/Duttge, Grundrechte, S. 395.
[51] Stern, Staatsrecht III/2, S. 620, 627, 1705, 1806.
[52] Stern, Staatsrecht III/2, S. 813f.
[53] Stern, Staatsrecht III/2, S. 814.
[54] Maunz/Zippelius, Deutsches Staatsrecht.
[55] Pieroth/Schlink, Grundrechte.
[56] Sachs, Grundrechte.
[57] Maunz/Zippelius, Deutsches Staatsrecht, S. 142f., 176f., 181f.; Pieroth/Schlink, Grundrechte, Rdnr. 82f., 92f., 122, 183, 1126; Sachs, Grundrechte, Rdnr. 27ff., 62.

le Aspekte der Schutzpflichtendogmatik. Das Untermaßverbot ist jedoch nicht miteingeschlossen. Es ist von ihm niemals die Rede. Das Fehlen einer expliziten Darstellung des grundrechtlichen Untermaßverbots ist auch in den Lehrbüchern von Stein/Götz[58], Badura[59], von Münch[60] und Battis/Gusy[61] feststellbar sowie im Handbuch des Verfassungsrechts[62].

In derselben Richtung bewegen sich auch die Ausführungen von Spallek[63], Reich[64], Fangmann[65] und Schmalz[66]. Herzog in seinem Beitrag über Ziele, Vorbehalte und Grenzen der Staatstätigkeit[67], Kirchhof bei der Erörterung der Mittel des staatlichen Handelns[68] sowie Grabitz[69] im Rahmen seiner Ausführungen über die Freiheit der Person weichen hiervon nicht ab. Bei allen diesen Beiträgen ist zu berücksichtigen, daß entweder kurz die Schutzpflichtenlehre behandelt oder nur konkrete Teilaspekte diskutiert werden.

Einen besonderen Fall stellt der Beitrag von Lorenz über das Recht auf Leben und körperliche Unversehrtheit im Handbuch des Staatsrechts[70] dar. Der Verfasser beschäftigt sich ausführlich mit der aus dem Grundrecht auf Leben und körperliche Unversehrtheit abgeleiteten grundrechtlichen Schutzpflicht[71]. Wenn er jedoch die Frage der Erforderlichkeit einer Beschränkung von der grundrechtlichen Schutzpflicht entgegenstehenden Grundrechten erörtert, stellt er ausschließlich auf das Verhältnismäßigkeitsprinzip[72] ab. Der Untermaßverbotsgedanke strahlt zwar aus, es ist jedoch nicht von Untermaßverbot die Rede.

Noch prägnanter ist die Nichterwähnung des Untermaßverbotskonzepts in den Erläuterungen von Kimms/Schlünder[73]. Kimms/Schlünder siedeln ihre Ausführungen zu den grundrechtlichen Schutzpflichten in der Menschenwürde[74], dem Recht auf Leben und auf körperliche Unversehrtheit[75], der Berufsfreiheit[76] und den Gleichheitsrechten[77] an. Im Zentrum ihres Gedankengangs steht die Frage nach der Sicherung der erforderlichen Mindestvoraussetzungen eines menschenwürdigen Daseins[78]. Es taucht also die auch aus dem Sozialstaatsprin-

---

[58] Stein/Götz, Staatsrecht, § 23 III 2, S. 233, § 33 II 2a, S. 269f., § 58 V, S. 435.
[59] Badura, Staatsrecht, Rdnr. 378.
[60] V. Münch, Staatsrecht, Rdnr. 707.
[61] Battis/Gusy, Einführung in das Staatsrecht, Rdnr. 346ff., 366ff.
[62] Hesse, Bedeutung der Grundrechte, HdbVerfR, Rdnr. 49ff.
[63] Spallek, Staats- und Verfassungsrecht, S. 192ff.
[64] Reich, Magdeburger Kommentar zum Grundgesetz, S. 75-76.
[65] Fangmann, in: Blank/Fangmann/Hammer, Grundgesetz Basiskommentar, S. 28-29.
[66] Schmalz, Grundrechte, Rdnr. 242f.
[67] Herzog, HdbStR III, § 58, Rdnr. 31.
[68] Kirchhof, HdbStR III, § 59, Rdnr. 187.
[69] Grabitz, HdbStR VI, § 130, Rdnr. 14-15.
[70] Lorenz, HdbStR VI, § 128.
[71] Lorenz, HdbStR VI, § 128, Rdnr. 43ff.
[72] Lorenz, HdbStR VI, § 128, Rdnr. 46.
[73] Kimms/Schlünder, Grundrechte.
[74] Kimms/Schlünder, Grundrechte, S. 10, 16.
[75] Kimms/Schlünder, Grundrechte, S. 33f.
[76] Kimms/Schlünder, Grundrechte, S. 196.
[77] Kimms/Schlünder, Grundrechte, S. 309.
[78] Kimms/Schlünder, Grundrechte, S.16-17, 36; vgl. auch BVerfGE 40, 121ff. (133); 82, 60ff. (85); BVerfG, NJW 1994, S. 991.

zip fließende, dem Untermaßverbot naheliegende Figur des Existenzminimums auf. Unmittelbar und deutlich von Untermaßverbot wird jedoch nicht gesprochen.

1.2.5. FOLGERUNGEN

In der Staatsrechtslehre hat der Untermaßverbotsgedanke mittlerweile mehr oder weniger einen Platz gefunden. Das Untermaßverbot als verfassungsrechtliches Prinzip wird in der Regel rezipiert. Es ist jedoch nicht abschließend konturiert worden. Es wird darüber hinaus nicht einheitlich gewürdigt, d. h. die Vorstellungen reichen von einer zurückhaltenden Befürwortung bis zur kritischen Erörterung und dogmatischen Ablehnung. Die mangelnde Konturierung und die zurückhaltende Behandlung drücken sich sehr prägnant in der bloßen Erwähnung des Untermaßverbots ohne eigene Stellungnahme aus.

Diese Art der Behandlung überzeugt nicht. Es ist nicht klar, warum das Untermaßverbot als Verfassungsprinzip neben dem Übermaßverbot entwickelt oder warum es als nicht plausibles, überflüssiges oder gefährliches[79] Prinzip weggelassen werden sollte. Die Frage nach dem Untermaßverbot ist sowohl aktuell als auch brisant. Ihre Beantwortung setzt zuerst die Thematisierung der verschiedenen Eckpfeiler der Diskussion über das Untermaßverbot voraus[80]. Daran anschließend muß die grundrechtliche Untermaßverbotsdogmatik schrittweise strukturiert und konkretisiert werden[81].

[79] Dazu ausführlicher Kapitel 2.3. über die funktionell-rechtlichen Grenzen der Verfassungsgerichtsbarkeit.
[80] S. Kapitel 2 dieser Arbeit über die Entwicklung und die vier maßgeblichen Säulen des Untermaßverbots.
[81] Zur Gliederung bzw. schrittweise Konkretisierung des Untermaßverbots durch Rechtsprechung und Theorie Kapitel 3. Eine eigene Stellungnahme zur schrittweisen Gliederung der zwei Arten des grundrechtlichen Untermaßverbots im Kapitel 5.2.4.

KAPITEL 2: DIE ENTWICKLUNG UND DIE VIER MASSGEBLICHEN SÄULEN DER VORHANDENEN UNTERMASSVERBOTSDOGMATIK

2.1. GRUNDRECHTLICHE SCHUTZPFLICHTEN ALS ERSTE SÄULE DES UNTERMASSVERBOTS

Grundrechtliche Schutzpflichten[82] sind nach der Theorie und der Rechtsprechung des BVerfG Pflichten des Staates, grundrechtsbewehrte Rechtsgüter und die diesen Rechtsgütern entsprechenden Grundrechte seiner Bürger[83] vor nicht-staatlichen Eingriffen zu schützen. Der Kern des Begriffs der grundrechtlichen Schutzpflicht ist der Schutz vor verfassungswidrigen Verletzungen eines Grundrechts. Ideengeschichtlich gehen sie nach herrschender Auffassung auf das staatliche Gewaltmonopol und die private Friedenspflicht zurück. Rechtsdogmatisch ergeben sie sich aus dem Grundgesetz bzw. den Grundrechten und nicht aus Vorschriften des einfachen Rechts oder anderen Rechtsquellen. Worin genau diese unbestrittene grundgesetzliche Verankerung der grundrechtlichen Schutzpflichten besteht, nämlich die Frage nach ihrer konkreten dogmatischen Herleitung, ist sowohl in der Literatur als auch in der Rechtsprechung umstritten[84]. Die grundrechtlichen Schutzpflichten, denen nach mittlerweile herrschender Meinung subjektive Rechte auf Schutz entsprechen, binden alle drei Staatsgewalten. Bei ihrer Wahrnehmung obliegt dem Gesetzgeber ein grundsätzlich weiter Gestaltungsspielraum.

Die Dogmatik der grundrechtlichen Schutzpflichten stellt die erste und wichtigste Säule der Untermaßverbotsdogmatik dar, wie sich bereits aus den Ausführungen von Schuppert ergeben hat. Das Untermaßverbot ist zwar erst-

---

[82] Zur Schutzpflichtendogmatik BVerfGE 39, 1ff.; 46, 160ff.; 49, 24ff.; 49, 89ff.; 53, 30ff.; 56, 54ff.; 77, 170ff.; 84, 133ff.; 88, 203ff.; 90, 145ff.; 92, 140ff.; 97, 169ff.; Canaris, Grundrechte und Privatrecht; Starck, Grundrechtliche Schutzpflichten, S. 46ff.; Dietlein, Die Lehre; Jaeckel, Schutzpflichten im deutschen und europäischen Recht; Isensee, Das Grundrecht; Klein, NJW 1989, S. 1633ff.; Hermes, Das Grundrecht auf Schutz; ders., NJW 1990, S. 1764ff.; Robbers, Sicherheit als Menschenrecht; Murswiek, Die staatliche Verantwortung; Böckenförde, Zur gegenwärtigen Lage der Grundrechtsdogmatik, S. 181ff., ders., Zur Lage, S. 30ff.; Badura, Kodifikatorische und rechtsgestaltende Wirkung von Grundrechten, S. 159ff. (178ff.); Jarass, AöR 110 (1985), S. 363ff. (377ff.); ders., AöR 120 (1995), S. 345f., (351f.); Alexy, Theorie der Grundrechte, S. 411ff.; Unruh, Zur Dogmatik; Tzemos, Die dogmatische Herleitung, Magisterarbeit; Hennig, Die Rechtsprechung des Bundesverfassungsgerichts; Möstl, DÖV 1998, S. 1029ff. (1035ff.); Bumke, Der Grundrechtsvorbehalt, S. 69ff.; Erichsen, Jura 1997, S. 85ff.; Klein, DVBl. 1994, S. 489ff.; Pietrzak, JuS 1994, S. 738ff.; Hoffmann-Riem, Modernisierung von Recht und Justiz, S. 182ff.; Jeand'Heur, RdjB 1994, S. 91ff.; ders., JZ 1995, S. 161ff.; Braczyk, Rechtsgrund und Grundrecht, S. 77ff.; Rixen, Lebensschutz am Lebensende, S. 328ff.; Rengeling, Rechtsfragen zur Langzeitsicherung von Endlagern für radioaktive Abfälle, S. 86ff.; Pietzcker, in: FS Dürig, S. 345ff.; Dirnberger, Recht auf Naturgenuß und Eingriffsregelung, S. 98ff.; Goerlich, NJW 1981, S. 2616ff.; Calliess/Kallmayer, JuS 1999, S. 785ff.; Tsiliotis, Der verfassungsrechtliche Schutz der Wettbewerbsfreiheit, S. 436ff.; Enders, Die Menschenwürde, S. 335ff.; Sodan, NVwZ 2000, S. 601ff. (602ff.).Dazu auch Kapitel 2.1.1., 2.1.2., 2.1.3., 5.1., 5.3.2.

[83] S. nur beispielsweise Unruh, Zur Dogmatik, S. 20; Klein, DVBl. 1994, S. 489ff. (490).

[84] Zur herrschenden Ableitung der grundrechtlichen Schutzpflichten aus dem objektiv-rechtlichen Gehalt der Grundrechte Tzemos, Die dogmatische Herleitung, Magisterarbeit, m. w. N. S. jedoch auch Kapitel 5.3.2.

mals durch Schuppert auf den Begriff gebracht worden[85], seine Entwicklung und Thematisierung ist jedoch vorwiegend durch die Arbeiten von Canaris und Isensee geprägt. In der Dogmatik wird der Zusammenhang zwischen grundrechtlichen Schutzpflichten und Untermaßverbot in aller Regel unter Verweis auf Canaris diskutiert. Das BVerfG hat erstmals[86] vom Untermaßverbot als einem Teil der Schutzpflichtenlehre unter Verweis auf Isensee[87] gesprochen.

2.1.1. DIE LEHRE VON CANARIS ÜBER GRUNDRECHTE UND PRIVATRECHT UND DAS UNTERMASSVERBOT

Das Untermaßverbot ist im Rahmen der Untersuchungen von Canaris über das Verhältnis zwischen Grundrechten und Privatrecht[88] als rechtlicher Begriff erstmals konturiert worden. Die Ausführungen von Canaris stehen und fallen mit der Unterscheidung der Wirkung der Grundrechte im Privatrecht als Eingriffsverboten und als Schutzgeboten. In den Erläuterungen von Canaris erscheint das Untermaßverbot als eine wichtige Teilfrage der Schutzgebotsfunktion der Grundrechte.

Bevor man sich mit der Thematisierung der Dogmatik des Untermaßverbots in der Lehre von Canaris konkreter beschäftigt, ist sowohl auf seine kritischen Überlegungen zur Grundrechtswirkung und Grundrechtsgeltung im Privatrecht überhaupt als auch auf die Wirkung der Grundrechte im Privatrecht in Gestalt von Eingriffsverboten und Schutzgeboten aufgrund von praktischen Beispielen[89] einzugehen.

---

[85] Das wird jedoch in einem großen Teil der Literatur und in der Rechtsprechung übersehen. Vgl. jedoch Hain, DVBl. 1993, S. 982ff.

[86] BVerfGE 88, 203ff. (254).

[87] Isensee, Das Grundrecht, Rdnr. 165ff. Isensee verweist seinerseits auf Canaris (Canaris, AcP 184 (1984), S. 201ff. (228)) auf.

[88] Canaris, AcP 184 (1984), S.201ff.; ders., AcP 185 (1985), S. 9ff.; ders., JuS 1989, S. 161ff.; ders., Grundrechte; ders., in: FS Leisner, S. 417ff.

[89] Es handelt sich vor allem um Entscheidungen des BVerfG und um ihre Kommentierung und Verarbeitung durch Canaris.

2.1.1.1. GRUNDRECHTE UND PRIVATRECHT[90] NACH CANARIS

2.1.1.1.1. DER GANG DER UNTERSUCHUNG VON CANARIS

Canaris zielt auf eine dogmatische und praktische Untersuchung des Verhältnisses von Grundrechten und Privatrecht ab. Er geht davon aus, daß eine dogmatische Konturierung der Grundrechte und eine auf sie gestützte kritische Verarbeitung der Fälle, welche die Rechtsprechung zu dieser Problematik bis jetzt entschieden hat, zur Verdeutlichung vieler Aspekte dieser grundlegenden Frage führen kann.

Als dogmatischen Ausgangspunkt seiner Untersuchung wirft er die Frage nach den Adressaten und nach der Normstruktur der Grundrechte auf[91]. Er fragt erstens, ob die Grundrechte nur den Staat oder auch die Subjekte des Privatrechts verpflichten. Zweitens fragt er, in welchen Formen und Funktionen die Grundrechte auf das Privatrecht einwirken.

Ferner weist er auf die Vielfalt neuer wissenschaftlicher Beiträge[92] und der Entscheidungen der Obergerichte und insbesondere des Bundesverfassungsgerichts hin, die sich mit dem Thema Grundrechte und Privatrecht befassen. Er zitiert auch viele ausländische Beiträge zu dieser Thematik[93]. Damit ist auch die Internationalität der Problematik angesprochen. Aktualität und Internationalität der Fragestellung erklären im Zusammenhang mit der großen Anzahl der einschlägigen Teilfragen[94], die sich vor allem aus der Rechtsprechung des Bundesverfassungsgerichts ergeben und auch ihre unübersichtliche Reichweite veranschaulichen, die große Brisanz des Themas.

Kurz gefaßt wendet sich Canaris sowohl gegen eine unmittelbare Drittwirkung als auch gegen eine in vielen Entscheidungen des Bundesverfassungsgerichts und von einem beachtlichen Teil der Literatur vertretene mittelbare Drittwirkung der Grundrechte[95]. Vor diesem Hintergrund bahnt er einen dritten

---

[90] Zum Thema Grundrechte und Privatrecht auch Leisner, Grundrechte und Privatrecht; Schwabe, Die sogenannte Drittwirkung der Grundrechte; Hesse, Verfassungsrecht und Privatrecht; Bleckmann, DVBl. 1988, S. 938ff.; Manssen, Privatrechtsgestaltung durch Hoheitsakt; Hager, Grundrechte im Privatrecht; Hoffmann-Riem/Schmidt-Aßmann (Hrsg.), Öffentliches Recht und Privatrecht als wechselseitige Auffangordnungen; v. Münch, Zur Drittwirkung der Grundrechte; Neuner, Privatrecht und Sozialstaat; Lücke, JZ 1999, S. 377ff.; Floren, Grundrechtsdogmatik im Vertragsrecht; Holoubek, ZÖR 1999, S. 63ff.; Ruffert, Vorrang der Verfassung und Eigenständigkeit des Privatrechts, S. 201ff.

[91] Canaris, 184 (1984), S. 201ff. (202).

[92] Medicus, AcP 192 (1992), S. 35ff.; Zöllner, AcP 196 (1996), S. 1ff.; Diederichsen, AcP 198 (1998), S. 171ff.; vgl. auch Isensee, Vertragsfreiheit, S. 485ff.; Singer, JZ 1995, S. 1133ff.; Hager, JuS 1994, S. 373ff.; Götz, Die Verwirklichung der Grundrechte durch die Gerichte im Zivilrecht, S. 35ff.; Schwabe, AcP 185 (1985), S. 1ff.; Hesse, Verfassungsrecht und Privatrecht; Leisner, Grundrechte und Privatrecht; Hennig, Die Rechtsprechung des Bundesverfassungsgerichts; Koch, Der Grundrechtsschutz des Drittbetroffenen, S. 399ff. und insbesondere S. 435ff.; Röthel, JuS 2001, S. 424ff.

[93] Canaris, Grundrechte, S. 10-11.

[94] Aus einer solchen Unterfrage entstammte auch der Begriff und die Problematik des Untermaßverbotes.

[95] Er weist auf die Schwächen und die Ungenauigkeiten der herrschenden Lehre von der mittelbaren Drittwirkung bzw. der Ausstrahlungswirkung der Grundrechte hin.

Weg zum Zusammenhang zwischen Grundrechten und Privatrecht, der zwar dogmatisch näher bei der mittelbaren Drittwirkung der Grundrechte liegt, im Ergebnis jedoch zu vielen mit der unmittelbaren Drittwirkung der Grundrechte ähnlichen Lösungen führt.

2.1.1.1.2. KRITIK DER LEHRE VON DER UNMITTELBAREN DRITTWIRKUNG DER GRUNDRECHTE

Canaris erkennt als normverpflichteten Adressaten der Grundrechte nur die staatlichen Organe und nicht die Privatsubjekte an[96]. Deshalb lehnt er im Prinzip die unmittelbare Drittwirkung[97] der Grundrechte ab[98]. Er verweist zwar darauf, daß Art. 9 Abs. 3 Satz 2 GG unmittelbare Drittwirkung entfaltet. Er sieht jedoch in diesem Artikel kein generalisierungsfähiges Grundmodell, sondern nur eine deutlich ausgesprochene Ausnahme[99].

Gegen eine unmittelbare Drittwirkung der Grundrechte spricht zunächst nach Canaris der Wortlaut des Grundgesetzes: Art. 1 Abs. 1 Satz 2 GG lege eine Verpflichtung zur Achtung und zum Schutz der Menschenwürde nur „aller staatlichen Gewalt" und nicht „jedermann" auf, in Art. 1 Abs. 3 sei von einer „Bindung" an die Grundrechte ausschließlich für „Gesetzgebung, vollziehende Gewalt und Rechtsprechung" und nicht auch für die „Privatrechtssubjekte" die Rede und Art. 3 Abs. 1 sehe nur eine Gleichheit „vor dem Gesetz" und nicht auch vor allen Individuen dar[100].

Des weiteren stehe auch die Systematik der Gesetzesvorbehalte dagegen, weil diese ausschließlich an den Gesetzgeber, d. h. an den Staat gerichtet seien[101]. Viel wiegt ferner auch nach Canaris das wichtige Argument, daß die Lehre der unmittelbaren Drittwirkung die Privatautonomie gefährde. Daran schließt er auch ein entstehungsgeschichtliches Argument: Die Entstehungssituation des Grundgesetzes sei durch die scharfe Absage an die nationalsozialistische Diktatur, nicht aber durch das Bemühen um eine Umgestaltung des Privatrechts gekennzeichnet[102].

---

[96] Canaris, AcP 184 (1984), S. 201ff. (204ff., 210f., 245); ders., AcP 185 (1985), S. 9; ders., JuS 1989, S. 161; ders., Grundrechte, S. 11ff., S. 36; ders., in: FS Leisner, S. 417ff.

[97] Für eine unmittelbare Drittwirkung dagegen Nipperdey, Grundrechte und Privatrecht, S. 13; ders., in: FS Molitor, 1962, S. 17 und 24; Leisner, Grundrechte und Privatrecht, S. 336ff. und 394ff.; Hager, JZ 1994, S. 373f.; ders., Grundrechte im Privatrecht, S. 4ff. Mehr zurückhaltend aber grundsätzlich einer unmittelbaren Drittwirkung der Grundrechte zuneigend Bleckmann (Bleckmann, DVBl. 1988, S. 938ff. (943); ders., Die Grundrechte, S. 227ff.; vgl. auch Maunz/Zippelius, Deutsches Staatsrecht, S. 142f.). Zu dieser Problematik s. auch Kapitel 5.3.2.

[98] Canaris, AcP 184 (1984), S. 201ff.

[99] Canaris, Grundrechte, S. 34; ders., in: FS Leisner, S. 417.

[100] Canaris, AcP 184 (1984), S. 201ff. (203f.)

[101] Canaris, AcP 184 (1984), S. 201ff. (204).

[102] Canaris, AcP 184 (1984), S. 201ff. (205).

Schließlich führt er aus, daß die Problematik der sozialen Macht nicht zwingend zur Bejahung einer unmittelbaren Drittwirkung der Grundrechte führt. Dafür spricht mit Canaris nicht nur die Unbestimmtheit des Begriffs der sozialen Macht, welche ihre Ungeeignetheit als Anknüpfungspunkt einer solch fundamentalen Folgerung beweist, sondern auch sein zutreffender dogmatischer Ausgangspunkt, daß die Drittwirkungsproblematik nicht nur beim Vorliegen von sozialer Macht auftritt. Es sei vielmehr so, daß die gewichtige Frage der sozialen Macht im Privatrecht als Teilfrage des Problemkreises der gestörten Vertragsparität durch ein schon vorhandenes rechtliches Instrumentarium zu lösen sei[103].

Im Ergebnis leugnet Canaris, daß Grundrechte als Eingriffsverbote bzw. Abwehrrechte zwischen Privaten rechtliche Wirkung entfalten können. Noch konkreter lehnt er die Auffassung ab, daß die Grundrechte im rechtsgeschäftlichen Bereich als gesetzliche Verbote im Sinne von Art. 134 BGB und im deliktischen Bereich als absolute Rechte im Sinne von Art. 823 Abs. 1 oder als Schutzgesetze im Sinne von Art. 823 Abs. 2 BGB zu qualifizieren sind[104].

2.1.1.1.3. KRITIK DER LEHRE VON DER MITTELBAREN DRITTWIRKUNG UND DER AUSSTRAHLUNGSWIRKUNG DER GRUNDRECHTE

Canaris geht davon aus, daß seine Betrachtungsweise der Lehre von der mittelbaren Drittwirkung der Grundrechte[105], d. h. einer Wirkung der Grundrechte zwischen Privaten, welche notwendig mittels des Staates zustande kommt, entspricht. Zugleich bemerkt er jedoch, daß er nur mit der dogmatischen Hauptstütze der mittelbaren Drittwirkung, d. h. mit den dogmatischen Ausgangspunkten im Prinzip übereinstimmt und nicht mit allen ihren in der Literatur und in der Rechtsprechung vertretenen Erscheinungen.

Er stellt sich vor allem kritisch gegen jene Anhänger der mittelbaren Drittwirkung der Grundrechte, welche mit verschiedenen Argumentationen die unmittelbare Geltung der Grundrechte im Privatrecht überhaupt leugnen. Denn sowohl der Zivilrechtsgesetzgeber als auch die Zivilgerichte seien dem staatlichen Apparat zugeordnet und deshalb immer als unmittelbar an die Grundrechte gebunden anzusehen. Er betrachtet also alle Auffassungen, welche den Privatgesetzgeber und die Zivilgerichte aus den Adressaten der Grundrechte auszuschließen wollen[106], obwohl sie der mittelbaren Drittwirkung angehören können, als dogmatisch schwach und verfehlt.

[103] Canaris, AcP 184 (1984), S. 201ff. (206f.).
[104] Canaris, AcP 184 (1984), S. 201ff. (203).
[105] Canaris, AcP 184 (1984), S. 201ff. (210).
[106] Er (Canaris, AcP 184 (1984), S. 201ff. (210-211)) weist auf Dürig (Dürig, in: FS Nawiasky, S. 158ff.; ders., Art. 3 Abs. 1, in: Maunz/Dürig, Rdnr. 506 und 510), Rupp (Rupp, AöR 101 (1976), S. 169) und Kopp (Kopp, in: FS Wilburg, S. 149) hin.

Er merkt des weiteren an, daß denselben unzutreffenden Weg auch viele Entscheidungen des Bundesverfassungsgerichts folgen, insoweit sie von einer nur mittelbaren und durch das Medium der privatrechtlichen Vorschriften vermittelten Geltung der Grundrechte im Privatrecht ausgehen. Er bezeichnet ebenso zutreffend wie prägnant die mittelbare Bindung von nach Art. 1 Abs. 3 GG unmittelbar zu bindenden staatlichen Organen, z. B. des privatrechtlichen Gesetzgebers, als mysteriös[107].

Daran anschließend äußert er seine Bedenken gegen die zu dieser Thematik durch das Bundesverfassungsgericht entwickelten, viel verwendeten und inzwischen als wenig bestritten betrachteten Theorie der Ausstrahlungswirkung[108] der Grundrechte. Diese sei nur eine bildhafte Wendung und kein juristischer Begriff, und deshalb biete sie nur eine Verlegenheitslösung an. Sie sei ferner sehr dunkel und unbestimmt und stehe der konsequenten und systematischen Vorgehensweise entgegen. Sie trage nicht zur Entwicklung der erforderlichen, dogmatisch überzeugenden Kriterien und zu einer Typisierung der Fallbearbeitung bei[109].

Auch habe ihre Handhabung durch das BVerfG zu großen Mißverständnissen geführt: Erstens werde oft die Ausstrahlungswirkung statt der Funktion der Grundrechte als Eingriffsverbote als Ausgangspunkt angesehen, was zur Messung des zugrundeliegenden Eingriffs am Grundsatz des Willkürverbotes und zur Umgehung der strengeren Verhältnismäßigkeitskontrolle führt[110]. Zweitens fielen im Rahmen der Ausstrahlungswirkung der Grundrechte zwei ganz verschiedene und strikt zu unterscheidende Fragen zusammen, nämlich die materielle Frage nach der Bindung der Zivilgerichte durch die Grundrechte und die verfassungsverfahrensrechtliche Frage nach dem Umfang der Nachprüfung der Rechtsanwendung der Gerichte durch das BVerfG[111]. Die erste ist nach Ansicht von Canaris eine materielle Frage, die ausschließlich das Privatrecht betrifft, und die zweite ist eine allgemeinere verfahrensrechtliche Frage nach einer möglichen „Superrevision“ vor dem BVerfG.

---

[107] Canaris, AcP 184 (1984), S. 201ff. (212).

[108] Zur Ausstrahlungswirkung und zur mittelbaren Drittwirkung der Grundrechte vor allem BVerfGE 7, 198ff.; s. auch BVerfGE 34, 269ff.; 42, 143ff.; 84, 192ff.; 89, 214ff.; vgl. auch Böckenförde, Zur Lage, S. 31ff.; Aussem, Die Ausstrahlungswirkung der Grundrechte auf das Arbeitsrecht; Floren, Grundrechtsdogmatik im Vertragsrecht, S. 132ff., 224ff., 421ff.; Schapp, ZBB 1999, S. 30ff. (32f.); Pieroth/Schlink, Grundrechte, Rdnr.73ff; Tsiliotis, Der Verfassungsrechtliche Schutz der Wettbewerbsfreiheit, S. 503ff.; Hennig, Die Rechtsprechung des Bundesverfassungsgerichts, S. 120ff. Kritisch gegen den Ausdruck „Ausstrahlungswirkung der Grundrechte“ äußern sich außer Canaris auch Wahl (Der Staat 20 (1981), S. 485ff. (502f.): „An prominenter Stelle einer unklaren Abgrenzung steht die aus der Grundsatzwirkung der Grundrechte gefolgerte „Ausstrahlungswirkung“ der Grundrechte ins einfache Recht und ins Detail des konkreten Falles“) und Hager (Grundrechte im Privatrecht, S. 4f.).

[109] Canaris, Grundrechte, S. 30ff.; ders., in: FS Leisner, S. 430.

[110] Canaris, AcP 184 (1984), S. 201ff. (211); ders., Grundrechte, S. 33 mit Verweisungen auf BVerfGE 7, 198ff., (207); 30, 173ff. (199f).

[111] Canaris, Grundrechte, S. 27f.

2.1.1.1.4. DIE HAUPTTHESEN VON CANARIS

1. Canaris Ausführungen stehen und fallen mit der Unterscheidung zwischen staatlichen Funktionen und privaten Subjekten einerseits und staatlichen Akten und privaten Akten andererseits[112]. Diese Unterscheidung, die in der klassischen Unterscheidung zwischen Staat und Gesellschaft[113] gründet, setzt sich mit der etatistischen Konvergenztheorie[114] auseinander, nach der auch die privaten Eingriffe in Grundrechte dem Staat zuzurechnen und im Ergebnis als staatliche Eingriffe zu qualifizieren sind.

2. Canaris stellt und bejaht die Frage, ob der Zusammenhang zwischen Grundrechten und Privatrecht überhaupt rechtlich einschlägig ist. Diese Thematik bedeutet nach Canaris sowohl, daß die Grundrechte auf die Beziehungen zwischen Privaten wirken und private Akte binden, d. h. Drittwirkung entfalten, als auch daß die Grundrechte die Akte der staatlichen Organe binden, auch wenn sie im Bereich des Privatrechts tätig sind, nämlich im Privatrecht gelten[115]. Damit sind mit Canaris die Drittwirkung der Grundrechte und die Geltung der Grundrechte im Privatrecht zum einen gegeben und zum anderen zu unterscheiden. Es ist jedoch noch nichts von der Art der Drittwirkung und von der Art der Geltung im Privatrecht gesagt.

3. Ferner stellt Canaris die notwendige Zwischenfrage nach den Adressaten der Grundrechte. Er führt zu dieser Frage aus, daß nur die staatlichen Organe Adressaten der Grundrechte seien[116]. Diese Annahme ist von großer Bedeutung, was die zwei Fragen nach der Art der Drittwirkung und der Geltung der Grundrechte im Privatrecht anbetrifft.

4. Dieses Ergebnis ist zum einen für die Frage nach der Art der Drittwirkung der Grundrechte erheblich. Insoweit die Grundrechte nur an den Staat gerichtet seien und dessen Akte binden, wirkten sie in den Beziehungen zwischen Privaten nur durch die Mediatisierung der staatlichen Funktionen und ihrer Akte, d. h. mittelbar[117].

5. Was die Frage nach der Art der Geltung der Grundrechte im Privatrecht betrifft, sind nach Canaris der Privatrechtsgesetzgeber und der Richter als staat-

[112] Canaris, AcP 184 (1984), S. 201ff. (202); ders., Grundrechte, S. 36.

[113] Rupp, HdbStR I, § 28.

[114] Danach werden alle privaten Grundrechtseingriffe dem Staat zugerechnet. Dementsprechend komme auch bei privaten Grundrechtseingriffen die abwehrrechtliche Funktion der Grundrechte zum Ausdruck. Dazu s. Schwabe, Probleme der Grundrechtsdogmatik, S. 211ff.; ders., AöR 100 (1975), S. 442ff.; Murswiek, Die staatliche Verantwortung, S. 88ff.; ders., NVwZ 1986, S. 611ff.; ders., WiVerw 1986, S. 179ff.; Lübbe-Wolf, Die Grundrechte als Eingriffsabwehrrechte, S. 69ff. Canaris (AcP 184 (1984), S. 201ff. (217f.); ders., Grundrechte, S. 37f.) lehnt im Prinzip die Gleichstellung von privatautonomer Regelung und Norm des Privatrechts ab, er stellt auf die „Anerkennungstheorie" ab (D. h. daß die Kompetenz der Privaten zur Setzung rechtsgeschäftliche Regelungen nicht mit der Kategorie der Ermächtigung oder der Delegation sondern mit der der Anerkennung erklärbar sei.) und stellt sich kritisch gegen die Auffassungen von Schwabe, Murswiek und Lübbe-Wolf.

[115] Nach der Terminologie von Canaris (Grundrechte, S. 36).

[116] Canaris, AcP 184 (1984), S. 201ff. (204, 245); ders., Grundrechte, S. 35f.

[117] Wie auch oben dargestellt worden ist, leugnet Canaris im Prinzip die unmittelbare Drittwirkung der Grundrechte und ordnet insoweit vordergründig seine Ausführungen der Lehre der mittelbaren Drittwirkung der Grundrechte zu.

liche Organe immer Adressaten der Grundrechte. Ihre Akte seien unmittelbar an die Grundrechte gebunden und damit trete auch die unmittelbare Geltung der Grundrechte im Privatrecht hinzu.

6. Auf diesem Zusammenhang beruht die Hauptthese Canaris, daß die Grundrechte entweder als Eingriffsverbote oder als Schutzgebote wirken[118]. Das entscheidende Kriterium der erforderlichen weiteren fallbezogenen Unterscheidung zwischen den zwei Einwirkungsformen besteht in der Frage nach dem Gegenstand der Prüfung anhand der Grundrechte. Falls Gegenstand der Prüfung anhand der Grundrechte staatliche Regelungen und Akte sind, dann seien die Grundrechte als staatliche Eingriffsverbote anzuwenden. Wenn dagegen Gegenstand der Prüfung anhand der Grundrechte private Akte sind, z. B. private Rechtsgeschäfte, dann seien die Grundrechte als staatliche Schutzgebote anzuwenden[119].

7. Der Schlußstein der dogmatischen Konstruktion[120] von Canaris besteht in der Annahme einer schwächeren Wirkungskraft der Grundrechte als Schutzgeboten im Vergleich mit ihrer Wirkungskraft als Eingriffsverboten[121]. Es spreche viel dafür, daß es erstens bei der Schutzgebotsfunktion der Grundrechte immer um die Problematik der Unterlassung gehe, bei deren Behandlung in allen Rechtsgebieten die Überwindung einer spezifischen Argumentationsschwelle zur Begründung einer Rechtspflicht zum Handeln erforderlich sei[122]. Daran anschließend obliege zweitens dem staatlichen Verfassungsanwender grundsätzlich[123] ein größerer Ermessensspielraum bei der Wahrnehmung des grundgesetzlichen Schutzauftrags als bei der Beachtung des Eingriffsverbots[124]. Drittens sei

---

[118] Insofern tragen nach Canaris zur Behandlung der Frage nach der Art der Funktion der Grundrechte im Privatrecht die Lösungen 1) der unmittelbaren Drittwirkung der Grundrechte, 2) der Zuordnung jedes privaten Verhalten dem Staat (etatistische Konvergenztheorie) 3) der mittelbaren Drittwirkung, 4) der Ausstrahlungswirkung der Grundrechte und 5) des objektiven Grundrechtsgehalts oder anders formuliert der objektiven Wertordnung nicht bei. Die erste zwei Wege erwiesen sich fruchtlos aus dogmatischer Unrichtigkeit und die folgenden drei seien zu vermeiden wegen ihrer strukturellen Unbestimmtheit. Es ist jedoch zu bemerken, daß die Lehre von den Ausstrahlungswirkung der Grundrechte, der mittelbaren Drittwirkung der Grundrechte und des objektiv-rechtlichen Gehalts (objektiv-rechtliche Wertentscheidungen) der Grundrechte nach überwiegender Ansicht zusammenzufassen sind und sich nicht unterscheiden lassen. Sie bilden die herrschende Auffassung zur Wirkung der Grundrechte auf das einfache Recht.

[119] Diese Thematisierung folgt allerdings nicht genau der Vorgehensweise Canaris. Canaris merkt nämlich erstens an, daß Gegenstand der Prüfung der Grundrechte grundsätzlich nur staatliche Regelungen und Akte, also vor allem Gesetze und Gerichtsentscheidungen, nicht dagegen auch solche von Privatrechtssubjekten, also vor allem Rechtsgeschäfte und Delikte sind. Zweitens bemerkt er jedoch, daß auch privates Verhalten mittelbar Gegenstand der Prüfung an den Grundrechten sein kann; wenn dies der Fall ist, sei noch eine gedankliche Brücke zu finden, welche diese Prüfung ermögliche. Drittens führt Canaris aus, daß diese gedankliche Brücke die Schutzgebotsfunktion der Grundrechte darstellt.

[120] Die praktische Handhabung dieser Konstruktion wird mit einem Anwendungsmuster und Beispielen aus der Rechtsprechung im Kapitel 2.1.1.2. dargestellt.

[121] Canaris, Grundrechte, S. 43f.; vgl. jedoch die zutreffende Kritik von Hager, JZ 1994, S. 381ff.

[122] Canaris, JuS 1989, S. 163; ders., Grundrechte, S. 43; vgl. auch Klein, NJW 1989, S. 1639; Oldiges, in: FS Friauf, S. 306.

[123] Mit der Ausnahme der Fällen der sogenannten „Ermessensreduzierung auf Null". Dazu OVG Münster, NJW 1984, S. 883; Gern, DVBl. 1987, S. 1194ff.; Würtenberger, Verwaltungsprozessrecht, Rdnr. 27; Würtenberger/Heckmann/Riggert, Polizeirecht, Rdnr. 325; Friauf, in: Besonderes Verwaltungsrecht, S. 132ff.; Wahl/Schütz, VwGO, § 42 Abs. II, S. 41ff.; Canaris, Grundrechte, S. 59.

[124] Canaris, Grundrechte, S. 44; vgl. Unruh, Zur Dogmatik, S. 24; Dietlein, Die Lehre, S. 71-72; Robbers, Sicherheit als Menschenrecht, S. 125 und 173ff.

vor allem die Schwachheit der Schutzgebotsfunktion der Grundrechte ein gerechtfertigter Ausfluß der Notwendigkeit der Beibehaltung der Eigenständigkeit des Privatrechts[125].

2.1.1.1.5. KRITIK DER THESEN VON CANARIS ZUM FRAGENKREIS „GRUNDRECHTE UND PRIVATRECHT"

Canaris bahnt einen in sich sehr konsequent strukturierten Weg zur Behandlung des Zusammenhanges zwischen Grundrechten und Privatrecht. Zu den Vorteilen seiner Ausführungen gehören die kritische Auseinandersetzung mit den bisher zu dieser Thematik vertretenen Thesen und die explizite Untersuchung aller Teilfragen[126] mit Rücksicht auf ihre Besonderheiten.

Auf der anderen Seite erscheint die Argumentation von Canaris[127] gegen eine unmittelbare Drittwirkung der Grundrechte[128] nicht überzeugend. Deswegen ist auch die These Canaris von der schwächeren Stellung der Schutzgebotsfunktion der Grundrechte[129] abzulehnen. Wenn man davon ausgeht, daß die Grundrechte als Eingriffsverbote auch zwischen Privaten Wirkung entfalten können und daß die Schutzpflichten des Staates den nächsten Schritt zur Durchsetzung dieser privaten Bindung darstellen[130], kann man nicht verstehen, wie es diese schwächere Wirkung geben kann.

Im Anschluß an die zutreffende terminologische Bemerkung von Canaris, daß die Bindung des Privatrechtsgesetzgebers an die Grundrechte nicht als unmittelbare Drittwirkung bezeichnet werden kann[131], sind einige Bedenken gegen die Verwendung des Terminus „unmittelbare Geltung der Grundrechte" für die Beschreibung dieser Bindung zu äußern. Unmittelbare Geltung der Grundrechte im Privatrecht stellt m. E. einen Oberbegriff dar, welcher sowohl die unmittelbare Bindung des Privatrechtsgesetzgebers oder des Richters an die Grundrechte

[125] Canaris, Grundrechte, S. 46-47.

[126] Nur beispielhaft sind hier die Fragen der Geltung der Grundrechte bei der „ergänzenden Auslegung" (Canaris, AcP 184 (1984), S. 201ff. (216)), der Schrankenproblematik bei vertragsergänzendem dispositiven Recht (Canaris, AcP 184 (1984), S. 201ff. (213f.)) und der grundrechtsprägenden Privatrechtsnormen (Canaris, Grundrechte, S. 19f.) zu erwähnen. Darauf ist jedoch nicht im Rahmen dieser Arbeit einzugehen.

[127] Sowie die Begründungslinien anderer Anhänger der mittelbaren Drittwirkung der Grundrechte: BVerfGE 7, 198ff. (205ff.); 7, 230ff. (233ff.); 42, 143ff. (148); 73, 261ff. (269); Dürig, in: FS Nawiasky, S. 157ff. (176ff.); ders., Art. 1 Abs. 3, in: Maunz/Dürig, GG, Rdnr. 131ff.; Kopp, in: FS Wilburg, S. 141ff. (153ff.); Hesse, Grundzüge des Verfassungsrechts, Rdnr. 351f.; Böckenförde, Zur Lage, S. 30ff.; Unruh, Zur Dogmatik, S. 69ff.; Tsiliotis, Der verfassungsrechtliche Schutz der Wettbewerbsfreiheit, S. 495ff.

[128] Zur eigenen Stellungnahme für eine unmittelbaren Drittwirkung der Grundrechte Kapitel 5.3.2.2. Vgl. auch Nipperdey, Grundrechte und Privatrecht, S. 13; ders., Grundrechte und Privatrecht, in: FS Molitor, S. 17 und 24; Leisner, Grundrechte und Privatrecht, S. 336ff. und 394ff.; Hager, JZ 1994, S.373ff.

[129] Zur überzeugenden Erwiderung dieser „Schwachheitsthese" vor allem Hager, JZ 1994, S. 373ff.; ders., Grundrechte im Privatrecht, S. 4ff.

[130] Eingehender zu der hier vertretenen These Kapitel 5.3.2.2.

[131] Canaris, Grundrechte, S. 35 und besonders Fn. 83 mit Verweis auf Alexy, Theorie der Grundrechte, S. 489f.

als auch die mittelbare[132] oder unmittelbare[133] Drittwirkung der Grundrechte zwischen Privaten miteinschließt.

2.1.1.2. FUNKTIONELLE VERANSCHAULICHUNG DER EINGRIFFSVERBOTSFUNKTION UND DER SCHUTZGEBOTSFUNKTION DER GRUNDRECHTE NACH CANARIS

Im Rahmen seiner Überlegungen zum Thema „Grundrechte und Privatrecht“ kommt Canaris zum Schluß, daß die Grundrechte entweder als staatliche Eingriffsverbote oder als staatliche Schutzgebote unmittelbar im Privatrecht gelten. Die Frage lautet also: „Wann kommen die Grundrechte als staatliche Eingriffsverbote und wann als staatliche Schutzgebote zur Anwendung?“ Diese Frage ist besonders wichtig. Denn das Untermaßverbot ist nach Canaris ein grundrechtlicher Maßstab, der nur bei der Schutzgebotsfunktion der Grundrechte anzulegen ist.

2.1.1.2.1. DIE UNTERSCHEIDUNG DER GELTUNG DER GRUNDRECHTE IM PRIVATRECHT ALS EINGRIFFSVERBOTE UND ALS SCHUTZGEBOTE

Canaris geht davon aus, daß die Grundrechte im Privatrecht mit zwei unterschiedlichen Funktionen, nämlich als Eingriffsverbote und als Schutzgebote, zur Geltung kommen[134]. Die Grundrechte gelten im Privatrecht zum einen als Eingriffsverbote, wenn sie den Grundrechtsträger vor Verletzungen durch den Staat schützen[135]. Es handelt sich um das klassische Verständnis der Grundrechte als private Abwehrrechte gegenüber dem Staat. Die Eingriffsverbotsfunktion der Grundrechte gleicht also der nach üblicher Terminologie klassischen Abwehrfunktion der Grundrechte. Die Grundrechte als Eingriffsverbote betreffen immer eine zweipolige Beziehung zwischen einem privaten Grundrechtsträger und einem Staatsorgan. Das Staatsorgan besitzt die Rolle des möglichen Angreifers im Hinblick auf das Grundrecht. Die Respektierung der Eingriffsverbotsfunktion der Grundrechte erfolgt durch die Unterlassung des staatlichen Eingriffs, während der Eingriff die staatliche Verletzung der Eingriffsverbotsfunktion der Grundrechte bedeutet.

---

[132] Im Zusammenhang mit der Schutzgebotsfunktion der Grundrechte nach Canaris.

[133] Bei der unmittelbaren Drittwirkung gelten jedoch die Grundrechte in Gestalt von Eingriffsverboten auch dem Verhalten Privater gegenüber.

[134] Canaris, Grundrechte, S. 37ff.; ders., AcP 184 (1984), S. 201ff. (225f.); ders., JuS 1989, S. 161ff.

[135] Canaris, AcP 184 (1984), S. 201ff.; ders., JuS 1989, S. 161ff.

Zum anderen gelten die Grundrechte im Privatrecht auch als Schutzgebote[136]. „Dabei geht es nicht um Verletzungen aus der Staatsrichtung, ..., sondern um Verletzungen durch andere Bürger, also in der Tat um die Problematik der Drittwirkung."[137] Es geht um eine weit über das klassische abwehrrechtliche Grundrechtsverständnis hinausgehende Grundrechtsfunktion. Die Schutzgebotsfunktion der Grundrechte nach der Terminologie von Canaris thematisiert die in Literatur und Rechtsprechung bekannten grundrechtlichen Schutzpflichten. Die Beziehung, für die die Grundrechte als Schutzgebote gelten, ist eine zwischenmenschliche horizontale Beziehung zwischen einem privaten Grundrechtsträger bzw. „Opfer" und einem möglichen privaten Angreifer bzw. „Störer". Die Staatsorgane besitzen die Rolle des „Schützers" des „Opfers" vor dem „Störer"[138]. Ihnen obliegt der Schutz der Grundrechte der Grundrechtsträger vor privaten Verletzungen. Die Respektierung der Schutzgebotsfunktion der Grundrechte durch den Staat erfolgt durch eine staatliche schützende Handlung zugunsten des „Opfers". Im Gegensatz dazu bedeutet die staatliche Unterlassung des Schutzes die staatliche Verletzung der Schutzgebotsfunktion der Grundrechte.

Canaris betrachtet diese Zweiteilung der Grundrechtsfunktionen in der Regel aus der Sicht eines prüfenden staatlichen Organs. In den meisten Fällen erblickt er sogar die Unterscheidung zwischen Eingriffsverboten und Schutzgeboten unter dem Blickwinkel des BVerfG. Vor der Beteiligung des BVerfG in einen Rechtsstreit gibt es immer eine andere staatliche Beteiligung. Das BVerfG prüft also, ob die staatliche Beteiligung als möglicher Eingriff oder als vermutlich unterlassener oder unzureichender Schutz zu qualifizieren ist. Das[139] muß nach Ansicht von Canaris das BVerfG aufgrund der durch die anderen schon beteiligten Staatsorgane formulierte „ratio-decidendi-Norm" deduzieren. Mit anderen Worten muß das BVerfG nach Canaris überlegen, ob die „ratio-decidendi-Norm" der anderen Staatsorgane als möglicher Eingriff oder als mögliche Schutzunterlassung interpretiert werden kann.

2.1.1.2.2. BEISPIELE FÜR DIE GELTUNG DER GRUNDRECHTE ALS EINGRIFFSVERBOTE NACH CANARIS

Canaris liefert einige Beispiele der Geltung der Grundrechte als Eingriffsverbote: Zuerst fragt er, ob eine staatliche Maßnahme als Eingriff in eine Grund-

---

[136] Canaris, Grundrechte, S. 55ff.; ders., AcP 184 (1984), S. 201ff. (225ff.); ders., JuS 1989, S. 163ff.; ders., in: FS Leisner, S. 413ff.

[137] Canaris, AcP 184 (1984), S. 201ff. (226).

[138] „Opfer", „Störer", und „Schützer" konstituieren ein Rechtsdreieck. Zu diesem „Schutz durch Eingriff"-Schema vor allem Wahl/Masing, JZ 1990, S. 557ff. m. w. N. Bei der Schutzgebotsfunktion der Grundrechte gibt es keine zweipolige Rechtsbeziehung. Es handelt sich um eine mehrdimensionale Beziehung.

[139] Ob nämlich die Grundrechte als Eingriffsverbote oder als Schutzgebote zum Ausdruck kommen.

rechtsverbürgung zu qualifizieren ist. Bejahendenfalls erörtert er die Frage, ob dieser staatliche Eingriff übermäßig und damit verfassungswidrig ist.

a) Als charakteristisches Beispiel für die Geltung der Grundrechte als Eingriffsverbote im Privatrecht nennt Canaris den Fall Lüth. Im Fall Lüth gab der BGH einer Unterlassungsklage eines Kinounternehmers statt, nach der Herr Lüth zum Unterlassen des Boykots verpflichtet wurde. Lüth erhob danach Verfassungsbeschwerde beim Bundesverfassungsgericht[140]. Die der eingreifenden Entscheidung des BGH zugrundeliegende „ratio-decidendi-Norm" lautete: „Ein Aufruf zum Boykott eines Films verpflichtet auch dann, wenn er von einer Privatperson ohne den Einsatz wirtschaftlicher oder ähnlicher Druckmittel und ohne Wettbewerbsabsicht ausgesprochen wird, zum Schadenersatz gegenüber den Inhabern der betroffenen Kinos und kann von diesen bei Wiederholungsgefahr im Wege des Unterlassungsklage verboten werden."[141] Diese Norm stellte nach Canaris einen Eingriff in das Recht Lüths auf freie Meinungsäußerung gemäß Art. 5 Abs. 1 GG dar[142]. Canaris sieht in diesem Fall den BGH als möglichen „Eingreifer" und nicht als möglichen Nicht-Schützer der Meinungsfreiheit von Lüth. Es kommen also die Grundrechte als Eingriffsverbote und nicht als Schutzgebote im Betracht[143] und es gibt keinen Platz für eine Untermaßverbotsprüfung. Der Eingriff des BGH sollte jedoch nach Canaris einer Verhältnismäßigkeitsprüfung unterliegen, aus der das BVerfG die Verfassungswidrigkeit entnehmen sollte.

b) Ein weiteres Beispiel für die Geltung der Grundrechte als Eingriffsverbote sieht Canaris im Photokina-Fall. Dabei hatte ein Unternehmen, das wegen Differenzen über seinen Standplatz nicht zu einer Messe zugelassen worden war, ein Zeitungsinserat mit dem folgenden Text veröffentlicht: „Suchen Sie uns nicht auf der Photokina! Wir verlassen diese aus Protest, weil die Kölner Messegesellschaft unseren festen Stand (1960-1976) anderweitig vergeben hat."[144] Der BGH verurteilte das Unternehmen zur Unterlassung der Verbreitung des Zeitungsinserats wegen eines rechtswidrigen Eingriffs in den Gewerbebetrieb der Messegesellschaft. Zugleich leugnete er die Anwendung von Art. 5 Abs. 1 GG für den Unternehmer mit dem Argument, daß es nicht um eine „die Öffentlichkeit berührende Frage"[145] handele. In dieser Entscheidung des BGH und genauer formuliert in ihrer „ratio decidendi"[146] sieht Canaris einen staatlichen Ein-

---

[140] BVerfGE 7, 198ff..

[141] Canaris, Grundrechte, S. 31.

[142] Canaris, Grundrechte, S. 31; ders., AcP 185 (1985), S. 10ff.; ders., JuS 1989, S. 167; vgl. auch Lübbe-Wolff, Die Grundrechte als Eingriffsabwehrrechte, S. 165ff.; Oeter, AöR 119 (1994), S. 535ff.

[143] Es soll jedenfalls berücksichtigt werden, daß das BVerfG nicht auf die klassische Funktion der Grundrechte als Eingriffsverbote dem Staat gegenüber abgestellt hat und mit den Ausstrahlungswirkungs- und objektiven Wertordnungsargumentationen vorgegangen ist (BVerfGE 7, 198ff.).

[144] BGH NJW 1983, S. 2195-2196.

[145] BGH NJW 1983, S. 2196; vgl. auch BVerfGE 7, 198ff. (212). Dieses Kriterium wird durch Canaris als sowohl im Prinzip unergiebig als auch im konkreten Fall sachwidrig betrachtet (Canaris, Grundrechte, S. 53ff.).

[146] Die konkrete Norm wird hier vom Canaris nicht ausdrücklich formuliert, sie lautete jedoch ungefähr so: „Ein Zeitungsinserat des Unternehmers, welches sich auf keine die Öffentlichkeit berührende Frage stützt und die Gewerbefreiheit des Messebetreibers beeinträchtigt, ist zu unterlassen."

griff in die Meinungsfreiheit des Unternehmers. Dieser Eingriff sei unverhältnismäßig und im Ergebnis verfassungswidrig.

c) Schließlich[147] kommen nach Canaris die Grundrechte als Eingriffsverbote im Rahmen des Mephisto-Falles zur Geltung. In diesem Fall hat der BGH die Veröffentlichung und die Vertreibung des Buches „Mephisto Roman einer Karriere" von Klaus Mann als Autor untersagt. Denn dieses stellte eine Verletzung des Lebensbildes des damals bereits verstorbenen Schauspielers Gustaf Gründgens dar. Der Verlag richtete hiergegen eine Verfassungsbeschwerde an das BVerfG[148]. In diesem Zusammenhang betrachtet Canaris den BGH als vermutlichen Eingreifer in die Kunstfreiheit von Klaus Mann und geht deshalb davon aus, daß die weitere Frage nach der Verfassungsmäßigkeit dieses staatlichen Eingriffs gemäß der Prüfungsmaßstäbe der Funktion der Grundrechte als Eingriffsverbote[149] zu erörtern ist. Auch in diesem Fall kommt Canaris zum Schluß, daß dieser Eingriff in Art. 5 Abs. 3 GG durch den BGH gegen das Verhältnismäßigkeitsprinzip verstößt und übermäßig[150] ist.

2.1.1.2.3. BEISPIELE FÜR DIE GELTUNG DER GRUNDRECHTE ALS SCHUTZGEBOTE NACH ANSICHT VON CANARIS

Canaris veranschaulicht durch Beispiele auch die Geltung der Grundrechte als Schutzgebote. Zuerst stellt er die Frage, ob eine staatliche Beteiligung als Schutzmaßnahme vor der Verletzung eines Grundrechts durch eine private Handlung zu qualifizieren ist. Dann kommen nach der Ansicht von Canaris die Grundrechte als staatliche Schutzgebote zur Geltung. Im Anschluß prüft er, ob im Rahmen des jeweiligen Falles eine konkrete staatliche grundrechtliche Schutzpflicht begründet wird. Auf einer weiteren Ebene erörtert er die Frage, ob diese staatliche Schutzmaßnahme untermäßig und damit verfassungswidrig ist.

a) Zur Veranschaulichung der Geltung der Grundrechte im Privatrecht als Schutzgebote geht Canaris auf die folgende Ergänzung des Sachverhalts, vor

---

[147] Weitere Beispiele der Geltung der Grundrechte als Eingriffsverbote im Privatrecht in Canaris, AcP 184 (1984), S. 201ff. (213) (Die Grundrechte als Eingriffsverbote im Rahmen der Kollision zwischen Meinungsfreiheit des Arbeitnehmers und Kündigungsrecht des Arbeitgebers. Dazu vgl. jedoch die unterschiedliche Vorgehensweise von BAG AP Nr. 1, 4, 57, 58); ders., JuS 1989, S. 172 (Die Grundrechte als Eingriffsverbote im Rahmen der Kollision zwischen Wissenschaftsfreiheit und Deliktsrecht gemäß Art. 823 Abs. 1 BGB); ders., in: FS Leisner, S. 421 (Die Grundrechte als Eingriffsverbote in der Kollision zwischen Persönlichkeitsrecht oder Ehre und Meinungsfreiheit). Dazu vgl. auch Bund, in: FS v. Caemmerer, S. 326ff.; Heldrich, Freiheit der Wissenschaft- Freiheit zum Irrtum?, S. 53ff.; Wagner, Zur Stellung der Forschungsfreiheit im Gefüge der Grundrechte, S. 229f.

[148] Das BVerfG (BVerfGE 30, 173ff.) hat diese Beschwerde abgewiesen.

[149] Daß das nicht unumstritten sein kann, wird vor allem durch die Formulierung in der Einleitung von BVerfGE 30, 173ff. deutlich: „Die Verfassungsbeschwerde richtet sich gegen *das vom* Adoptivsohn und Alleinerben des verstorbenen Schauspielers und Intendanten Gustaf *Gründgens* gegen die Beschwerdeführerin *erwirkte Verbot,* das Buch zu veröffentlichen."

[150] Zur Problematik dieser Verhältnismäßigkeitsprüfung s. Canaris, JuS 1989, S. 172. Auch die Kritik Canaris gegen die durch das BVerfG hier anstelle der Verhältnismäßigkeitsprüfung vorgenommene Willkürverbotsprüfung ist hier einzubeziehen. Dazu s. auch Canaris, AcP 184 (1984), S. 201ff. (211).

allem des Prozeßablaufs und der Rollenverteilung, des Lüth-Urteils[151] ein: Das Zivilgericht hat die Unterlassungsklage der Kinounternehmer oder des Regisseurs Veit Harlan abgewiesen und deshalb erheben diese eine Verfassungsbeschwerde vor dem Bundesverfassungsgericht.

Die einschlägigen Grundrechte sind hier die Kunstfreiheit des Regisseurs nach Art. 5 Abs. 3 GG und die Eigentumsfreiheit des Unternehmers gemäß Art. 14 GG. Die Abweisung der Unterlassungsklage sei nicht als ein staatlicher Eingriff, sondern als das Unterbleiben einer Einmischung anzusehen[152], welche möglicherweise die Unterlassung des verfassungsrechtlich gebotenen Schutzes[153] bedeuten könne. Dabei tritt die Problematik der Schutzgebotsfunktion der Grundrechte zu Tage.

Was Veit Harlan betrifft, ist Canaris der Auffassung, daß der Schutzbereich des Art. 5 Abs. 3 GG nicht durch den Boykottaufruf Lüths betroffen[154] war. Dasselbe behauptet er hinsichtlich der Eigentumsfreiheit des Kinounternehmers. Damit verneint er die Einschlägigkeit der beiden Grundrechte, welche Voraussetzung für die Begründung einer konkreten staatlichen grundrechtlichen Schutzpflicht wäre. Da im Rahmen dieses Falles keine konkrete grundrechtliche Schutzpflicht begründet wird, erübrigt sich jede nachfolgende Untermaßverbotsprüfung.

b) Weiterhin sieht Canaris auch die Frage nach der Verfassungsmäßigkeit der §§ 74f. HGB[155] als ein einleuchtendes Beispiel für die Geltung der Grundrechte im Privatrecht als Schutzgebote. Dabei geht es um die Frage, ob die §§ 74f. HGB, welche dem nachvertraglichen Wettbewerbsverbot Schranken setzen, gegen die Grundrechte verstoßen und insoweit verfassungswidrig sein können. Das einschlägige Grundrecht ist die Berufsfreiheit gemäß Art. 12 GG. Die Regelung der §§ 74f. HGB stellt nach Canaris keinen Eingriff in die Berufsfreiheit dar. Sie sei im Gegenteil als eine staatliche Regelung zu qualifizieren, welche dem Schutz der Berufsfreiheit dient[156]. Damit seien diese Vorschriften am Maßstab der Grundrechte in Gestalt der Schutzgebote zu messen.

Ferner führt Canaris aus, daß die Rechtsgeschäfte, welche ein nachvertragliches Wettbewerbsverbot festsetzen, die Berufsfreiheit einschränken, und

---

[151] Zum Lüth-Urteil (BVerfGE 7, 198ff.) Kapitel 2.1.1.2.2.
[152] Canaris, Grundrechte, S. 40.
[153] Canaris, Grundrechte, S. 42.
[154] Canaris, Grundrechte, S. 40 und 72f.; ders., in: FS Leisner, S. 420. Canaris bemerkt jedoch, daß ein staatlicher Boykottaufruf Art. 5 Abs. 3 GG berühren würde (Dann würden die Grundrechte als Eingriffsverbote zum Ausdruck kommen) und er weist auf seine These für eine schwächere Wirkung der Schutzgebotsfunktion der Grundrechte hin (Canaris, Grundrechte, S. 43f.).
[155] Canaris, AcP 184 (1984), S. 201ff. (228-229); vgl. auch Achterberg, JZ 1975, S. 713ff.; Schwabe JZ 1976, S. 439ff.; Westhoff, RdA 1976, S. 360ff.
[156] Canaris, AcP 184 (1984), S. 201ff. (229). Dieser Betrachtungsweise wird entgegensetzt, daß diese Vorschriften letztendlich grundrechtsgestaltend auf das Privatrecht einwirken. Sie stellen zwar, wie Canaris zutreffend bemerkt, eine Konkretisierung der aus Art. 12 GG fließenden Schutzpflicht dar. Sie nehmen jedoch zugleich Rücksicht auf die ihr entgegenstehenden Gütern. Nach der interessanten dogmatischen Teilung der als Oberbegriff bezeichneten „Einwirkungen auf Rechtsgüter" von Ipsen (in: FS Starck, S. 85ff. (98ff.)), gehören diese Regelungen zur Kategorie der „gesetzlichen Ausgestaltung grundrechtlich geschützter Rechtsgüter" (Ipsen, in: FS Starck, S. 102-103). Sie sind kurz gesagt ein aliud sowohl im Vergleich mit den originären staatlichen Eingriffen als auch im Vergleich mit der bloßen einfachgesetzlichen Wahrnehmung von grundrechtlichen Schutzpflichten.

deshalb sei die private Berührung[157] des grundrechtlich geschützten Gutes gegeben. In diesem Zusammenhang sieht Canaris eine konkrete staatliche grundrechtliche Schutzpflicht als begründet, die der Gesetzgeber durch die Regelungen der §§ 74f. HGB wahrnehme. Canaris unterwirft also diese Regelungen einer Untermaßverbots- bzw. Verfassungswidrigkeitsprüfung. Im Ergebnis stellt er jedoch fest, daß §§ 74f. HGB nicht untermäßig und damit verfassungsmäßig sind[158].

c) Schließlich[159] thematisiert Canaris die Geltung der Grundrechte als Schutzgebote auch am Beispiel des Blinkfüers-Falles[160]. Die Zeitschrift „Blinkfüer" druckte auch nach dem Bau der Berliner Mauer ostdeutsche Fernseh- und Rundfunkprogramme ab. Der Springerverlag hatte aus politischen Gründen zum Boykott gegen diese Zeitschrift aufgerufen. Er hatte damit auch die Drohung verbunden, die Geschäftsbeziehungen zu dessen Kunden abzubrechen, die sich dem Boykott nicht anschließen würden. Der Blinkfüer-Herausgeber hat Schadensersatzklage vor dem BGH erhoben, welche abgewiesen worden ist[161]. Danach erhob er Verfassungsbeschwerde vor dem BVerfG[162].

Das einschlägige Grundrecht ist in diesem Fall die Pressefreiheit des Herausgebers von „Blinkfüer" gemäß Art. 5 Abs. 1 GG. Der BGH hat nach Canaris durch seine Entscheidung keinen Eingriff in die Pressefreiheit des Unternehmers vorgenommen. Seine Beteiligung bedeutete nur eine Verweigerung des Schutzes der Pressefreiheit Blinkfüers. Daraus folge, daß die Schutzgebotsfunktion der Grundrechte zur Anwendung kommt[163].

Der private Boykottaufruf des Springverlages stelle einen Eingriff in den Schutzbereich des Art. 5 Abs. 1 GG dar und deshalb soll nach Canaris eine konkrete staatliche grundrechtliche Schutzpflicht begründet sein[164]. Die Wahrnehmung dieser Schutzpflicht durch den BGH[165] sei am Maßstab des Untermaßverbots zu überprüfen. Canaris zieht den Schluß, daß der BGH das Untermaßverbot verletzt hat, indem er der Schadenersatzklage von Blinkfüer nicht stattgegeben hat.

[157] Canaris betont an dieser Stelle (Canaris, AcP 184 (1984), S. 201ff. (228)), daß das private Rechtsgeschäft nur als rechtlich unerhebliche Berührung und nicht als Eingriff anzusehen ist, weil es keine unmittelbare Drittwirkung der Grundrechte gibt.

[158] Canaris, AcP 184 (1984), S. 201ff. (229).

[159] Weitere Beispiele von Canaris zur Anwendung der Grundrechte als Schutzgebote s. in Canaris, Grundrechte S. 55ff. (Die Grundrechte als Schutzgebote am Beispiel der Wahlplakatentscheidung des BVerfG (BVerfGE 7, 230ff.)), 60ff. (Die Grundrechte als Schutzgebote im Rahmen der Parabolantennen-Entscheidung des BVerfG (BVerfGE 90, 27ff.). (Die Grundrechte als Schutzgebote im Rahmen der BVerfGE 96, 56ff.); ders., in: FS Leisner S. 413ff. (430f.) (Die Grundechte als Schutzgebote im Rahmen der Schülerzeitungsentscheidung des BVerfG (BVerfGE 86, 122ff.). Dazu s. auch Hillgruber, ZRP 1995, S. 6ff.; Ossenbühl, DVBl. 1995, S. 911; Boemke, NJW 1993, S. 2083ff.

[160] Zur Blinkfüer-Entscheidung (BVerfGE 25, 256ff.) Canaris, Grundrechte, S. 56ff.; ders., JuS 1989, S. 168.

[161] BGH, NJW 1964, 69.

[162] Das BVerfG (BVerfGE 25, 256ff. (268)) hat die Entscheidung des BGH aufgehoben und sogar ohne auf die Schutzpflichtendogmatik einzugehen. Seine Lösung stellt unausgesprochen auf die Dogmatik der unmittelbaren Drittwirkung der Grundrechte ab.

[163] Canaris, Grundrechte, S. 56ff.; ders., AcP 184 (1984), S. 201ff. (229ff.).

[164] Zur Begründung dieser Schutzpflicht die detaillierten Ausführungen von Canaris, Grundrechte S. 58-59.

[165] Canaris (Grundrechte S. 58) bemerkt zutreffend, daß die „ratio decidendi" des BGH besagte, daß „einem Unternehmer kein Schutz gegen einen mit wirtschaftlichen Druck verbundenen Boykottaufruf gewährt" wird.

2.1.1.3. DIE THEMATISIERUNG DES UNTERMASSVERBOTS DURCH CANARIS

Canaris beschränkt sich nicht auf die dogmatische Begründung des Untermaßverbots als Teil der Verfassungsmäßigkeitsprüfung der staatlichen Wahrnehmung von grundrechtlichen Schutzgeboten. Er liefert darüber hinaus erste Ansätze zur Bildung einer Untermaßverbotsdogmatik. Canaris erörtert den Weg zur Einführung des Terminus „Untermaßverbot", geht auf den Zusammenhang zwischen Untermaßverbot und grundrechtlicher Schutzpflicht ein, untersucht die Beziehung zwischen Untermaßverbot und Übermaßverbot und sieht im Korridor zwischen Untermaß- und Übermaßverbot einen Abwägungsmechanismus zur Schlichtung von Grundrechtskollisionen. Kurz gefaßt versucht Canaris eine grobe Konturierung des grundrechtlichen Untermaßverbots. Diese ersten Ansätze einer grundrechtlichen Untermaßverbotsdogmatik bieten den Ausgangspunkt für alle weitere Überlegungen.

2.1.1.3.1. DER WEG ZUR EINFÜHRUNG DES TERMINUS UNTERMASSVEROT

Die schon vorhandene Schutzpflichtendogmatik[166] und konkreter die damit eng verbundenen Vorstellung eines verfassungsrechtlich gebotenen Schutzminimums und das Übermaßverbot[167] bilden die zwei dogmatischen Vorgaben, welche Canaris zur Verwendung des Begriffs Untermaßverbot[168] geführt haben. Canaris beschäftigt sich sowohl mit der Schutzgebotsfunktion der Grundrechte[169] als auch mit dem Verhältnismäßigkeitsprinzip und erörtert das Untermaßverbot unter beiden[170] Blickwinkeln.

---

166 Zur Schutzpflichtendogmatik s. Fn. 83.

167 Zum Übermaßverbot als Verfassungsprinzip s. Schlink, in: FS 50 Jahre BVerfG, S. 445ff.; Hochhuth, Relativitätstheorie des Öffentlichen Rechts, S. 88ff.; Lerche, Übermaß und Verfassungsrecht; Heinsohn, Der öffentlichrechtliche Grundsatz der Verhältnismäßigkeit; Ossenbühl, in: FS Lerche, S. 151ff.; ders., Jura 1997, S. 617ff.; Remmert, Verfassungs- und verwaltungsgeschichtliche Grundlagen des Übermaßverbotes; Albrecht, Zumutbarkeit als Verfassungsmaßstab, S. 64ff.; Holoubek, in: FS Rill, S. 97ff.; Wolff, Ungeschriebenes Verfassungsrecht unter dem Grundgesetz, S. 229ff.; Merten, in: FS Schambeck, S. 349ff.; Stern, in: FS Lerche, S. 165ff; Canaris, JZ 1988, S. 494ff.; ders., JuS 1989, S. 161ff.; Jakobs, Der Grundsatz der Verhältnismäßigkeit; ders., DVBl. 1985, S. 97ff.; Schnapp, JuS 1983, S. 850ff.; Hirschberg, Der Grundsatz der Verhältnismäßigkeit; Lücke, DÖV 1974, S. 769ff.; Kirchhof, in: FS Lerche, S. 133ff.; Ramm, JZ 1988, S. 489ff.; Wieacker, in: FS Fischer, S. 867ff.; Grabitz, AöR 98 (1973), S. 568ff.; Zippelius, DVBl. 1956, S. 353ff. Zum Verhältnismäßigkeitsprinzip im Privatrecht s. Medicus, AcP 192 (1992), S. 35ff. Zum Verhältnismäßigkeitsprinzip in der EMRK s. Iliopoulos-Strangas, RabelsZ 1999, S. 414ff.; Cremona, in: FS Bernhardt, S. 323ff.; Eissen, Le principle de proportionalité dans la jurisprudence de la Cour européenne des droits de l'homme, S. 65ff.; Ermacora, Das Verhältnismäßigkeitsprinzip im österreichischen Recht sowie aus der Sicht der EMRK, S. 67ff. Zum Verhältnismäßigkeitsprinzip im Europarecht s. vor allem Schwarze, Europäisches Verwaltungsrecht II, S. 661ff.; Hirsch, Das Verhältnismäßigkeitsprinzip im Gemeinschaftsrecht.

168 Canaris, AcP 184 (1984), S. 201ff. (228); vgl. auch ders., JuS 1989, S. 163; ders., Grundrechte, S. 44ff. und 81ff.; ders., in: FS Leisner, S. 420.

169 Canaris, Grundrechte und Privatrecht, AcP 184 (1984), S. 201ff. (204ff).

170 Canaris, JuS 1989, S. 161f.; ders., JZ 1987, S. 494f.

Canaris geht davon aus, daß die Grundrechte grundrechtliche Schutzgebote auslösen[171]. Vor diesem Hintergrund würde man erwarten, daß Canaris weiterhin nicht mit dem Begriff des Untermaßverbotes arbeiten würde, sondern sich mit dem Begriff des verfassungsrechtlich gebotenen Schutzes begnügen würde. Canaris kehrt jedoch seine Vorgehensweise um, indem er nicht davon redet, was verfassungsrechtlich geboten ist, sondern davon, was als verfassungswidrig verboten ist: „Die Schutzgebotsfunktion kommt sozusagen „von unten", indem sie von Verfassungs wegen verhindert, daß Staat und einfaches Recht ein gewisses Minimum an Schutz unterschreiten."[172] Dabei kommt also das Untermaß als verfassungswidriges Schutzdefizit in den Mittelpunkt der dogmatischen Diskussion[173]. Diesem Untermaß nicht zu genügen, sei dem Staat verboten. Daraus ergab sich der Begriff des Untermaßverbotes, welcher dem Übermaßverbot gegenübersteht[174].

2.1.1.3.2. UNTERMASSVERBOT UND SCHUTZPFLICHT

Canaris vertritt die Auffassung, daß das Untermaßverbot eine eigenständige Bedeutung im Vergleich zur Begründung der Schutzpflicht besitzt[175]. Der Hauptgrund dafür sei in der Bedeutung des einfachen Rechts bei der Wahrnehmung von grundrechtlichen Schutzgeboten zu sehen. Der maßgebliche Gesichtspunkt der ganzen Schutzpflichtendogmatik ist nach Canaris der weite Gestaltungsspielraum des einfachen Rechts bei der Durchsetzung von grundrechtlichen Schutzpflichten[176]. „Denn die Verfassung gibt nur den Schutz als Ziel vor, nicht aber seine Ausgestaltung im einzelnen."[177] Daraus folge, daß die Begründung einer Schutzpflicht mit der Untermaßverbotskontrolle nicht zusammenfällt, denn das Untermaßverbot diene nur der Überprüfung der prinzipiell weiten Gestaltungsfreiheit des Gesetzgebers.

Um die Unterscheidung zwischen Schutzpflicht und Untermaßverbot deutlicher zu machen, bemerkt Canaris auf einer rechtsstrukturellen Ebene: „Etwas vereinfachend gesprochen geht es bei der Frage nach der Schutzpflicht um das „Ob" des Schutzes, während das Untermaßverbot die Frage nach dem „Wie" thematisiert."[178] Canaris unterscheidet beim Thema Schutzpflichten und Untermaßverbot zwei gedankliche Schritte sowohl auf der „Ob"-Seite als auch auf der „Wie"-Seite des Schutzes. Auf der „Ob"-Seite erörtert er zuerst die Ein-

---

[171] Canaris, JuS 1989, S. 163.
[172] Canaris, in: FS Leisner, S. 420.
[173] Canaris, JuS 1989, S. 163.
[174] Zum grundrechtlichen Übermaßverbot als Unterbegriff des in dieser Arbeit im Mittelpunkt des Interesse stehenden Terminus „grundrechtliches Untermaßverbot" Kapitel 5.1.2.
[175] Canaris, Grundrechte, S. 86ff. Dazu s. ausführlicher Kapitel 2.1.3.
[176] Canaris, Grundrechte, S. 80ff.
[177] Canaris, Grundrechte, S. 86 mit Verweis auf BVerfGE 88, 203ff. (254).
[178] Canaris, Grundrechte, S. 86.

schlägigkeit der Schutzgebotsfunktion der Grundrechte und fragt auf einer zweiten Ebene nach Kriterien für die Begründung einer konkreten grundrechtlichen Schutzpflicht. Auf der „Wie“-Ebene thematisiert er erstens den weiten Spielraum des Gesetzgebers bei der Wahrnehmung der bereits begründeten grundrechtlichen Schutzpflicht; zweitens bringt nach Canaris das Untermaßverbot den Maßstab zum Ausdruck, der diesem einfachrechtlichen Gestaltungsspielraum rechtliche Grenzen zieht. Auf dieser Grundlage wird die Unterscheidung von Canaris zwischen Begründung der Schutzpflicht und Untermaßverbot sowohl klar als auch überzeugend.

Zur Verstärkung dieser These fügt Canaris noch zwei Argumente hinzu: Erstens ist die Schutzpflicht durch ein abstraktes immanentes Effizienzgebot gekennzeichnet[179], mit dem Untermaßverbot wird jedoch eine problemspezifische Prüfung der Effizienz vorgenommen[180].

Zweitens beruhten die Begründung der Schutzpflicht und die Untermaßverbotsprüfung auf zwei verschiedenen Argumentationsgängen[181]. Zum einen kommen zur Begründung der Schutzpflicht „vor allem die Rechtswidrigkeit des Eingriffs durch ein Privatsubjekt in das grundrechtlich gewährleistete Gut, dessen Gefährdung durch ein anderes Privatrechtssubjekt, sowie die Angewiesenheit des Grundrechtsträgers auf die Mitwirkung oder Duldung anderer Privatrechtssubjekte bei der Ausübung seines Grundrechts in Betracht. Wesentliche Kriterien bilden außerdem Rang und Art des zu schützenden Grundrechts, die Schwere des drohenden Eingriffs und die Intensität der Gefährdung, die Möglichkeit seines Trägers zu effizientem Selbstschutz sowie das Gewicht gegenläufiger Grundrechte und Interessen[182]; diese wirken in der Form komparativer Sätze von der Struktur „je mehr und je stärker desto eher“ nach Art eines „beweglichen Systems“ im Sinne Wilburgs zusammen.“[183] Zum anderen gehe es beim Untermaßverbot „darum zu gewährleisten, daß der Schutz von Mindestanforderungen an seine Effizienz genügt und daß gegenläufige Rechtsgüter und Interessen nicht überbewertet werden.“[184]

2.1.1.3.3. UNTERSCHEIDUNG ZWISCHEN UNTERMASSVERBOT UND ÜBERMASSVERBOT

Der Zusammenhang zwischen Untermaßverbot und Übermaßverbot ergibt sich nach Canaris aus zwei Unterfragen. Es geht erstens um die dogmatische Differenzierung zwischen Untermaßverbot und Übermaßverbot, nämlich um die

[179] Canaris (Grundrechte, S. 87) ist mit Hesse (in: FS Mahrenholz, S. 545) darin einig, daß die Wirksamkeit des Schutzes bereits zum Inhalt der Schutzpflicht selbst gehört, weil eine Pflicht, unwirksame Maßnahme zu ergreifen, widersinnig wäre.
[180] Canaris, Grundrechte, S. 87.
[181] Canaris, Grundrechte, S. 86.
[182] Zur Einschlägigkeit dieser Kriterien auch für das Untermaßverbot s. jedoch Kapitel 3.3.
[183] Canaris, Grundrechte, S. 74f., 78f., 97f.
[184] Canaris, Grundrechte, S. 86f., 98.

Eigenständigkeit der zwei Begriffe[185]. Ferner handelt es sich um den neuen dogmatischen Maßstab „gesetzgeberischer Spielraum zwischen Untermaß- und Übermaßverbot."[186]

Canaris vertritt die Eigenständigkeit des Untermaßverbots[187] gegenüber dem Übermaßverbot. Er geht davon aus, daß das Untermaßverbot ein aliud und nicht etwa eine alternative Benennung des Übermaßverbots ist, welche sich aus einer differenzierenden Betrachtungsweise im Rahmen der Schutzgebotsfunktion der Grundrechte zwangsläufig ergibt.

Dieser Hauptpunkt von Canaris beruht auf der Feststellung, daß sich die Anforderungen und die Strukturmerkmale des Untermaßverbotes mit denjenigen des Übermaßverbotes nicht decken[188]. Struktur und Funktion der zwei dogmatischen Prüfungsmaßstäbe unterscheiden sich deutlich: Beide Maßstäbe beschränken zwar als Verbote den Gesetzgeber[189] und begründen eine verfassungsrechtliche Kontrolle. Ihre Ähnlichkeiten und vergleichbare Schutzrichtung erschöpfen sich jedoch darin.

Die Übermaßverbotskontrolle sei eine Zweck-Mittel-Prüfung des einfachen Rechts, die aus einer Vorstufe und drei Schritten bestehe. Zuerst wird geprüft, ob das Ziel des einfachen Rechts nicht verfassungswidrig bzw. verfassungslegitim ist[190]. Daran anschließend folgt die Prüfung der Geeignetheit, der Erforderlichkeit und der Verhältnismäßigkeit im engeren Sinne des durch das einfache Recht gewählten Mittels zur Wahrnehmung des bereits als nicht verfassungswidrig erklärten Zweckes. D. h. Anknüpfungspunkt und zentraler Maßstab ist bei der Übermaßverbotskontrolle ein einfachgesetzlicher Zweck[191].

Ganz anders gehe die Untermaßverbotskontrolle nicht von einem konkreten einfachgesetzlichen Ziel aus. Anknüpfungspunkt der Untermaßverbotskontrolle ist die normative grundrechtliche Schutzpflicht, d. h. ein verfassungsrechtlicher Maßstab. Das Untermaßverbot lege eine Kontrolle fest, ob das einfache Recht insgesamt einen effizienten Schutz des grundrechtlich geschützten Gutes vorgesehen hat[192].

Es ist zutreffend, daß Bezugspunkt einer Übermaßverbotsprüfung ein einfachrechtlicher Zweck sein kann, der weit über den aus der relevanten grundrechtlichen Schutzpflicht fließenden Minimalschutz hinausgeht[193]. Diese Bemerkung von Canaris ist jedoch nur für die übliche Übermaßverbotskontrolle

---

[185] Canaris, Grundrechte, S. 84f.

[186] Canaris, in: FS Leisner, S. 420f.; ders., Grundrechte, S. 83f.

[187] Dabei geht es um das grundrechtliche Untermaßverbot im engeren Sinne. Dazu s. Kapitel 5.2.2.

[188] Canaris, Grundrechte, S. 84.

[189] Canaris sprich in der Regel an dieser Stelle vom „Gesetzgeber". Es ist jedoch nicht zu bezweifeln, daß er dabei zwar hauptsächlich das einfache Recht in Gestalt der Gesetzgebung meint, aber zugleich auch Verwaltung und Rechtsprechung miteinschließt (vgl. dazu Canaris, Grundrechte, S. 87ff.).

[190] Das ist nach Canaris (Grundrechte, S. 84 m. w. N.) sowie nach herrschender Auffassung eine gedanklich der Übermaßverbotskontrolle vorausliegende Stufe. Vgl. auch BVerfGE 68, 360ff. (370); BVerfGE 77, 84ff. (106ff.).

[191] Vgl. jedoch die neuen Ansätzen in der Literatur, die als Anknüpfungspunkt der Verhältnismäßigkeitsprüfung immer einen verfassungsrechtlichen Zweck festsetzen. Dazu Kapitel 3.2.

[192] Canaris, Grundrechte, S. 84; ders., in: FS Leisner, S. 420; ders., AcP 184 (1984), S. 201ff. (228).

[193] Canaris, Grundrechte, S. 84-85 m. w. N.

zutreffend. Der Teil der Literatur[194], der für eine Kongruenz zwischen Übermaßverbot und Untermaßverbot plädiert, ergänzt jedoch das traditionelle Verhältnismäßigkeitsprinzip, indem er als Zweck der „Zweck-Mittel-Prüfung" sowohl an das Übermaßverbot als auch an das Untermaßverbot denselben verfassungsrechtlichen Maßstab stellt. Damit kommt für beide Prüfungen ein verfassungsrechtlicher Bezugspunkt zum Ausdruck, und die strukturtheoretischen Überlegungen von Canaris vermögen nicht die Kongruenzthese zu beanstanden. Die Kongruenzthese[195] bleibt jedoch trotzdem verfehlt, weil das Untermaßverbot im Rahmen einer dreigliedrigen Verhältnismäßigkeitsprüfung nicht konkretisierbar ist[196]. Hier ist anzumerken, daß die Teilprinzipien der Erforderlichkeit und der Verhältnismäßigkeit im engeren Sinne[197] mit der Struktur des grundrechtlichen Untermaßverbots aus rechtsdogmatischen Gründen nicht kompatibel sind und der Geeignetheitsgrundsatz die Untermaßverbotskontrolle praktisch nicht weiterführt.

2.1.1.3.4. ZWISCHEN ÜBERMASSVERBOT UND UNTERMASSVERBOT

Schließlich führt Canaris aus, daß bei Kollisionsfällen zwischen gegenläufigen Grundrechten zugunsten des einen das Eingriffsverbot und zugunsten des anderen das Schutzgebot greift, so daß der einfachrechtliche Spielraum zwischen Übermaßverbot und Untermaßverbot zu bestimmen ist: „... so kann man auch sagen, daß die Grundrechte im Verhältnis von Privatrechtssubjekten zueinander ihre Wirkung zwischen den Schranken des Übermaßverbots auf der einen und den Anforderungen des Untermaßverbots auf den anderen Seite entfalten."[198] Dieser Schluß stützt sich auf vier eng zusammenhängende Thesen von Canaris: Erstens Untermaßverbot und Übermaßverbot sind eigenständig und decken sich nicht. Zweitens ist der Schutzgebotsfunktion der Grundrechte ein Untermaßverbot zuzuordnen[199]. Drittens ist der Eingriffsverbotsfunktion der Grundrechte das übliche Übermaßverbotsprinzip zuzuordnen[200]. Viertens steht dem einfachen Recht bei der Erledigung von Spannungslagen zwischen Schutzgeboten und Eingriffsverboten ein breiter Spielraum zur Verfügung[201].

---

[194] Hain, DVBl. 1993, S. 982ff.; ders., ZG 1996, S. 75ff.; Starck, JZ 1993, S. 817; Unruh, Zur Dogmatik, S. 85ff.; Erichsen, Jura 1997, S. 88.
[195] Dazu ausführlicher in Kapitel 2.4.
[196] Dazu Kapitel 5.2.3. Die verschiedenen Konkretisierungen des grundrechtlichen Untermaßverbots in der Theorie s. in Kapitel 3.2.
[197] Vgl. jedoch Kapitel 5.3.1.2. für die unter Bedingungen Einordnung der Verhältnismäßigkeit im engeren Sinne in die Gliederung des grundrechtlichen Untermaßverbots im weiteren Sinne.
[198] Canaris, in: FS Leisner, S. 421; vgl. auch ders., JuS 1989, S. 163f. Dazu s. ausführlicher im Kapitel 2.4.
[199] Canaris, AcP 184 (1984), S. 201ff. (228 und 245); ders., JuS 1989, S. 163; ders., Grundrechte, S.43ff. und 71ff.; ders., in: FS Leisner, S. 421.
[200] Canaris, JZ 1987, S. 494f.; ders., JuS 1989, S. 161f.; ders., in: FS Leisner, S. 421.
[201] Canaris, Grundrechte, S. 81f.; ders., in: FS Leisner, S. 420-421.

Diesen neuen Maßstab[202], den „Korridor zwischen Übermaßverbot und Untermaßverbot[203]“, konturiert Canaris nicht abschließend. Er verortet ihn jedoch explizit im Bereich der Grundrechtskollisionen zwischen Privatrechtssubjekten[204]. Er sieht darin eine neue Abwägungsstrategie neben dem schonendsten Ausgleich[205] und der praktischen Konkordanz[206]. Schließlich wiederholt er mit Nachdruck: „Zwischen diesen beiden breiten Grenzmarken steht, wie zur Vermeidung von Mißverständnissen wiederholt sei, dem einfachen Recht - und damit auch der dieses anwendenden und konkretisierenden Rechtsprechung - in der Regel ein verhältnismäßig breiter Spielraum offen, der verfassungsrechtlich nicht determiniert ist.“[207]

2.1.1.3.5. ERGEBNISSE DER ÜBERLEGUNGEN VON CANARIS ZUM UNTERMASSVERBOT UND KRITISCHE WÜRDIGUNG

Das Untermaßverbot ist nach Canaris eine Teilproblematik der Schutzgebotsfunktion der Grundrechte. Es unterscheidet sich sowohl vom Übermaßverbot als auch von der Begründung der grundrechtlichen Schutzpflicht. Es setzt die Begründung einer grundrechtlichen Schutzpflicht voraus und gehört zu der „Wie“-Seite der Schutzpflichtenlehre. Es ist mit dem Effizienzgedanken verwandt und soll einen problemspezifischen effizienten Rechtsschutz garantieren. Die Untermaßverbotsprüfung dürfe nicht den grundsätzlich weiten Gestaltungsspielraum des Gesetzgebers berühren. Der breite Spielraum des Gesetzgebers und das Untermaßverbot sind komplementär und nicht widersprüchlich. Es werde schließlich immer fallbezogen mit dem Untermaßverbot untersucht, ob der vorhandene Grundrechtsschutz in seiner Gesamtheit und in seinem Zusammenwirken nicht effizient, d. h. „untermäßig“ ist. Bei dieser Untermaßverbotsprüfung sind nach Canaris auch die jeweils gegenläufigen Rechtsgüter zu berücksichtigen[208].

Die Überlegungen von Canaris stellen die ersten Konturen einer grundrechtlichen Untermaßverbotsdogmatik dar. Seine Argumentation führt darüber hinaus zur Eigenständigkeit der Untermaßverbotskontrolle. Schließlich lenkt

---

202 Nach der hier vorgeschlagenen Terminologie geht es um ein grundrechtliches Untermaßverbot im weiteren Sinne. S. Kapitel 5.2.2.

203 Dazu auch Kapitel 2.4., 2.1.2 und 5.3.2.

204 Canaris, in: FS Leisner, S. 421. S. auch Leisner, Grundrechte und Privatrecht, S. 319: „Wenn der Richter Verträgen, im Namen der Grundrechte, die Wirksamkeit versagt, wenn er außervertraglichen Ansprüchen, die sich auf Freiheitsrechte stützen, zum Ziel verhilft, so schützt er damit wohl das Freiheitsrecht der einen Partei, beschränkt aber den der anderen und greift insoweit in die Privatautonomie ein.“

205 Lerche, Übermaß erbot und Verfassungsrecht, S. 152ff.; ders., HdbStR V, § 122, Rdnr. 4; Vgl. auch Scheuner, VVDStRL 22 (1965), S. 53; Krebs, Vorbehalt des Gesetzes und Grundrechte, S. 99ff.; Wahl, Der Staat 20 (1981), S. 485ff. (503); Jarass, AöR 110 (1985), S. 363ff. (384).

206 Hesse, Grundzüge des Verfassungsrechts, Rdnr. 72, 317ff.

207 Canaris, in: FS Leisner, S. 421.

208 Ähnlich auch BVerfGE 88, 203ff.

Canaris den Blick darauf, daß das Untermaßverbot nicht gebietet, daß jede staatliche Handlung die grundrechtliche Schutzpflicht nicht untermäßig wahrnimmt, sondern daß überhaupt eine staatliche Handlung vorliegen muß, die die grundrechtliche Schutzpflicht nicht untermäßig wahrnimmt[209].

Andererseits beschränkt Canaris die Anwendung des grundrechtlichen Untermaßverbots nur auf die grundrechtlichen Schutzpflichten. Wie unten zu beweisen versucht wird, gilt jedoch das grundrechtliche Untermaßverbot in Hinblick auf alle grundrechtlichen Handlungspflichten bzw. Nicht-Eingriffspflichten[210]. Obwohl Canaris die übliche Prüfung des Verhältnismäßigkeitsprinzips im weiteren Sinne vom Untermaßverbot trennt, erklärt er dennoch nicht überzeugend, warum sich das grundrechtliche Untermaßverbot mit dem neuen ergänzten Verhältnismäßigkeitsprinzip im weiteren Sinne nicht deckt[211]. Weiterhin unterscheidet Canaris nicht explizit zwischen den zwei Arten des grundrechtlichen Untermaßverbots, d. h. des grundrechtlichen Untermaßverbots im engeren Sinne und des grundrechtlichen Untermaßverbots im weiteren Sinne[212]. Das grundrechtliche Untermaßverbot im engeren Sinne verbietet die untermäßige staatliche Wahrnehmung einer grundrechtlichen Handlungs- bzw. Nicht-Eingriffspflicht, während das grundrechtliche Untermaßverbot im weiteren Sinne die untermäßige Handlung des Staates im Rahmen eines Falles und unter Berücksichtigung aller verfassungsrechtlichen Maßstäbe thematisiert. In seinen Beispielen über die Schutzgebotsfunktion der Grundrechte[213] beschäftigt sich Canaris unausgesprochen in aller Regel mit dem grundrechtlichen Untermaßverbot im engeren Sinne. Wenn er jedoch ausführt, daß bei der Untermaßverbotskontrolle auch gegenläufige Rechtsgüter und Interessen eine Rolle spielen[214], dann erörtert er das grundrechtliche Untermaßverbot im weiteren Sinne. Schließlich liefert Canaris keine schrittweise Gliederung zur weiteren Konkretisierung des grundrechtlichen Untermaßverbots[215].

---

[209] Canaris, Grundrechte, S. 82: „Dem einfachen Recht steht vielmehr grundsätzlich ein weites Spektrum unterschiedlicher Instrumente zur Verfügung, die lediglich in ihrem Gesamtheit und in ihrem Zusammenwirken einen effizienten Grundrechtsschutz gewährleisten müssen." Dies ist jedoch keine Besonderheit der Schutzgebotsfunktion und damit des Untermaßverbots, die etwa die schwächere Wirkung dieser Grundrechtsfunktion begründe, wie Canaris meint (Grundrechte, S. 43ff. und 83). Es handelt sich um eine logisch notwendige Wirkungsweise jeder grundrechtlichen Handlungspflicht. Insoweit ist die Kritik von Hager (JZ 1994, S. 381ff.) gegen die Schwachheitsthese von Canaris wohl gerechtfertigt (in dieser Richtung auch Dietlein, Die Lehre, S. 116 m.w.N. in Fn. 216).

[210] Kapitel 5.1.

[211] Dazu Hain, DVBl. 1993, S. 982ff.; ders., ZG 1996, S. 75ff. Ihm folgend Starck, JZ 1993, S. 816ff. (817); Unruh, Zur Dogmatik, S. 84ff.; Stern, Staatsrecht III/2, S. 813-814. Dazu auch Kapitel 2.4.2.1, 2.4.3 und 3.2.

[212] Zentrale These dieser Arbeit ist, daß die Unterscheidung zwischen grundrechtlichem Untermaßverbot im engeren und im weiteren Sinne notwendige Voraussetzung für jede weitere Konkretisierung ist. Zu dieser Unterscheidung s. eingehend Kapitel 5.2.2.

[213] Canaris, Grundrechte, S. 55ff.; ders., AcP 184 (1984), S. 201ff. (225f.); ders., JuS 1989, S. 163f.; ders., in: FS Leisner, S. 413ff.

[214] „Bei der Untermaßverbotskontrolle geht es demgemäß darum zu gewährleisten, daß der Schutz den Mindestanforderungen an seine Effizienz genügt und daß gegenläufige Rechtsgüter und Interessen nicht überbewertet werden." (Canaris, Grundrechte, S. 98).

[215] Zu den in der Rechtsprechung und in der Literatur vorhandenen Gliederungen des grundrechtlichen Untermaßverbots Kapitel 3.1. und 3.2. Zur in dieser Arbeit vorgeschlagene Gliederung Kapitel 5.2.3.

Insgesamt ist trotz diesen kritischen Anmerkungen der Beitrag von Canaris zum Untermaßverbot der zentrale Ausgangspunkt für eine bereichsspezifische Erörterung der Untermaßverbotsdogmatik. Er hat die Verbindung von Schutzpflichten und Untermaßverbot (fort)entwickelt. Mit Canaris ist die Diskussion über das Untermaßverbot eröffnet, eine Vielfalt von Problemstellungen sind thematisiert und wichtige Fragen grundsätzlich beantwortet worden.

2.1.2. DER ZUSAMMENHANG ZWISCHEN GRUNDRECHTLICHEN SCHUTZPFLICHTEN UND UNTERMASSVERBOT BEI ISENSEE

2.1.2.1. DIE ÜBERLEGUNGEN ISENSEES ZUR LEHRE DER GRUNDRECHTLICHEN SCHUTZPFLICHTEN

Isensee geht, wie schon der Titel seines Hauptbeitrags[216] deutlich macht, davon aus, daß die Grundrechte in zwei klar abzugrenzenden und häufig gegenüberstehenden Erscheinungsformen zum Zuge kommen, nämlich als Abwehrrechte und als staatliche Schutzpflichten[217]. Dort gehe es um die Zweier-Beziehung zwischen Staat und Privaten und den sogenannten klassischen *status negativus*[218] der Grundrechte, hier um die Dreier-Konstellation Staat-Störer-Opfer. Auf der einen Seite steht die negative staatliche Pflicht zur Eingriffsunterlassung und auf der anderen Seite die positive zum schützenden Handeln gegen Übergriffe Dritter. Es ist an dieser Stelle zu berücksichtigen, daß Isensee dem *Status-Negativus*-Charakter der Grundrechte einen strukturellen Vorrang vor der staatlichen Schutzpflicht beimißt[219]. Dieser Vorrang wird durch die Angewiesenheit auf Gesetz und Gesetzesvollzug, was die Schutzdimension der Grundrechte angeht, und die sich daraus ergebende Gesetzesmediatisierung[220] der Schutzpflicht begründet.

Die staatliche Schutzpflicht führt Isensee ideengeschichtlich auf das staatliche Gewaltmonopol und auf die hinzutretende Friedlichkeitspflicht der Men-

---

[216] Isensee, Das Grundrecht als Abwehrrecht und als staatliche Schutzpflicht.

[217] Canaris (Kapitel 2.1.1.2.) unterscheidet terminologisch zwischen Eingriffsverbots- und Schutzgebotsfunktion der Grundrechte. Isensee unterscheidet an einer anderen Stelle (Grundrecht auf Ehre, S. 5ff. (14)) zwischen Achtungsgebot und Schutzpflicht. Es geht um terminologische Varianten der grundsätzlichen Unterscheidung der Funktionen der Grundrechte zwischen Abwehr- und Schutzfunktion.

[218] Zum *status negativus* der Grundrechte s. Grabitz, Freiheit und Verfassungsrecht, S. 3ff.; Isensee, Das Grundrecht, Rdnr. 1ff.; Ladeur, Negative Freiheitsrechte.

[219] Isensee, Grundrecht auf Ehre, S. 5ff. (46). S. auch Canaris, Grundrechte, S. 43ff. der von einer schwächeren Wirkung der Schutzgebotsfunktion der Grundrechte spricht. Vgl. jedoch die überzeugende Kritik an dieser These durch Hager, JZ 1994, S. 381f.

[220] Zur Gesetzesmediatisierung s. jedoch die kritischen Überlegungen im Kapitel 5.3.2.2. Vgl. auch Horn, Die grundrechtsunmittelbare Verwaltung, S. 157ff.

schen zurück[221]. Sie liege in der umfassenden Staatsaufgabe Sicherheit[222] und dem Recht auf Sicherheit[223] begründet. Sie stelle ferner ein Stück von Rechtsstaatlichkeit[224] zugunsten der gefährdeten Bürger dar. Rechtspositivistisch gesehen werde die Schutzpflicht aus dem objektivrechtlichen Gehalt der Grundrechte hergeleitet und sei eine verfassungsrechtliche Direktive[225]. Isensee erläutert weiterhin, daß im Prinzip der objektivrechtlichen staatlichen Schutzpflicht ein im Regelfall nur formelles subjektives Recht auf Schutz korrespondiere[226].

Isensee lehnt die unmittelbare Drittwirkung der Grundrechte ab, indem er sie als fremd mit der liberalen Logik des Rechtsstaates und dem Wortlaut ebenso wie dem Sinn des Grundgesetzes beurteilt[227]. Er stellt auf die klassische Funktion der Grundrechte als Abwehrrechte im Grundgesetz ab, die dazu diene, die Freiheit des Bürgers gegenüber der Staatsgewalt zu gewährleisten. Seiner Ansicht nach lassen sich die Grundrechte aus der Sicht ihrer Adressaten als Staatspflichten qualifizieren. Adressat der Grundrechte sei eben nur alle staatliche Gewalt. Darüber hinaus ordnet er, im Ergebnis übereinstimmend mit der in der Literatur und in der Rechtsprechung überwiegenden Meinung, die Lehre der staatlichen Schutzpflichten der Theorie der mittelbaren Drittwirkung der Grundrechte zu.

Schließlich stellt es Isensee einerseits als dogmatisch selbstverständlich dar, daß die Grundrechte auch den Privatrechtsgesetzgeber und Richter binden[228]. Andererseits jedoch äußerst er sich kritisch gegen eine Ausweitung der grundrechtlichen Schutzpflichten auf den rechtsgeschäftlichen Bereich. Er verortet und begrenzt den gegenständlichen Zusammenhang zwischen staatlichen Schutzpflichten und Privatrecht ausschließlich im Bereich des Deliktsrechts[229].

---

221 Isensee, Das staatliche Gewaltmonopol, S. 39ff.; ders., Das Grundrecht auf Sicherheit; ders., Freiheit ohne Pflichten?

222 Isensee, Das staatliche Gewaltmonopol, S. 48ff. Zur Staatsaufgabe innere Sicherheit als Bezugspunkt zur Herleitung des verfassungsrechtlichen Untermaßverbots s. die Überlegungen von Götz und Würtenberger im Kapitel 5.2.1.

223 Dazu ausführlich Robbers, Sicherheit als Menschenrecht; Isensee, Das Grundrecht auf Sicherheit; Dietlein, Die Lehre, S. 21ff. und 149ff.

224 Isensee, Das staatliche Gewaltmonopol, S. 60; ders., Das Grundrecht, Rdnr. 168ff.

225 Isensee., Vertragsfreiheit, S. 497ff.

226 Isensee (Das Grundrecht, Rdnr. 182ff.) merkt an, daß es im Regelfall um einen gesetzesmediatisierten Schutzanspruch geht. Er fügt hinzu (Grundrecht auf Ehre, S. 18. mit weiterem Verweise auf Kriele, HdbStR V, § 110, Rdnr. 52ff.), daß nur unter bestimmten Voraussetzungen aus der grundrechtlichen Schutzpflicht ein subjektives Recht des Betroffenen auf eine bestimmte Schutzmaßnahme fließt.

227 Isensee (Vertragsfreiheit, S. 490ff.; ders., Grundrecht auf Ehre, S. 13-14; ders., Das staatliche Gewaltmonopol, S. 61) vertritt im wesentlichen die These einer Deckungsungleichheit zwischen Drittwirkungs- und Schutzpflichtendogmatik. Er behauptet darüber hinaus, daß die Schutzpflicht legitime Belange der Drittwirkungslehre verarbeitet und erledigt (Vertragsfreiheit, S. 498). Es ist schließlich anzumerken, daß er die staatliche Schutzpflicht als eine Supernova kennzeichnet, welche geschafft hat, woran sowohl die Doktrin der unmittelbaren Drittwirkung als auch die Judikatur der mittelbaren Drittwirkung gescheitert sind: „den Übergriff des Privaten in die privaten Rechte grundrechtlich zu erfassen bei alleiniger Grundrechtsbindung der öffentlichen Gewalt, ohne Ausschaltung des Vorbehalts des Gesetzes, nämlich über den *status negativus* des Angreifers und den *status positivus* des Opfers" (Isensee, Grundrecht auf Ehre, S. 32).

228 Isensee, Vertragsfreiheit, S. 490.

229 Das Hauptargument Isensees lautet, daß im rechtsgeschäftlichen Bereich die grundrechtstypische Gefahrenlage fehlt (Vertragsfreiheit, S. 500f.). Vgl. auch Zöllner, AcP 196 (1996), S. 11. Anders Canaris, AcP 184 (1984), S. 201ff. (232ff.); Hillgruber, AcP 191 (1991), S. 69ff.

Die Schutzpflicht sei schließlich von Natur aus gesetzesmediatisiert und unterliege auch in der Regel dem Gesetzesvorbehalt. Isensee betont vor allem das politische Ermessen des Gesetzgebers, ob und wie er seine sich aus den Schutzpflichten fließenden Eingriffsmöglichkeiten nutze. Die sich aus der Schutzpflicht ergebende verfassungsrechtliche Direktive ist nach Isensee eine primär an die Legislatur gerichtete Ermessensdirektive[230].

Isensee behauptet, daß der Vorbehalt des Gesetzes, anders gewendet: die Gesetzesmediatisierung, welche der grundrechtlichen Schutzpflicht zugrundeliegt, sowohl in Fällen, bei denen ein Schutz des Opfers nur mit einem staatlichen Eingriff in die grundrechtliche Freiheit des Störers möglich ist, als auch in denen, bei welchen es sich um staatliche Eingriffe in nicht grundrechtsbewehrte Belange des Störers[231] handelt, wahrgenommen werden muß. Damit bildet sich die Erforderlichkeit der Gesetzesmediatisierung als oberstes strukturelles Prinzip der Schutzpflichtendogmatik[232] heraus.

2.1.2.2. DAS UNTERMASSVERBOT

Die Untermaßverbotsproblematik wird bei Isensee als ein Unterkapitel der Schutzpflichtenlehre behandelt[233]. Die Frage nach einem sich aus den staatlichen Schutzpflichten ergebenden Untermaßverbot taucht als ein Punkt auf, welcher die, nach Isensee, Hauptfrage nach dem Gestaltungsspielraum[234] des Gesetzgebers bei der Wahrnehmung von grundrechtlichen Schutzpflichten konturiert. Bei dieser zentralen Bedeutung des legislativen Gestaltungsermessens stelle sich zunächst eine Effektivitätsfrage[235], welche ihrerseits die Untermaßverbotsproblematik in sich berge. Im Rahmen dieser Überlegungen behauptet Isensee, daß die Schutzpflicht dem gesetzgeberischen Gestaltungsermessen ein Untermaßverbot aufbürdet.

Ferner weist Isensee auf die strukturelle Kollision zwischen Untermaß- und Übermaßverbot[236] hin, welche der Kollision zwischen Abwehrrecht und Schutzpflicht entspricht. Übermaß- und Untermaßverbot seien zwei gegenläufigen Maximen und der Raum bzw. der Korridor zwischen Übermaß- und Unter-

---

[230] Isensee, Das Grundrecht, Rdnr. 161ff.; ders., Grundrecht auf Ehre, S. 18, 33f; ders., Vertragsfreiheit, S. 497ff., 500f.

[231] Z. B. in die nicht verfassungsrechtlich gedeckten privaten Meinungsäußerungen. S. hierfür Fn. 258.

[232] Die Notwendigkeit der Gesetzesmediatisierung stellt die Verbindungslinie zwischen grundrechtlicher Schutzpflichtenlehre und nur mittelbarer Drittwirkung der Grundrechte her. Zu den m. E. fehlerhaften Prämissen dieser herrschenden Argumentationsweise s. Kapitel 5.3.2.2.

[233] Das BVerfG (BVerfGE 88, 203ff. (254)) hat den Terminus „Untermaßverbot" unter Verweis auf Isensee rezipiert und weitergeführt.

[234] Isensee, Das Grundrecht, Rdnr. 162ff.

[235] Isensee, Das Grundrecht, Rdnr. 165ff. Zur Effektivitätsfrage im Recht s. Bryde, Die Effektivität von Recht als Rechtsproblem. Vgl. weiterhin Hoffmann-Riem, Effizienz als Herausforderung, S. 11f.; Schmidt-Aßmann, Effizienz als Herausforderung, S. 245ff.

[236] Dazu Kapitel 2.4. Vgl. auch 2.1.1.3.3. und 2.1.1.3.4.

maßverbot seien plausibel durch ihren Ausgleich zu bewältigen: „Beim ambivalenten Schutzeingriff gegen den Störer, der dessen Abwehrrecht zu wahren und das Schutzbedürfnis des Opfers zu erfüllen hat, sind die gegenläufigen Maximen zum Ausgleich zu bringen."[237]

Das Übermaß- sowie das Untermaßverbot seien darüber hinaus auf das Rechtsstaatsprinzip[238] zurückzuführen. Das Rechtsstaatsprinzip ist nach Isensee nicht nur das dogmatische Fundament von Übermaß- und Untermaßverbot. Es statuiere darüber hinaus bei einer „Dreieckskonstellation" dem Staat einen zweiseitigen grundrechtlichen Rechtfertigungszwang: dem Störer gegenüber, wenn er in sein Grundrecht eingreift, und dem Schutzbedürftigen gegenüber, wenn er ihm den Schutz vorenthält.

Schließlich lösen nach Isensee das Effektivitätsgebot und das daraus entspringende Untermaßverbot nicht nur einen Gesetzgebungsauftrag, sondern auch einen Vollzugsauftrag aus[239]. Die Schutzpflichten- und die Untermaßverbotsdoktrin sowie das Effektivitätsgebot erschöpfen sich seiner Ansicht nach nicht in dem Erlaß einer effektiven Schutznorm. Anders gewendet: Die Schutzpflichten- und die Untermaßverbotsdogmatik gehen über die Wahrnehmung von den sogenannten primären[240] Schutzpflichten hinaus. Nach der effektiven und angemessenen Erfüllung des Gesetzgebungsauftrags kommen noch zwei Schritte hinzu: ihre praktische Umsetzung und ihre Akzeptanz[241]. Damit wird noch einmal auf die rechtsstaatlichen Wurzeln des Untermaßverbots hingewiesen, und zugleich zeichnet sich die enge Verbindung des Untermaßverbots mit dem „law in action"[242] ab.

---

237 Isensee, Das Grundrecht, Rdnr. 165. Dazu auch Isensee, Vertragsfreiheit, S. 497.

238 Zum Zusammenhang zwischen Untermaßverbot und Rechtsstaatsprinzip s. auch neuerdings die Überlegungen von Würtenberger (Freiheit und Sicherheit, S. 15ff. (21)): „In diesem Zusammenhang bietet sich ein Rückgriff auf das Untermaßverbot an. Hiernach darf der Staat nicht die ihm aus den Grundrechten und dem Rechtsstaatsprinzip erwachsenden Schutzpflichten vernachlässigen". Zum Rechtsstaat s. Würtenberger, Zu den Wurzeln des Rechtsstaates in Deutschland, S. 15ff.; Sobota, Das Prinzip Rechtsstaat; Sarcevic, Der Rechtsstaat; Diederichsen, Der Staat 34 (1995), S. 33ff.; Schmidt-Aßmann, HdbStR I, §24; Badura/Roellecke, Der Zustand des Rechtsstaates; Kunig, Das Rechtsstaatsprinzip; Forsthoff, Rechtsstaat im Wandel; Alshut, Der Staat in der Rechtsprechung des Bundesverfassungsgerichts, S. 112ff.

239 Isensee, Das Grundrecht, Rdnr. 167.

240 Zur Unterscheidung zwischen primären und sekundären Schutzpflichten Murswiek, WiVerw 1986, S. 181ff. Unter dem Begriff grundrechtlicher Schutzpflichten versteht Murswiek sowohl die Pflicht des Staates zum Verbot von Grundrechtsbeeinträchtigungen durch Dritte (primäre Schutzpflicht) als auch die Pflicht des Staates zur praktischen Durchsetzung dieses schon geltenden Beeinträchtigungsverbots (sekundäre Schutzpflicht).

241 Zur Akzeptanz im Recht Würtenberger, Die Akzeptanz von Verwaltungsentscheidungen; ders., Die Akzeptanz von Gesetzen, S. 380ff.; ders., NJW 1991, S. 257ff. m. w. N.

242 Isensee, Das Grundrecht, Rdnr. 166. Vgl. Zippelius, Juristische Methodenlehre, S. 6f. m. w. N.

2.1.2.3. BEREICHSSPEZIFISCHE PROBLEME DER UNTERMASSVERBOTS-PROBLEMATIK NACH ISENSEE

2.1.2.3.1. DAS GRUNDRECHT AUF EHRE ALS STAATLICHE SCHUTZPFLICHT. MEINUNGSFREIHEIT UND EHRE ZWISCHEN ÜBERMASS- UND UNTERMASSVERBOT

Die grundrechtlichen Schutzpflichten und das Untermaßverbot sind nach Isensee nicht nur auf den Schutz des ungeborenen Lebens[243] und der Gesundheit[244], sondern auch auf die Ehre bzw. die Persönlichkeitsrechte anzuwenden.

Nachdem Isensee die ideengeschichtlichen Wurzeln untersucht[245], die rechtspositiven Bezugspunkte[246] erörtert und sich zu den dogmatischen Konturen[247] des Grundrechts auf Ehre geäußert hat, äußert er sich kritisch gegenüber dem Stand der Grundrechtsentwicklung[248], der dieses Grundrecht vernachlässigt habe. Er spricht sogar von Strahlenschäden, zu denen die durch das Bundesverfassungsgericht praktizierte Ausstrahlung der Grundrechte auf das einfache Recht geführt habe. Solche Schäden des Ehrenschutzes sieht Isensee sowohl im Zivil- als auch im Strafrecht[249].

Diesen Mangel des Ehrenschutzes im Rahmen der Kollision zwischen Ehre und Meinungsfreiheit[250] bezeichnet er als antiliberal[251] und deshalb als nicht weiterführend. Als mögliche Lösung nennt er unter anderem[252] das Arbeiten mit der Schutzpflichtenlehre und die konsequente Wahrnehmung der Untermaßverbotskontrolle.

Isensee geht davon aus, daß sich das Grundrecht auf Ehre in erster Linie als Schutzpflicht zeigt. Er stellt zutreffend dar, daß bei dem Grundrecht auf Ehre im Unterschied zu den üblichen Grundrechten liberaler Provenienz, die auf den Staat als ihren typischen Widersacher zugeschnitten sind, die typische Gefahr von Privaten ausgeht und der Staat verpflichtet ist, positive Vorkehrungen des Schutzes zu treffen[253].

---

243 BVerfGE 39, 1ff.; BVerfGE 88, 203ff..

244 BVerfGE 53, 30ff.; BVerfGE 56, 54ff.; BVerfGE 77, 170ff.

245 Isensee, Grundrecht auf Ehre, S. 5ff. Vgl. auch Nipperdey, Die Würde des Menschen, in: Neumann/Nipperdey/Scheuner, Die Grundrechte IV, S. 140ff.; Kriele, Befreiung und politische Aufklärung, S. 49ff.; Starck, Ehrenschutz in Deutschland.

246 Isensee, Grundrecht auf Ehre, S. 9-11, 17. Vgl. auch Degenhart, JuS 1992, S. 361ff.; Tettinger, Die Ehre ein ungeschütztes Verfassungsgut?

247 Isensee, Grundrecht auf Ehre, S. 13ff.

248 Isensee, Grundrecht auf Ehre, S. 27ff.; ders., JZ 1996, S. 1085ff. (1090).

249 Isensee, JZ 1996, S. 1090.

250 Dazu auch Kriele, NJW 1994, S. 1897ff.; Hillgruber/Schemmer, JZ 1992, S. 946ff.

251 Isensee, JZ 1996, S. 1090; ders., Grundrecht auf Ehre, S. 35ff.; ders., AfP 1993, S. 619ff. (626).

252 Isensee schlägt schließlich eine Wiederherstellung des Systems der zivil- und strafrechtlichen Schutzvorkehrungen zugunsten der Ehre vor.

253 Isensee, Grundrecht auf Ehre, S. 14-15. Dabei fügt Isensee hinzu, daß das Grundrecht auf Ehre nicht zufällig in der juristischen Diskussion vornehmlich als Ehrenschutz zitiert wird. Was die Beziehung „Störer-Opfer" betrifft, führt Isensee aus, daß soweit der Gesetzgeber in Erfüllung der grundrechtlichen Schutzpflicht tätig wird,

Wie oben angedeutet wurde, steht dem Grundrecht auf Ehre sehr oft die Meinungsfreiheit entgegen. Dabei streiten zwei Grundrechte untereinander. Hier stellt Isensee sich kritisch gegen eine Ausblendung des verfassungsrechtlichen Rangs des Grundrechts auf Ehre bei seiner Behandlung durch die Judikatur des BVerfG. Er merkt darüber hinaus an, daß Art. 5 Abs. 2 GG sowohl die Reichweite der Meinungsfreiheit, als auch die Reichweite des Grundrechts auf Ehre markiert. Die Schutzbereiche schließen sich zwar prinzipiell aus. Zwischen ihnen verlaufe jedoch eine Zwischenzone, bei der die zwei Grundrechtsverbürgungen sich überschneiden und ihre schwer zu bestimmende neuralgische Grenze zu erörtern sei[254].

Dabei taucht die Frage der Übermaß- und der Untermaßverbotsdogmatik auf. Dem Schutz der Meinungsfreiheit diene das Übermaßverbot, dem Ehrenschutz das Untermaßverbot. Das Gesetz, das die Kollision der widerstreitenden Grundrechtspositionen auflösen möchte, muß beide Grundrechtsprinzipien beachten. Dort wirkt das Gesetz als Schranke, hier als Medium des Schutzes[255]. Das vorhandene Gesetz soll einerseits zwecktauglich, erforderlich und angemessen einschränkend sein, andererseits soll es dem Untermaßverbot genügen, also für die grundrechtlichen Schutzaufgaben zwecktauglich und wirksam sein[256].

Schließlich führt Isensee aus, daß, wenn die Meinungsäußerung durch den Schutzbereich der Meinungsfreiheit nicht geschützt wird, nur eine Untermaßverbotsprüfung staatfinden muß[257]. Im Hinblick auf die nicht verfassungsrechtlich geschützten Meinungsäußerungen[258], gelte nur der Gesetzesvorbehalt. Diese Meinungsäußerung könne also nur durch ein Gesetz eingeschränkt, verboten oder sanktioniert werden. Dieses Gesetz unterliegt jedoch nach Isensee ausschließlich der Untermaßverbotsprüfung.

---

den Einzelnen nicht nötigt, dem anderen positive Achtung zu bezeugen. Es sei nur erforderlich, die Ehrverletzung zu unterlassen.

[254] Isensee, Grundrecht auf Ehre, S. 17, 46.

[255] Isensee, Grundrecht auf Ehre, S. 32.

[256] Isensee, Grundrecht auf Ehre, S. 34. Hier verweist Isensee auch auf die Unzulänglichkeit des Verhältnismäßigkeitsprinzips als Abwägungsmaßstab bei solchen Fallkonstellationen: „Dabei ist Güterabwägung geboten, doch nicht, wie sie der Grundsatz der Verhältnismäßigkeit im engeren Sinne, bezogen auf eine Zweck-Mittel-Relation, fordert, sondern im Ausgleich zwischen kollidierenden Grundrechtsgütern, die einander weder Zweck noch Mittel sind". Vgl. die Überlegungen Hoffmann-Riems zum Begriff der „Gesamtverhältnismäßigkeit" (Hoffmann-Riem, DVBl. 1994, S. 1381ff. (1384-1386)).

[257] Isensee, Grundrecht auf Ehre, S. 31.

[258] Isensee nennt die Meinungsäußerung in Gestalt des Drucks mit materiellen Mitteln (S. 31) und der unrichtigen ehrenrührigen Behauptungen (S. 37) als Beispiele. Vgl. auch BVerfGE, 54, 208ff. (219f.); 85, 1ff. (22). Aus Isensees Überlegungen ist weiter zu entnehmen, daß Meinungsäußerungen, welche dem „naeminem-laedere"-Gebot widersprechen, nicht durch den Schutzbereich des Grundrechts auf Meinungsfreiheit gedeckt werden.

2.1.2.3.2. KUNSTFREIHEIT UND PERSÖNLICHKEITSRECHTE UNTER DER ÜBERMASS- UND UNTERMASSVERBOTSKONTROLLE

In einer sehr vergleichbaren Weise argumentiert Isensee auch bei Kollisionsfällen zwischen Kunstfreiheit und Persönlichkeitsrecht. Bei solchen Konstellationen stellt er in der Rechtsprechung des BVerfG eine strukturelle Unterschätzung der Belange persönlichkeitsrechtlicher Natur fest[259] und plädiert für die dieser Tendenz begegnende Anwendung des Untermaßverbots.

Denn der Künstler sei nicht nur als Träger der Kunstfreiheit, sondern auch als möglicher Störer eines gegenläufigen Persönlichkeitsrechts[260] zu betrachten. Aus dieser Sicht kann er als Täter, sowie der Träger des Persönlichkeitsrechts als Opfer gesehen werden. In diesem Zusammenhang könnten sich beide auf ein Grundrecht berufen: Der Künstler auf die Kunstfreiheit mit der abwehrrechtlichen Natur seiner Kunstfreiheit und der Träger des Persönlichkeitsrechts auf sein Schutzrecht[261].

Die Judikative soll nach Isensee nicht mehr einseitig auf den Künstler-Täter blicken. Auch das Opfer sei Grundrechtssubjekt und Träger seines Persönlichkeitsrechts. Das Übermaßverbot auf der Seite der Kunstfreiheit korreliert also mit dem Untermaßverbot auf der Seite der aus dem Persönlichkeitsrecht sich ergebenden Schutzpflicht. Diese gegenläufigen Regulative ermöglichten nach Isensee den schonendsten Ausgleich bei der Auflösung der gegebenen Grundrechtskollision[262]. Was besonders die Seite des Untermaßverbotes anbelangt, sei der Staat verpflichtet, mit wirksamen, geeigneten und angemessenen Mitteln das gefährdete grundrechtliche Gut zu schützen.

2.1.3. DIE KONGRUENZ ZWISCHEN GRUNDRECHTLICHER SCHUTZPFLICHT UND UNTERMASSVERBOT

2.1.3.1. DIE AUFFASSUNG DER LITERATUR

In einem beachtlichem Teil der Literatur[263] wird die Auffassung vertreten, daß das Untermaßverbot deshalb überflüssig ist, weil daraus nichts mehr zu ent-

[259] Isensee, AfP 1993, S. 619ff.
[260] Isensee, (AfP 1993, S. 619ff. (626-627)) macht deutlich, daß er hier als Persönlichkeitsrecht die grundrechtlichen Persönlichkeitsrechte und nicht das allgemeine Persönlichkeitsrecht des Zivilrechts meint.
[261] Isensee, AfP 1993, S. 619ff. (626).
[262] Eine plakative Verhältnismäßigkeitprüfung würde sich nach Isensee erübrigen. Anders Starck, JZ 1993, S. 816ff. (817).
[263] Dietlein, ZG 1995, S. 131ff.; Hain, DVBl. 1993, S. 982ff. (983); ders., ZG 1996, S. 75ff.; Gellermann, Grundrechte, S. 342ff.

nehmen sei als aus der grundrechtlichen Schutzpflicht selbst. Die Argumente der Anhänger dieses kritischen Ansatzes gegen das Untermaßverbot variieren, der Kernpunkt dieser These ist jedoch derselbe: Das Untermaßverbot sei inhaltsleer; denn alles, was darunter fällt, sei schon durch die Dogmatik der grundrechtlichen Schutzpflichten angesprochen. Das Untermaßverbot bestehe inhaltlich aus zwei Teilansätzen, nämlich dem Erfordernis der Eignung der gesetzgeberischen Maßnahme zur Erreichung des grundrechtlich vorgegebenen Zweckes und dessen angemessenen Realisierung. Eignung und Angemessenheit wohnten jedoch bereits der grundrechtlichen Schutzpflicht inne[264].

Hain stellt das Untermaßverbot der Erfüllung der grundrechtlichen Schutzpflicht gleich[265]. Dietlein sieht im Untermaßverbot bloß das negativ ausgedrückte Äquivalent des an den Gesetzgeber gerichteten Schutzauftrags[266]. Daran anschließend äußert er provokativ: „Sowenig aber, wie ein Rad schneller sein kann als der ganze Wagen, sowenig kann folglich das Untermaßverbot eine höhere Regelungsdichte aufweisen als der zugrundeliegende Gesetzgebungsauftrag."[267] D. h., daß das Untermaßverbot zu keiner inhaltlichen Anreicherung der Schutzpflichtenlehre beizutragen imstande sei, weil es bloß ein Unterkapitel dieser Lehre ist. Gellermann summiert im Anschluß an diese Thesen, daß über den gesetzgeberischen Auftrag und seine ordnungsgemäße Erfüllung kein etwas neues hinzufügendes Untermaßverbot besteht[268].

Hain entwickelt seine Kritik gegen das Untermaßverbot hauptsächlich aufgrund der Kongruenz zwischen Übermaßverbot und Untermaßverbot[269]. Dietlein äußerst sich eher skeptisch und weniger endgültig negativ dem Untermaßverbot gegenüber. Er fügt den Gedanken der Kongruenz zwischen grundrechtlichem Schutzauftrag und Untermaßverbot nur als Hilfsargument in seiner Überlegung über die mangelnde Bestimmtheit und Handhabbarkeit des Untermaßverbots ein[270]. Gellermann geht einen Schritt weiter, indem er behauptet, daß nur aufgrund der deklaratorischen Bedeutung des Untermaßverbots kein hinreichender Grund dafür besteht, dieser Rechtsfigur mit Ablehnung zu begegnen: „Zwar bedarf es ihrer zur Begründung der für den Gesetzgeber beachtlichen Anforderungen nicht, immerhin aber könnte das Untermaßverbot als ein begrifflicher Speicher dienen, der die dem Gebotsgehalt der Grundrechte entsprechenden Anforderungen in sich aufnimmt."[271]

---

[264] Gellermann, Grundrechte, S. 347; vgl. auch Dietlein, ZG 1995, S. 139ff.

[265] Hain, ZG 1996, S. 76: „...mit einem wirksamen Schutz im Sinne des Untermaßverbots könne nichts anderes gemeint sein als die Erfüllung der Schutzpflicht." Vgl. auch Hain, DVBl. 1993, S. 982ff. (983).

[266] Dietlein, ZG 1995, S. 139ff. „Denn positiv gewendet enthält das Untermaßverbot nicht mehr und nicht weniger als das schlichte Gebot, jenes von Verfassungs wegen geforderte Maß an legislativem Schutz- oder Fürsorgeleistung zu erbringen. Eben dieses Gebot indessen zählt - wie unschwer zu erkennen ist - bereits zu den unmittelbaren Handlungsanweisungen des einschlägigen Gesetzgebungsauftrages".

[267] Dietlein, ZG 1995, S. 140. Gleichwohl fügt das Untermaßverbot doch einen bestimmten Regelungsinhalt der Schutzpflichtenlehre hinzu, d. h. das Verbot der Erfüllung der Schutzpflicht unter einer gewissen Grenze. Dies ergibt sich erst durch das Untermaßverbot und ist nicht schon in der Schutzpflichtenlehre vorhanden.

[268] Gellermann, Grundrechte, S. 347ff.

[269] Hain, ZG 1996, S. 75ff. (76f.).

[270] Dietlein, ZG 1995 S. 139ff.

[271] Gellermann, Grundrechte, S. 348.

2.1.3.2. KRITISCHE WÜRDIGUNG

Das Untermaßverbot gleicht weder dem grundrechtlichen Schutzauftrag des Gesetzgebers noch seiner Erfüllung durch den Gesetzgeber. Die grundrechtliche Schutzpflicht ist sowohl von ihrer Erfüllung als auch vom Untermaßverbot deutlich abzugrenzen. Die grundrechtliche Schutzpflicht ist die aus dem objektiv-rechtlichen Gehalt des jeweiligen Artikels des Grundgesetzes explizit oder durch Interpretation abgeleitete Pflicht des Staates zum Schutz der jeweiligen Grundrechtsverbürgung vor nicht-staatlichen Eingriffen. Sie ist eine Grundrechtsfunktion. Die Erfüllung dieses abstrakten grundrechtlichen Schutzauftrages z. B. durch den Gesetzgeber ist etwas anderes. Dies ist eine staatliche Handlung, welche die normative grundrechtliche Schutzpflicht konkretisiert. Der Gesetzgeber verfügt über einen großen Gestaltungsspielraum zur Konkretisierung der Schutzpflichten, sowohl wegen der Abstraktion und Unbestimmtheit der normativen grundrechtlichen Schutzpflicht als auch wegen des Primats des Gesetzgebers bei ihrer Wahrnehmung.

Das Untermaßverbot ist weiterhin kein Äquivalent zur Erfüllung der Schutzpflicht. Denn es markiert nur die Grenze des staatlichen Gestaltungsspielraums bei der Erfüllung der Schutzpflicht. Das Untermaßverbot ist darüber hinaus nicht dasselbe wie die ordnungsgemäße Erfüllung[272] der grundrechtlichen Schutzpflicht, denn das Untermaßverbot schildert nur die untere, nicht verbotene Grenze der ordnungsgemäßen Erfüllung der Schutzpflicht. Eine ordnungsgemäße Erfüllung der Schutzpflicht kann sich jedoch über diese Untergrenze hinaus ergeben und dies ist sogar in der Regel der Fall.

Kurz gefaßt ist auf der Ebene der Begrifflichkeit das Untermaßverbot ein eigenständiges Moment der Schutzpflichtenlehre, das insoweit auch erforderlich ist, als es die untere erlaubte Grenze der ordnungsgemäßen Erfüllung der grundrechtlichen Schutzpflicht zieht. Es wird also klar, daß von ordnungsgemäßer Erfüllung des grundrechtlichen Schutzauftrags nicht die Rede ohne Untermaßverbot sein kann, da dies den Kontrollmaßstab zur Beurteilung der Ordnungsmäßigkeit der Erfüllung stellt.

Des weiteren ist das Untermaßverbot kein ausschließlicher Kontrollmaßstab der gesetzgeberischen Wahrnehmung der grundrechtlichen Schutzpflichten. Es ist ein Prüfungsmechanismus jeder staatlicher Erfüllung der grundrechtlichen Handlungspflichten bzw. Eingriffsunterlassungspflicht[273]. Damit ist zum einen gemeint, daß die Wahrnehmung einer grundrechtlichen Schutzpflicht durch die Verwaltung oder durch die Gerichte der Untermaßverbotskontrolle unterliegt. Zum anderen fallen unter die Untermaßverbotsprüfung nicht nur die

[272] So Gellermann, Grundrechte, S. 347.

[273] Dazu ausführlicher Kapitel 5.1. über den Anwendungsraum des grundrechtlichen Untermaßverbots.

grundrechtlichen Schutzpflichten sondern alle grundrechtlichen Handlungspflichten und Nicht-Eingriffspflichten[274].

Andererseits ist der Annahme der hier heftig kritisierten These, daß das Untermaßverbot konkretisierungsbedürftig und schwer konkretisierbar, d.h. inhaltlich schwer faßbar ist, grundsätzlich zuzustimmen[275]. Der gerechtfertigte Einwand eines Mangels an Bestimmtheit des Untermaßverbots bedeutet jedoch nicht, daß das Untermaßverbot der staatlichen Erfüllung von Handlungspflichten keine inhaltlichen Anforderungen vorgibt. Es geht um zwei unterschiedliche Punkte, die nicht verwechselt werden dürfen.

Zum Schluß ist es ersichtlich, daß, um auf das Bild von Dietlein ergänzend zurückzukommen, das Untermaßverbot kein Rad am Wagen der Schutzpflichtentheorie, sondern dessen Bremse ist. Und die Bremsen wirken sich auf die Geschwindigkeit des Fahrzeuges maßgeblich aus.

Der These, daß das Untermaßverbot dogmatisch überflüssig ist, da es sich mit der Erfüllung der Schutzpflicht decke, ist damit entgegenzutreten. Es ist zwar eine Tatsache, daß der Gedanke der verfassungskonformen Erfüllung der Schutzpflicht sowohl in der Thematik des Untermaßverbots als auch im System der Schutzpflichtenlehre vorkommt. Das Untermaßverbot als Teil dieses dogmatischen Zusammenhanges bezeichnet jedoch die untersten erlaubten Grenzen bei der staatlichen Erfüllung der normativen grundrechtlichen Schutzpflicht. Es besteht in einem zur Aktualisierung des Systems unerläßlichen Kontrollmaßstab, und in diesem Sinne reichert es die Schutzpflichtenlehre maßgeblich an.

2.1.4. EIGENE STELLUNGNAHME ZUM DOGMATISCHEN ZUSAMMENHANG ZWISCHEN GRUNDRECHTLICHEN SCHUTZPFLICHTEN UND UNTERMASSVERBOT

Das Untermaßverbot ist erstmals als eine Teilfrage der Lehre von den grundrechtlichen Schutzpflichten behandelt worden. Die Dogmatik der grundrechtlichen Schutzpflichten kann schematisch auf drei Begründungsebenen systematisiert werden. Zuerst kommt die Frage nach der ideengeschichtlichen Begründung, nach der „ratio" der Entstehung von grundrechtlichen Schutzpflichten überhaupt. Die konzeptionellen Wurzeln der grundrechtlichen Schutzpflichten gehen nach wohl herrschender Ansicht auf dem dogmatischen Zusammenhang zwischen „staatlichem Gewaltmonopol und bürgerlicher Gehorsams- und Friedenspflicht" zurück[276].

---

[274] Zur in dieser Arbeit vertretenen Ausdehnung des Untermaßverbotsgedanken sowohl auf die staatlichen als auch auf die privaten grundrechtlichen-Nichteingriffspflichten s. Kapitel 5.1.2. und 5.3.2.3.

[275] Zur Konkretisierungen des grundrechtlichen Untermaßverbots in Rechtsprechung und Theorie s. Kapitel 3. Eine weitere Verdeutlichung von unklaren oder umstrittenen Gesichtspunkten s. in Kapitel 5.

[276] Dazu s. Stern, Das Staatsrecht, S. 932ff.; Bleckmann, DVBl. 1988, S. 938ff. (941); Dietlein, Die Lehre, S. 24ff.; Unruh, Zur Dogmatik, S. 37; Tzemos, Die dogmatische Herleitung, Magisterarbeit, S. 26ff.

Zweitens stellt sich die Frage, wie die grundrechtlichen Schutzpflichten als Funktion der Grundrechte normativ herzuleiten sind. Es handelt sich um die Problematik der dogmatischen Ableitung der normativen grundrechtlichen Schutzpflichten aus den Grundrechten. Die normative grundrechtliche Schutzpflicht als Grundrechtsfunktion wird nach überwiegender Auffassung aufgrund des objektiv-rechtlichen Gehalts der Grundrechtsnormen begründet. Z. B. wird die grundrechtliche Pflicht des Staates zum Schutz des Lebens vor privaten Eingriffen aus dem objektiv-rechtlichem Gehalt des Art. 2 Abs. 2 GG dogmatisch hergeleitet. Dem ist jedoch als erforderliche dogmatische strukturelle Voraussetzung die Annahme einer unmittelbaren Drittwirkung der Grundrechte hinzuzufügen[277].

Auf einer dritten Ebene ist im Rahmen eines Falles eine staatliche grundrechtliche Schutzpflicht zu begründen. Zur Begründung dieser konkreten grundrechtlichen Schutzpflicht, die eine fallbezogene Ausprägung einer normativen grundrechtlichen Schutzpflicht darstellt, ist eine Subsumtion des Tatbestandes unter die primär-normative grundrechtliche Schutzpflicht vorzunehmen. Dafür spielen die Tatsachen, die einen Fall prägen, die entscheidende Rolle. Z. B. ist die staatliche grundrechtliche Pflicht zum Schutz des Lebens des Ungeborenen vor einer Abtreibung eine Ausprägung der allgemeinen normativen Pflicht des Staates zum Schutz des Lebens vor nicht-staatlichen Eingriffen.

Erst auf einer vierten gedanklichen Ebene wendet der Staat einige Schutzmaßnahmen zur Wahrnehmung der konkreten grundrechtlichen Schutzpflicht an (z. B. erläßt der Staat ein Abtreibungsgesetz zum Schutz des Lebens des Nasciturus). Diese staatliche Schutzmaßnahmen, müssen den Anforderungen der grundrechtlichen Schutzpflicht entsprechen. Diese Prüfung der konkreten Schutzmaßnahmen am Maßstab der grundrechtlichen Schutzpflicht ist durch den Begriff Untermaßverbot zum Ausdruck gebracht.

Das grundrechtliche Untermaßverbot selbst hat zwei Erscheinungsvarianten, das grundrechtliche Untermaßverbot im engeren Sinne und das grundrechtliche Untermaßverbot im weiteren Sinne[278]. Das grundrechtliche Untermaßverbot im engeren Sinne erfordert das Verbot der untermäßigen staatlichen Wahrnehmung einer grundrechtlichen Handlungspflicht oder Nicht-Eingriffspflicht. Das grundrechtliche Untermaßverbot im weiteren Sinne betrifft das Verbot des untermäßigen Tätigwerdens des Staates bei einem Grundrechtskollisionsfall. Auf dieser Grundlage wird es deutlich, daß das grundrechtliche Untermaßverbot im engeren Sinne eine Teilfrage der Lehre der grundrechtlichen Schutzpflichten ist.

Schließlich läßt sich darüber hinaus anmerken, daß das grundrechtliche Untermaßverbot im engeren Sinne Anwendung nicht nur bei der Überprüfung der Verfassungsmäßigkeit der staatlichen Wahrnehmung von normativen grund-

---

[277] Die These ist, daß die Begründung einer staatlichen grundrechtlichen Schutzpflicht die Bejahung der unmittelbaren Drittwirkung des einschlägigen Grundrechts voraussetzt. Grundrechtliche Schutzpflichten und eine nur mittelbare Drittwirkung sind nicht dogmatisch kompatibel. S. Kapitel 5.3.2.2.

[278] Dazu s. Kapitel 5.2.

rechtlichen Schutzpflichten findet. Zu seinem Anwendungsfeld gehören die staatlichen Wahrnehmungen von grundrechtlichen Handlungspflichten aller Art und die staatlichen Wahrnehmungen auch der abwehrrechtlichen Nicht-Eingriffspflichten[279]. Kurz gefaßt verfügt das Untermaßverbot über eine eigene reiche Dogmatik und besteht nicht nur in einer Teilthematik der Schutzpflichtenlehre.

2.2. DIE WESENSGEHALTSGARANTIE ALS ZWEITE SÄULE DES UNTERMASSVERBOTS

Verschiedene literarische Beiträge haben den dogmatischen Zusammenhang zwischen Untermaßverbot und Wesensgehaltsgarantie erörtert[280]. Damit wird die Wesensgehaltsgarantie des Art. 19 Abs. 2 GG als dogmatischer Anknüpfungspunkt zur Begründung des Untermaßverbots herangezogen.

Die Verbindung des Untermaßverbotsprinzips mit der Wesensgehaltsgarantie trägt zur Konturierung der Untermaßverbotsdogmatik bei. Die Wesensgehaltsgarantie erweist sich als die zweite Säule der Untermaßverbotsdogmatik. Andererseits setzt die deutliche Darstellung des Verhältnisses zwischen Untermaßverbot und Wesensgehaltsgarantie nicht nur eine gewisse eigenständige Konkretisierung des Untermaßverbots, sondern auch eine genaue Bestimmung des Sinns, des Umfangs und der praktischen Bedeutung der Wesensgehaltsgarantie voraus.

Art. 19 Abs. 2 GG lautet: „In keinem Fall darf ein Grundrecht in seinem Wesensgehalt angetastet werden." Dieses Antastungsverbot wirft viele umstrittene Fragen auf und bedarf der Veranschaulichung und der Erhellung.

In diesem Zusammenhang ist zunächst die Frage nach dem Umfang der Wesensgehaltsgarantie zu erörtern: Gewährleistet nämlich die Wesensgehaltsgarantie einen Schutz ausschließlich für die klassische Abwehrfunktion oder für alle Grundrechtsfunktionen? Gewährleistet sie darüber hinaus einen absoluten oder einen nur relativen Grundrechtsschutz?

Auf einer zweiten Ebene sind für den Zusammenhang zwischen Wesensgehaltsgarantie und Untermaßverbot auch diejenigen Fragen von Bedeutung, die das Verhältnis zwischen Wesensgehaltsgarantie und anderen Grundsätzen des Verfassungsrechts untersuchen: Welche sind die Unterschiede und die Gemeinsamkeiten von Wesensgehaltsgarantie und Menschenwürdegarantie? Was ist das Verhältnis zwischen Wesensgehaltsgarantie und Verhältnismäßigkeitsprinzip? Damit öffnet sich der Weg für eine weitere dogmatische Verankerung des Untermaßverbots in der Lehre der Wesensgehaltsgarantie.

[279] Zum Anwendungsfeld des grundrechtlichen Untermaßverbots s. Kapitel 5.1.
[280] S. Kapitel 2.2.1.

2.2.1. DIE WESENSGEHALTSGARANTIE ALS DOGMATISCHE STÜTZE DES GRUNDRECHTLICHEN UNTERMASSVERBOTS IN DER THEORIE

2.2.1.1. DER ZUSAMMENHANG ZWISCHEN WESENSGEHALTSGARANTIE UND UNTERMASSVERBOT NACH HUBER

2.2.1.1.1. GRUNDRECHTLICHE SCHUTZPFLICHTEN, UNTERMASSVERBOT UND WESENSGEHALTSGARANTIE

Huber[281] geht im Rahmen seiner Ausführungen über die Wesensgehaltsgarantie davon aus, daß die Wesensgehaltsgarantie und die moderne Dogmatik des Untermaßverbots durch Verbindungslinien, wenn nicht sogar durch Deckungsgleichheit gekennzeichnet sind. Ihre Gemeinsamkeiten gingen sowohl auf ihr „Konzept" als auch auf ihren Ursprung zurück. Der Grundgedanke und der Sinn beider Begriffe bestünden in der Bestimmung des Minimums an grundrechtlichem Schutzstandard. Darüber hinaus wurzelten sie im „objektivrechtlichen Gehalt der Grundrechte."[282] Nicht zuletzt bemerkt Huber, daß Wesensgehaltsgarantie und Untermaßverbot funktionell betrachtet die Grenzen gesetzlicher Gestaltungsmacht bei der Auflösung von Grundrechtskollisionen in multipolaren Rechtsverhältnissen[283] bestimmen. Es gehe zusammengefaßt um dieselbe Problematik[284].

Huber bestreitet nicht die Anknüpfung der Untermaßverbotsdogmatik an die Schutzpflichtenlehre. Für ihn liefert das Untermaßverbot den bei der Konkretisierung grundrechtlicher Schutzpflichten zu beachtenden verfassungsrechtlichen Maßstab. Insoweit schließt er an den Hauptpfeiler „Grundrechtliche Schutzpflicht" den Hauptpfeiler „Wesensgehaltsgarantie" an und ergänzt dergestalt die Diskussion über das Untermaßverbot. Daraus sei folgerichtig zu entnehmen, daß das Untermaßverbot die Wesensgehaltsgarantie[285] der Grundrechte in ihrer Funktion als grundrechtliche Schutzpflichten[286] verkörpert.

---

[281] Huber, in: v. Mangoldt/Klein/Starck, GG, Art. 19 Abs. 2 GG, Rdnr. 132ff.

[282] Dazu Kapitel 2.2.2.1. An dieser Stelle meint Huber mit dem Ausdruck Untermaßverbot das grundrechtliche Untermaßverbot in engerem Sinne. Zur Unterscheidung zwischen grundrechtlichem Untermaßverbot im engeren und im weiteren Sinne s. Kapitel 5.2.2.

[283] Hier thematisiert Huber das grundrechtliche Untermaßverbot im weiteren Sinne.

[284] Huber, in: v. Mangoldt/Klein/Starck, GG, Art. 19 Abs. 4 GG, Rdnr. 132ff.

[285] Wie jedoch unten eingehender zu zeigen ist, geht das grundrechtliche Untermaßverbot über die Wesensgehaltsgarantie hinaus. Dazu Kapitel 5.2.3. und 5.3.1.1.

[286] Das ist jedoch nur teilweise zutreffend, denn das grundrechtliche Untermaßverbot betrifft alle staatliche grundrechtliche Handlungspflichten. Dazu Kapitel 5.1.1. Für die Anwendung des grundrechtlichen Untermaßverbots auch bezüglich der grundrechtlichen Nicht-Eingriffspflichten s. Kapitel 5.1.2.

2.2.1.1.2. RECHTSCHUTZGARANTIE, UNTERMASSVERBOT UND WESENSGEHALTSGARANTIE

Huber[287] greift an einer anderen Stelle den Zusammenhang zwischen der Rechtschutzgarantie des Art. 19 Abs. 4 GG und dem Untermaßverbot auf. Die Verbindungslinie liefert auch hier das aus Art. 19 Abs. 2 GG gewonnene Wesensgehaltsargument. Huber wiederholt die herrschende Auffassung über die Rechtsschutzgarantie, nach der der Zugang zu Gericht und zu einer gerichtlichen Entscheidung in der Sache - vorbehaltlich verfassungsunmittelbarer Schranken - in keinen Fall ausgeschlossen, faktisch verhindert bzw. in unzumutbarer, d. h. in durch Sachgründe nicht mehr zu rechtfertigender Weise, erschwert werden darf[288]. Diese herrschende Konzeption der Rechtsschutzgarantie kennzeichnet Huber als Wesensgehalt von Art. 19 Abs. 4 GG[289].

Damit sei die dogmatische Brücke gegeben, welche eine Untermaßverbotskontrolle des Gesetzgebers ermögliche. Anders gewendet: Der oben erläuterte Gehalt der Rechtsschutzgarantie stehe dem Untermaßverbot des Art. 19 Abs. 4 GG gleich. Dabei taucht jedoch die weitere Frage auf, ob das Untermaßverbot zu jedem Artikel des Grundgesetzes paßt und deshalb allen Grundgesetzesgewährleistungen eine ihm entsprechende Kontrolle möglich sei[290].

2.2.1.1.3. KRITISCHE WÜRDIGUNG

Es ist zutreffend, daß Untermaßverbot und Wesensgehaltsgarantie durch Verbindungslinien gekennzeichnet werden. Bei den Überlegungen von Huber bleibt allerdings unklar, ob Untermaßverbot und Wesensgehaltsgarantie alternative Namen desselben Gegenstandes oder nur verwandte verfassungsrechtliche Prinzipien sind. M. E. ist zutreffend von Verbindungslinien und nicht von Deckungsgleichheit zwischen den zwei Maßstäben die Rede[291]. Des weiteren ist die Auffassung Hubers, daß das Untermaßverbot nur auf die Funktion der Grundrechte als grundrechtliche Schutzpflichten anwendbar sei, nicht zutreffend.

---

[287] Huber, in: v. Mangoldt/Klein/Starck, GG, Art. 19 Abs. 4 GG, Rdnr. 392.
[288] BVerfGE 10, 264ff. (268); 44, 302ff. (305).
[289] Huber, in: v. Mangoldt/Klein/Starck, GG, Art. 19 Abs. 4 GG, Rdnr. 392.
[290] Die These dieser Arbeit ist, daß das grundrechtliche Untermaßverbot im engeren Sinne alle Grundrechte und alle Grundrechtsfunktionen betrifft. Dazu Kapitel 5.1.
[291] Zur endgültigen These zum Zusammenhang zwischen Wesensgehaltsgarantie und Untermaßverbot Kapitel 5.3.1.1.

2.2.1.2. DIE GRUNDRECHTE ALS UNTERMASSVERBOT UND DIE WESENSGEHALTSGARANTIE NACH SCHERZBERG

2.2.1.2.1. DIE VERFASSUNGSTHEORETISCHEN PRÄMISSEN VON SCHERZBERG

Scherzberg geht davon aus, daß das Grundgesetz durch eine nur begrenzte Normativität, Bestimmtheit und Rechtsbindung gekennzeichnet ist. Es weise einen erheblichen Abstraktionsgrad[292] und eine Endlichkeit seiner Normativität[293] auf. Es bestehe eine Konkretisierungsunfähigkeit, was die Rechtsfolgenanordnungen[294] des Grundgesetzes betrifft. Damit komme man zum Schluß, daß das Grundgesetz nur eine Rahmenordnung[295] mit begrenzten verfassungskräftigen Regelungsgehalten ist.

Daher hätten im Bereich der Grundrechte die „objektiven grundrechtlichen Regelungskomponenten"[296] prinzipiell nur eine Appell- und Leitlinienfunktion[297]. Sie konstituierten eine rechtliche Ordnung, die lediglich auf Beeinflussung und nicht auf vollständige Determinierung der Entscheidungsergebnisse tendiere. Damit sei die objektivrechtliche Seite der Grundrechte grundsätzlich als eine weiche rechtliche Ordnung zu qualifizieren.

Vor diesem Hintergrund stellt sich die Frage der Strukturierung des objektivrechtlichen Gehaltes der Grundrechte. Es ist von „objektiven Regelungskomponenten der Grundrechte"[298] die Rede, welche in sich zwei Relationssätze bergen: „Je stärker der Mangel an tatsächlichen Freiheitschancen im Einzelfall, desto umfangreicher die grundrechtlich angeregten Ausgleichs- und Sicherungsmaßnahmen; je gravierender ferner die Minderung tatsächlicher Freiheitschancen, desto höher auch die Bindungskraft der grundrechtlichen Steuerungsimpulse."[299] Damit ist der Schutz realer Freiheit der Gegenstand der „objektiven Rege-

---

[292] Scherzberg, Grundrechtsschutz, S. 98ff. (106); vgl. auch Bryde, Verfassungsentwicklung, S. 89ff.

[293] Scherzberg, Grundrechtsschutz, S. 109; vgl. auch Krebs, Kontrolle in staatlichen Entscheidungsprozessen, S. 77.

[294] Scherzberg, Grundrechtsschutz, S. 108-109. Vgl. auch Larenz/Canaris, Die Feststellung von Lücken im Gesetz, S. 39ff.; Gusy, „Verfassungspolitik" zwischen Verfassung und Rechtspolitik, S. 33ff.; Schmitt-Glaeser, AöR 107 (1982), S. 337ff. (337, 341).

[295] Scherzberg, Grundrechtsschutz, S. 114-115. Zur Verfassung als Rahmenordnung vgl. aus der neueren Literatur Isensee, Vom Stil der Verfassung, S. 45ff.; Manterfeld, Die Grenzen der Verfassung, S. 45-47; Jestaedt, Grundrechtsentfaltung im Gesetz, S. 72ff.

[296] Scherzberg, Grundrechtsschutz, S. 193ff. Damit meint Scherzberg die grundrechtlichen Schutzpflichten, die grundrechtlichen Leistungspflichten, die Grundrechtssicherung durch Organisation und Verfahren. Gemeinsamer Nenner aller dieser Grundrechtsfunktionen ist nach Scherzberg der Schutz der realen Freiheit. In dieser Arbeit ist weder von „objektiven grundrechtlichen Regelungskomponenten" noch, wie üblich, vom „objektiv-rechtlichen Gehalt der Grundrechte", sondern von Grundrechtsfunktionen der zweiten Generation die Rede.

[297] Scherzberg, (Grundrechtsschutz, S. 186 m.w.N) meint, daß die Grundrechte Gesichtspunkte sind, die die Entscheidung in eine bestimmte Richtung begünstigen und damit die Eigenschaft von Prinzipien im Sinne Dworkins haben.

[298] Scherzberg, Grundrechtsschutz, S. 153ff., 186ff., 282-283.

[299] Scherzberg, Grundrechtsschutz, S. 187ff. (191); S. 283; ders., Die Öffentlichkeit der Verwaltung, S. 350. Vgl. auch Gern, DVBl. 1987, S. 1194ff.

lungskomponenten der Grundrechte."[300] Vor allem wird die Möglichkeit der Verdichtung dieser grundsätzlich weichen Appellwirkung zu einem definitiven und verfassungskräftigen Förderungs- oder Schutzgebot betont. Die Brücke zu dieser Verdichtung bietet der Maßstab der „Eingriffsintensität"[301] oder genauer formuliert die Figur der „Intensität der vorhandenen grundrechtlichen Betroffenheit" an. Bei dieser Verdichtung der Appellfunktion zu definitiven und bindenden staatlichen Pflichten ist nach Scherzberg die Funktion der Grundrechte als Untermaßverbot angesprochen.

2.2.1.2.2. ANSÄTZE EINER UNTERMASSVERBOTSDOGMATIK

Scherzberg mißt dem Untermaßverbot einen eigenständigen Platz im Rahmen der Grundrechtsdogmatik bei. Als Resultat seiner Untersuchung sieht er im Untermaßverbot ein maßgebliches Moment des objektiv-rechtlichen Gehalts der Grundrechte. Um die Grundrechte in Gestalt des Untermaßverbots geht es, wenn der Maßstab der Eingriffsintensität den objektiv-rechtlichen Gehalt der Grundrechte auf bindende staatliche Pflichten umschaltet. Das Untermaßverbot bestehe in dem objektiv-rechtlichen Gehalt der Grundrechte in seiner ausnahmsweise bindenden Erscheinungsform.

Die Grundrechte als Untermaßverbot[302] umfassen ein weites Feld. Grundrechtliche Schutzaufträge und Leistungsaufträge, Organisations- und Verfahrensgarantien und mittelbar faktische Beeinträchtigungen lösen durch die Entfaltung des Untermaßverbotsgedanken grundrechtliche Handlungspflichten aus. Das Untermaßverbot mache die grundrechtlichen Aufträge des sogenannten „objektiv-rechtlichen Gehalts"[303] der Grundrechte zu grundrechtlichen Handlungspflichten. Es schreibe den Übergang von seiner Appellwirkung zur Bindungswirkung vor. Damit grenze das Untermaßverbot das verfassungsrechtlich zu schützende Minimum an realer Freiheit[304] ab. Ohne das Untermaßverbot gibt es

---

[300] Scherzberg, Grundrechtsschutz, S. 183ff. (190); ders., Die Öffentlichkeit der Verwaltung, S. 349ff.

[301] „Mit zunehmender Betroffenheit der tatsächlichen Voraussetzungen individueller Freiheitsausübung verdichtet sich die grundrechtliche Appellwirkung mehr und mehr in Richtung auf ein definitives Förderungs-Schutzgebot" (Scherzberg, Grundrechtsschutz, S. 191); „Als Voraussetzung für die Begründung einer derartigen strikten Bindung wird durchweg das Überschreiten einer bestimmten Intensitätsschwelle der durch das fragliche Verhalten vermittelten Beeinträchtigung benannt" (Scherzberg, Grundrechtsschutz, S. 283). Zur Eingriffintensität als maßgebliches Kriterium für die Konkretisierung des grundrechtlichen Untermaßverbots s. auch Scherzberg, Grundrechtsschutz, S. 225, 284. Zu den praktischen Kriterien, welche die Konkretisierung des grundrechtlichen Untermaßverbots erleichtern können Kapitel 3.3.

[302] Scherzberg, Grundrechtsschutz, S. 208ff.; ders., Die Öffentlichkeit der Verwaltung, S. 351ff.

[303] Dabei spricht Scherzberg von objektiven grundrechtlichen Regelungskomponenten (Scherzberg, Grundrechtsschutz, S. 193ff.), vom grundrechtlichen Schutz der realen Freiheit (Scherzberg, Grundrechtsschutz, S. 203ff.; ders., Die Öffentlichkeit der Verwaltung, S. 349ff.) und neuerdings von der grundrechtlichen Vorsorgepflicht des Staates (Scherzberg, Die Öffentlichkeit der Verwaltung, S. 350, 351, 353). Damit sind die Schutzfunktion und die Förderfunktion der Grundrechte, sowie ihre Funktion als Verfahrensgarantien gemeint. Hier wird der Terminus „Grundrechtsfunktionen der zweiten Generation" vorgeschlagen. Dazu auch Kapitel 5.1.1.

[304] Scherzberg, Grundrechtsschutz, S. 208, 284.

nach diesem Gedankengang nur grundrechtliche Schutzaufträge, Förderaufträge und Verfahrens- sowie Organisationsgebote.

Das grundrechtliche Untermaßverbot beschränke sich jedoch nicht nur auf die Begründung von Schutz- und Leistungspflichten, soweit dies zur Erhaltung der grundrechtlichen Freiheit unabdingbar erscheint[305]. Das grundrechtliche Untermaßverbot als die „Garantie eines Minimus realer Freiheit[306]" und als das Verbot der „Unterschreitung eines Mindestmaßes realer Freiheitschancen[307]" könne nicht nur auf der objektiv-rechtlichen Ebene einschlägig sein. Es funktioniere auch auf der subjektiv-rechtlichen Ebene der Grundrechte. Die Verletzung des grundrechtlichen Untermaßverbots löse darüber hinaus die subjektive Rechtsschutzfunktion der Grundrechte aus[308] und begründe konkrete subjektive Rechte auf Schutz, auf Leistung und auf Sicherung der Grundrechte durch Organisation und Verfahren. Es begründe subjektive Rechte auf Schutz der realen Freiheit[309].

2.2.1.2.3. DIE POSITIVE DOGMATISCHE HERLEITUNG DES UNTERMASSVERBOTS AUS ART. 19 ABS. 2 GG

Ideengeschichtlich siedelt Scherzberg das Untermaßverbot in der Frage nach dem Schutz von realer, handhabbarer Freiheit an[310]. Verfassungstheoretisch geht das Untermaßverbot nach ihm auf das staatliche Ziel der Herstellung einer die effektive Verwirklichung individueller Freiheit eröffnenden und sichernden Ordnung zurück[311]. Was darüber hinaus für die dogmatische Konturierung des grundrechtlichen Untermaßverbots fehle, sei die positive dogmatische Stütze für seine verfassungstextliche Begründung.

Das verfassungstextliche Fundament des grundrechtlichen Untermaßverbots ist nach Scherzberg die Wesensgehaltsgarantie des Art. 19 Abs. 2 GG. Scherzberg sieht Art. 19 Abs. 2 GG hinsichtlich aller Grundrechtsfunktionen und nicht nur auf die abwehrrechtliche Funktion der Grundrechte als anwendbar an[312]. Die „Grundrechtsfunktionen der zweiten Generation" entfalteten jedoch Bindungswirkung nur am Maßstab des Art. 19 Abs. 2 GG. Mit anderen Worten verfassungswidrig sei nur die Antastung des Wesensgehalts der realen Freiheit.

---

[305] Scherzberg, Die Öffentlichkeit der Verwaltung, S. 351-352.
[306] Scherzberg, Die Öffentlichkeit der Verwaltung, S. 352; ders., Grundrechtsschutz, S. 208ff.
[307] Scherzberg, Die Öffentlichkeit der Verwaltung, S. 351.
[308] Scherzberg, Grundrechtsschutz, S. 221.
[309] Scherzberg, Die Öffentlichkeit der Verwaltung, S. 381; ders., Grundrechtsschutz, S. 221.
[310] Scherzberg, Grundrechtsschutz, S. 208ff.; ders., Die Öffentlichkeit der Verwaltung, S. 349ff.
[311] Scherzberg, Grundrechtsschutz, S. 208ff., S. 283.
[312] Scherzberg, Grundrechtsschutz, S. 210.

Das grundrechtliche Untermaßverbot wird also ausschließlich aus Art. 19 Abs. 2 GG dogmatisch hergeleitet[313].

In der Lehre der Wesensgehaltsgarantie gibt es drei dogmatischen Positionen, die für eine absolute, eine relative und eine vermittelnde Wesensgehaltsgarantie plädieren[314]. Scherzberg folgt einer vermittelnden Wesensgehaltstheorie. Er betrachtet die Wesensgehaltsgarantie sowohl als eine dogmatische Quelle des Verhältnismäßigkeitsprinzips bzw. der angemessenen Abwägung zwischen gegenläufigen Grundrechten als auch als eine absolute Sicherung des Mindestinhalts jedes Grundrechts: „Diese Vorschrift verpflichtet den Staat nicht nur auf die Angemessenheit und Ausgewogenheit jeder Grundrechtseinschränkung, sie verweist auch auf die dem Zugriff der Staatsgewalt gezogenen „letzten Grenzen", in denen der Schutzzweck des Grundrechts einer auf gesetzgeberischer Zwecksetzung beruhenden Freiheitsminderung entgegensteht."[315]

Beide Komponenten der Wesensgehaltsgarantie sind nach Scherzberg für die Konturierung des grundrechtlichen Untermaßverbots maßgeblich. Die Grundrechte als Untermaßverbot leiteten sich auf einer ersten Ebene aus dem nach Scherzberg zweiten Merkmal der Wesensgehaltsgarantie, nämlich dem Schutz der „letzten Grenzen" der realen Freiheit, ab. Das aus Art. 19 Abs. 2 GG begründete grundrechtliche Untermaßverbot verpflichte also auf dieser ersten Ebene die staatlichen Instanzen zur Sicherung eines Mindestmaßes realer Freiheit[316]. Dabei handelt es sich um das grundrechtliche Untermaßverbot im engeren Sinne[317]. Auf einer zweiten Ebene, wenn es um Grundrechtskollisionen geht, steuere und konturiere das grundrechtliche Untermaßverbot das andere Merkmal der Wesensgehaltsgarantie, nämlich die Angemessenheit bzw. die Verhältnismäßigkeit und die praktische Konkordanz: „Auch die grundrechtliche Gewährleistung eines Mindeststandards realer Freiheit kann freilich, vor allem soweit es dabei um die Bereitstellung finanzieller Ressourcen oder kostenintensiver staatlicher Einrichtungen geht, im Wege praktischer Konkordanz mit kollidierenden Verfassungsgütern zum Ausgleich zu bringen sein." Hier geht es um das grundrechtliche Untermaßverbot im weiteren Sinne[318].

Darüber hinaus bezweifelt Scherzberg, daß Art. 19 Abs. 2 GG imstande ist, handhabbare Maßstäbe für die Bestimmung von Inhalt und Umfang des grundrechtlichen Untermaßverbots anzubieten: „Die Anknüpfung des grundrechtlichen Untermaßverbots an Art. 19 Abs. 2 GG erübrigt seine inhaltliche Konkretisierung also nicht."[319] Eine weitere Konkretisierung des grundrechtli-

[313] Für eine nur teilweise Begründung des grundrechtlichen Untermaßverbots aus Art. 19 Abs. 2 GG und für seine Begründung aus Art. 19 Abs. 2 GG im Zusammenhang mit dem jeweils einschlägigen Grundrecht s. Kapitel 5.2.4.1.

[314] Zur Entwicklung der Problematik Kapitel 2.2.2.2.

[315] Scherzberg, Die Öffentlichkeit der Verwaltung, S. 352.

[316] Scherzberg, Die Öffentlichkeit der Verwaltung, S. 353.

[317] Scherzberg macht keine Unterscheidung zwischen grundrechtlichem Untermaßverbot im engeren und im weiteren Sinne. Aus seinen Überlegungen folgt jedoch implizit diese Unterscheidung. Zu dieser fundamentalen Unterscheidung Kapitel 5.2.2. Zum grundrechtlichen Untermaßverbot im engeren Sinne Kapitel 5.2.4.1., 5.2.4.2., 5.3.1.

[318] Zum grundrechtlichen Untermaßverbot im weiteren Sinne Kapitel 5.2.4.3., 5.3.1.

[319] Scherzberg, Die Öffentlichkeit der Verwaltung, S. 353.

chen Untermaßverbots sucht er in zweierlei Hinsicht außerhalb des Art. 19 Abs. 2 GG. Als wichtiges praktisches Kriterium zur Anwendung des grundrechtliches Untermaßverbots sieht er zum einen den Maßstab der Eingriffsintensität in die reale Freiheit an[320]. Damit werden nach Scherzberg die tatsächlichen Voraussetzungen grundrechtlicher Betätigung im Rahmen des grundrechtlichen Untermaßverbots näher bestimmt[321]. Zweitens schlägt er neuerdings die Mitberücksichtigung auch von nicht-grundrechtlichen verfassungsrechtlichen Vorgaben für die Konturierung des grundrechtlichen Untermaßverbots vor und plädiert für seine verfassungsimmanente Konkretisierung[322]. Der Grund dafür sei die Sinneinheit der Verfassung[323]. Damit sind nach Scherzberg die von der Verfassung selbst konstituierten normativen Freiheitsbedingungen, die den Umfang des grundrechtlichen Untermaßverbots weiter präzisieren, gemeint[324]. Z. B. fügt Scherzberg im Rahmen der Informationsfreiheit neben der Wesensgehaltsgarantie des Art. 19 Abs. 2 GG auch das Demokratieprinzip und das Rechtsstaatsprinzip als positive Stütze für die Konturierung des dortigen grundrechtlichen Untermaßverbots hinzu[325].

2.2.1.2.4. KRITISCHE WÜRDIGUNG

Im Zentrum der Überlegungen von Scherzberg befinden sich die Begriffe der realen Freiheit, der Eingriffsintensität, der objektiv-rechtlichen Regelungskomponente der Grundrechte mit ihrer weichen und ihrer strikten Erscheinungsform und schließlich der Begriff des Untermaßverbots. Damit wird ein System der allgemeinen Grundrechtstheorie gebildet, das viele Fragen zu beantworten vermag.

Was die Thematik des Untermaßverbots anbelangt, sollte man sich einerseits Scherzbergs umfangreichem Verständnis des Untermaßverbots anschließen. Untermaßverbot ist zutreffend nicht nur ein Teilaspekt der Dogmatik der grundrechtlichen Schutzpflichten. Sie besteht in einem Prinzip, das bei allen „Grundrechtsfunktionen der zweiten Generation“ anwendbar ist[326]. Weiterhin ist seine innovative These der Begründung eines originären grundrechtlichen subjektives Rechts auf Schutz bzw. auf Leistung, wenn das grundrechtliche Untermaßverbot verletzt wird, zu begrüßen[327]. Sie liefert eine überzeugende Antwort

---

[320] Scherzberg, Grundrechtsschutz, S. 208ff.
[321] Scherzberg, Die Öffentlichkeit der Verwaltung, S. 354.
[322] Scherzberg, Die Öffentlichkeit der Verwaltung, S. 354.
[323] Scherzberg, Die Öffentlichkeit der Verwaltung, S. 354, 424.
[324] Scherzberg, Die Öffentlichkeit der Verwaltung, S. 354.
[325] Scherzberg, Die Öffentlichkeit der Verwaltung, S. 354f.
[326] Dazu Kapitel 5.1.1. Zur Anwendung des grundrechtlichen Untermaßverbots auch bei der abwehrechtlichen Funktion der Grundrechte Kapitel 5.1.2.
[327] M. E. ist jedoch der Umfang des grundrechtlichen Untermaßverbots weiter, denn es geht weit über den Wesensgehalt eines Grundrechts hinaus. Dazu Kapitel 5.2.3., 5.3.1.1. Infolgedessen ist auch der Umfang der grundrechtlichen subjektiven Rechte auf Schutz bzw. auf Leistung weiter.

zu der umstrittenen Frage, ob und in welchem Umfang den grundrechtlichen Schutz- und Leistungspflichten subjektive Rechte entsprechen.

Darüber hinaus ist die positive Verankerung des Untermaßverbots in Art. 19 Abs. 2 GG von besonderer Bedeutung[328]. Darin besteht sein wichtiger Beitrag zur Theorie des grundrechtlichen Untermaßverbots, das bis dahin ein Verfassungsprinzip ohne positivrechtliche Prägung war. Der dogmatische Anschluß des Untermaßverbots an Art. 19 Abs. 2 GG trägt zu einer Annäherung der Untermaßverbots- mit der Wesensgehaltsgarantieproblematik bei.

Andererseits stellt Scherzberg m. E. nicht zutreffend auf eine grundsätzlich weiche Wirkung der „objektiven" grundrechtlichen Regelungskomponenten[329] ab. Die „Grundrechtsfunktionen der zweiten Generation" sind zwar unbestimmt und konkretisierungsbedürftig, sie haben jedoch, wie die Abwehrfunktion der Grundrechte keine bloße Appellwirkung sondern eine Bindungswirkung. Der Grundrechtsteil des Grundgesetzes löst nicht Schutz- oder Leistungsaufträge, sondern wahrnehmungsbedürftige und zugleich konkretisierungsfähige Schutz- und Leistungspflichten aus. Dementsprechend werden grundrechtliche Schutz- bzw. Leistungspflichten nicht erst durch die Antastung des Wesensgehalts des einschlägigen Grundrechts dogmatisch begründet. Das grundrechtliche Untermaßverbot thematisiert die Überprüfung der staatlichen Wahrnehmung von grundrechtlichen Schutz- und Leistungspflichten und nicht das Moment der Verdichtung der grundrechtlichen Handlungsgebote zu Handlungspflichten.

Weiterhin ist m. E. die Angemessenheit bzw. das Verhältnismäßigkeitsprinzip kein Element der Wesensgehaltsgarantie, wie Scherzberg behauptet[330]. Daher schreibt Art. 19 Abs. 2 GG keine Grundrechtsabwägung bei Grundrechtskollisionen vor[331]. Ganz umgekehrt schließt Art. 19 Abs. 2 GG Abwägungen von Wesensgehalten ausdrücklich aus. Bei Grundrechtskollisionen fließt jedoch implizit aus Art. 19 Abs. 2 GG die folgende Vorrangregel: Die Verletzung des Schutzbereichs eines Grundrechts ist ausnahmsweise weit über seine Schranken verfassungsrechtlich gerechtfertigt, wenn diese Verletzung im Rahmen des konkreten Falles strikt notwendig für die Nicht-Antastung des Wesensgehalts eines anderen Grundrechts ist[332]. Diese Regel ist von erheblicher Bedeutung für die Anwendung des grundrechtlichen Untermaßverbots.

Das grundrechtliche Untermaßverbot begründet sich zum einen nicht nur aus Art. 19 Abs. 2 GG, sondern aus Art. 19 Abs. 2 GG immer im Zusammenhang mit dem jeweiligen Grundrecht. Das grundrechtliche Untermaßverbot umfaßt nicht nur die Nicht-Antastung des Wesensgehalts, sondern verbietet darüber hinaus auch die nicht gerechtfertigte Verletzung des über den Wesensgehalt hi-

---

[328] Vgl. jedoch Kapitel 5.2.3. und 5.3.1.1. wo die Auffassung vertreten wird, daß das grundrechtliche Untermaßverbot nur teilweise in Art. 19 Abs. 2 GG positiv verankert ist.

[329] So bezeichnet Scherzberg in seiner Dissertation (Scherzberg, Grundrechtsschutz, S. 193ff.) die weit über die abwehrrechtliche Funktion der Grundrechte gehenden „Grundrechtsfunktionen der zweiten Generation". In seiner Habilitation verwendet er den Terminus „objektiv-grundrechtliches Vorsorgeprogramm" (Scherzberg, Die Öffentlichkeit der Verwaltung, S. 349ff. (351)).

[330] Dazu Kapitel 2.2.3.2.

[331] Zur Problematik der absoluten oder relativen Wesensgehaltstheorie Kapitel 2.2.2.2.

[332] Dazu ausführlicher Kapitel 5.2.4.1. und 5.3.1.1.

nausgehenden Schutzbereichs eines Grundrechts. Grundrechtliches Untermaßverbot und Wesensgehaltsgarantie fallen nur teilweise zusammen. Zum anderen steht die Nicht-Antastung des Wesensgehalts der „Grundrechtsfunktionen der zweiten Generation“ nicht unter dem Vorbehalt anderer verfassungsrechtlicher Bestimmungen wie dem Demokratieprinzip oder dem Rechtsstaatsprinzip. Art. 19 Abs. 2 GG ist m. E. immer lex specialis zum Demokratieprinzip, dem Rechtsstaatsprinzip oder dem Gewaltenteilungsgrundsatz gegenüber.

2.2.2. ZUM UMFANG DER WESENSGEHALTSGARANTIE ALS NOTWENDIGE VORAUSSETZUNG FÜR IHRE VERBINDUNG MIT DEM UNTERMASSVERBOT

2.2.2.1. ALLE GRUNDRECHTSERSCHTSFUNKTIONEN ODER NUR DIE ABWEHRRECHTE?

Die Frage, ob die Wesensgehaltsgarantie[333] nicht nur im Hinblick auf die abwehrrechtliche Funktion der Grundrechte, sondern auch bei den Erscheinungsformen der Grundrechte als Schutzrechte, Leistungsrechte, verfahrensrechtliche Absicherungen[334] anwendbar ist, stellt einen wichtigen Anknüpfungspunkt der Wesensgehaltsgarantiedogmatik an die Untermaßverbotslehre dar. Der Grund ist offenbar: Ohne ein Verständnis, nach dem die Wesensgehaltsgarantie auch bei den grundrechtlichen Schutzpflichten und den anderen grundrechtlichen Handlungspflichten[335] anwendbar ist, würde die dogmatische Brücke für eine Zusammenschau von Art. 19 Abs. 2 GG und vom Untermaßverbot fehlen.

Diese Frage ist bis jetzt in der Literatur nur ansatzweise erörtert[336]. Dreier schlägt eine Anwendung der Wesensgehaltsgarantie über die abwehrrechtliche Komponente hinaus auf die leistungsrechtlichen und andere in weitem Sinne objektiv-rechtlichen Regelungskomponente der Grundrechte vor. Insbesondere bei der Lehre der grundrechtlichen Schutzpflichten befürwortet er eine vorsichtige Mitberücksichtigung von Wesensgehaltsargumenten[337].

---

[333] Zur Wesengehaltsgarantie Häberle, Die Wesensgehaltsgarantie; vgl. auch, Schneider, Der Schutz des Wesensgehalts; Stelzer, Das Wesensgehaltsargument; Herbert, EuGRZ 1985, S. 321ff.; Krüger/Seifert, Die Einschränkung der Grundrechte; Hochhuth, Realativitätstheorie des öffentlichen Rechts, S. 150ff.; Heß, Grundrechtskonkurrenzen. S. 138ff.; Herzog, Grundrechte aus der Hand des Gesetzgebers, S. 1415ff. (1423ff.).

[334] Dazu Grimm, NVwZ 1985, S. 865ff.; Goerlich, Grundrechte als Verfahrensgarantien; Bethge, NJW 1982, S. 1ff.; Bergner, Grundrechtsschutz durch Verfahren; Schenke, AöR 125 (2000), S. 1ff. (33ff.).

[335] Zur Anwendung des grundrechtlichen Untermaßverbots bei allen Kategorien von grundrechtlichen Handlungspflichten Kapitel 5.2.1.

[336] Vor allem Scherzberg, Grundrechtschutz, S. 210f. (dazu ausführlich Kapitel 2.2.1.2.2.); Huber, Art. 19 Abs. 2 GG, in: v. Mangoldt/Klein/Starck, GG, Rdnr.132ff. (dazu ausführlich Kapitel 2.2.1.1.); vgl. auch Dreier, Art. 19 Abs. 2 GG, in: ders., GG, Rdnr. 15; Krebs, Art. 19 Abs. 2 GG, in: v. Münch/Kunig, GG, Rdnr. 26. Für die Anwendung der Wesensgehaltsgarantie auch für die leistungsrechtliche Funktion der Grundrechte s. auch Häberle, Die Wesensgehaltsgarantie, S. 370.

[337] Dreier, Art. 19 Abs. 2 GG, in: ders., GG, Rdnr. 15.

Auch Krebs[338] befürwortet eine Erstreckung der Wesensgehaltsgarantie auf die verfahrensrechtlichen, leistungsrechtlichen und schutzrechtlichen Grundrechtsgehalte[339]. Er hält es sogar für unstreitig, daß die leistungsrechtlichen Grundrechtsgehalte und die verfahrensrechtlichen Absicherungen der Grundrechte zum Thema der Wesensgehaltsgarantie gehören. Was die verfahrensrechtlichen Absicherungen anbelangt, verweist er auch auf eine Feststellung des BVerfG nach der der „Wesensgehalt eines Grundrechts... betroffen sein kann, wenn jeglicher Störungsabwehranspruch, den die Rechtsordnung zum Schutz eines Grundrechts einräumt, materiellrechtlich beseitigt oder wenn verfahrensrechtlich verwehrt wird, ihn wirkungsvoll geltend zu machen, mag er oder das Grundrecht, zu dessen Schutz er gewährt ist, auch...materiellrechtlich bestehen bleiben.“[340]

Kurz gefaßt findet die mittlerweile in der allgemeinen Grundrechtslehre herrschende Tendenz der Erweiterung des Grundrechtsschutzes auch bei der Wesensgehaltsproblematik Widerhall. Ein Teil der Zurückhaltung hinsichtlich des Teilbereiches der grundrechtlichen Schutzpflichten ist auf die Diskussion der funktionellen Grenzen der Verfassungsauslegung zurückzuführen[341].

2.2.2.2. ABSOLUTER ODER RELATIVER SCHUTZ?

Die Frage nach dem Wesen der Wesensgehaltsgarantie ist umstritten. Alle Versuche zur Bestimmung, worin genau die Unantastbarkeit des Wesensgehalts der Grundrechte besteht, zielen auf die Abgrenzung „eines effektiven Garantiebereichs des Grundrechts“[342] und auf die „Sicherstellung definitiver Grundrechtspositionen“[343] ab. Es ist weiterhin auch unumstritten, daß aus der Wesensgehaltsgarantie „die Gewährleistung eines Mindestinhalts der Freiheit ... der übrigbleiben muß“[344], anders gewendet: „ein harter Kern der Grundrechte“[345], fließt. Man kann des weiteren ohne Bedenken davon ausgehen, daß sich aus Art. 19 Abs. 2 GG unmittelbar ergibt, daß kein Grundrecht so weit beschränkt werden darf, daß „es im Leben des Gemeinwesens keine Wirksamkeit mehr entfalten kann.“[346] Die Gemeinsamkeiten der verschiedenen Auffassungen hören je-

---

[338] Krebs, Art. 19 Abs. 2 GG, in: v. Münch/Kunig, GG, Rdnr. 26.

[339] Zur Anwendung der Wesensgehaltsgarantie auch bei den grundrechtsgleichen Rechten außerhalb des ersten Abschnitts des GG Dreier, Art. 19 Abs. 2 GG, in: ders., GG, Rdnr. 6; Krebs, Art. 19 Abs. 2 GG, in: v. Münch/Kunig, GG, Rdnr. 19. Zu ihrer Anwendung auch bei vorbehaltsfrei gewährleisteten Grundrechte BVerfGE 47, 300ff.; Krebs, Art. 19 Abs. 2 GG, in: v. Münch/Kunig, GG, Rdnr. 19; Schneider, Der Schutz des Wesensgehalts, S. 73ff.; Jäckel, Grundrechtsgeltung, S. 45ff.; Dreier, Art. 19 Abs. 2 GG, in: ders., GG, Rdnr. 6.

[340] BVerfGE 61, 82ff. (113).

[341] Dazu ausführlich Kapitel 2.3. S. auch die in Kapitel 1.1. referierten Überlegungen Schupperts.

[342] Lübbe- Wolff, Die Grundrechte als Eingriffsabwehrrechte, S. 25ff.

[343] Alexy, Theorie der Grundrechte, S. 251.

[344] Maunz/Zippelius, Deutsches Staatsrecht, S. 153.

[345] Maunz, Art. 19 Abs. 2 GG, in: Maunz/Dürig, GG, Rdnr. 2.

[346] Hesse, Grundzüge des Verfassungsrechts, Rdnr. 332f.; v. Hippel, Grenzen , S. 63.

doch damit auf, ohne daß daraus eine klare Aussage über die Bestimmung und die Konkretisierung der Wesensgehaltsgarantie folgt.

Die verschiedenen Argumentationslinien und Schlußfolgerungen werden im Rahmen zweier Begründungswege erörtert: Hier ist entweder von absoluten oder von relativen Theorien die Rede[347].

Die absoluten Theorien werden durch die dogmatische Prämisse, daß die Wesensgehaltsgarantie ein Mindestmaß an geschützten Interessen im Anwendungsbereich des Grundrechts beinhaltet, der in keinen Fall angetastet werden dürfe, geprägt: „Gegenüber dem Wesensgehalt gibt es keine höherrangigen Güter. Insofern wird eine absolute Schranken-Schranke errichtet."[348] Auch das BVerfG[349] äußert sich in dieser Richtung, daß, was Eingriffe in der körperliche Unversehrtheit anbelangt, eine „absolute Grenze" besteht, „deren Überschreitung den Wesensgehalt dieses Grundrechts antasten würde"[350], und daß „die Frage, wann ein solcher Eingriff ausnahmsweise trotzdem zulässig ist, (daher) gegenstandslos ist."[351]

Das maßgebliche Kriterium der absoluten Theorien stellt also die Annahme dar, daß der Wesensgehalt nicht nach den Gegebenheiten eines Einzelfalles bestimmt wird, sondern er gegenüber allen Antastungsversuchen, also ein für alle mal feststeht[352]. Mit anderen Worten ist der Wesensgehalt einer Relativierung unzugänglich[353]. Vor ihr treten Verhältnismäßigkeitsprinzip und andere Abwägungsstrategien zurück. Für die absolute Theorie spricht der Wortlaut des Art. 19 Abs. 2 GG, welcher einer Relativierung entgegensteht.

Demgegenüber schlagen die relativen Theorien eine restriktive Auslegung des Art. 19 Abs. 2 GG vor. Die Wesensgehaltsgarantie kommt als variable Größe[354] zum Ausdruck und ist abwägungsfähig und offen[355]. Die Zulässigkeitsprüfung eines Eingriffs nach 19 Abs. 2 GG ist dabei prinzipiell einzelfallbezogen. Einzelfallbezogenheit, Personalisierung und abwägungsorientierte Erörterung der Wesensgehaltsgarantie mit anderen verfassungsrechtlichen Maßstäben, bzw. mit höher zu bewertenden Rechtsgütern fallen zusammen und bilden die Bausteine der relativen Betrachtungsweise. Die Prüfung konzentriert sich auf die Frage nach einer völligen Aufhebung des Grundrechtschutzes in einem konkreten Fall und für einzelne Personen. Im Rahmen fallbezogener Abwägung erfolgen Überlegungen zu den immanenten Schranken der Grundrechte. Eine relative

---

347 Ein Überblick über die Argumente der zwei Verständnisse bei Hochhuth, Relativitätstheorie des öffentlichen Rechts, S. 150ff. Vgl. auch Häberle, Die Wesensgehaltsgarantie, S. 327.

348 Stern, Staatsrecht III/2, S. 867. Vgl. auch Häberle, Die Wesensgehaltsgarantie, S. 42ff.

349 Ein Überblick über die Judikatur, die eine absolute Wesensgehaltstheorie vertritt, bei Häberle, Die Wesensgehaltsgarantie, S. 292ff.

350 BVerfGE 16, 194ff.

351 BVerfGE 7, 377ff. (411). Vgl. auch BVerfGE 80, 367ff. (373); BVerfGE 84, 212ff. (228).

352 Maunz, Art. 19 Abs. 2 GG, in: Maunz/Dürig, GG, Rdnr. 3.

353 Krebs, Art. 19 Abs. 2, in: v. Münch/Kunig, GG, Rdnr. 25; Thielmann, Sittenwidrige Verfügungen, S. 66-67.

354 Huber, Art. 19 Abs. 2 GG, in: v. Mangoldt/Klein/Starck, GG, Rdnr. 143.

355 BVerfGE 2, 89ff. (94); Alexy, Theorie der Grundrechte, S. 272; Häberle, Die Wesensgehaltsgarantie, S. 64; v. Hippel, Grenzen, S. 56ff.; Maunz, Art. 19 Abs. 2, in: Maunz/Dürig, GG, Rdnr. 29; Huber, Art. 19 Abs. 2 in: v. Mangoldt/Klein/Starck, GG, Rdnr. 144ff.

Theorie der Wesensgehaltsgarantie ist auch der Judikatur[356] nicht fremd: „Ein Grundrecht wird durch einen gesetzlichen Eingriff dann in seinem Wesensgehalt angetastet, wenn durch den Eingriff die wesensgemäße Geltung und Entfaltung des Grundrechts stärker eingeschränkt würde, als dies der sachliche Anlaß und Grund, der zu dem Eingriff geführt hat, unbedingt und zwingend gebietet."[357]

Eine relative Handhabung der Wesensgehaltsgarantie führt zu einer Annäherung von Wesensgehalt und Übermaßverbot. Das ergibt sich aus der im Rahmen der Wesensgehaltsgarantie vorgenommenen Erforderlichkeitsprüfung[358] sowie aus der Konkretisierung des Wesensgehaltsgedanken durch eine dreigliedrige Verhältnismäßigkeitsprüfung.

Für die relativen Theorien spricht zuerst die allgemein anerkannte Anwendung des Verhältnismäßigkeitsprinzips bei der Konkretisierung des grundrechtlichen Schutzes. Eine solche Vorgehensweise liegt auf der Linie der herrschenden Prinzipienlehre[359] und der damit eng verbundenen Abwägungsabhängigkeit der Grundrechte. Auch praktisch gesehen verfügt die relative Theorie der Wesensgehaltsgarantie über gewisse Vorteile und fügt sich harmonisch in die Lehre zur Auflösung von Kollisionen zwischen verschiedenen gegenläufigen Grundrechten ein.

Bisher haben weder die absolute noch die relative Theorie der Wesensgehaltsgarantie allgemeine Anerkennung gefunden. Vermittelnde Ansätze versuchen deshalb die Vorteile der zwei gegenläufigen Theorien zu kombinieren und zugleich ihre Schwächen zu vermeiden[360].

2.2.3. WESENSGEHALTSGARANTIE UND ANDERE GRUNDSÄTZE DES VERFASSUNGSRECHTS

2.2.3.1. MENSCHENWÜRDEGARANTIE UND WESENSGEHALTSGARANTIE

Die Bestimmung des Verhältnisses zwischen Menschenwürdegarantie und Wesensgehaltsgarantie spielt eine wichtige Rolle in der Dogmatik des Wesens-

---

[356] Dazu auch Häberle, Die Wesensgehaltsgarantie, S. 295ff.; Bleckmann, Die Grundrechte, S. 460f.; Meinert-Brockmann, Die Einschränkung von Grundrechten, S. 39ff.

[357] BGHSt 4, 375; 4, 485; 5, 375; BGHZ 6, 270. Vgl. auch BVerfGE 27, 344ff. (352).

[358] Maunz, Art. 19 Abs. 2, in: Maunz/Dürig, GG, Rdnr. 4.

[359] In der Rechtsprechung: BVerfG 7, 198ff. (205); 31, 58ff. (69-70); 35, 79ff. (112); 39, 1ff. (47); 49, 89ff. (142). In der Literatur Alexy, Theorie der Grundrechte, S. 71ff., 125ff.; ders., Der Staat 29 (1990), S. 39ff. (51ff.); Jarass, AöR 110 (1985), S. 363ff.; Würtenberger, VVDStRL 58 (1999), S. 139ff.; Borowski, Grundrechte als Prinzipien; Jestaedt, Grundrechtsentfaltung im Gesetz, S. 206ff.; Rossen, Grundrechte als Regeln und Prinzipien, S. 41ff.; Dworkin, Bürgerrechte ernstgenommen, S. 54ff.; Siekmann, Regelmodelle und Prinzipienmodelle; Raabe, Grundrechte und Erkenntnis, S. 176ff.. Kritisch Schlink, Abwägung im Verfassungsrecht, S. 127ff. Vgl. auch Kapitel 3.2.3.

[360] Häberle, Die Wesensgehaltsgarantie, S. 42ff., 64ff., 195ff., 326ff.; Huber, Art. 19 Abs. 2 GG, in: v. Mangoldt/Klein/Starck, GG, Rdnr. 152f.; Maunz, Art. 19 Abs. 2 GG, in: Maunz/Dürig, GG, Rdnr. 5ff.

gehalts. Es wird in Rechtsprechung und Literatur sowohl die Identität als auch die Komplementarität und Parallelität[361] der zwei verfassungsrechtlichen Maßstäbe nachdrücklich vertreten. Auf die maßgeblichen Gemeinsamkeiten und Unterschieden der zwei eigenständigen Maßstäbe ist kurz einzugehen.

Was die funktionelle Verwandtschaft von Menschenwürdegarantie und Wesensgehaltsgarantie angeht, ist nicht zu bezweifeln, daß beide Garantien alle drei Funktionen binden und insbesondere die Dispositionsfreiheit des Gesetzgebers im Grundrechtsbereich begrenzen. Sie sind Sicherungsklauseln, welche den deutschen demokratischen Rechtsstaat stark prägen[362]. Des weiteren werden beide Garantien durch eine gewisse Absolutheit ihres Achtungsgebotes gekennzeichnet.

Darüber hinaus vertritt Dürig[363] die These, daß allen Freiheitsgrundrechten ein aus Art. 1 Abs. 1 GG zuwachsender Kerngehalt innewohnt, der mit ihrem Wesensgehalt im Sinne von Art. 19 Abs. 2 GG identisch ist. Nach dieser Auffassung kann der Wesensgehalt der Grundrechte nicht über ihren Würdegehalt hinausgehen, und der Wesensgehaltsgarantie des Art. 19 Abs. 2 GG kommt nur eine deklaratorische Bedeutung zu. Danach bindet nicht nur die Menschenwürdegarantie, sondern auch die sich mit ihr deckende Wesensgehaltsgarantie auch den verfassungsändernden Gesetzgeber.

Andererseits sind nach zutreffender überwiegender Meinung[364] Wesensgehaltsgarantie und Würdenorm nicht synonyme Argumentationsfiguren. Ihre Bindungswirkung ist gestuft. Art. 19 Abs. 2 GG stellt absolute Schranken lediglich für den einfachen Gesetzgeber dar. Über die Menschenwürde dagegen kann auch der verfassungsändernde Gesetzgeber nicht disponieren. Dreier bemerkt weiterhin, daß sich nicht alle Grundrechte des Grundgesetzes ohne weiteres als Ausdruck der Menschenwürdegarantie begreifen lassen[365]. Es ist weder selbstverständlich oder sicher noch im Grundgesetz ausdrücklich normiert, daß alle Grundrechte über einen Menschenwürdekern verfügen, wie Dürig meint. Andererseits ist im Grundgesetz normativ geregelt, daß alle Grundrechte einen Wesensgehalt haben.

M. E. ist zwar oft schwierig zwischen Menschenwürdegarantie und Wesensgehaltsgarantie eines Grundrechts praktisch und fallbezogen zu unterscheiden. Andererseits ist zwischen ihnen nicht notwendig zu unterscheiden, denn es gibt für die zwei Verfassungsgarantien kein gemeinsames Anwendungsfeld. Die

---

361 Zu den verschiedenen Komplementaritäts- und Parallelitätsvorstellungen Geddert-Steinacher, Menschenwürde, S. 179ff. (188).

362 Häberle, (Die Wesensgehaltsgarantie, S. 257f.) weißt auf den Zusammenhang zwischen Verfassungsgerichtsbarkeit und den Sicherungsklauseln der Artikel 19 Abs. 2 GG und 79 Abs. 3 GG, der zur Bildung eines besonderen Typus des demokratischen Rechtsstaates führt. Vgl. auch Geddert-Steinacher, Menschenwürde, S. 180.

363 Dürig, Art. 1, in: Maunz/Dürig, GG, Rdnr. 81, 85; ders., AöR 81 (1956), S. 117ff. (136); ders., in: FS Maunz, S. 41ff. (45, 49). Dieser Kongruenzthese folgt auch Thielmann, Sittenwidrige Verfügungen, S. 61-62.

364 Pieroth/Schlink, Grundrechte, Rdnr. 306; Krüger, Art. 19 Abs. 2 GG, in Sachs, GG, Rdnr. 37; Jäckel, Grundrechtsgeltung, S. 56; Grabitz, Freiheit und Verfassungsrecht, S. 110ff.; Schneider, Der Schutz des Wesensgehalts, S. 192ff.; Herzog, Grundrechte aus der Hand des Gesetzgebers, S. 1425; Geddert-Steinacher, Menschenwürde, S. 181ff.

365 Dreier, Art. 1 GG, in: ders., GG, Rdnr. 97. Er weißt beispielsweise auf Kriegdienstverweigerung, Filmfreiheit, Vereinigungsfreiheit, Freizügigkeit, Erbrecht, Petitionsrecht hin.

Menschenwürdegarantie ist im Rahmen eines Falles nur dann anwendbar, wenn kein anderes spezielles Grundrecht zur Anwendung kommt. Im Gegensatz dazu ist die Wesensgehaltsgarantie immer in Bezug auf ein konkretes Grundrecht anzuwenden. Mit anderen Worten kann nur von der Wesensgehaltsgarantie und nicht von der Menschenwürdegarantie[366] eines Grundrechts die Rede sein.

2.2.3.2. VERHÄLTNISMÄSSIGKEIT UND WESENSGEHALTSGARANTIE

Das Verhältnismäßigkeitsprinzip besitzt in der Regel eine bedeutsame Stellung bei der Konkretisierung der Wesensgehaltsgarantie. Es funktioniert als zentraler Abwägungsmechanismus. Insoweit schließt es praktisch die absolute Theorie des Wesensgehalts aus[367] und determiniert die konkreten Ergebnisse.

In einem beachtlichen Teil der Theorie[368] wird eine partielle Deckungsgleichheit zwischen Wesensgehaltsgarantie und Verhältnismäßigkeitsprinzip vertreten. Es wird argumentiert, daß die Wesensgehaltsgarantie teilweise durch das Verhältnismäßigkeitsprinzip konkretisiert wird. Unter diesem Blickwinkel sehen Maunz/Zippelius[369] und Badura[370] die Verhältnismäßigkeit als die zweite Komponente der Wesensgehaltsgarantie. Dabei geht es um die mildere Variante der relativen Theorie der Wesensgehaltsgarantie.

Es ist weiterhin üblich, daß das Wesensgehaltsargument, trotz seiner deutlichen verfassungsrechtlichen Verankerung, am Rand der Argumentation bleibt und dementsprechend nur von der Verhältnismäßigkeitsprüfung die Rede ist. Der Wesensgehalt sei nichts mehr als das, was nach einer Abwägung von Grundrechten übrig bleibt[371]. Dabei fallen Wesensgehaltsgarantie und Übermaßverbot in eins und es kommt unvermeidlich und unausgesprochen eine teleologische Reduktion der Wesensgehaltsgarantie zum Zuge. Nach Alexy formuliert die Wesensgehaltsgarantie des Art. 19 Abs. 2 GG „gegenüber dem Verhältnismäßigkeitsgrundsatz keine zusätzliche Schranke der Einschränkbarkeit von Grundrechten."[372] Hierzu gehören auch die Ausführungen von Hesse über die

[366] Das verkennt jedoch Hain, (Hain, Die Grundsätze des Grundgesetzes, S. 286ff.) der das grundrechtliche Untermaßverbot am Maßstab der Menschenwürdegarantie zu erklären versucht.

[367] Die Frage nach einer absoluten oder einer relativen Theorie des Wesensgehalts ist mit der Frage nach dem Verhältnis zwischen Verhältnismäßigkeitsprinzip und Wesensgehaltsgarantie eng verknüpft.

[368] Dreier, Art 19 Abs. 2 GG, in: ders., GG, Rdnr. 14; Maunz/Zippelius, Staatsrecht, S. 153; Badura, Staatsrecht, Rdnr. C 27; Jäckel, Grundrechtsgeltung, S. 72ff.; Schwabe, Probleme, S. 77; Scherzberg, Grundrechtsschutz, S. 209.

[369] Neben der Gewährleistung eines Mindestinhalts der Freiheit oder eines sonstigen Gutes; Maunz/Zippelius, Staatsrecht, S. 153.

[370] Neben der Gewährleistung eines Kernbereichs jedes Grundrechts schlechthin; Badura, Staatsrecht, C 27.

[371] Alexy, Theorie der Grundrechte, S. 269; Häberle, Die Wesensgehaltsgarantie, S. 58ff.; v. Hippel, Grenzen, S. 47ff.; Hesse, Grundzüge des Verfassungsrechts, Rdnr. 332ff. Vgl. auch BVerfGE 27, 344ff. (352): „Er ist ohne ihr Einverständnis nur dann zulässig, wenn er nach dem Verhältnismäßigkeitsprinzip gerechtfertigt ist. Ist dies nicht der Fall, so verstößt diese Maßnahme gegen Art. 2 Abs. 1 in Verbindung mit Art. 1 Abs. 1 und Art. 19 Abs. 2 GG."

[372] Alexy, Theorie der Grundrechte, S. 272.

praktischen Konkordanz als Abwägung: „Diese (die Wesensgehaltsgarantie des Artikels 19 Abs. 2 GG) bezeichnet nichts anders als die oben dargestellten, aus der Aufgabe praktischer Konkordanz resultierenden Schranken der Begrenzung von Grundrechten. Überschritten sind diese Schranken, wo ein Grundrecht aus unzureichendem Anlaß begrenzt wird, weil eine solche Begrenzung nicht verhältnismäßig sein kann."[373] Damit ist jedoch nicht zu übersehen, daß der Wesensgehaltsgedanke unbegründet vernachlässigt wird.

Es gibt auf der anderen Seite Aussagen in der Rechtsprechung, welche das Verhältnismäßigkeitsprinzip unerörtert lassen und nicht in die Diskussion mit einbeziehen, falls eine konkrete Antastung des Wesensgehalts eines Grundrechts festgestellt wird. Es geht um die absolute Betrachtungsweise. Hierzu ist besonders prägnant die Formulierung des Tagebuch-Beschlusses des BVerfG: „Selbst schwerwiegende Interessen der Allgemeinheit können Eingriffe in diesem Bereich nicht rechtfertigen; eine Abwägung nach Maßgabe des Verhältnismäßigkeitsprinzips findet nicht statt....Dies folgt ...aus der Garantie des Wesensgehalts der Grundrechte."[374] Danach ist die Wesensgehaltsgarantie eine eigenständige Schranken-Schranke.

Daraus ist zusammenfassend zu entnehmen, daß die Übermaßverbotskontrolle nach Rechtsprechung und Theorie von einer Diskrepanz bis zur Gleichsetzung mit der Wesensgehaltsgarantie reicht[375]. Zugleich ist jedoch mit Nachdruck die Auffassung zu vertreten, daß die Wesensgehaltsgarantie keinesfalls durch die Verhältnismäßigkeit überspielt werden darf. Die Wesensgehaltsgarantie ist im Grundgesetz als Schranken-Schranke der Grundrechte ausdrücklich geregelt. Eine Milderung ihrer Wirkung durch die Einbeziehung als Schranken-Schranke auch des Verhältnismäßigkeitsprinzips ist verfassungstheoretisch problematisch aber mittlerweile allgemein anerkannt[376]. Weiterhin ist schwierig zu beweisen, daß das Verhältnismäßigkeitsprinzip eine Teilaspekte der Wesensgehaltsgarantie ist. Noch bedenklicher ist eine absolute Gleichsetzung von Wesensgehaltsgarantie und Verhältnismäßigkeitsprinzip, die dazu führt, daß das Verhältnismäßigkeitsprinzip letztendlich als die einzige Schranken-Schranke zur Anwendung kommt.

---

[373] Hesse, Grundzüge des Verfassungsrechts, Rdnr. 332.

[374] BVerfGE 80, 367ff. (373). Vgl. auch BVerfGE 84, 212ff. (228).

[375] Zur uneinheitlichen Handhabung des Zusammenhanges zwischen Wesensgehaltsgarantie und Übermaßverbot in der Spruchpraxis der Straßburger Konventionsorgane Iliopoulos-Strangas, RabelsZ, 1999, S. 414ff. (444-445). Dabei wird sehr oft das Verhältnismäßigkeitsprinzip als autonomer Prüfungsmaßstab betrachtet, während in anderen Fällen Wesensgehaltsgarantie und Übermaßverbot zusammenfallen.

[376] In aller Regel werden aus systematischer Gründen in der Theorie sowohl die Wesensgehaltsgarantie als auch das Verhältnismäßigkeitsprinzip als materielle Schranken-Schranke erwähnt. Dazu s. Stern, in: FS 50 Jahre BVerfG, S. 29ff.; Stein, Staatsrecht, S. 239ff.; Badura, Staatsrecht, C 27f.

2.2.4. ERGEBNISSE

2.2.4.1. EIGENE STELLUNGNAHME ZUM GEHALT DER WESENSGEHALTSGARANTIE

Jedes Grundrecht verfügt über verschiedene Grundrechtsfunktionen[377]. Es hat weiterhin sowohl eine objektiv-rechtliche als auch eine subjektiv-rechtliche Seite. Es kann durch den Gesetzgeber, durch jede staatliche Maßnahme, durch Handlungen Privater und durch Naturereignisse beeinträchtigt werden. Jedes Grundrecht ist schließlich ein spezielles Aliud im Vergleich mit der Menschenwürdegarantie.

Die Wesensgehaltsgarantie betrifft immer ein konkretes Grundrecht. Sie thematisiert das Kernstück dieses Grundrechts. Auf dieser Grundlage kann die allgemeine Wesensgehaltslehre von der allgemeinen Grundrechtslehre nicht abweichen. Die Wesensgehaltsgarantie gilt für alle Grundrechtsfunktionen[378]. Sie schützt sowohl die objektiv-rechtliche als auch die subjektiv-rechtliche Seite eines Grundrechts und sie kann durch einen Eingriff jeder Art angetastet werden. Darüber hinaus ist der Wesensgehalt eines Grundrechts mit dem Verhältnismäßigkeitsprinzip nicht zu verwechseln. Die Verhältnismäßigkeit darf den Wesengehalt der Grundrechte als die einzige explizit verfassungstextlich geregelte Schranken-Schranke weder ersetzen noch ergänzen[379]. Alle diese Gesichtspunkte konturieren eine allgemeine Wesensgehaltstheorie, die nach dem Wortlaut des Art. 19 Abs. 2 GG nur eine absolute sein kann.

Worin genau der Wesensgehalt eines konkreten Grundrechts besteht, ist damit noch nicht geklärt[380]. In der Theorie herrscht Übereinstimmung darüber, daß die Frage nach der Wesensgehaltsgarantie für jedes einzelne Grundrecht gesondert erörtert werden soll[381]. Deshalb unterliegt sie zwangsläufig bereichsspezifischen Wertungen[382]. Derselben Vorgehensweise folgt auch das Bundesver-

---

[377] Damit werden vor allem die Abwehrfunktion, die Schutzfunktion, die Förderfunktion (Leistungsfunktion) der Grundrechte gemeint. Auf die verschiedenen Funktionen der Grundrechte Kapitel 5.1.1.

[378] Dies ist die wichtigste Bemerkung für die dogmatische Verbindung von Wesensgehaltsgarantielehre und grundrechtlicher Untermaßverbotslehre. Wie in Kapitel 5.1. entwickelt wird, gilt auch das grundrechtliche Untermaßverbot bei allen Grundrechtsfunktionen.

[379] Zur weiteren Frage, ob das Verhältnismäßigkeitsprinzip als weitere ungeschriebene verfassungsrechtliche Schranken-Schranke zur Anwendung kommt: Kapitel 5.3.1.2.

[380] Zu den praktischen Kriterien der Eingriffsintensität, der Möglichkeit des Selbstschutzes und der Restitutionsfähigkeit als Maßstäbe für die Bestimmung einer Wesensgehaltsantastung s. Kapitel 3.3. Zu den Schwierigkeiten der Unterscheidung zwischen einer Wesensgehaltsantastung und einer Verletzung des Schutzbereichs eines Grundrechts s. Kapitel 5.3.1.1.

[381] Pieroth/Schlink, Grundrechte, Rdnr. 303; Huber, Art. 19 Abs. 2 GG, in: v. Mangoldt/Klein/Starck, GG, Rdnr. 159-160; Krebs, Art. 19 Abs. 2 GG, in: v. Münch/Kunig, GG, Rdnr. 22; Jarass, Art. 19 Abs. 2 GG, in: Jarass/Pieroth, GG, Rdnr. 7. Vgl. auch Kapitel 3.3.1., wo die Art bzw. die Einzigartigkeit jedes Grundrechts als entscheidendes Kriterium für die Konkretisierung der Wesensgehaltsgarantie und damit auch des grundrechtlichen Untermaßverbots entwickelt wird.

[382] Z. B. führt Huber (DÖV 1956, S. 1ff.) in Hinblick auf die Vereinigungsfreiheit folgendes aus: „Die Freiheit der Wahl des Vereinigungszweckes ist der sachliche Kern der Vereinigungsfreiheit."

fassungsgericht, wenn es davon spricht, daß „...der unantastbare Wesensgehalt eines Grundrechts ...für jedes Grundrecht aus seiner besonderen Bedeutung im Gesamtsystem der Grundrechte ermittelt werden“[383] muß. Letztlich geht auch rechtspositiv gesehen das Grundgesetz selbst davon aus, daß jedes Grundrecht über einen eigenen spezifischen Kerngehalt verfügt, da es in Art. 19 Abs. 2 GG von der Unantastbarkeit eines Grundrechts in „seinem“ Wesensgehalt gesprochen wird. Jedes Grundrecht verfügt über einen eigenen Wesensgehalt, der unterschiedliche Erscheinungsformen je nach der jedesmal zum Ausdruck kommenden Grundrechtsfunktion und Fallkonstellation haben kann. Eine vollständige Wesensgehaltslehre vollendet sich also nur durch eine bereichsspezifische Erörterung des Wesensgehalts der Grundrechte, mit anderen Worten durch eine besondere Wesensgehaltslehre.

2.2.4.2. PARTIELLE DECKUNGSGLEICHHEIT UND UNTERSCHIEDE ZWISCHEN WESENSGEHALTSGARANTIE UND GRUNDRECHTLICHEM UNTERMASSVERBOT

Nach Art. 19 Abs. 2 GG darf der Wesensgehalt der Grundrechtsfunktionen aller Grundrechtsnormen in keinem Fall angetastet werden[384]. Der Wesensgehalt der grundrechtlichen Handlungspflichten[385] und Nicht-Eingriffspflichten[386] muß unangetastet bleiben. Auf dieser Grundlage wird die dogmatische Verbindungslinie zwischen grundrechtlichem Untermaßverbot und Wesensgehaltsgarantie[387] deutlich: Sowohl die Wesensgehaltsgarantie des Art. 19 Abs. 2 GG als auch das grundrechtliche Untermaßverbot beziehen sich auf alle Grundrechtsfunktionen. Darüber hinaus markiert die Wesensgehaltsgarantie das Kernstück des grundrechtlichen Untermaßverbotes. Die staatliche grundrechtliche „wesensgehaltige“ Mindesthandlungspflicht oder Nicht-Eingriffspflicht wird dogmatisch aus der Wesensgehaltsgarantie des Art. 19 Abs. 2 GG abgeleitetet.

Grundrechtliches Untermaßverbot und Wesensgehaltsgarantie fallen jedoch nicht zusammen und sind deshalb nicht zu verwechseln. Die Wesensgehaltsgarantie unterscheidet sich sowohl vom grundrechtlichen Untermaßverbot im weiteren Sinne als auch vom grundrechtlichen Untermaßverbot im engeren Sinne[388].

---

[383] BVerfGE 22, 180ff. (219); Korinek, Grundrechte und Verfassungsgerichtsbarkeit, S. 1ff. (11-12).
[384] Zu diesem Ergebnis über die Reichweite. der Wesensgehaltsgarantie s. Kapitel 2.2.
[385] Dazu s. eingehender Kapitel 5.1.1.
[386] Es handelt sich um die „klassische“ abwehrrechtliche Funktion der Grundrechte.
[387] Zu weiteren Aspekten der Wesensgehaltsgarantie s. Kapitel 2.2.1. Zu den literarischen Vorarbeiten über den Zusammenhang zwischen grundrechtlichem Untermaßverbot und Wesensgehaltsgarantie s. Kapitel 2.2.2., 2.2.3. und 2.2.4.
[388] Zur Unterscheidung zwischen grundrechtlichem Untermaßverbot im engeren und im weiteren Sinne s. Kapitel 5.2.2.

Der Unterschied zwischen Wesensgehaltsgarantie und grundrechtlichem Untermaßverbot im weiteren Sinne ist offensichtlich: Die Wesensgehaltsgarantie betrifft immer nur eine Grundrechtsnorm, sie bezieht sich im Rahmen eines konkreten Falles nur auf eine grundrechtliche Pflicht. Das grundrechtliche Untermaßverbot im weiteren Sinne bezieht sich dagegen auf einen Grundrechtskollisionsfall[389] und es versucht ihn verfassungsmäßig aufzulösen.

Auch das grundrechtliche Untermaßverbot im engeren Sinne unterscheidet sich jedoch von der Wesensgehaltsgarantie[390]. Denn es geht über sie hinaus und verbietet verfassungsrechtlich ungerechtfertigte Eingriffe auch in den gesamten Schutzbereich der Grundrechte[391]. Das grundrechtliche Untermaßverbot im engeren Sinne wird z.B. durch eine atomgesetzliche Regelung auch dann verletzt, wenn zwar dadurch der Wesensgehalt der Gesundheit der Menschen nicht angetastet, aber in ihren Schutzbereich ungerechtfertigt eingegriffen wird. Oder eine gerichtliche Entscheidung verstößt gegen das grundrechtliche Untermaßverbot im engeren Sinne wenn sie zwar nicht in den Wesensgehalt aber in den Schutzbereich der Pressefreiheit eines Unternehmers nicht schrankengemäß eingreift. Das grundrechtliche Untermaßverbot im engeren Sinne wird also nur teilweise aus der Wesensgehaltsgarantie des Art. 19 Abs. 2 GG positiv hergeleitet.

Darüber hinaus hat die Wesensgehaltsgarantie eine andere Struktur und Funktion als die zwei Arten des grundrechtlichen Untermaßverbots. Sie ist materiellrechtlich selbständig[392], sie entfaltet allseitige Wirkung[393] und sie ist explizit im Grundgesetz geregelt. Die grundrechtlichen Untermaßverbote sind dagegen materiellrechtlich unselbständig, denn sie leiten sich aus materiellrechtlichen Vorgaben[394] des Verfassungsrechts ab. Sie sind nicht ausdrücklich im Grundgesetz geregelt, sondern sie werden durch das Grundrechtssystem vorausgesetzt und dadurch dogmatisch begründet[395].

Die Dogmatik des grundrechtlichen Untermaßverbots macht jedoch die zwei Funktionen der Wesensgehaltsgarantie eines Grundrechts deutlich. Der Wesensgehalt eines Grundrechts ist nicht nur eine allgemeine absolute Schranken-Schranke dieses Grundrechts. Es ist darüber hinaus auch eine allgemeine Schranken jedes mit ihm kollidierenden Grundrechts[396].

---

[389] Es betrifft also nicht nur eine Grundrechtsnorm sondern eine Gefüge von verfassungsrechtlichen Normen.

[390] Der Unterschied zwischen grundrechtlichem Untermaßverbot im engeren Sinne und Wesensgehaltsgarantie ist subtiler und schwieriger zu beschreiben.

[391] Wie unten (Kapitel 5.2.4.1.) ausführlich entwickelt wird, besteht das grundrechtliche Untermaßverbot im engeren Sinne immer zumindest (vgl. Kapitel 5.2.4.2.) aus zwei Teilschritten: 1) Das Verbot der Antastung des Wesengehalts eines Grundrechts und 2) Das Verbot der ungerechtfertigten Beeinträchtigung des Schutzbereichs dieses Grundrechts.

[392] Sie ist eine, nach der hier vertretene Auffassung die einzige explizit aus dem Grundgesetz begründete materiellrechtliche Schranken-Schranke des Verfassungsrechts.

[393] Die Wesensgehaltsgarantie bindet nicht nur den Staat sondern auch die Privaten. Der Wortlaut des Art. 19 Abs. 2 GG ist deutlich: Die Antastung des Wesensgehalts ist in keinem Fall erlaubt.

[394] Dazu ausführlich Kapitel 5.2.4.

[395] Vgl. jedoch Würtenberger, Zur Legitimität, S. 57ff. (60f.) der das Untermaßverbot genauso wie das Übermaßverbot als ein ungeschriebenes Prinzip des Verfassungsrichterrechts qualifiziert, für dessen dogmatische Begründung „sich im Verfassungstext, wenn überhaupt, äußerst wage Ansätze finden lassen."

[396] S. Kapitel 5.2.4.1.

Schließlich statuiert die Wesensgehaltsgarantie des Art. 19 Abs. 2 GG den materiellrechtlichen Unterschied zwischen dem grundrechtlichen Untermaßverbot und den anderen Arten des verfassungsrechtlichen Untermaßverbots. Die verfassungsrechtlichen Normen, die keine Grundrechtsnormen sind, lösen ebenfalls ein verfassungsrechtliches Untermaßverbot aus. Sie haben auch Vorbehalte, die zur Bestimmung des Untermaßverbots, so wie bei dem grundrechtlichen Untermaßverbot, bedeutsam sind. Sie verfügen jedoch nicht über einen keinesfalls anzutastenden Wesensgehalt.

2.3. DIE FUNKTIONELL-RECHTLICHEN GRENZEN DER VERFASSUNGSGERICHTSBARKEIT UND DAS UNTERMASSVERBOT

Die Diskussion über die funktionell-rechtlichen Grenzen der Verfassungsgerichtsbarkeit ist für eine Untermaßverbotslehre relevant. Ansätze, die aus dieser funktionell-rechtlichen Vorgehensweise fließen, bilden einen verfassungsdogmatischen Einwand gegen das Untermaßverbot.

2.3.1. DIE FUNKTIONELL-RECHTLICHEN GRENZEN DER VERFASSUNGSGERICHTSBARKEIT

Die Lehre von den funktionell-rechtlichen Grenzen der Verfassungsgerichtsbarkeit[397] zielt auf die funktionelle Abgrenzung der Gestaltungsspielräume des Gesetzgebers und des Bundesverfassungsgerichts ab[398]. Sie stellt eine Strategie zur Grenzziehung der verfassungsgerichtlichen Kontrolle und der Entfaltungsmöglichkeiten der Legislative dar. In diesem Sinne beschäftigt sie sich mit

[397] Schuppert, Funktionell-rechtliche Grenzen; ders., Self-restraints, S. 129ff. (143ff.); Hesse, Funktionelle Grenzen der Verfassungsgerichtsbarkeit, S. 267ff.; ders., in: FS Mahrenholz, S. 541ff.; ders., JöR 1998, S. 1ff. (12f.); Heun, Funktionell-rechtliche Schranken; Simon, Verfassungsgerichtsbarkeit, HdbVerfR, Rdnr. 52ff. Vgl. auch Schenke, NJW 1979, S. 1321ff.; Scheuner, DÖV 1980, S. 473ff.; Korinek, VVDStRL 40 (1981), S. 7ff.; Müller, VVDStRL 40 (1981), S. 53ff.; Schlaich, VVDStRL 40 (1981), S. 99ff.; Herzog, Grundrechte aus der Hand des Gesetzgebers, S. 1415ff.; Bertrams, Verfassungsgerichtliche Grenzüberschreitungen, S. 1027ff.; Klein, Gedanken zur Verfassungsgerichtsbarkeit, S. 1135ff.; Knies, Auf dem Weg in den „verfassungsgerichtlichen Jurisdiktionsstaat"?, S. 1155; Schlaich, Das Bundesverfassungsgericht, Rdnr. 496f.; Berkemann, DVBl. 1996, S. 1028ff.; Lampe, Gerechtere Prüfungsentscheidungen, S. 20ff.; Brohm, NJW 2001, S. 1ff. (9f.).

[398] Die Diskussion über die funktionell-rechtlichen Grenzen der Verfassungsgerichtsbarkeit stellt nur eine wichtige Teilfrage der Problematik „funktionell-rechtliche Grenzen der Verfassungsinterpretation" dar. Zur funktionell-rechtlichen Grenze der Verfassungsinterpretation schon Ehmke (Prinzipien der Verfassungsinterpretation, VVDStRL 22 (1963), S. 53ff. (73ff., 102)), der zwischen materiell-rechtlichen und funktionell-rechtlichen Prinzipien der Verfassungsinterpretation unterscheidet. Er bezeichnet die letzteren als die Prinzipien der Verfassungsinterpretation, welche sich auf die Funktion des Verfassungsgerichts im Prozeß der Rechtsfortbildung beziehen.

der Weiterführung und Verdeutlichung bedeutsamer Aspekte des Gewaltenteilungsgrundsatzes. Der Dogmatik der funktionell-rechtlichen Grenzen der Verfassungsgerichtsbarkeit wohnt die Prämisse inne, daß dem demokratisch legitimierten Gesetzgeber unbedingt der Primat bei der Konkretisierung des Grundgesetzes vorbehalten wird[399]. Sie plädiert für die Einhaltung eines großen Gestaltungsspielraums des Gesetzgebers und für die Zurückhaltung und Einschränkung der verfassungsgerichtlichen Kontrolle. Das Untermaßverbot ist ein neuer verfassungsrechtlicher Maßstab, der die verfassungsgerichtliche Kontrolle intensivieren könnte. Deswegen ist seine Anwendung aus der Sicht der „funktionell-rechtlichen Grenzen der Verfassungsgerichtsbarkeit" problematisch.

Der Ansatz von den „funktionell-rechtlichen Grenzen der Verfassungsgerichtsbarkeit"[400] setzt sich mit anderen Ansätze auseinander, welche die Problematik der Entwicklung von Maßstäben der verfassungsgerichtlichen Kontrolle der Gesetze fruchtlos zu lösen versucht haben (1). Die funktionell-rechtliche Lösung gibt zu, daß sie keine einheitliche Anwort zu leisten vermag und daß sie als Hauptinstrument der Verfassungsinterpretation vertraut (2). Sie gründet sich auf Überlegungen in der Theorie (3) sowie auf die Ausführungen über die Kontrolldichte des Mitbestimmungsurteils (4).

1. Die Diskussion der funktionell-rechtlichen Grenzen der Verfassungsgerichtsbarkeit baut auf Voraussetzungen, die erklären, warum man funktionell-rechtlich argumentieren sollte: Zuerst stellt die funktionell-rechtliche Argumentationslinie darauf ab, daß die Unterscheidung zwischen „politischen" und „rechtlichen" Gesichtspunkten nicht fruchtbar für die Entwicklung von Prüfdichte der Verfassungsgerichtsbarkeit sein kann, insbesondere im Bereich der verfassungsgerichtlichen Kontrolle des Gesetzgebers, wo das Politische mitherrscht[401]. Weiterhin sei der Ansatz des "judicial self-restraint"[402] der Verfassungsrechtsprechung nicht dazu geeignet, die Rolle und die Sphäre von Gesetzgebung und Verfassungsgerichtsbarkeit strukturell abzugrenzen[403]. Schließlich sei die normative Kraft des Grundgesetzes nur gering[404].

---

[399] Es wird überzeugend entwickelt, daß die demokratische Legitimation des Gesetzgebers (Simon, Verfassungsgerichtsbarkeit, HdbVerfR, Rdnr. 54), das Vertrauen auf den demokratischen Prozeß (Hesse, in: FS Mahrenholz, S. 559), der in der Gesetzgebung, mit Blick auf die komplexen Bedingungen unserer Gesellschaft, innewohnende Prozeß von „trial and error", der leichter revidierbar als die Prüfentscheidung des BVerfG ist (Simon, Verfassungsgerichtsbarkeit, HdbVerfR, Rdnr. 59), und die Furcht vor dem Jurisdiktionsstaat (Hesse, in: FS Mahrenholz, S. 559) zur Bevorzugung des „Kompetenz-Kompetenz" des Gesetzgebers führen.

[400] Zu dieser Thematik im US-amerikanischen Recht Brugger, Grundrechte und Verfassungsgerichtsbarkeit in den Vereinigten Staaten von Amerika.

[401] Hesse, JöR 1998, S. 1ff. (14); Simon, Verfassungsgerichtsbarkeit, HdbVerfR, Rdnr. 46; Scheuner, DÖV 1980, S. 473ff. (473); Starck, HdbStR VII, § 164, Rdnr. 1., Rdnr. 9ff.; Iliadou, Forschungsfreiheit und Embryonenschutz , S. 195; Hain, DVBl. 1993, S. 982ff. (984).

[402] Zum judicial Self-restraint Schuppert, Self-restraints, S. 129ff.; ders., Die verfassungsgerichtlichen Kontrolle der Auswärtigen Gewalt, S. 159ff.; Murswiek, DÖV 1982, S. 529ff.; Schenke, NJW 1979, S. 1321ff. (1324); Achterberg, DÖV 1977, S. 649ff. Aus amerikanischer Sicht s. Scharpf, Grenzen der richterlichen Verantwortung.

[403] Schuppert, Self-restraints, S. 129-130; Simon, Verfassungsgerichtsbarkeit, HdbVerfR, Rdnr. 47; Hesse, JöR 1998, S. 1ff. (14).

[404] Vgl. Scherzberg, Grundrechtsschutz, S. 186ff.; ders., Die öffentliche Verwaltung, S. 349ff.; Alexy, Theorie der Grundrechte, S. 71ff. Hesse spricht mehrmals (Hesse, in: FS Mahrenholz, S. 541ff. (542), ders., JöR 1998, S. 1ff. (14)) von offenen Verfassungsnormen. Schuppert (Funktionell-rechtliche Grenzen, S. 14ff., 40ff.) zweifelt

2. Auf dieser Grundlage seien die Kriterien zur Harmonisierung von gesetzgeberischem Spielraum und verfassungsgerichtlicher Prüfung unvermeidlich durch Verfassungsinterpretation[405] zu gewinnen. Diese Annahme stellt den Hauptpfeiler der funktionell-rechtlichen Abgrenzung dar. Die Interpretation soll funktionell-rechtlich ausgerichtet sein, d. h. Gesichtspunkte des Verfassungsorganisationsrecht mit Vorgaben des grundgesetzlichen Grundrechtssystems schöpferisch kombinieren. Sie soll die Zuordnung von Aufgabenbereichen, nämlich der Funktions- und Verantwortungsbereiche von Gesetzgebung und BVerfG übernehmen und durch die Entwicklung von Kontrollmaßstäben den gesetzgeberischen Gestaltungsspielraum und die verfassungsgerichtliche Nachprüfung in Einklang bringen.

3. Hesse stellt in den Mittelpunkt seines funktionell-rechtlichen Vorschlags eine grundsätzliche vierteilige Systematisierung des Anwendungsfelds: „(1) Unzweifelhaft besteht Gestaltungsfreiheit des Gesetzgebers, wo die Verfassung keine Regeln enthält, an welche der Gesetzgeber kraft des Vorrangs der Verfassung (Art. 20 Abs. 3 GG) gebunden wäre. (2) Ebenso unzweifelhaft besteht kein Gestaltungsspielraum des Gesetzgebers, wenn und soweit die Verfassung seine Aufgaben und deren Erfüllung eindeutig, d. h. bestimmt, geregelt hat. Diese Eindeutigkeit wird sich oft bereits aus dem Wortlaut der Verfassung ergeben. Sie kann indessen auch das Resultat systematischer, historischer oder teleologischer Auslegung sein. (3) Gestaltungsfreiheit des Gesetzgebers kann sich ferner aus „offenen“ Normen, also aus Normen der Verfassung ergeben, welche nur unbestimmte oder fragmentarische Regelungen enthalten und im konkreten Falle näherer Bestimmung ihres Inhalts bedürfen. Diese obliegt dem Gesetzgeber: Er hat darüber hinaus in einer der dem Sinn und Zweck der Norm entsprechenden Weise zu entscheiden, ist jedoch innerhalb dieser Grenzen frei. (4) „Gestaltungsfreiheit“ kann schließlich als Resultat einer Begrenzung der verfassungsgerichtlichen Kontrolle verstanden werden. In den beiden zuletzt genannten Konstellationen ist es die „Handlungsnorm“ selbst, welche dem Gesetzgeber Freiheit versagt oder einräumt; diese wird durch Auslegung ermittelt. Anders verhält es sich, wenn der Regelungsgehalt der Verfassungsnorm (Handlungsnorm) weiter reicht als derjenige der für das Verfassungsgericht maßgeblichen „Kontrollnorm“, beide sich also nicht decken. Hier ist der Gesetzgeber seiner Bindung an die Verfassungsnorm nicht enthoben; er ist jedoch frei von verfassungsgerichtlicher Kontrolle und trifft deshalb die Letztentscheidung über die Verfassungsmäßigkeit seines Handelns.“[406]

Nach dem funktionell-rechtlichen Ansatz von Hesse stellt die aus dem Wortlaut des Grundgesetzes zu deduzierenden Handlungsnorm den Ausgangs-

---

vor allem die normative Sicherheit der Lösung und die verfassungsrechtliche Vorentscheidung der „mehrdimensionalen“ Freiheitsprobleme an. Vgl. auch Gerontas, BayVBl. 1981, S. 618ff. (620). A. A. Seetzen, NJW 1975, S. 429ff. (433); Raabe, Grundrechte als Erkenntnis, S. 353ff.

[405] Simon, Verfassungsgerichtsbarkeit, HdbVerfR, Rdnr. 55ff.; Hesse, in: FS Mahrenholz, S. 541ff.; Schuppert, Self-restraints, S. 129ff.; Sachs, in der Diskussion, Rechtsprechungslehre, S. 154-155; Starck, HdbStR VII, § 164, Rdnr. 9ff.

[406] Hesse, in: FS Mahrenholz, S. 541ff. (542-543).

punkt für weiterführende Überlegungen dar. Die Interpretation spielt jedoch auf dieser normativen Ebene eine existentielle Rolle. Zur Entwicklung konkreter Prüfungsmaßstäbe[407] ist die Unterscheidung zwischen Handlungsnorm und Kontrollnorm von Bedeutung.

Schuppert reichert den funktionell-rechtlichen Ansatz durch fünf weitere Gesichtspunkten an. Zuerst befürwortet er die bereichsspezifische Abstufung der verfassungsgerichtlichen Kontrollmaßstäbe und Prüfungsintensität: „Die Gestaltungsfreiheit des Gesetzgebers ist nicht einheitlich zu bestimmen, sondern hängt von der Art der zu regelnden Materie ab."[408] Ferner sieht er in der Eingriffsintensität[409] und in der Fundamentalität[410] der durch das gesetzgeberische Tätigwerden beeinflußten Rechtsgüter zwei Anhaltspunkte zu weiteren Nuancierungen der verfassungsgerichtlichen Kontrolldichte. Schließlich hebt Schuppert die Bedeutung der besonderen Entscheidungssituationen[411], damit wird hauptsächlich die gesetzgeberische Prognose gemeint, sowie die besonderen Entscheidungsstrukturen[412], nämlich die komplexen Abwägungsentscheidungen, der Gesetzgebung hervor.

4. Einen maßgeblichen strukturellen Angelpunkt der funktionell-rechtlichen Sichtweise bietet schließlich die „Drei-Stufen-Lehre"[413] der Mitbestimmungsentscheidung des BVerfG[414]. Das BVerfG führt aufgrund literarischer Vorarbeit[415] aus, daß ihm drei Prüfungsdichten[416] variierender Intensität zur Verfügung stehen: eine Evidenzkontrolle[417], eine Vertretbarkeitskontrolle[418] und eine intensivierte inhaltliche Kontrolle[419]. Diese drei verschiedenen Kontrolldichten sind keine funktionell-rechtlichen Kompetenzkriterien selbständiger Art[420]. Sie[421] stellen die Varianten zur Verfügung, wenn das BVerfG ein gesetz-

[407] Zustimmend Isensee, Das Grundrecht, Rdnr. 162; Denninger, in: FS Mahrenholz, S. 561ff. (568). Verfassungsdogmatisch differenzierend Schlaich, Das Bundesverfassungsgericht, Rdnr. 502; Klein, DVBl. 1994, S. 489ff. (495ff.).

[408] Schuppert, Self-restraints, S. 129ff. (135, 137), ders., Funktionell-rechtliche Grenzen, S. 14ff. Vgl. auch BVerfGE 49, 280, (283): „Der Gesetzgeber besitzt im Bereich der gewährenden Staatstätigkeit größere Gestaltungsfreiheit als innerhalb der Eingriffsverwaltung und ist in diesem Bereich in weitem Umfang zum Erlaß typisierender und generalisierender Regelungen berechtigt."

[409] Schuppert, Self-restraints, S. 129ff. (135ff.). Vgl. auch BVerfGE 7, 377; 50, 290,(332).

[410] Schuppert, Self-restraints, S. 129ff. (136, 137). Vgl. auch BVerfGE, NJW 1988, S. 626ff.

[411] Schuppert, Self-restraints, S. 129ff. (137). Vgl. BVerfGE 37, 104ff. (118).

[412] Schuppert, Self-restraints, S. 129ff. (137).

[413] Die „Drei-Stufen-Lehre" ist bei der verfassungsrechtliche Überprüfung speziell von Prognosenentscheidungen des Gesetzgebers entstanden. Dazu Schlaich, Das Bundesverfassungsgericht, Rdnr. 495; Gerontas, BayVBL 1981, S. 618ff.

[414] BVerfGE 50, 290ff. (333). Dazu Schlaich, Das Bundesverfassungsgericht, Rdnr. 495ff.; Papier, ZGR 1979, S. 449ff; Schmidt, Der Staat 19 (1980), S. 242ff.; vgl. auch BVerfGE 57, 139ff. (159ff.).

[415] Ossenbühl, Die Kontrolle von Tatbestandsfeststellungen und Prognoseentscheidungen, S. 484ff.; Seetzen, NJW 1975, S. 429ff.

[416] Kritisch gegen diese dreigliedrige Abstufung der verfassungsgerichtliche Kontrolldichte Burghart, Die Pflicht zum guten Gesetz, S. 153ff.

[417] Dazu beispielhaft BVerfGE 36, 1ff. (17); 37, 1ff. (20).

[418] S. BVerfGE 91, 1ff. (29).

[419] Z. B. BVerfGE 7, 377ff.; 39, 1ff.; 45, 187ff.; 71, 364ff. (397); 88, 87ff. (97)).

[420] Schlaich, Das Bundesverfassungsgericht, Rdnr. 501; Heun, Funktionell-rechtliche Schranken, S. 37; Schuppert, Funktionell-rechtliche Grenzen, S. 2; Settner, NVwZ 1989, S. 806ff. (808); Brenner, AöR 120 (1995), S. 248ff. (255).

geberisches Tätigwerden zu kontrollieren hat. Weiterhin bestimmt das BVerfG sachbezogen seine jeweilige Kontrolldichte.

2.3.2. VON DEN FUNKTIONELL-RECHTLICHEN GRENZEN DER VERFASSUNGSGERICHTSBARKEIT ZUR KONSTRUKTION EINES FUNKTIONELL-RECHTLICHEN EINWANDES GEGEN DAS UNTERMASSVERBOT

Die funktionell-rechtliche Argumentation über die Grenzen der Verfassungsgerichtsbarkeit führt zu einem Einwand gegen das grundrechtliche Untermaßverbot, das als ein neuer Prüfungsmaßstab den Raum der verfassungsgerichtlichen Kontrolle des Gesetzgebers bei der Wahrnehmung grundrechtlicher Handlungspflichten bestimmt.

Der Einwand gegen das grundrechtliche Untermaßverbot steht in viererlei Hinsicht auf starken verfassungsdogmatischen Füßen. Das Demokratieprinzip[422], das Gewaltenteilungsprinzip[423], das klassische freiheitliche Grundrechtsverständnis[424] sowie die legislative Konkretisierungsbedürftigkeit der die Grundrechte auslösenden objektiv-rechtlichen Wertentscheidungen[425] sprechen für die Einräumung eines großen Gestaltungsspielraums des Gesetzgebers bei der Wahrnehmung seiner verfassungsrechtlichen Handlungspflichten.

Dazu tritt das weitere Argument hinzu, daß die Konkretisierung der verfassungsrechtlichen Aufträge vornehmlich den zuständigen staatlichen Organen obliegt, welche über die erforderlichen Mechanismen verfügen und die notwendige Infrastruktur besitzen[426]. Dies sind jedoch nicht die Gerichte. Diese fünf Ansätze legitimieren die Forderung nach einem großen Ermessensspielraum des demokratisch legitimierten Gesetzgebers bei der Wahrnehmung von grundrechtlichen Handlungspflichten. Sie warnen vor der Gefahr einer unangemessenen und zu weitgehenden Kontrolle des BVerfG.

---

[421] Schlaich, (Schlaich, Das Bundesverfassungsgericht, Rdnr. 496) bezeichnet sie als den Kronzeuge des funktionell rechtlichen Argumentation.

[422] Zur Demokratie Böckenförde, Demokratie als Verfassungsprinzip, S. 8ff.; Maunz/Zippelius, Deutsches Staatsrecht, S. 64ff.; Badura, HdbStR I, § 23; Hoffmann-Dennhardt, Schranken des Demokratieprinzips, S. 102ff.; Sterzel, Die Einheit von Grundrechtsidee und Demokratieprinzip des Grundgesetzes, S. 156ff.; Bogdandy, Gubernative Rechtsetzung, S. 28ff.; Rinken, Demokratie und Hierarchie, S. 125ff.; Groß, Grundlinien einer pluralistischen Interpretation des Demokratieprinzips, S. 93ff.; Stein, Staatsrecht, S. 54ff.; Hesse, Grundzüge des Verfassungsrechts, Rdnr. 127ff.; Schuppert, EuGRZ 1985, S. 525ff.; v. Simson, VVDStRL 30 (1971), S. 3ff.; Kriele, VVDStRL 30 (1971), S. 46ff.; Leisner, Demokratie, Selbstzerstörung einer Verfassungsnorm?; Zacher, Freiheitliche Demokratie; v. Arnim, Demokratie vor neuen Herausforderungen; Herzog, Demokratie als Friedensstrategie.

[423] Zur Gewaltenteilung Schefold, Gewaltenteilung und alternative Modelle demokratischer Legitimation, S. 148ff.; Reinhardt, Konsistente Jurisdiktion, S. 7ff.; Sobota, Das Prinzip Rechtsstaat, S. 70ff.; Schneider, AöR 100 (1975), S. 9ff.; Ipsen, Staatsorganisationsrecht, Rdnr. 654ff.; Stein, Staatsrecht, S. 104ff.; Hesse, Grundzüge des Verfassungsrechts, Rdnr. 475ff.

[424] Böckenförde, Der Staat 29 (1990) S. 1ff.; Schlink, EuGRZ 1984, S. 457ff.

[425] Dazu Jarass, AöR 110 (1985), S. 363ff.; ders., AöR 120 (1995), S. 345ff. m. w. N.

[426] Würtenberger, VVDStRL 58 (1999), S. 139ff. (154ff. m. w. N.); Voßkuhle, Verwaltungsarchiv 92 (2001), S. 184ff. (197).

Die Argumentationskette richtet sich also direkt gegen eine intensive verfassungsgerichtliche Prüfung der gesetzgeberischen Entscheidungen, welche unter anderem auch als Realisierungen von grundrechtlichen Handlungspflichten dienen. Unter diesem Blickwinkel stellt sich die Frage nach der dabei auftauchenden Prüfdichte und damit nach den dazu verwendeten Prüfungsmaßstäben. Die zentrale These von der funktionell-rechtlichen Grenze der Verfassungsgerichtsbarkeit setzt sich also mittelbar mit dem Untermaßverbot auseinander, das als ein neuer alternativer und vielversprechender Prüfungsmaßstab die hier diskutierten Fallkonstellationen zusammen mit einer durchaus intensiven Prüfdichte[427] zu bestimmen versucht.

2.3.3. DIE FUNKTIONELL-RECHTLICHEN EINWÄNDE GEGEN DAS UNTERMASSVERBOT

Die funktionell-rechtliche Argumentation gegen das Untermaßverbot läßt sich m. E. in fünf Argumenten systematisieren. Auf einer ersten Ebene wird die mittlerweile herrschend gewordene Lehre von den Grundrechten als objektiven Grundsatznormen angezweifelt. Zweitens fließt aus derselben Argumentationskette die Behauptung, daß der Gesetzgeber nicht nur primärer, sondern auch ausschließlicher Adressat der aus dem objektiv-rechtlichen Gehalt der Grundrechte folgenden staatlichen Handlungspflichten ist. Die Gesetzgebung unterliege keiner verfassungsgerichtlichen Kontrolle bei der Effektuierung von grundrechtlichen Handlungspflichten. Des weiteren könnte dahingehend argumentiert werden, daß dem BVerfG eine Prüfung der die grundrechtlichen Handlungspflichten konkretisierenden Gesetzgebung zwar zukommt, diese ist jedoch nicht am Maßstab des Untermaßverbots sondern nach schon vorhandenen, bereits erprobten und im Ergebnis zurückhaltenden Prinzipien vorzunehmen. Weiterhin könnte dem Untermaßverbot zwar ein Platz bei der verfassungsgerichtlichen Überprüfung des Gesetzgebers zuerkannt werden, jedoch nur kumulativ und im Rahmen eines Prüfungsgefüges, wo das Übermaßverbot herrscht[428]. Schließlich könnte man im Ergebnis die Auffassung vertreten, daß das Untermaßverbot nur eine Grenze der Handlungspflicht des Gesetzgebers darstellt und kein verfas-

[427] Dieser Zusammenhang zwischen Untermaßverbot und intensiver Prüfdichte ist jedoch ein Missverständnis des gegen das Untermaßverbot gerichteten funktionell-rechtlichen Einwandes. Es ist zwar richtig, daß BVerfGE 88, 203ff. (254) eine intensive inhaltliche Kontrolle praktiziert (Kapitel 3.1.2.). Die grundrechtliche Untermaßverbotsprüfung dieser Entscheidung ist jedoch keinesfalls eine intensivere Verfassungsmäßigkeitsprüfung als die herrschende grundrechtliche Übermaßverbotsprüfung. Das grundrechtliche Untermaßverbot, so wie es in dieser Arbeit konturiert wird, schließt keine Verhältnismäßigkeitsprüfung im engeren Sinne ein (Kapitel 5.2.4. und 5.3.1.3.). In diesem Sinne führt die grundrechtliche Untermaßverbotsprüfung zu einer weniger intensiven Verfassungsmäßigkeitsprüfung als die herrschende Verhältnismäßigkeitsprüfung im weiteren Sinne. Aber auch die Konturierung der grundrechtlichen Untermaßverbotsprüfung in der Theorie (Kapitel 3.2.) stellt keinen neuen intensiveren Verfassungsmäßigkeitsprüfung dar, sondern nur eine Variante der üblichen Verhältnismäßigkeitsprüfung.

[428] So lautet der herrschende Ansatz in der Theorie. Dazu ausführlicher Kapitel 3.2.1.

sungsgerichtliche Prüfmaßstab ist. Diese These stützt sich auf der Annahme der Differenzierung zwischen grundrechtlichen Handlungspflichten und verfassungsgerichtlicher Kontrollnorm hinsichtlich der verwendeten Maßstäben und der Intensität der Grenzziehung[429].

2.3.4. KRITISCHE BEMERKUNGEN

Der funktionell-rechtlichen Argumentation ist im Prinzip zuzustimmen, aber zugleich einer daraus resultierenden Polemik gegen das Untermaßverbot entgegenzutreten. Das Demokratie- und das Gewaltenteilungsprinzip sprechen für funktionell-rechtliche Grenzen der Verfassungsgerichtsbarkeit bei der Überprüfung von durch grundrechtliche Schutz- bzw. Förderpflichten gesteuerten Rechtsentscheidungen des Gesetzgebers. Es ist darüber hinaus nicht zu bestreiten, daß die abstrakte Formulierung der grundrechtlichen Schutzpflichten den Gerichten keinen großen Raum zu Korrekturen der legislativen Konkretisierungen läßt. Daß Regierung(en), Parlament(e) und Verwaltung besser ausgerüstet zur Wahrnehmung der schwierigen Aufgabe der Präzisierung der abstrakten grundrechtlichen Handlungspflichten sind, ist ebenfalls unzweifelhaft.

Andererseits ist die Befürchtung der Umkehrung der Freiheit in ihr Gegenteil aufgrund der Schutz- und Förderdimension der Grundrechte und ihrer dogmatischen Konturierung[430] nicht gerechtfertigt. Die Entwicklung einer Schutzpflichtenlehre ist vielmehr notwendig zur Belebung und zum Schutz der Freiheit. Das abwehrrechtliche Denken, das nur vor staatlichen Eingriffen zu schützen imstande ist, genügt nicht den Anforderungen des Lebens in der modernen Gesellschaft. Es ist unumstritten, daß die Grundrechte neben ihrer Abwehrfunktion auch eine Schutzfunktion haben. Ein Vorrang der Abwehrfunktion vor der Schutzfunktion der Grundrechte, der für den Gesetzgeber ohne weitere Überlegungen bzw. Abwägungen verbindlich ist, ist verfassungsrechtlich nicht begründbar[431]. Sowohl die Abwehrfunktion als auch die Schutzfunktion der Grundrechte gewährleisten die private Freiheit. Es trifft nicht zu, daß die Abwehrrechte freiheitsgewährend, die Schutzpflichten aber freiheitsfremd wirken.

Die Freiheit wird gefährdet, wenn die Grundrechtslehre unverändert bleibt und nicht effektiv auf die mannigfaltigen nicht staatlichen Beeinträchtigungen der verfassungsrechtlich gewährleisteten Güter reagiert. Der Beitrag der neuen Grundrechtsdimensionen zum wirklichen Freiheitsschutz ist gering wegen ihrer zurückhaltenden und kompromißreichen[432] und damit auch nicht dogmatisch

[429] Zur Unterscheidung zwischen Handlungsnorm und Kontrollnorm Kapitel 2.3.5.

[430] Dazu gehört auch das grundrechtliche Untermaßverbot.

[431] Lagodny, Strafrecht vor den Schranken der Grundrechte, S. 13; Gallwas, MDR 1969, S. 895; Günther, JuS 1978, S. 8ff. (10).

[432] S. die Ausführungen von Scherzberg (Grundrechtsschutz, S. 186ff. m. w. N.) über die Appellfunktion der „Grundrechtsfunktionen der zweiten Generation“ in Kapitel 2.2.2.2. S. auch die in der Rechtsprechung und Lite-

stringenten Entwicklung. Das bedeutet jedoch nicht, daß bei der Herausbildung und Anreicherung der „neuen Grundrechtslehre" andere vitale Konturen des Verfassungsrechts, wie das Demokratieprinzip oder der Gewaltenteilungsgrundsatz, preisgegeben werden sollen. Die Dogmatik der zweiten, sogenannten „objektiv-rechtlichen" Funktion der Grundrechte soll sich vielmehr harmonisch ins gesamten Verfassungssystem einfügen und dadurch ihre Plausibilität gewinnen.

Die obigen Überlegungen führen zur Befürwortung einer Konzeption von funktionell-rechtlichen Grenzen der Verfassungsgerichtsbarkeit überhaupt, und nicht nur, oder besonders verstärkt, im Rahmen der grundrechtlichen Handlungspflichten. Das eigentliche rechtliche Problem liegt mit anderen Worten im allgemein im Respekt der Gewaltenteilung, der Demokratie und der begrenzten Konkretheit der Grundrechtsverbürgungen und nicht etwa in den aus dem objektiv-rechtlichen Gehalt der Grundrechte und der nachfolgenden Dogmatik fließenden Bedrohungen der Freiheit.

Das grundrechtliche Untermaßverbot ist mit der Theorie von den funktionell-rechtlichen Grenzen der Verfassungsgerichtsbarkeit nicht unvereinbar. Der Untermaßverbotsgedanke, d. h. das auch dem BVerfG auferlegte Gebot ein Mindestmaß an Grundrechtsschutz zu gewährleisten, kollidiert nicht mit der Demokratie und der Gewaltenteilung. Seine Offenheit und Ausfüllungsbedürftigkeit[433] fügt sich sogar harmonisch in die funktionell-rechtliche Forderung nach bereichsspezifischer Variierung der verfassungsgerichtlichen Prüfung. Es ist des weiteren zu betonen, daß das Untermaßverbot als Prüfungsprinzip nichts in Hinblick auf die Intensität der Prüfdichte vorschreibt. Es verweist nur in zweierlei Hinsicht auf das materielle Verfassungsrecht. Zum einen auf Art. 19 Abs. 2 GG, der die Gewährleistung eines Wesensgehaltes der grundrechtlichen Verbürgungen statuiert, und zum zweiten auf die die konkrete normative grundrechtliche Handlungspflicht bzw. Eingriffspflicht auslösende Grundrechtsnorm[434].

Die Art[435] der Handhabung der Untermaßverbotsprüfung durch das BVerfG kann jedoch eine Verletzung des Demokratieprinzips oder des Gewaltenteilungsgrundsatzes zulasten der Legislatur bewirken. Eine verfassungswidri-

---

ratur ganz herrschende These, nach der die Reichweite der grundrechtlich gewährleisten Pflichten bzw. Ansprüche auch von dem Stand der staatlichen Ressourcen abhängig ist. Diese Abhängigkeit der Durchsetzung des Verfassungsrechts von dem wirtschaftlichen Zustand eines Staates ist zwar politisch verständlich, aber zugleich verfügt sie in ihrer Allgemeinheit über keinen rechtspositiven Anhaltspunkt. Sie ist m. E. auch rechtspolitisch gefährlich. Die Verfassung ist eine normative Ordnung, deren Regelungen nicht von der Knappheit der staatlichen Mittel ergänzt werden können. Es ist nirgends im Grundgesetz geregelt, daß dem einzelnen nur der Grundrechtsschutz zukommt, den er vernünftigerweise von der Gesellschaft beanspruchen kann (Vorbehalt des Möglichen). Das Recht ist nicht da, um die Fehlentwicklungen der Realität zu bestätigen, das ist nur eine Scheinrationalität, sondern um die Wirklichkeit gerecht zu gestalten. So jedoch im Ergebnis BVerfGE 33, 303ff. (333); 43, 291ff. (313ff.); 77, 84ff. (110ff.); BVerwGE 72, 300ff. (315ff.); VG Neustadt, NVwZ 1992, 1008, 1011ff.; Alexy, Theorie der Grundrechte, S. 462; Murswiek, Die staatliche Verantwortung, S. 124; Robbers, Sicherheit als Menschenrecht, S. 161ff.; Roth, Faktische Eingriffe, S. 421-422; Scherzberg, Die öffentliche Verwaltung, S. 353. A. A. und ähnlich wie hier Stern, Staatsrecht III/1, S. 716ff. (717): „.... ist die Existenz grundrechtlicher Leistungsansprüche ihrer Struktur nach nicht von den Finanzierungsproblemen abhängig."

[433] Dazu auch die terminologische Erörterung in Kapitel 5.1.1.

[434] Dazu Kapitel 5.2.4.1.

[435] Zu den Wegen der Handhabung der Untermaßverbotskontrolle s. Kapitel 3.1.

ge Wahrnehmung der verfassungsgerichtlichen Überprüfung der Akte des Gesetzgebers bei der Wahrnehmung von grundrechtlichen Handlungspflichten kann gleichfalls auch anhand anderer Prüfmaßstäbe erfolgen. Deswegen ist es entscheidend, die systematische Widerspruchslosigkeit eines dogmatischen Maßstabes (hier des Untermaßverbots als verfassungsgerichtlicher Prüfungsmaßstab für die Gesetzgebung) von der Möglichkeit oder dem Zustandekommen einer verfassungswidrigen Wahrnehmung dieses Maßstabes deutlich abzugrenzen und nicht zu verwechseln.

2.3.5. HANDLUNGSNORM UND KONTROLLNORM BEI DER VERFASSUNGSGERICHTLICHEN PRÜFUNG DER GESETZE

Hier geht es um die These, daß es bei der verfassungsgerichtlichen Kontrolle des Gesetzgebers, wo der Gesetzgeber einer verfassungsrechtlichen Pflicht folgen muß, möglich ist, daß der Regelungsgehalt der die Handlungspflicht auslösenden Handlungsnorm weiter reicht als die für das Verfassungsgericht maßgebliche Kontrollnorm[436].

Diese These ist für zwei Interpretationen, was das Untermaßverbot betrifft, offen. Zuerst kann sie so ausgelegt werden, daß sie von der Deckungsungleichheit zwischen grundrechtlicher Handlungspflicht und Untermaßverbot ausgeht[437]. Dies ist ohne Zweifel zutreffend. Grundrechtliche Handlungspflicht und grundrechtliches Untermaßverbot sind zwei unterschiedliche dogmatische Maßstäbe. Die grundrechtliche Handlungspflicht verpflichtet den Staat fördernd bzw. schützend zugunsten einer Grundrechtsverbürgung zu handeln. Das grundrechtliche Untermaßverbot verbietet, daß diese Handlungspflicht untermäßig, d. h. unter der rechtlich vorgeschriebenen Grenze wahrgenommen ist.

Zweitens kann sie jedoch dahingehend ausgelegt werden, daß die verfassungsrechtliche Untergrenze der grundrechtlichen staatlichen Handlungspflichten, d. h. das grundrechtliche Untermaßverbot, in unterschiedlicher Weise für den Gesetzgeber und den Verfassungsrichter zur Geltung gelangt. D. h. die den Gesetzgeber bindende untere Schutzgrenze bei der Wahrnehmung einer grundrechtlichen Handlungspflicht ist strikter als die Untergrenze, welche das BVerfG bei der Kontrolle dieser gesetzgeberischer Pflichtwahrnehmung zu ziehen hat.

Dieser Annahme sind drei Argumente entgegenzuhalten. Erstens, wie auch der funktionell-rechtliche Weg deutlich macht, hängt die Kontrollnorm bzw. der Kontrollmaßstab des BVerfG existentiell vom jeweils einschlägigen materiellen Verfassungsrecht ab. Wenn es um grundrechtliche Handlungspflichten geht, folgt das materielle Verfassungsrecht aus der diese Handlungspflichten

---

[436] „Anders verhält es sich, wenn der Regelungsgehalt der Verfassungsnorm (Handlungsnorm) weiter reicht als derjenige der für das Verfassungsgericht maßgebliche Kontrollnorm, beide sich also nicht decken" (Hesse, in: FS Mahrenholz, S. 541ff. (542-543)).

[437] Dazu ausführlicher Kapitel 2.1.3.

begründenden Verfassungsnorm. Daraus folgt also die Regel der Deckungsgleichheit von Handlungsnorm und Kontrollnorm, was die Untergrenze angeht. Zweitens ist es widersprüchlich, von einer Bindung des Gesetzgebers an die verfassungsrechtliche Handlungsnorm zu sprechen[438], wenn diese Bindung nicht verfassungsgerichtlich überprüfbar ist. Das heißt einfach formuliert, daß entweder eine verfassungsgerichtlich überprüfbare Bindung des Gesetzgebers an die Handlungsnorm oder keine solche über die Kontrollnorm hinausreichende verfassungsrechtliche Bindung gilt.

Drittens ist das Untermaßverbot in solchen Fällen nicht nur das Verbot der untermäßigen Kontrolle des gesetzgeberischen Gestaltungsspielraums. Es bleibt vielmehr ein grundrechtliches Untermaßverbot, d. h. ein Verbot des untermäßigen Grundrechtsschutzes: Daraus folgt also, daß das Untermaßverbot derselbe Prüfungsmaßstab der verfassungsrechtlichen Wahrnehmung der grundrechtlichen Handlungspflichten ist, unabhängig davon, ob die Anwendung der Untermaßverbotsprüfung dem BVerfG oder dem Gesetzgeber selbst zukommt[439].

Kurz gefaßt gilt das grundrechtliche Untermaßverbot sowohl für die Handlungsnorm als auch für die Kontrollnorm. Mit anderen Worten Handlungsnorm und Kontrollnorm verfügen, was die durch das Untermaßverbot zu markierenden Grenzen angeht, über denselben Regelungsgehalt.

2.4. DIE IDENTITÄT BZW. TRENNUNG ZWISCHEN ÜBERMASS-[440] UND UNTERMASSVERBOT ALS VIERTE SÄULE DER UNTERMASSVERBOTSDOGMATIK

2.4.1. SUMMARISCHE DARSTELLUNG DER KONTROVERSE

Ein Kernpunkt der Überlegungen zum Untermaßverbot ist die Frage nach seiner eigenständigen Bedeutung gegenüber dem Übermaßverbot bei einer Kollision zwischen der Schutzgebotsfunktion und der Eingriffsverbotsfunktion von

---

[438] Die Bindung der Grundrechte gemäß Art. 1 Abs. 3 GG gilt ebenfalls für das Verfassungsgericht.

[439] Nach der Lösung Hesses gibt es jedoch zwei unterschiedliche Arten von Untermaßverbot, d.h. ein tiefgreifenderes aber gerichtlich nicht durchsetzbares Untermaßverbot anhand der Handlungsnorm und ein zweites mildere Untermaßverbot gemäß der Kontrollnorm.

[440] Zum Übermaßverbot Lerche, Übermaß und Verfassungsrecht; Heinsohn, Der öffentlichrechtliche Grundsatz der Verhältnismäßigkeit; Remmert, Verfassungs- und verwaltungsgerichtliche Grundlagen des Übermaßverbotes; Holoubek, Zur Begründung des Verhältnismäßigkeitsgrundsatzes, S. 97ff.; Merten, in: FS Schambeck, S. 349ff.; Ossenbühl, in: FS Lerche, S. 151ff.; ders., Jura 1997, S. 617ff.; Stern, in: FS Lerche, S. 165ff; Holly, Grundsatz der Verhältnismäßigkeit; Jakobs, Der Grundsatz der Verhältnismäßigkeit; ders., DVBl. 1985, S. 97ff.; Schnapp, JuS 1983, S. 850ff.; Hirschberg, Der Grundsatz der Verhältnismäßigkeit; Lücke, DÖV 1974, S. 769ff.; Kirchhof, in: FS Lerche, S. 133ff.; Ramm, JZ 1988, S. 489ff.; Wieacker, in: FS Fischer, S. 867ff.; Zippelius, DVBl. 1956, S. 353ff.

Grundrechten[441]. Hain vertritt die Auffassung, daß das Verhältnismäßigkeitsprinzip als Prüfungs- bzw. Abwägungsmaßstab genügt, und aus dem Untermaßverbot nichts neues zu gewinnen ist. Dietlein argumentiert demgegenüber, daß die Abwägung der gegenseitigen Grundrechtspositionen durch die „Klemme" zwischen Untermaßverbot und Übermaßverbot gekennzeichnet ist.

Hain wendet sich in seinem ersten Beitrag[442] gegen eine eigenständige Bedeutung des Untermaßverbots im Rahmen der allgemeinen Grundrechtstheorie. Das Untermaßverbot besage zum einen begrifflich nichts neueres als die Schutzpflicht. Der dem Untermaßverbot innewohnende Anspruch auf eine effektive Erfüllung einer grundrechtlichen Schutzpflicht sei selbstverständlich aus der Schutzpflicht selbst zu deduzieren[443]. Darüber hinaus sei das Untermaßverbot als Kontrollmaßstab des Abwägungsprozesses bei einer „Schutz durch Eingriff"-Konstellation überflüssig. Es bestehe keine Spanne zwischen Mindest- und Höchstmaß, zwischen Unter- und Obergrenze gesetzgeberischen Handelns. Beide Grenzen fielen vielmehr zusammen. Die Abwägung ziele auf die Herbeiführung eines schonenden Ausgleichs und dieser ergebe sich allein aus der Verhältnismäßigkeitsprüfung[444].

Dietlein[445] sieht in dem Untermaßverbot eine Ersatzformel für die durch das BVerfG bis dahin als praktizierte „Evidenzkontrolle."[446] Des weiteren widerspricht er der These, daß das Untermaßverbot keine eigenständige Existenz in der Grundrechtsdogmatik besitze. Er hält es für schwierig die dogmatische Eigenständigkeit des Untermaßverbots und der grundrechtlichen Schutzpflicht zu erklären und konkretere Kriterien zur Handhabung des Untermaßverbots zu entwickeln[447]. Er befürwortet jedoch die Bedeutung des Untermaßverbots sowohl als Kriterium zur Wahrnehmung der Schutzgebotsfunktion der Grundrechte überhaupt[448] als auch konkreter neben dem Übermaßverbot zur Lösung einer „Schutz durch Eingriff"-Konstellation: „Für das Verhältnis von Über- und Untermaßverbot gilt damit im Grundsatz folgendes: Das Übermaßverbot sagt lediglich, ob der Gesetzgeber das von ihm gesetzte Ziel mit verhältnismäßigen Mitteln verfolge, nicht aber, ob und inwieweit diese Zielverfolgung sowie der Einsatz des gewählten Mittels verfassungsrechtlich geboten oder gar gefordert ist. Aus dem Übermaßverbot ergeben sich folglich keine Präjudizien für die Prüfung des Untermaßverbotes."[449]

In seiner Erwiderung[450] bleibt Hain seiner Kongruenzthese treu. Zugleich reichert er sie an und erklärt sie ausführlicher. Er geht davon aus, daß die Kon-

[441] Vgl. auch die in Kapitel 2.1.3.3., 2.1.3.4. und 2.1.2.2. erörterten Überlegungen von Canaris und Isensee zu diesem Thema.
[442] Hain, DVBl. 1993, S. 982ff.
[443] Hain, DVBl. 1993, S. 982ff. (982). S. auch Kapitel 2.1.3.
[444] Hain, DVBl. 1993, S. 982ff. (983).
[445] Dietlein, ZG 1995, S. 131ff.
[446] Dietlein, ZG 1995, S. 131ff. (132).
[447] Dietlein, ZG 1995, S. 131ff. (139ff.).
[448] Dietlein, ZG 1995, S. 131ff. (135).
[449] Dietlein, ZG 1995, S. 131ff. (138).
[450] Hain, ZG 1996, S. 75ff.

gruenzthese nur die Fälle betrifft, bei denen die Schutzgebotsfunktion der Grundrechte ihrer Eingriffsverbotsfunktion gegenübersteht. Dabei stehe die grundrechtliche Schutzpflicht dem unter die Verhältnismäßigkeitsprüfung zu stellenden verfassungsrechtlich vorgegebenen Zwecke des Eingriffs gleich: „Insofern schlägt die Schutzpflicht als Bezugsgröße des angenommenen Untermaßverbots auf die Eingriffsprüfung durch und bildet auch dort als von der Verfassung vorgegebener Gesetzeszweck den Fixpunkt für die Beurteilung der Verhältnismäßigkeit."[451] Schließlich merkt er an, daß die Kongruenzthese zur Rechtssicherheit beitrage und keinesfalls den Ermessensspielraum des Gesetzgebers einenge[452].

2.4.2. HAUPTSTREITPUNKT: UNTERMASSVERBOT UND SCHUTZ DURCH EINGRIFF

Die Aufsätze von Hain und Dietlein stellen das Untermaßverbot in den Mittelpunkt der Diskussion seiner praktischen Handhabung im Rahmen der Schutzpflichtenlehre. Durch diese drei Beiträge taucht die Frage nach dem Untermaßverbot selbständig und nicht nur als ein Unterkapitel der Dogmatik der grundrechtlichen Schutzpflichten, das nur ansatzweise erwähnt wird, auf.

2.4.2.1. DIE KONGRUENZTHESE VON HAIN

Hain schlägt eine Kongruenzthese vor. Er leugnet nicht, daß das Untermaßverbot zutreffend als Begriff zur Veranschaulichung des „Mindeststandards staatlicher Maßnahmen im Hinblick auf bestehende Schutzpflichten"[453] verwendet wird. Zwei Gedanken bilden Hains Hauptthese: 1) Untermaßverbot und Verhältnismäßigkeit decken sich bei den Dreieckskonstellationen und 2) Das Untermaßverbot hat wegen dieser Deckungsgleichheit zurückzutreten.

1) Um die Deckungsgleichheit von Untermaßverbot und Übermaßverbot zu beweisen, geht Hain zunächst von der Konturierung und Anwendung des Verhältnismäßigkeitsprinzips bei Dreieckskonstellationen[454] aus. Diese Kollisi-

---

[451] Hain, ZG 1996, S. 75ff. (79).
[452] Hain, ZG 1996, S. 75ff. (83-84).
[453] Hain, DVBl. 1993, S. 982ff. (982).
[454] Zu den Dreieckskonstellationen Wahl/Masing, JZ 1990, S. 553ff. (556) m. w. N. .An dieser Stelle ist nur kurz zu bemerken, daß der Dreieck einen privaten Störer, der grundrechtlich geschützte Güter einer anderer Privaten beeinträchtigt und deshalb sein eigenes Abwehrrecht gegen den zum Schutz kommenden Staat ins Gefahr bringt, einen privaten Opfer, der durch den Störer verletzt oder gefährdet wird und seine Schutzrecht gegen den Staat hat und den Staat mitumfaßt.

ons- und Abwägungskonstellationen erörtert er allein mit dem Übermaßverbot. Den Ausgangspunkt seiner Vorgehensweise stellt die abwehrrechtliche Seite der Dreieckskonstellation dar. D.h. es gehe um einen staatlichen Eingriff zum Schutz eines Grundrechts, welcher einer umfassenden Verfassungsmäßigkeitsprüfung unterliege. Die Schutzpflicht stelle den grundrechtlich determinierten Zweck des Eingriffs dar, nämlich den Schutz eines grundrechtlich geschützten Gutes vor Beeinträchtigungen des Trägers des Abwehrrechts. Der Zweck des Eingriffs ist also durch die Verfassung vorgesehen. Das Mittel zur Wahrnehmung dieses gerechtfertigten Zweckes, d.h. der staatliche Eingriff selbst, ist auf einer zweiten Ebene einer dreistufigen Verhältnismäßigkeitsprüfung zu unterwerfen. Auf der zweiten Stufe dieser Prüfung, nämlich auf der Erforderlichkeitsstufe, stellt sich die Frage, ob dieser staatliche Eingriff erforderlich zur Erreichung des Zweckes des Schutzes des Opfers ist. Diese Frage gleicht nach Hain der Untermaßverbotsprüfung. Hier komme die Deckungsgleichheit von Untermaßverbot und Übermaßverbot prägnant zum Ausdruck.

2) Man würde erwarten, daß Hain nach der Beschreibung der Deckung der zwei Maßstäbe eine eigene Lösung anbieten würde, beispielsweise, daß er beide Prüfungen alternativ zuläßt. Er nimmt jedoch als selbstverständlich an, daß die klassische Übermaßverbotskontrolle zu bevorzugen ist[455].

Es ergibt sich jedoch mittelbar aus seinen Ausführungen, warum die Übermaßverbotsvorgehensweise besser sei. Zuerst stellt sich Hain aus rechtspolitischen Gründen gegen die Verselbständigung von neuen Begriffen und dogmatischen Maßstäben[456]. Konkreter, was das Untermaßverbot betrifft, befürchtet er, daß sie weitere Beschränkungen gesetzgeberischen Gestaltens mit sich bringe[457]. Gleichzeitig erkennt er die Verhältnismäßigkeitsprüfung als erfolgreich und überzeugend an. Weiterhin sieht er in dem Untermaßverbot nur eine Teillösung, weil es keine umfassende Verfassungsmäßigkeitsprüfung[458] wie das Übermaßverbot bereitstelle. Die Untermaßverbotsprüfung könnte nur die Erforderlichkeitsprüfung ersetzen. Daran anschließend hält Hain das Untermaßverbot in der heutigen Literatur und Rechtsprechung für ungenügend konturiert[459].

---

[455] Hain, DVBl. 1993, S. 982ff. (983-984); ders., ZG 1996, S. 75ff. (80ff.).
[456] Hain, DVBl. 1993, S. 982ff. (984).
[457] Hain, ZG 1996, S. 75ff. (83-84). Es bleibt jedoch unklar, wie kann es sein, daß zwei deckungsgleiche Prüfungsmaßstäbe zu unterschiedlichen Ergebnissen führen könnten. Denn entweder sind Übermaßverbot und Untermaßverbot nicht deckungsgleich (Nur im Rahmen einer solchen Annahme ist die Auffassung, daß das Untermaßverbot weitere Beschränkungen des gesetzgeberischen Ermessensspielraums im Vergleich mit dem Übermaßverbot mit sich bringen kann, überhaupt vertretbar.), oder sind sie deckungsgleich und führen zu denselben Ergebnissen und grenzen den Gestaltungsspielraum der legislative gleich ein.
[458] S. jedoch Kapitel 5.2.2. und 5.2.4.3., wo das grundrechtliche Untermaßverbot im weiteren Sinne als allseitige Verhältnismäßigkeitsprüfung entwickelt wird.
[459] Hain, DVBl. 1993, S. 982ff. (982); ders., ZG 1996, S. 75ff. (75).

2.4.2.2. DIE DOGMATISCHE EIGENSTÄNDIGKEIT DES UNTERMASSVERBOTS NACH DIETLEIN

Dietlein widerspricht der Gleichsetzung Hains. Seine Argumentation stützt sich auf eine Mischung von einer analytisch-vertiefenden Zusammenschau des Übermaß- und des Untermaßverbotes und rechtspolitischen Ansichten, welche sich in vier eng zusammenhängenden Schritten systematisieren lassen. Kurz gefaßt geht Dietlein davon aus, daß das Übermaßverbot immer eine auf ein bestimmtes Gesetz bezogene Größe[460] sei, während das Untermaßverbot vielmehr eine unmittelbar aus dem Verfassungsrecht hergeleitete Größe darstelle (1). Das Übermaßverbot überprüfe immer eine Zweck-Mittel-Relation, während das Untermaßverbot bloß die Erfüllung eines finalprogrammierten Gesetzgebungsauftrags überprüfe (2). Daran anschließend sei das Übermaßverbot einerseits deutlicher und unumstritten andererseits jedoch weniger verfassungsdeterminiert als das Untermaßverbot (3). Den Schluß bildet die rechtspolitische Betrachtung der Kongruenzthese (4).

1. Als Ausgangspunkt seiner Überlegungen verwendet Dietlein den folgenden Gedanken, der in einer Umformulierung der Hauptfrage besteht: Ist „jene Erforderlichkeit im Sinne des Übermaßverbotes tatsächlich identisch mit demjenigen Erforderlichkeitsmaß[461], welches das Untermaßverbot für die Erfüllung legislativer Leistungspflichten formuliert?“[462]

Dietlein lehnt diesen Gedanken ab, indem er den Erforderlichkeitsgrundsatz, das zweite Element des Übermaßverbots, als eine auf ein konkretes Gesetzeswerk bezogene Größe begreift. Die Erforderlichkeit in Gestalt des Teilprinzips des Übermaßverbots bezieht sich ausschließlich auf ein konkretes Gesetz, auf den „Innenbereich“[463] des konkreten Gesetzes. Sie überprüfe die Erforderlichkeit eines vom Gesetzgeber gewählten Mittels zur Verfolgung eines ebenfalls vom Gesetzgeber gewählten Zweckes.

Auf der anderen Seite gehe das Erforderlichkeitsmaß im Sinne des Untermaßverbots weit über ein konkretes Gesetz hinaus. Es transzendiere ihn. Es beziehe sich hauptsächlich auf das Verfassungsrecht und überprüft, ob der Gesetzgebungsauftrag in Gestalt der staatlichen Schutzpflicht überhaupt genügend erfüllt ist. Alle vorhandenen staatlichen Maßnahmen in dieser Richtung sind im Rahmen dieser Erforderlichkeitsprüfung mitzuberücksichtigen.

2. Ein weiterer wichtiger Punkt, der nach Dietlein zur Leugnung der Kongruenzthese führt, betrifft den Vergleich der Natur der Untermaßverbots- mit jener der Übermaßverbotsprüfung. Bei der Übermaßverbotskontrolle liege ein

---

[460] Hain geht von dem klassischen Verhältnismäßigkeitsprinzip aus, indem er als Maßstab der dreigliedrigen Zweck-Mittel Prüfung einen Gesetzeszweck und nicht ein Grundrecht festsetzt. Vgl. auch Kapitel 3.2.2.3.

[461] Bemerkenswert ist die terminologische Variierung. Auf der Übermaßverbotsseite ist von der Erforderlichkeit als zweiten Satz des „Dreisatzes“ der Verhältnismäßigkeit die Rede und auf der Untermaßverbotsseite ist vom Erforderlichkeitsmaß gesprochen.

[462] Dietlein, ZG 1995, S. 131ff. (136).

[463] Dietlein, ZG 1995, S. 131ff. (136).

Gesetz vor, das einen Zweck vorschreibt und Mittel zu seiner Verfolgung regelt. Die drei Teilsätze des Übermaßverbots überprüfen diese gesetzgeberische Zweck-Mittel-Relation[464]. Das Untermaßverbot beinhalte demgegenüber keine Zweck-Mittel-Relation. Es prüft, ob die grundrechtliche Schutzpflicht zureichend erfüllt worden ist. Es prüft die staatlichen Maßnahmen in ihrer Gesamtheit, in ihrer Funktion und in ihrem Zusammenhang. Der Bezugspunkt[465] dabei sei nicht die Verfassungsmäßigkeit des Zwecks-Mittel Zusammenhanges, sondern die Entsprechung des vorhandenen staatlichen Schutzes mit dem verfassungsrechtlich vorgeschriebenen Schutz.

3. Des weiteren stellt Dietlein das Untermaßverbot als einen Maßstab einerseits mit größerem Verfassungsbezug[466], andererseits jedoch weniger verfassungsdeterminiert als das Übermaßverbot dar. Das Untermaßverbot bedeute einen verfassungsrechtlichen Schutzauftrag, sei nämlich so wie die Schutzpflicht ein aus dem Grundgesetz ableitbarer Maßstab, während der verfassungsrechtliche Rang des Übermaßverbotes nach Dietlein fragwürdig und umstritten ist[467]. Auf der anderen Seite legt Dietlein fest, daß das Untermaßverbot „die Auswahl der zur Zweckverfolgung einzusetzenden Mittel regelmäßig nicht determiniert, sondern der Entscheidung des Gesetzgebers überantworte."[468] Damit kommt der breite Spielraum des Gesetzgebers bei der Wahrnehmung der ihm primär obliegenden Schutzpflicht noch einmal zum Ausdruck.

4. Schließlich sei die Sicherung der Eigenständigkeit von Untermaßverbot und Übermaßverbot auch aus rechtspolitisch-praktischer Sicht zu bevorzugen. Zwischen Untermaßverbot und Übermaßverbot entfaltete sich ein breiter Ermessensspielraum des grundsätzlich zuständigen und demokratisch legitimierten Gesetzgebers zur gerechten Balancierung einer Schutz durch Eingriff-Konstellation[469].

---

[464] Zur Verhältnismäßigkeit als Zweck-Mittel-Prinzip, Ress, Der Grundsatz, S. 5ff. (16ff.).

[465] Zum Argument, daß Übermaßverbot und Untermaßverbot verschiedene Bezugspunkte haben, vgl. neuerdings Ruffert, Vorrang der Verfassung, S. 216-217: „Über- und Untermaßverbot haben verschiedene Bezugspunkte. Das Übermaßverbot (i. w. S.) und insbesondere die in ihm enthaltene Prüfungsstufe der Erforderlichkeit orientieren sich an der Relation zwischen gesetzgeberischem, verfassungsrechtlich legitimem Zweck und vom Gesetzgeber gewähltem, im Grundsatz verfassungsrechtlich zulässigem Mittel. Orientierungspunkt des Untermaßverbots hingegen ist der im Schutzauftrag des jeweiligen Grundrechts angelegte Mindest-Schutzstandard, das Ziel der Schutzpflicht."

[466] Vgl. jedoch Würtenberger, Zur Legitimität, S. 57ff. (60f.), der sowohl das Übermaß- als auch das Untermaßverbot als Prinzipien des Verfassungsrichterrechts erörtert, für die sich im Verfassungstext vage Ansätze finden lassen. Zum Übermaßverbot als ungeschriebenes Prinzip des Verfassungsrichterrechts s. Kapitel 5.1.2.3. Zur dogmatischen Ableitung des Untermaßverbots aus dem Grundgesetz s. Kapitel 2.2.2.4.2., 5.2.4.1.

[467] Dietlein, ZG 1995, S. 131ff. (136). insb. Fn. 28 m. w. N.

[468] Dietlein, ZG 1995, S.131ff. (137).

[469] Dietlein, ZG 1995, S. 131ff. (138).

2.4.3. DIE STELLUNG DER LITERATUR ZUM STREIT ZWISCHEN HAIN UND DIETLEIN

Der Streit zwischen Hain und Dietlein gab den Anlaß für eine umfangreichere Diskussion dieser Thematik in der Literatur[470], die nicht endgültig abgeschlossen ist. Die ersten Reaktionen haben überwiegend die Kongruenzthese Hains befürwortet[471]. Starck äußert sich deutlich für die Thesen Hains, indem er sowohl die Deckungsgleichheit zwischen Übermaß- und Untermaßverbot als auch die These, daß das Untermaßverbot nichts Neues über den Begriff der verfassungsrechtlichen Schutzpflicht besagt, vertritt. Als Anknüpfungspunkt der Kongruenz zwischen Untermaß- und Übermaßverbot hebt auch er das Erforderlichkeitsmoment hervor[472]. Unruh fügt prinzipientheoretische Gesichtspunkte hinzu, um die Kongruenzthese zu befürworten[473]. Zurückhaltender stellt sich Stern gegen eine eigenständige Bedeutung des Untermaßverbots und für seine Deckungsgleichheit mit dem Übermaßverbot[474].

Die Widerlegung der Kongruenzthese ist mittlerweile zur überwiegend vertretenen Meinung geworden[475]. Canaris plädiert deutlich für die Eigenständigkeit von Untermaß- und Übermaßverbot[476]. Merten[477] und Denninger[478] äußern sich gegen die Auffassung, daß das Untermaßverbot eine Erscheinungsform des Übermaßverbots darstellt mit dem Argument, daß das Untermaßverbot eine ganz andere Funktion erfüllt und im Gegensatz zum Übermaßverbot offensiv ausgerichtet ist. Merten sieht jedoch darüber hinaus auch die Stufen der Geeignetheit[479], der Erforderlichkeit und der Verhältnismäßigkeit im engeren Sinne ergänzend als Teilprinzipien des Untermaßverbots an[480].

---

[470] In der Rechtsprechung ist die Kongruenzthese nicht thematisiert worden. Es ist jedoch zu bemerken, daß bis jetzt nur eine begrenzte Zahl von Gerichtsentscheidungen auf das Untermaßverbot rekurriert. Dazu s. Kapitel 3.1.

[471] Starck, JZ 1993, S. 816ff. (817); Unruh, Zur Dogmatik, S. 84ff.; Stern, Staatsrecht III/2, S. 813-814.

[472] Starck, Praxis der Verfassungsauslegung, S. 82: „Zwischen dem Übermaßverbot bei Beschränkung der Grundrechte und dem Untermaßverbot als Anforderung an das Wie des Schutzes besteht also ein innerer Zusammenhang"; ders., JZ 1993, S. 817: „Das Untermaßverbot ist also nichts anderes als eine Erscheinungsform des Übermaßverbots bei Vorliegen verfassungsrechtlicher Schutzpflichten, die Grundrechtseingriffe verlangen."

[473] Unruh, Zur Dogmatik, S. 86ff. m. w. N.

[474] Stern, Staatsrecht III/2, S. 814.

[475] Canaris, Grundrechte, S. 83ff.; ders., in: FS Leisner, S. 420f.; Merten, Grundrechtliche Schutzpflichten, S. 27ff.; Denninger, in: FS Mahrenholz, S. 561ff. (566f.); Sachs, in: ders., GG, Art 20 GG, Rdnr. 147; Ossenbühl, NuR 1996, S. 53ff. (57); Gotzen, Verwaltungsrundschau 1994, S. 139; Möstl, DÖV 1998, S. 1029ff. (1038); Borowski, Grundrechte als Prinzipien, S. 115, 151ff.; Gellermann, Grundrechte, S. 344ff.; Sodan, NVwZ 2000, S. 601ff. (605); Ruffert, Vorrang der Verfassung, S. 216-217; Schlink, in: FS 50 Jahre BVerfG, S. 445ff. (463-464). Vgl. auch Jarass, AöR 110 (1985), S. 363ff. (384); Isensee, Das Grundrecht, S. 232-233.

[476] S. Kapitel 2.1.1.3.3. und 2.1.1.3.4.

[477] Merten, Grundrechtliche Schutzpflichten, S. 27ff.

[478] Deninger, in: FS Mahrenholz, S. 566ff.

[479] Zum strukturellen Unterschied zwischen Eignung als Teilprinzip des Übermaßverbots und Untermaßverbot s. vor allem die überzeugenden Überlegungen von von Arnauld, Die Freiheitsrechte und ihre Schranken, S. 234ff.; vgl. auch Dietlein, ZG 1995, S. 138.

[480] Merten, Grundrechtliche Schutzpflichten, S. 28ff. Ihm folgend auch Möstl, DÖV 1998, S. 1038-1039 und Borowski, Grundrechte als Prinzipien, S. 150ff.

Auch Isensee hat sich zur Kontroverse zwischen Übermaß- und Untermaßverbot geäußert: „Die Schutzpflicht richtet dem Gestaltungsermessen ein Untermaßverbot auf, das dem Übermaßverbot des Abwehrrechts korreliert. Der Rechtsstaat steht hier von zwei Seiten unter grundrechtlichem Rechtfertigungszwang: vom Störer, wenn er in sein Grundrecht eingreift, oder vom Schutzbedürftigen, wenn er ihm den Schutz vorenthält."[481] Den dogmatischen Ausgangspunkt der Überlegungen Isensees stellt das Prinzip der „kommunizierenden Röhren"[482] dar, das die Beziehung zwischen Abwehrrecht und Schutzpflicht prägt.

Neuerdings haben auch Borowski und Gellermann im Ergebnis die Kongruenzthese abgelehnt. Borowski vertritt zwar die Kernthese, daß Untermaßverbot und Übermaßverbot ihren Ursprung im Verhältnismäßigkeitsgedanken haben[483], und versucht eine mildere Variante der Kongruenzthese zu entwickeln, so daß diese Sichtweise vereinbar mit seinen prinzipientheoretischen Prämissen bleibt[484]. Praktisch unterscheidet er jedoch zwischen Übermaßverbotsprüfung und Untermaßverbotskontrolle je nach dem, ob es um die abwehrrechtliche oder die schutzrechtliche Seite der Grundrechte geht[485]. Er distanziert sich des weiteren auch von den Anhängern der These vom Korridor des gesetzlichen Gestaltungsspielraums zwischen Übermaß- und Untermaßverbot, da er die schutzrechtlichen Fallkonstellationen allein durch die Entwicklung einer komplexen und gestuften Untermaßverbotsprüfung zu lösen versucht[486].

Gellermann entwickelt seine Grundrechtstheorie jenseits der in der herrschenden Grundrechtslehre bipolaren Unterscheidung zwischen Eingriffsabwehrrechte und Schutzpflichten. Er leugnet das geläufige Verständnis der Grundrechte als Abwehrrechte[487] und als Schutzpflichten[488] und stellt sich kritisch sowohl gegen die abwehrrechtliche klassische Verhältnismäßigkeit[489] als auch gegen das schutzrechtliche Untermaßverbot[490]: „Der Staat greift nicht ein, sondern er richtet das Verhältnis der Privaten zueinander in Erfüllung der ihn treffenden Einrichtungspflicht ein, indem er jene Bindungen aktualisiert, die im jeweiligen Grundrecht bereits angelegt sind, aber noch der näheren Entfaltung bedürfen."[491] Anstelle von Übermaß- und Untermaßverbot schlägt er zur Erledigung der verfassungsrechtlichen Grundrechtskollisionen eine Angemessenheits-

[481] Isensee, Das Grundrecht, Rdnr.165. Vgl. auch Jarass, AöR 110 (1985), S. 363ff. (384).
[482] Isensee, Das Grundrecht, Rdnr. 85.
[483] Borowski, Grundrechte als Prinzipien, S. 115: „Der Grundsatz der Verhältnismäßigkeit ist sowohl auf staatliche Unterlassungspflichten als auch auf staatliche Handlungspflichten anwendbar. Im ersten Fall geht es um das Übermaßverbot, im zweiten um das Untermaßverbot."
[484] Borowski, Grundrechte als Prinzipien, S. 115-116, Fn. 81.
[485] Borowski, Grundrechte als Prinzipien, S. 150ff.
[486] Borowski, Grundrechte als Prinzipien, S. 150ff.
[487] Gellermann, Grundrechte, S. 214ff.
[488] Gellermann, Grundrechte, S. 241ff.
[489] Gellermann, Grundrechte, S. 332ff.
[490] Gellermann, Grundrechte, S. 342ff.
[491] Gellermann, Grundrechte, S. 345.

Verhältnismäßigkeitsprüfung[492] vor. Wenn er jedoch den Streit zwischen Kongruenzthese und Eigenständigkeitsthese am Maßstab der herrschenden Grundrechtstheorie zu beurteilen versucht, erkennt er die dogmatischen Schwächen der Theorie von der Deckungsgleichheit zwischen Übermaß- und Untermaßverbot an.

2.4.4. KRITISCHE WÜRDIGUNG

Einerseits deckt sich das klassische Übermaßverbot bzw. Verhältnismäßigkeitsprinzip[493] keinesfalls mit dem grundrechtlichen Untermaßverbot. Denn bei der klassischen Verhältnismäßigkeitsprüfung ist Bezugspunkt immer ein Gesetzeszweck[494]. Bezugspunkt des grundrechtlichen Untermaßverbots ist nach herrschender Auffassung eine grundrechtliche Schutzpflicht[495] bzw. Handlungspflicht. Allerdings ist Bezugspunkt des Untermaßverbots immer eine verfassungsrechtliche Regelung[496] und kein Gesetzeszweck.

Andererseits kann die ergänzte Variante der Verhältnismäßigkeit durch Hain und Starck, die als Bezugspunkt der Übermaßverbotsprüfung bei Dreiecksfällen nicht mehr einen Gesetzeszweck, sondern die einschlägige grundrechtliche Schutzpflicht festsetzt, mit einer bestimmten Strukturierung des grundrechtlichen Untermaßverbots[497] konvergieren. Dabei ist entscheidend, daß Bezugspunkt der Verhältnismäßigkeits- bzw. Verfassungsmäßigkeitsprüfung eine grundrechtliche Schutzpflicht ist. Ob diese Verfassungsmäßigkeitsprüfung Übermaßverbotsprüfung oder Untermaßverbotsprüfung genannt wird, ist nicht von Bedeutung, soweit Zweck, Mittel und Teilschritte der Prüfung deckungsgleich sind.

Notwendige Voraussetzung der Deckungsgleichheit zwischen Übermaßverbot und Untermaßverbot ist jedoch auch die Angleichung der drei Teilschritte der Geeignetheit, der Erforderlichkeit und der Angemessenheit. Das ist nicht immer selbstverständlich. Wie unten im Rahmen der schrittweisen Konkretisie-

---

[492] Gellermann, Grundrechte, S. 350ff. Zur Gleichsetzung der Angemessenheit-Verhältnismäßigkeit mit der Verhältnismäßigkeit im engeren Sinne und zu ihrer Einordnung in die Gliederung des grundrechtlichen Untermaßverbots im weiteren Sinne s. Kapitel 5.3.1.2.3.

[493] Zum klassischen „abwehrrechtlichen" Verhältnismäßigkeitsprinzip und zu seiner Gegenüberstellung mit den verschiedenen Modellen des Untermaßverbotsprinzips s. Kapitel 3.2.2.3.

[494] Vgl. auch Böckenförde, Der Staat 29 (1990), S. 1ff. (20f.). Es ist zu betonen, daß Dietlein, Canaris und die anderen Anhänger der Trennungsthese von diesem klassischen Verhältnismäßigkeitsprinzip ausgehen, wenn sie es von dem Untermaßverbot unterscheiden wollen.

[495] Darin sind sowohl die Anhänger als auch die Verfechter der Kongruenzthese einig. S. auch Kapitel 3.2.2.2.

[496] Nach einem Teil der Literatur (S. Kapitel 3.2.2.1.) stellen den Bezugspunkt der Untermaßverbotsprüfung nicht die grundrechtlichen Schutzpflichten, sondern die jeweils mit den grundrechtlichen Schutzpflichten kollidierenden Abwehrrechte bzw. andere verfassungsrechtliche Regelungen dar. Vereinzelt (vgl. die Ausführungen von Michael im Kapitel 3.2.2.4.) werden als Bezugspunkt der Untermaßverbotsprüfung sowohl die grundrechtlichen Schutzpflichten als auch die mit ihnen kollidierenden Grundrechte bzw. anderen verfassungsrechtlich geschützten Rechtgüter genannt.

[497] Genauer mit der im Kapitel 3.2.2.2. dargestellten Konkretisierung des grundrechtlichen Untermaßverbots.

rung des Untermaßverbots entwickelt wird[498], gibt es insbesondere auf der Ebene der Erforderlichkeitsprüfung zwei Varianten: Ein Teil der Literatur fragt, ob es mildere, d. h. das entgegenstehende Abwehrrecht weniger belastende, die grundrechtliche Schutzpflicht aber gleichermaßen fördernde Maßnahmen gibt, als die vorhandene und zu prüfende[499]. Ein anderer Teil der Theorie fragt, ob es effektivere, aber nicht stärker belastende Maßnahmen als die zu prüfenden gibt[500]. Der Unterschied ist maßgeblich. Er kann zu verschiedenen Ergebnissen der Erforderlichkeitsprüfung führen. Es ist jedoch kein Unterschied zwischen Übermaß- und Untermaßverbot, sondern ein Unterschied beim Verständnis der Erforderlichkeit[501].

Zusammenfassend darf man nicht ganz allgemein die Kongruenzthese befürworten oder bestreiten. Die Kongruenz oder der Unterschied zwischen Übermaß- und Untermaßverbotsprüfung hängt davon ab, wie man die beiden Maßstäbe versteht und konkretisiert. Hain, Starck und Erichsen stellen genau dieselben Fragen sowohl auf der Ebene des Übermaßverbots als auch auf der Ebene des Untermaßverbots. Dietlein, Canaris und Isensee widersprechen ebenfalls überzeugend der Kongruenzthese, weil sie auf der Ebene des Übermaßverbots das klassische Verhältnismäßigkeitsprinzip unverändert verwenden und für die Konkretisierung des Untermaßverbots auf die drei Schritte des Verhältnismäßigkeitsprinzips nicht rekurrieren. Ein anderer Teil der Literatur befürwortet logisch die Trennungsthese, weil er bei der Untermaßverbotsprüfung einen anderen Zweck festsetzt als bei der Übermaßverbotsprüfung[502]. Schließlich vertreten auch Merten und Möstl[503] zu recht die dogmatische Trennung zwischen Übermaß- und Untermaßverbot, weil sie auf der Ebene der Erforderlichkeit im Rahmen des Untermaßverbots eine andere Frage stellen als bei der Erörterung des Übermaßverbots.

Im Grunde liegt jedoch kein Dilemma vor. Deshalb sind nicht einfach die Auffassungen Hains oder Dietleins zu leugnen oder zu befürworten. Die obigen Ausführungen machen deutlich, daß das eigentliche Problem nicht in der Frage nach der Deckungsgleichheit von Übermaßverbot- und Untermaßverbot, sondern in der Bestimmung der zutreffendsten Prüfungsmethode zur Verarbeitung der „Schutz durch Eingriff"-Konstellationen besteht. Wenn man den Streit zwischen Hain und Dietlein unter diesem Blickwinkel betrachtet, stellt man fest, daß im großen und ganzen und im Rahmen der vorhandenen Diskussion drei Methoden zur Entscheidung der Dreiecksbeziehungen vorgeschlagen werden.

---

[498] Kapitel 3.2.

[499] Hain, DVBl. 1993, S. 982ff. (983); Starck, JZ 1993, S. 816ff. (817); Erichsen, Jura 1997, S. 85ff. (88); Borowski, Die Grundrechte als Prinzipien, S. 120, 151f. Im Ergebnis auch Hermes, Das Grundrecht, S. 252; Pietrzak, JuS 1994, S. 748ff. (751).

[500] Möstl, DÖV 1998, S. 1029ff. (1038f.); Michael, JuS 2001, S. 148ff. (151); Calliess, Rechtsstaat und Umweltstaat, S. 460, 574.

[501] Allgemein zu den verschiedenen Verständnissen der Erforderlichkeit s. von Arnauld, Die Freiheitsrechte, S. 236ff.; Borowski, Grundrechte als Prinzipien, S. 117f.; Dechsling, Das Verhältnismäßigkeitsgebot, S. 51ff.; Jakobs, Der Grundsatz der Verhältnismäßigkeit, S. 66ff.

[502] S. Kapitel 3.2.2.1. und 3.2.2.4.

[503] S. Kapitel 3.2.2.2.

Es ist mittlerweile erwiesen, daß das klassische dreigliedrige Verhältnismäßigkeitsprinzip allein nicht imstande ist, Grundrechtskollisionen aufzulösen[504]. Es betrachtet eine Grundrechtskollision allein aus der abwehrrechtlichen Perspektive und es sieht dementsprechend die jeweilige staatliche Maßnahme nur als einen zu rechtfertigenden Eingriff in ein Grundrecht. Bei „Schutz durch Eingriff"-Dreieckskonstellationen gibt es aber auch die zu berücksichtigenden Schutzpflichten. Aus deren Perspektive kommt die staatliche Maßnahme als eine den Anforderungen der jeweiligen grundrechtlichen Schutzpflicht zu genügenden Schutzmaßnahme zur Anwendung. Bei „Schutz durch Eingriff"-Fällen kollidieren also immer zumindest zwei Grundrechte bzw. zwei verfassungsrechtliche Zwecke. Es bedarf also eines Maßstabs, der diese Kollision unter Berücksichtigung beider gegenüberstehender verfassungsrechtlicher Zwecke auflösen kann. Mit anderen Worten hat die Schutzpflichtenlehre eine Anreicherung der Stufen des Verhältnismäßigkeitsprinzips bewirkt. Zugleich öffnet sie den Weg entweder für eine Ergänzung des klassischen Verhältnismäßigkeitsprinzips, für seine kumulative Anwendung mit einer aus den Schutzpflichten zu deduzierenden verfassungsrechtlichen Grenze oder für seine Ersetzung durch einen anderen und umfangreicheren bzw. multipolaren Abwägungsmaßstab.

Es wird die Auffassung vertreten, daß der einzige Prüfungsmaßstab zur Lösung einer mehrdimensionalen Freiheitsbeziehung eine ergänzte Variante des klassischen dreigliedrigen Übermaßverbots ist, das sich mit dem Untermaßverbot deckt[505]. Nach einer zweiten Sichtweise sei das Rechtsdreieck am Korridor zwischen dem klassischen Übermaßverbot und dem Untermaßverbot zu messen[506]. Nach der hier vertretenen Ansicht ist schließlich bei den „Schutz durch

---

[504] Schuppert, Funktionell-rechtliche Grenzen, S. 38ff. (40): „Mehrdimensionale Freiheitsprobleme sind dadurch gekennzeichnet, daß sich die gestellte Aufgabe nicht auf das Zweck-Mittel-Problem zurückführen läßt, sondern Ziel (Zweck)-Konflikte durch Abwägung aufzulösen sind"; Böckenförde, Der Staat 29 (1990) S. 1ff. (20f.): „Die Verhältnismäßigkeit, die hierbei als Maßstab der Abwägung angewandt wird, ist freilich nicht die klassische Verhältnismäßigkeit. Diese hat einen festen Bezugspunkt, den Zweck des Gesetzes bzw. der Gesetzesnorm, und bestimmt daraufhin (relational) Geeignetheit, Erforderlichkeit und Verhältnismäßigkeit im engeren Sinne. Dieser feste Bezugspunkt fehlt bei der Abwägung zwischen objektivrechtlichen Grundrechtsgehalten und ihrer Wirkungsintensität und muß fehlen. Wäre er vorhanden, würde er dem oder einem Grundrechtsgehalt, bei dem er angesiedelt wird, sofort einen Vorrang verschaffen. Die Verhältnismäßigkeit, die hier im Spiel ist, ist eine Angemessenheits-Verhältnismäßigkeit"; Hoffmann-Riem, DVBl. 1994, S. 1381ff. (1384f.): „Der Grundsatz der Verhältnismäßigkeit wird infolge der Orientierung am bipolaren Eingriffsdenken bisher meist als Übermaßverbot verstanden. Abgesehen davon, daß in multipolaren Beziehungen Belastungen und Begünstigungen oft komplex miteinander vernetzt und schwer einzelnen Personen zuzuordnen sind, stößt das aus der Perspektive des Belasteten konstruierte Übermaßverbot auf seine Grenzen, wenn staatliche Schutzaufträge oder –pflichten in das Verwaltungshandel einzubeziehen sind"; Calliess, Rechtsstaat und Umweltstaat, S. 578:" Das auf einen zweipoligen Prüfungsprozeß angelegte Übermaßverbot kann ... immer nur Teilaspekte erfassen." Vgl. auch BVerfGE 88, 203ff. (254); 97, 169ff. (176f.); Gellermann, Grundrechte, S. 350ff. m. w. N.

[505] Hain, DVBl. 1993, S. 982ff.; ders., ZG 1996, S. 75ff.; Starck, JZ 1993, S. 816ff. (817); Unruh, Zur Dogmatik, S. 84ff.; Stern, Staatsrecht III/2, S. 813-814.

[506] Dietlein, ZG 1995, S. 131ff.; Jarass, AöR 110 (1985), S. 363ff. (382f.); Merten, Grundrechtliche Schutzpflichten, S.27ff.; Denninger, in: FS Mahrenholz, S. 561ff. (566f.); Sachs, Art. 20 GG, in: ders., GG, Rdnr. 147; Ossenbühl, NuR 1996, S. 53ff. (57); Gotzen, Verwaltungsrundschau 1994, S. 139; Möstl, DÖV 1998, S. 1029ff. (1038); Borowski, Grundrechte als Prinzipien, S. 115, 151ff.; Calliess, Rechtsstaat und Umweltstaat, S. 457ff., 577ff. Vgl. auch Hoffmann-Riem, DVBl. 1994, S. 1381ff. (1384ff.); ders., DVBl. 1999, S. 65ff. (66), der einen Wandel des Verhältnismäßigkeitsprinzips zum Übermaß- und Untermaßverbot feststellt.

Eingriff"-Fällen das grundrechtliche Untermaßverbot im weiteren Sinne anwendbar[507].

Dem ersten Ansatz ist vorzuwerfen, daß er zum einen nicht überzeugend die Deckungsgleichheit zwischen Übermaß- und Untermaßverbot in allen Fällen begründet. Es setzt darüber hinaus eine bestimmte Gliederung des Untermaßverbots voraus, die nicht überzeugt. Es wird nicht überzeugend bewiesen, warum die drei Schritte des klassischen Verhältnismäßigkeitsprinzips auch auf die Überprüfung der Verfassungsmäßigkeit der Wahrnehmung von grundrechtlichen Schutzpflichten übertragbar sind. M. E. konkretisieren diese drei Schritte das grundrechtliche Untermaßverbot nicht[508].

Was den zweiten Ansatz anbetrifft, hat er den Vorteil, daß er Rücksicht sowohl auf die Abwehrseite als auf die Schutzseite des Dreiecks nimmt. Darüber hinaus ist er mit der wichtigen Aufgabe der Erhaltung des Gestaltungsspielraums des Gesetzgebers bei der Erfüllung von grundrechtlichen Schutzpflichten vereinbar.

Andererseits ist er jedoch den Bedenken, welche sich aus der mangelnden Konturierung des Untermaßverbots ergeben, ausgesetzt. Er stößt auf das Hindernis der bis jetzt nicht genügenden Konturierung und Konkretisierung des Untermaßverbots[509], welche gegen seine Reife zur Lösung von mehrdimensionalen Freiheitsproblemen[510] sprechen kann. Ferner geht diese Lösung, so wie der erste Ansatz, von einer Verhältnismäßigkeitskontrolle aus, deren verfassungsrechtliche Legitimation nicht unproblematisch ist.

Des weiteren baut er auf der optimistischen Vermutung auf, daß Übermaßverbot und Untermaßverbot nicht kollidieren können[511]. Das ist jedoch nicht selbstverständlich. Es kann sein, daß Übermaßverbot und Untermaßverbot zu konkurrierenden Lösungen führen. Dabei stellt sich die Frage nach einer weiteren Abwägung zwischen den Ergebnissen der zwei Prüfungsmaßstäbe. Für diese Abwägung stehen Kriterien nicht zur Verfügung.

Jarass[512] und Brünning[513] vertreten die Auffassung, daß, wenn die Ergebnisse von Übermaß- und Untermaßverbotsprüfungen kollidieren, das Ergebnis der Übermaßverbotsprüfung den Vorrang genießt. Die Untermaßverbotsprüfung werde entsprechend eingeengt. Als Grund dafür wird der Vorrang der abwehr-

---

[507] Dazu Kapitel 5.2.2. und 5.2.4.3.

[508] S. die kritische Bemerkungen im Kapitel 3.2.5.

[509] Dieser Konturierung ist Kapitel 5 dieser Arbeit gewidmet. Vgl. auch die Ansätze in der Rechtsprechung und in der Literatur im Kapitel 3.

[510] Zum Ausdruck „mehrdimensionale Freiheitsprobleme" Schuppert, Funktionell-rechtliche Grenzen, S. 26f., S. 57; ders., EuGRZ 1985, S. 525ff. (530f.); Eckhoff, Der Grundrechtseingriff, S. 138ff.; 272ff., 287ff.

[511] So außer den Befürwortern der Deckungsgleichheit zwischen Übermaß- und Untermaßverbot auch Canaris, Grundrechte, S. 44f. und 83ff.; ders., FS Leisner, S. 413ff. (420f.); A. A. jedoch Brünning, JuS 2000, S. 955ff. (958).

[512] Jarass, AöR 110 (1985), S. 363ff. (382): „ Der gesetzgeberische Spielraum, so könnte man sagen, geht zu Lasten des geförderten Grundrechts."

[513] Brünning, Jus 2000, S. 955ff. (958). Vgl. auch Merten, Grundrechtliche Schutzpflichten, S. 29: „In diesem Fall muß dann zwischen Untermaßverbot auf der einen und Übermaßverbot auf der anderen Seite ein Mittelmaß gesucht werden."

rechtlichen Funktion der Grundrechte genannt[514]. Es geht um die These der schwächeren Funktion der grundrechtlichen Schutzpflichten im Vergleich mit den Abwehrrechten[515]. Diese Begründung vermag nicht zu überzeugen, denn es widerspricht dem klaren Wortlaut des Art. 1 Abs. 3 GG. Grundrechte im Sinne von Art. 1 Abs. 3 sind alle Grundrechtsfunktionen und nicht nur die Abwehrrechte. Für eine gestufte normative Wirkung der verschiedenen Grundrechtsfunktionen bietet das Grundgesetz keinen Anhaltspunkt[516].

2.5. *ZWISCHENERGEBNIS*

Die Lehre von den grundrechtlichen Schutzpflichten, die Wesensgehaltsgarantie, die Argumentation aus den funktionell-rechtlichen Grenzen der Verfassungsinterpretation und die Kongruenz bzw. Trennung von Untermaßverbot und Übermaßverbot stellen die vier maßgeblichen Säulen der Untermaßverbotsdogmatik dar. Die Untermaßverbotsdogmatik erschöpft sich jedoch nicht nur in diesen Fragenkreisen. Damit ist das grundrechtliche Untermaßverbot noch nicht abschließend und allseitig konturiert[517].

Die grundrechtlichen Schutzpflichten sind ein wichtiger Anwendungsraum des grundrechtlichen Untermaßverbots. Das grundrechtliche Untermaßverbot entfaltet jedoch Wirkung auch auf andere grundrechtliche Pflichten[518]. Darüber hinaus ist das (nicht-grundrechtliche) verfassungsrechtliche Untermaßverbot auch auf anderen verfassungsrechtliche Pflichten anwendbar[519].

Die Wesensgehaltsgarantie trägt zwar zur dogmatischen Herleitung des grundrechtlichen Untermaßverbots bei. Grundrechtliches Untermaßverbot und Wesensgehaltsgarantie fallen jedoch nicht in eins. Das grundrechtliche Untermaßverbot im engeren Sinne wird teilweise durch die Wesensgehaltsgarantie eines Grundrechts begründet, geht jedoch ein Stück weiter[520].

Die Argumentation aus den funktionell-rechtlichen Grenzen der Verfassungsinterpretation bzw. der Verfassungsgerichtsbarkeit bildet einen wichtigen Einwand gegen die Anwendung des grundrechtlichen Untermaßverbots. Dieser Einwand erweist sich jedoch als nicht überzeugend.

Schließlich sind Übermaßverbot und Untermaßverbot, so wie sie in der Theorie strukturiert werden, nicht immer deckungsgleich. Die wichtige Frage ist

[514] Brünning, Jus 2000, S. 955ff. (958) merkt folgendes an: „Der Vorrang der abwehrrechtlichen Dimension der Grundrechte vermag mithin das Schutzniveau nach oben zu begrenzen. ...Letztlich bildet damit die Verhältnismäßigkeitsprüfung eines Eingriffs die Obergrenze für die verfassungsgemäße Erfüllung einer Schutzpflicht."
[515] Wahl/Masing, JZ 1990, S. 553ff. (559); Canaris, Grundrechte S. 43f.
[516] S. auch Hager, JZ 1994, S. 373ff.; ders., Grundrechte im Privatrecht, S. 4ff.
[517] Der Frage nach der Konturierung des Untermaßverbots durch Rechtsprechung und Theorie widmet sich Kapitel 3. Eine endgültige Konturierung der zwei Arten des grundrechtlichen Untermaßverbots s. im Kapitel 5.2.4.
[518] Zum Anwendungsraum des grundrechtlichen Untermaßverbots s. Kapitel 5.1.
[519] S. Kapitel 5.1.2.
[520] Dazu eingehender Kapitel 5.2.4. und 5.3.1.4.

jedoch nicht, ob die zwei dogmatischen Maßstäbe kongruent sind, sondern wie die „Schutz durch Eingriff"-Konstellationen praktisch zu lösen sind. M. E. sind die „Schutz durch Eingriff"-Konstellationen am Maßstab des unten schrittweise zu konturierenden grundrechtlichen Untermaßverbots im weiteren Sinne zu entscheiden[521].

[521] S. Kapitel 5.2.2., 5.2.4. und 5.3.1.1.

KAPITEL 3. DIE KONTURIERUNG DES UNTERMASSVERBOTS IN DER RECHTSPRECHUNG UND IN DER THEORIE

3.1. DIE ZWEI ASPEKTE DES GRUNDRECHTLICHEN UNTERMASSVERBOTS IN DER RECHTSPRECHUNG

Im folgenden geht es um zwei alternative Arten der Aktualisierung der verfassungsgerichtlichen Prüfung bei der Wahrnehmung von grundrechtlichen Schutzpflichten durch staatliche Organe. Diese zwei unterschiedlichen Untermaßverbotsprüfungen sind durch die Rechtsprechung des BVerfG entwickelt worden. In der Rechtsprechung der anderen Gerichte ist ganz selten und regelmäßig nur mit knapper Formulierung vom Untermaßverbot die Rede[522].

In einer Reihe von Entscheidungen des BVerfG gelingt die Untermaßverbotsprüfung in Gestalt der Evidenzkontrolle. Bei dem zweiten Abtreibungsurteil findet die Untermaßverbotsprüfung als Wirksamkeitskontrolle statt. Schließlich ist auch ein mittlerer Weg vorhanden, der sich an beide Modelle der Prüfung des Untermaßverbots anlehnt.

3.1.1. DAS UNTERMASSVERBOT ALS VERBOT VON EVIDENT UNZUREICHENDEN SCHUTZMASSNAHMEN

Die Rechtsprechung des BVerfG steht und fällt mit der Besorgnis der verfassungsrechtlich geforderten Respektierung des Gestaltungsspielraums des Gesetzgebers bei der Wahrnehmung von grundrechtlichen Schutzpflichten[523]. Die Betonung des weiten Einschätzungs-, Wertungs- und Gestaltungsspielraums des Gesetzgebers bei der Wahrnehmung von grundrechtlichten Schutzpflichten erweist sich als der Kronzeuge der Untermaßverbotsprüfung des BVerfG[524]. Die

---

[522] LArbG. Frankfurt 1999-07-08; ArbG. Hamburg 21. Sen. 1998-05-18, Ca 243/97; VGH Kassel 14. Sen. 1997-11-96, UE 3397/96; LSG Essen 13. Sen. 1997-10-10, KG 96/ 96.

[523] S. beispielsweise BVerfG, NJW 1997, 2509: „Bei der Erfüllung der Schutzpflicht kommt dem Gesetzgeber wie der vollziehenden Gewalt ein weiter Einschätzungs-, Wertungs- und Gestaltungsbereich zu, der auch Raum läßt, etwa konkurrierende öffentliche und private Interessen zu berücksichtigen. In derselben Richtung auch: BVerfGE 56, 54ff. (81), NJW 1981, S. 1655; BVerfGE 77, 381ff. (405), NVwZ 1988, S. 427; BVerfGE 79, 174ff. (202), NJW 1989, S. 1271; BVerfGE 85, 191ff. (212ff.), NJW 1992, S. 964; BVerfGE 92, 26ff. (46), NJW 1995, S. 2339ff. (2341). Vgl. auch die verdeutlichenden Ausführungen von BVerfGE 50, 90ff. (332f.), NJW 1979, S. 699: „Diese weite Gestaltungsfreiheit kann von den Gerichten je nach Eigenart des in Rede stehenden Sachbereichs, den Möglichkeiten, sich ein hinreichend sicheres Urteil zu bilden und der Bedeutung der auf dem Spiele stehenden Rechtsgüter nur im begrenzten Umfang überprüft werden."

[524] BVerfGE 77, 170ff. (214ff.); 77, 381ff. (405); 92, 26ff. (46). Dazu auch Möstl, DÖV 1998, S. 1029ff. (1037); Sodan, NVwZ 2000, S. 601ff. (605); Erichsen, Jura 1997, S. 85ff. (89); Klein, DVBl. 1994, S. 489ff. (490); Dirnberger, DVBl. 1992, S. 879ff.

Intensität der Untermaßverbotskontrolle wird also entsprechend eingeengt und damit öffnet sich der Weg für eine zurückhaltende Evidenzprüfung.

In der großen Mehrheit der Entscheidungen des BVerfG taucht die Untermaßverbotsprüfung also als eine begrenzte und zurückhaltende Evidenzkontrolle der Erfüllung der grundrechtlichen Schutzpflichten auf. Nach geläufiger Formulierung wird die jeweils durch das BVerfG zu beurteilende Wahrnehmung einer konkreten grundrechtlichen Schutzpflicht nur dann als „untermaßverboten" angesehen, „wenn die öffentliche Gewalt Schutzvorkehrungen überhaupt nicht getroffen hat oder die getroffenen Maßnahmen gänzlich ungeeignet oder völlig unzulänglich sind, das gebotene Schutzziel zu erreichen."[525]

Aufgrund dieser Evidenzkontrolle verneinte das BVerfG Verletzungen der grundrechtlichen Schutzpflicht für Leben und körperliche Unversehrtheit durch das Unterlassen von Nachbesserungen bei der Fluglärmbekämpfung[526]. Es leugnete ebenfalls einen Verstoß gegen das Untermaßverbot durch die Regelungen des Bauleitplanungs- und Immissionsschutzrechts für die Straßenfestsetzung in Bezug auf den Lärmschutz[527].

Schließlich wird ein Verstoß gegen das Untermaßverbot zusätzlich bejaht, wenn die staatliche Schutzmaßnahme erheblich hinter dem gebotenen Schutzziel zurückbleibt[528]. Dieser dritte Argumentationspunkt bekräftigt die Untermaßverbotskontrolle. Die Untermaßverbotskontrolle geht weit über die Maßstäbe des staatlichen Untätigbleibens, der ganz unzulänglichen staatlichen Schutzwahrnehmung oder der evidenten Verletzung der grundrechtlichen Schutzpflicht hinaus. Es werden strengere Grenzen bei der Wahrnehmung der grundrechtlichen Schutzpflichten gesetzt. Das grundrechtliche Untermaßverbot wird also nach dieser erweiterten Rechtsprechung des BVerfG dann verletzt, wenn „die öffentliche Gewalt Schutzvorkehrungen überhaupt nicht getroffen hat oder die getroffenen Maßnahmen gänzlich ungeeignet oder völlig unzulänglich sind, das gebotene Schutzziel zu erreichen, oder erheblich dahinter zurückbleiben."[529]

Allerdings ist bei diesen Entscheidungen des BVerfG nicht ausdrücklich vom Untermaßverbot die Rede. Es wird nur von Verletzung der grundrechtlichen Schutzpflicht gesprochen. Die Untermaßverbotsthematik ist zwar nicht explizit, jedoch deutlich angesprochen und wird dadurch konturiert.

3.1.2. DAS UNTERMASSVERBOT ALS WIRKSAMKEITS- UND ANGEMESSENHEITSGRENZE

---

[525] BVerfGE 77, 381ff. (405); BVerfGE 79, 174ff. (202); BVerfGE 85, 191ff. (212ff.).Vgl. auch BVerfG, JZ 1997, S. 897; BVerfG, NJW 1998, S. 3264ff. (3265).

[526] BVerfGE 56, 54ff. (80ff.).

[527] BVerfGE 79, 174ff. (202).

[528] BVerfGE 92, 26ff. (46); BVerfG, NJW 1997, S. 2509.

[529] BVerfGE 92, 26ff. (46); BVerfG, NJW 1997, 2509ff. (2509). Zu der letzten Entscheidung, die das neueste Beispiel dieser Argumentationsweise darstellt, s. auch Murswiek, JuS 1998, S. 184-185. Vgl. auch Betermann, NJW 1997, S. 2501ff.; ders., NVwZ 1997, S. 647ff.

In dem zweiten Abtreibungsurteil[530] ist erstmals in der Rechtsprechung vom Untermaßverbot die Rede. Der durch diese Entscheidung gebahnte zweite Weg der Untermaßverbotsprüfung wird im Gegensatz zu der oben erläuterten Argumentationsweise nicht durch die nur impliziten Ausführungen zur Untermaßverbotsproblematik, sondern durch eine explizite wörtliche Erwähnung des Untermaßverbots gekennzeichnet.

Diese Untermaßverbotsformel geht ebenfalls von einem weiten Gestaltungsspielraum des Gesetzgebers bei der Wahrnehmung von grundrechtlichen Schutzpflichten aus: „Art und Umfang des Schutzes im einzelnen zu bestimmen, ist Aufgabe des Gesetzgebers. Die Verfassung gibt den Schutz als Ziel vor, nicht aber seine Ausgestaltung im einzelnen."[531] Direkt im Anschluß daran wird jedoch in der Diskussion der Untermaßverbotsfrage ausgeführt: „Allerdings hat der Gesetzgeber das Untermaßverbot zu beachten; insofern unterliegt er der verfassungsgerichtlichen Kontrolle."[532] Es wird also deutlich, daß bei der Wahrnehmung von grundrechtlichen Schutzpflichten das Untermaßverbot eine besondere Rolle spielt.

Der Kernpunkt dieser Untermaßverbotskonzeption ist folgende Formel: „Die Vorkehrungen, die der Gesetzgeber trifft, müssen für einen wirksamen und angemessenen Schutz ausreichend sein."[533] Diese zweite Untermaßverbotsprüfung bring eine höhere Kontrolldichte mit sich. Der Dipol Angemessenheit-Wirksamkeit veranschaulicht die Untermaßverbotskonzeption dieser Entscheidung. Das Zusammenspielen der zwei Prüfungsmaßstäbe ist kurz zu erklären. Zwar wirken der Angemessenheits- und der Wirksamkeitsgedanke zusammen, es wird jedoch eine überragende Rücksicht auf das Wirksamkeitselement[534] genommen. Der Wirksamkeitsmaßstab kommt als eine notwendige Voraussetzung für die Konturierung eines angemessenen Untermaßverbots ins Spiel: „Notwendig ist ein...angemessener Schutz; entscheidend ist, daß er als solcher wirksam ist."[535]

Neben dem Hauptpunkt „angemessener-wirksamer Schutz", der die Untermaßverbotsprüfung vorwiegend bestimmt, kommen noch fünf weitere Gesichtspunkte zum Ausdruck. Zuerst wird ausgeführt, daß zur Bestimmung des jeweiligen grundrechtlichen Untermaßverbots auch die entgegenstehenden Rechtsgüter mitberücksichtigt werden sollen[536]. In diesem Sinne wird die Untermaßverbotsfrage durch die Einbeziehung der Abwägungsdogmatik angereichert[537]. Es scheint sogar so, daß die Abwägung zwischen den aus der grund-

---

530 BVerfGE 88, 203ff. Zu den verfassungsrechtlichen Fragen der Abtreibungsproblematik s. Meyer, Verfassungsrechtliche Fragen in Zusammenhang mit dem Schwangerschaftsabbruch, S. 246ff.

531 BVerfGE 88, 203ff. (254). Vgl. auch BVerfGE 88, 203ff. (262).

532 BVerfGE 88, 203ff. (254) bezugnehmend auf Isensee, Das Grundrecht, Rdnr. 165ff.

533 BVerfGE 88, 203ff. (254).

534 Zur Wirksamkeit bzw. Effektivität als Element des Untermaßverbots s. auch Isensee, Das Grundrecht, Rdnr. 165; Hesse, in: FS Mahrenholz, S. 541ff (545); Klein, NJW 1989, S. 1633ff. (1637); Möstl, DÖV 1998, S. 1029ff. (1038); Calliess, Rechtsstaat und Umweltstaat, S. 460f., 574ff.

535 BVerfGE 88, 203ff. (254).

536 BVerfGE 88, 203ff. (254): „...unter Berücksichtigung der entgegenstehender Rechtsgüter".

537 Eigentlich wird eine andere Art von grundrechtlichem Untermaßverbot begründet und erörtert, d.h. das grundrechtliche Untermaßverbot im weiteren Sinne. Dazu s. Kapitel 5.2.2. und 5.2.4.3.

rechtlichen Schutzpflicht gedeckten und den ihr entgegenstehenden Belangen eine Vorprüfung der endgültigen Untermaßverbotsprüfung darstellt. Mit anderen Worten stellt sich das Untermaßverbot im Sinne von BVerfGE 88, 203 (254ff.) als ein Abwägungsmechanismus zur Auflösung von Grundrechtskollisionen dar.

Zweitens sieht dieses Modell der Untermaßverbotsprüfung eine Auseinandersetzung mit sorgfältigen Tatsachenermittlungen, vertretbaren Einschätzungen und verläßlichen Prognosen vom Gesetzgeber oder von der Verwaltung bei der Wahrnehmung von grundrechtlichen Schutzpflichten als Bedingungen für die Einhaltung des Untermaßverbots vor: „Die Vorkehrungen, die der Gesetzgeber trifft, müssen für einen angemessenen und wirksamen Schutz ausreichend sein und zudem auf sorgfältigen Tatsachenermittlungen und vertretbaren Einschätzungen beruhen."[538] "Der Gesetzgeber muß der Wahl der Ausgestaltung seines Schutzkonzepts die verfassungsrechtlich tragfähige Einschätzung zugrunde legen, ..., wie das Untermaßverbot verlangt. Soweit seine Entscheidungen zugleich Prognosen über tatsächliche Entwicklungen, insbesondere die Wirkungen seiner Regelung zugrunde liegen, müssen diese Prognosen verläßlich sein."[539] In der Literatur wird bemerkt, daß die Untermaßverbotsprüfung des zweiten Fristenlösungsurteils eine Vertretbarkeitskontrolle darstellt[540].

Drittens schreibt das BVerfG ein dynamisches Untermaßverbot vor, aus dem eine Beobachtungs- bzw. eine Nachbesserungspflicht des Staates abzuleiten ist: "Freilich ist er (der Gesetzgeber) gehalten, die Auswirkungen seines neuen Schutzkonzepts im Auge zu behalten (Beobachtungs- und Nachbesserungspflicht)."[541]

Viertens hebt das BVerfG die Bedeutung des jeweils in Frage stehenden und zu schützenden Rechtsgutes hervor und plädiert für einen bereichsbezogenen Mindestschutz: „Soll das Untermaßverbot nicht verletzt werden, muß die Ausgestaltung des Schutzes durch die Rechtsordnung Mindestanforderungen entsprechen."[542] Daran anschließend geht es detailliert dem Schutz des Grundrechts auf Leben des Nasciturus nach[543].

Fünftens lehnt das BVerfG im zweiten Abtreibungsurteil klar und nachdrücklich das bis zu diesem Zeitpunkt praktizierte Untermaßverbotskonzept ab. „Die im Beschluß des Senats vom 29. Oktober 1987 (vgl. BVerfGE 77, 170 (214f.)) enthaltenen Ausführungen zur Zulässigkeit einer Verfassungsbeschwerde gegen staatliches Unterlassen dürfen nicht dahin verstanden werden, als genügten der Erfüllung der Schutzpflicht des Staates gegenüber menschlichem Le-

---

538 BVerfGE 88, 203ff. (254, 261ff.).
539 BVerfGE 88, 203ff. (262ff.).
540 Calliess, Rechtsstaat und Umweltstaat, S. 323; Möstl, DÖV 1998, S. 1029ff. (1038).
541 BVerfGE 88, 203ff. (269).
542 BVerfGE 88, 203ff. (254ff.).
543 BVerfGE 88, 203ff. (255ff.): „Ein Ausgleich, der sowohl den Lebensschutz des Nasciturus gewährleistet als auch der schwangeren Frau ein Recht zum Schwangerschaftsabbruch einräumt, ist nicht möglich, weil Schwangerschaftsabbruch immer Tötung ungeborenen Lebens ist". Vgl. dazu auch Jeand' Heur, RdjB 1994, S. 91ff. (93); Böhm, Der Normmensch, S. 102.

ben schon Maßnahmen, „die nicht gänzlich ungeeignet oder völlig unzulänglich sind.“[544]

3.1.3. DIE KOMBINATION DER ZWEI UNTERMASSVERBOTSMODELLE

Die Beschlüsse der ersten Kammer des ersten Senats des BVerfG vom 27. 4. 1995 über den Alkoholgrenzwert im Straßenverkehr[545] und vom 29. 11. 1995 über die Gesundheitsgefahren durch Ozon[546] folgen einem dritten, kompromisshaften Weg. Sie versuchen die zwei oben entwickelten Untermaßverbotsalternativen zu vereinbaren und in eine einheitliche Lösung zu integrieren. Insofern weisen diese Beschlüsse, was das Untermaßverbot anbetrifft, sowohl auf BVerfGE 88, 203 als auch auf die Entscheidungen hin, welche die zurückhaltende Evidenzformel vertreten.

Den Ausgangspunkt der Überlegungen bilden die Ausführungen des zweiten Abtreibungsurteils und die Annahme, daß mit dem Untermaßverbot die staatliche Wahrnehmung der grundrechtlichen Schutzpflichten kontrolliert wird: „Der Staat muß Maßnahmen normativer und tatsächlicher Art treffen, die dazu führen, daß ein unter Berücksichtigung entgegenstehender Rechtsgüter angemessener und wirksamer Schutz erreicht wird (Untermaßverbot; vgl. BVerfGE 88, 203 (254) = NJW 1993, 1751).“[547]

Der daran anschließende gedankliche Schritt betont den Ermessensspielraum des Gesetzgebers bei der Wahrnehmung von grundrechtlichen Schutzpflichten. „Dem Gesetzgeber steht jedoch bei der Erfüllung dieser Schutzpflicht ein weiter Einschätzungs-, Wertungs- und Gestaltungsspielraum zu, der auch Raum läßt, etwa konkurrierende öffentliche und private Interesse zu berücksichtigen.“[548]

Schließlich verwenden die zwei Beschlüsse die übliche Evidenzformel zur Konturierung des zugrundeliegenden Untermaßverbots. „Das BVerfG kann eine Verletzung der Schutzpflicht nur dann feststellen, wenn die staatlichen Organe gänzlich untätig geblieben sind oder wenn die bisher getroffenen Maßnahmen evident unzureichend sind (BVerfGE 56, 54 (80ff.) = NJW 1981, 1655; BVerfGE 77, 170 (214ff.) = NJW 1988, 1651; BVerfGE 79, 174 (201ff.) = NJW 1989, 1271).“[549]

Hier bezeichnet das Untermaßverbotsmodell von BVerfGE 88, 203 eine allen Staatsorganen grundsätzlich auferlegte Grenze bei der Wahrnehmung von

---

[544] BVerfGE 88, 203ff. (262f.). Das BVerfG gibt die von ihm bis dahin praktizierte Untermaßverbotsprüfung wegen der besonderen Empfindlichkeit des Grundrechts auf Leben und der besonderen Umstände auf, die mit einem Schwangerschaftsabbruch verbunden sind.
[545] BVerfG, NJW 1995, S. 2343.
[546] BVerfG, NJW 1996, S. 651.
[547] BVerfG, NJW 1996, S. 651. Vgl. auch die ähnliche Formulierung des BVerfG, NJW 1995, S. 2343.
[548] BVerfG, NJW 1996, S. 651. Vgl. auch die ähnliche Formulierung des BVerfG, NJW 1995, S. 2343.
[549] BVerfG, NJW 1995, S. 2343; BVerfG, NJW 1996, S. 651.

grundrechtlicher Schutzpflichten. Wegen des weiten Gestaltungsspielraums des Gesetzgebers bei der Wahrnehmung von grundrechtlichen Schutzpflichten schwächt sich allerdings das Untermaßverbot ab, wenn die legislative Wahrnehmung der einschlägigen grundrechtlichen Schutzpflicht durch die Verfassungsgerichtsbarkeit kontrolliert wird, d. h. das Untermaßverbot verkürzt sich auf eine Evidenzkontrolle[550].

Das BVerfG spricht vom Untermaßverbot als angemessenem Schutz am Anfang seiner Überlegungen. Wenn konkreter von der Untermaßverbotsprüfung der legislativen Maßnahmen die Rede ist, wird eine Evidenzprüfung angewandt. Das BVerfG bekennt sich als Anhänger[551] der in der Literatur[552] vorgeschlagenen Differenzierung zwischen Handlungsnorm und Kontrollnorm bei der legislativen Wahrnehmung der grundrechtlichen Schutzpflichten: Dies bedeutet, es wird dem Gesetzgeber als Handlungsnorm bei der Wahrnehmung von grundrechtlichen Schutzpflichten eine Angemessenheits-Wirksamkeitsuntermaßverbotskontrolle auferlegt, während dem Verfassungsgericht bei der Überprüfung der gesetzgeberischen Wahrnehmung von grundrechtlichen Schutzpflichten als Kontrollnorm nur eine Evidenzuntermaßverbotskontrolle zusteht.

Im Ergebnis weicht diese Lösung nicht von der herrschenden Evidenzprüfung des Untermaßverbots ab. Das Untermaßverbotsprinzip wurde auch hier als Evidenzprüfung durch das BVerfG angewandt. Infolgedessen verneinte das BVerfG die Verletzung der grundrechtlichen Schutzpflicht für Leben und körperliche Unversehrtheit durch die vorhandenen Regelungen von Verkehrsverboten zur kurzfristigen Bekämpfung erhöhter Ozonkonzentrationen[553] und vom Alkoholgrenzwert im Straßenverkehr[554]. Andererseits ist sie, trotz des Verweises auf die Untermaßverbotskonzeption des zweiten Abtreibungsurteils, mit der im zweiten Abtreibungsurteil entwickelten Wirksamkeitsformel inkompatibel. Denn in diesem Fall, der ebenfalls die Schutzpflicht aus dem Grundrecht auf Leben betrifft, wird nicht die Evidenzformel, sondern die Wirksamkeitsformel angewandt.

---

[550] Vgl. den Ansatz von Schlink, in: FS 50 Jahre BVerfG, S.445ff. (460ff.), der die These vertritt, daß die Verfassungsmäßigkeitsprüfung des BVerfG zurückhaltender bei der Überprüfung von Gesetzen als bei der Kontrolle von anderen staatlichen Maßnahmen sein sollte. Nach Schlink soll dabei die Verhältnismäßigkeitsprüfung keine den Gestaltungsspielraum des Gesetzgebers zu weit beschränkende Verhältnismäßigkeitsprüfung im engeren Sinne beinhalten.

[551] Vgl. auch Möstl, DÖV 1998, S. 1029ff. (1038-1039).

[552] S. Isensee, Das Grundrecht, Rdnr. 162; Hesse, in: FS Mahrenholz, S. 541ff. (557)); Möstl, DÖV 1998, S. 1029ff. (1038-1039).

[553] BVerfG, NJW 1996, S. 651.

[554] BVerfG, NJW 1995, S. 2343.

3.1.4. STELLUNGNAHMEN ZUR RECHTSPRECHUNG DES BUNDESVERFASSUNGSGERICHTS

Ein beachtlicher Teil der Schutzpflichtenliteratur befürwortet das Evidenzmodell[555]. Als Hauptpfeiler dieser Auffassung erweist sich die Einschätzungsprärogative und der weite Gestaltungsspielraum des Gesetzgebers bei der Wahrnehmung von grundrechtlichen Schutzpflichten. Die zurückhaltende Evidenzprüfung fügt sich harmonisch in den Grundgedanken des weiten gesetzgeberischen Wertungsspielraums ein. Eine Wirksamkeitskontrolle würde im Gegensatz dazu zu weit gehen[556] und den Gestaltungsspielraum des Gesetzgebers vernachlässigen. Des weiteren wird dem Wirksamkeitskonzept in BVerfGE 88, 203 (254f.) vorgeworfen, daß es schwierig anwendbar sei. Denn es sei nicht dazu geeignet, konkrete und praktische Kriterien zu liefern[557].

Das Untermaßverbotsmodell des zweiten Abtreibungsurteils wird mittlerweile aber auch durch einen Teil der Literatur befürwortet[558]. Insbesondere wird in der umweltrechtlichen Literatur, die sich mit der Thematik der grundrechtlichen Schutzpflichten befaßt, für die Übertragung dieser Wirksamkeitskonzeption auf die umweltrechtliche Judikatur des BVerfG plädiert. Die Evidenzkontrolle wird als nicht angemessen zur Entscheidung von Umweltschutzfragen angesehen, während dagegen die Wirksamkeitslösung für den Umweltschutz fördernd und fruchtbar sein könnte[559].

Ein dritter Teil der Theorie[560] äußert sich für eine Lösung, die der mittleren Vorgehensweise des BVerfG ähnelt. Es wird argumentiert, daß zwei divergierenden Prüflinien bei der gesetzgeberischen Wahrnehmung der grundrechtlichen Schutzpflichten vorhanden sind. Es gibt eine Handlungsnorm, die den Gesetzgeber bei der Wahrnehmung von grundrechtlichen Schutzpflichten verfassungsrechtlich einschränkt, und eine mildere Prüfungsnorm, die das BVerfG bei der Kontrolle der einschlägigen legislativen Handlungen praktizieren soll[561]. Im Gegensatz zu dem mittleren Weg des BVerfG wird dabei nicht näher auf die Konturierung der Handlungsnorm eingegangen[562]. Es steht nur fest, daß die durch das BVerfG anzuwendende Kontrollnorm einer Evidenzkontrolle gleichsteht.

---

[555] Klein, DVBl. 1994, S. 489ff. (495); Schlaich, Das Bundesverfassungsgericht, Rdnr. 502; Voßkuhle, Das Kompensationsprinzip, S. 384f.; Hermes/Walther, NJW 1993, S. 2337ff. (2339ff.). Im Ergebnis auch Isensee, Das Grundrecht, Rdnr. 162; Hesse, in: FS Mahrenholz, S. 541ff. (557).

[556] So die Sondervoten der Richter Mahrenholz und Sommer, BVerfGE 88, 203ff. (355).

[557] Voßkuhle, Das Kompensationsprinzip, 1999, S. 384-385.

[558] Böhm, Der Normmensch, S. 102; Steinberg, NJW 1996, S. 1985ff. (1988); Wollenteit/Wenzel, NuR 1997, S. 60ff. (63-64). Vgl. auch Giebel, Vereinbarungen als Instrument des Umweltschutzes, S. 295.

[559] Dazu Kapitel 4.3.5.

[560] Isensee, Das Grundrecht, Rdnr. 162; Hesse, in: FS Mahrenholz, S. 541ff. (557); Möstl, DÖV 1998, S. 1029ff. (1038-1039). Vgl. neuerdings auch Ruffert, Vorrang der Verfassung, S. 208ff., der das Untermaßverbot als Kontrollnorm erörtert (S. 218ff.).

[561] S. Kapitel 2.3.5.

[562] Vgl. jedoch Möstl, DÖV 1998, S. 1029ff. (1038f.).

3.1.5. KRITISCHE WÜRDIGUNG

In dem zweiten Abtreibungsurteil und in den folgenden Entscheidungen[563] ist nicht klar, ob die Wirksamkeitsprüfung als das einzige Untermaßverbotsmodell festgelegt wird, oder ein nur ausnahmsweise wegen der Besonderheit der zugrundeliegenden Fällen verwendetes Reservemodell darstellt. Es geht um die Frage: Bahnt die Entscheidung in BVerfGE 88, 203 (254ff.) einen ganz neuen und weitergehenden Weg bei der verfassungsgerichtlichen Prüfung der staatlichen Wahrnehmung von grundrechtlichen Schutzpflichten überhaupt oder ist nur die Bedeutung des Rechtsgutes „Leben des Nasciturus" und die Besonderheit der Abtreibungsthematik der Grund dafür, daß die übliche Evidenzformel um ein Wirksamkeitsmodell ergänzt wird?

Die erste Lesart ist mit den Ausführungen des BVerfG in diesen Entscheidungen eher kompatibel. Danach schlägt BVerfGE 88, 203 (254ff.) bewußt einen neuen Weg ein. Denn dieses Urteil lehnt ausdrücklich die vorige Evidenzformel als ungenügend ab[564]. Das bedeutet jedoch zugleich, daß dieses Urteil einen Bruch in der Judikatur des BVerfG zur verfassungsgerichtlichen Nachprüfung der gesetzgeberischen Wahrnehmung von grundrechtlichen Schutzpflichten darstellt. Es liegen also zwei Untermaßverbotvarianten des BVerfG vor.

Nach einer zweiten Lesart dieser Entscheidungen führt die Besonderheit der Abtreibungsthematik zur ausnahmsweise Abweichung von der regelmäßig praktizierten Evidenzformel der Untermaßverbotsprüfung. Das relevante Grundrecht ist auch hier das Leben, aber in einer anderen Fallkonstellation: Eine Abtreibung bedeutet immer eine Verletzung des Lebens des Nasciturus. Die Schwere des Eingriffs ist größer im Vergleich mit den umweltrelevanten Gefährdungen von Leben und Gesundheit. Das Ungeborene hat keine Möglichkeit zum Selbstschutz, und es gibt keine Restitutionsfähigkeit des Eingriffs[565]. Der Schutz des Lebensrechts des Nasciturus verlangt daher eine intensivere Untermaßverbotsprüfung. Diese intensivere Untermaßverbotsprüfung bietet das Wirksamkeitsmodell. Nach dieser Sichtweise gibt es ein Grundmodell der Untermaßverbotsprüfung, die Evidenzprüfung, das in Ausnahmefällen sich zur Wirksamkeitsprüfung verdichtet.

Die mittlere Lösung versucht die zwei Linien der Rechtsprechung des BVerfG ohne Erfolg zu kombinieren. Im Ergebnis wendet sie nur eine Evidenzprüfung an. Sie macht weiterhin nicht deutlich, ob das Wirksamkeitsmodell in Ausnahmefällen überhaupt praktisch anwendbar ist: Diese Entscheidungen des BVerfG besagen nicht, ob die Wirksamkeitskontrolle in anderen Fällen anwendbar sein könnte. Sie sagen nur, daß in den konkreten Fällen, obwohl man von einer Wirksamkeitskonzept ausgehen sollte, das BVerfG nur eine Evidenzprüfung durchführt.

---

[563] BVerfGE 96, 409ff.; BVerfGE 98, 265ff.
[564] BVerfGE 88, 203ff. (262f.).
[565] Zu den Kriterien bei der Anwendung des Untermaßverbots s. Kapitel 3.3.

Das Dilemma zwischen Evidenzkontrolle und Angemessenheitskontrolle ist letztlich eine Spannung zwischen dem weiten Gestaltungsspielraum des Gesetzgebers und damit Gewaltenteilung und Demokratie einerseits und der verfassungsrechtlichen Überprüfungsmöglichkeit der gesetzgeberischen Wahrnehmung von grundrechtlichen Schutz- bzw. Handlungspflichten durch das BVerfG und damit effektiveren Grundrechtsschutz und Fallgerechtigkeit andererseits. Beide sich gegenüberstehende Ansätzen sind wichtig. Mit Recht wird zum einen befürchtet, daß eine weitergehende Kontrolldichte und Untermaßverbotskontrolle sehr gefährlich[566] für den verfassungsrechtlichen Primat des Gesetzgebers bei der Regelung von grundrechtlichen Handlungspflichten des Staates und damit zugleich für die Demokratie und die Gewaltenteilung sein kann[567]. Ebenfalls richtig wird zum anderen bemerkt, daß die gesetzgeberischen Schutzlücken, die die Grundrechtsverbürgungen des Grundgesetzes verletzen, durch das BVerfG ausgefüllt werden sollen[568].

Vor diesem argumentativen Hintergrund ist entscheidend, den Grundrechtsschutz zu sichern. Das setzt voraus, daß das Bundesverfassungsgericht die grundrechtsrelevanten Handlungen der anderen staatlichen Organen am Maßstab des Grundgesetzes nachprüft. Unter diesem Blickwinkel erweist sich eine Beschränkung der verfassungsgerichtlichen Kontrolle nur auf eine Evidenzprüfung als nicht verfassungskonform. Denn die Verletzung eines Grundrechts bzw. einer grundrechtlichen Schutzpflicht ist nicht immer mit der evidenten Verletzung dieses Grundrechts deckungsgleich. Mit anderen Worten gibt es auch Grundrechtsverletzungen, die nicht evident sind. Diese sollen auch durch das BVerfG kontrolliert werden.

Andererseits stellt eine evidente Grundrechtsverletzung in aller Regel eine besonders tiefe Grundrechtsverletzung dar. In diesem Sinne ist die Evidenzprüfung doch tauglich, eine große Zahl von Grundrechtsverletzungen bzw. von Verletzungen von grundrechtlichen Schutzpflichten nachzuweisen. Die Evidenzprüfung ist also ein wichtiger Schritt der Untermaßverbotsprüfung. Die Untermaßverbotsprüfung kann sich damit gegebenenfalls in einer Evidenzkontrolle erschöpfen. Man kommt also zum Schluß, daß erstens das Untermaßverbot auf einer ersten Ebene durch die Evidenzformel teilweise konturiert werden kann und zweitens auf einer zweiten Ebene weiterer Konturen bedarf.

Die Forderung nach der Konkretisierung des Untermaßverbots erschöpft sich keinesfalls in der Entscheidung für eine der zwei Untermaßverbotsprüfungen. Es ist nicht zwischen Evidenzprüfung und Wirksamkeitsprüfung zu entscheiden, da es bei den zwei Varianten der Untermaßverbotsprüfung nicht um dieselbe Frage geht. Die Komplementarität der zwei Untermaßverbotsmodelle ist ebenfalls nicht möglich. Es handelt sich vielmehr um Konkretisierungen von zwei unterschiedlichen Arten der Untermaßverbotsprüfung. Das Evidenzmodell

---

566 Diese Gefahr kann jedoch nicht das entscheidende Kriterium für die Wahl des Untermaßverbotsmodells sein. Die Willkür und der Mißbrauch des BVerfG auch im Rahmen der Evidenzformel denkbar.

567 In diesem Sinne Isensee, Das Grundrecht, Rdnr. 162; Hesse, in: FS Mahrenholz, S. 541f; Hermes/Walther, NJW 1993, S. 2337ff., (2340); Möstl, DÖV 1998, S. 1029ff. (1037-1038).

568 Böhm, Der Normmensch, S. 103; Steinberg, NJW 1996, S. 1985ff. (1988-1989).

des BVerfG überprüft die untermäßige Wahrnehmung nur einer grundrechtlichen Handlungspflicht. Andererseits überprüft die Wirksamkeitslinie des zweiten Abtreibungsurteils den untermäßigen Schutz aller der im Rahmen eines Falles relevanten Grundrechte. Das Evidenzmodell des BVerfG versucht das grundrechtliche Untermaßverbot im engeren Sinne zu konturieren. Das Wirksamkeitsmodell des BVerfG konkretisiert das grundrechtliche Untermaßverbot im weiteren Sinne[569].

Kurz gefaßt ist dreierlei festzuhalten: Die Evidenzformel kann nicht allein, sondern im Zusammenhang mit weiteren noch zu entwickelnden Maßstäben zur Konturierung des Untermaßverbots beitragen. Die Wirksamkeitsformel aus BVerfGE 88, 203 (254f.) ist mit den anderen Abwägungsmechanismen bei der Lösung von Grundrechtskollisionen zu vergleichen und ihnen entgegenzusetzen, um eine endgültige Würdigung zu gewinnen[570]. Schließlich ist die Evidenzformel eine Systematisierung des grundrechtlichen Untermaßverbots im engeren Sinne und die Wirksamkeitsformel eine Konkretisierung des grundrechtlichen Untermaßverbots im weiteren Sinne. Beide Lösungen leiden darunter, daß sie die Problematik der Konkretisierung des grundrechtlichen Untermaßverbots nicht weiterführend entwickeln. Denn sie strukturieren und gliedern das grundrechtliche Untermaßverbot im engeren und im weiteren Sinne nicht.

Schließlich darf sich die grundrechtliche Untermaßverbotsdogmatik nicht mit der Entwicklung von unpräzisen und abstrakten Untermaßverbotsformeln begnügen. Beide Untermaßverbotsmodelle sind weiter konkretisierungsbedürftig. Allgemeine Rahmenmaßstäbe wie die Evidenzformel hinsichtlich des grundrechtlichen Untermaßverbots im engeren Sinne oder die Angemessenheits-Wirksamkeitsformel betreffs des grundrechtlichen Untermaßverbots im weiteren Sinne können nur vereinzelt zur Konturierung des grundrechtlichen Untermaßverbots beitragen. Damit können nicht alle Fälle entschieden werden. Die Weiterentwicklung der grundrechtlichen Untermaßverbotsdogmatik setzt eine schrittweise nachvollziehbare Strukturierung der grundrechtlichen Untermaßverbotsprüfung voraus[571].

3.2. DIE GLIEDERUNG DES GRUNDRECHTLICHEN UNTERMASSVERBOTS IN DER THEORIE

Im folgenden geht es um eine Gliederung des Untermaßverbots, um dieses näher konkretisieren zu können. Es handelt sich um den Versuch einer schrittweisen Systematisierung des Untermaßverbotsprinzips in Teilprinzipien, die in eine bestimmte Reihenfolge gebracht werden. Durch die systematische Gliede-

---

[569] Zur Unterscheidung zwischen grundrechtlichem Untermaßverbot im engeren und im weiteren Sinne s. Kapitel 5.2.2.
[570] Dazu s. eingehend Kapitel 5.2.4.3.
[571] Dazu s. Kapitel 3.2. sowie die eigene Stellungnahme im Kapitel 5.2.4.

rung des Untermaßverbots wird der Weg zu seiner Typisierung geöffnet. Damit gewinnt der Untermaßgebotsgedanke zugleich an praktischen Konturen. Der Makel der Abstraktion und der Nicht-Handhabbarkeit wird auf dieser Grundlage teilweise behoben.

Den Ausgangspunkt jeder Konkretisierung stellt die Orientierung am Verhältnismäßigkeitsprinzip dar. Die Konkretisierung des Untermaßverbots nach dem Vorbild des Übermaßverbots führt allerdings zu einem uneinheitlichen Bild (3.2.1.) Es gibt grundsätzlich drei Gliederungsmodelle (3.2.2.). Eine besondere Konkretisierung des Untermaßverbots entwickelt sich im Rahmen der Prinzipienlehre von Alexy (3.2.3.). Es liegen zugleich Systematisierungen vor, welche nicht auf das Übermaßverbotsmodell abstellen, sondern einem eigenen Weg folgen, der auch eine kritische Stellungnahme gegen jede Gliederung des Untermaßverbots bedeuten mag (3.2.4.).

3.2.1. DIE UNTERMASSVERBOTSPRÜFUNG ALS DREIGLIEDRIGE ZWECK-MITTEL VERHÄLTNISMÄSSIGKEITSPRÜFUNG

Die vorhandenen Gliederungsversuche des Untermaßverbots gehen in der Regel von dem Drei-Schritt-Modell des Übermaßverbots aus und orientieren sich dementsprechend an einer Kategorisierung des grundrechtlichen Untermaßverbots im Sinne der Geeignetheit, der Erforderlichkeit und der Verhältnismäßigkeit im engeren Sinne. Die Untermaßverbotsprüfung wird regelmäßig als eine Zweck-Mittel-Verhältnismäßigkeitsprüfung[572] konturiert. Wichtige Vorfragen für ihre Gliederung sind deshalb die Festlegung des Zweckes und der Mittel.

Die Bestimmung des Zweckes der zu prüfenden staatlichen Maßnahmen stellt den ersten Schritt einer Konkretisierung des grundrechtlichen Untermaßverbots dar. Dabei lautet die Frage: Welchem Zweck folgt die am Maßstab des Untermaßverbots zu kontrollierende staatliche Handlung bzw. Untätigkeit? Es herrscht Einigkeit darüber, daß immer ein verfassungsrechtlicher Zweck erforderlich ist[573]. Anders als bei der klassischen Verhältnismäßigkeitsprüfung[574] wird bei der grundrechtlichen Untermaßverbotsprüfung nicht bloß gefordert, daß die staatliche Maßnahme einen Zweck hat, der nicht verfassungswidrig ist. Es reicht nicht aus, daß der Zweck lediglich nicht gegen das Grundgesetz verstößt. Der Zweck ist direkt aus dem Grundgesetz zu begründen und insofern vom Gesetzgeber nicht neu zu wählen, sondern ihm vorgegeben.

Es bleibt jedoch umstritten, ob der Zweck der Zweck-Mittel-Verhältnismäßigkeitsprüfung, die das Untermaßverbot konkretisiert, in der

---

[572] Zur Verhältnismäßigkeit als eine Zweck-Mittel Verfassungsmäßigkeitsprüfung, s. Michael, JuS 2001, S. 148ff.; Schlink, in: FS 50 Jahre BVerfG, S. 445ff. (449ff.).
[573] S. Kapitel 2.4.4.
[574] Dazu s. Kapitel 3.2.2.3.

Wahrnehmung der grundrechtlichen Schutzpflicht[575], in der Bewahrung der ihr entgegenstehenden Grundrechte bzw. anderer verfassungsrechtlich gewährleisteter Rechtsgüter[576] oder letztlich in beidem[577] besteht. D.h. es besteht Uneinigkeit darüber, ob z. B. als verfassungsrechtlicher Zweck bei der Überprüfung der Verfassungsmäßigkeit eines Abtreibungsgesetzes die Wahrnehmung der grundrechtlichen Pflicht zum Schutz des Lebens des Ungeborenen, der Schutz der Grundrechte der Schwangeren oder beides anzusehen ist.

Auf einer zweiten Ebene wird das Mittel der Zweck-Mittel-Untermaßverbotsprüfung bestimmt. Es geht regelmäßig um die am Maßstab des Untermaßverbots zu prüfende staatliche Handlung bzw. staatliche Untätigkeit. Bei „Schutz durch Eingriff"-Konstellationen wird als Mittel die vorhandene staatliche Regelung, Handlung bzw. Unterlassung angesehen. Diese kann beispielsweise ein vorhandenes Gesetz[578], eine gerichtliche Entscheidung[579] oder auch eine Untätigkeit der Regierung[580] sein. Im Gegensatz zu der Bestimmung der verfassungsrechtlichen Zwecke besteht bei der Bestimmung der staatlichen Mittel beachtliche Übereinstimmung.

Schließlich wird geprüft, ob die staatlichen Mittel zur Realisierung des verfassungsrechtlichen Zweckes geeignet, erforderlich und verhältnismäßig im engeren Sinne sind. Die Maßstäbe der Geeignetheit[581] und der Verhältnismäßigkeit im engeren Sinne werden durchaus ähnlich konturiert. Die Erforderlichkeitsprüfung erscheint jedoch in zwei unterschiedlichen Varianten[582].

Es ist zu betonen, daß die unten näher zu diskutierenden Gliederungen des Untermaßverbots das grundrechtliche Untermaßverbot im weiteren Sinne zu konkretisieren versuchen. Ihr Anwendungsfeld sind Grundrechtskollisionen. Es geht nicht nur um die Frage, ob eine grundrechtliche Schutzpflicht nicht unter-

---

575 S. Kapitel 3.2.2.2., 3.2.3.1.
576 S. Kapitel 3.2.2.1.
577 S. Kapitel 3.2.2.4.
578 BVerfGE 39, 1ff.; 88, 203ff.
579 BVerfGE 7, 198ff.; 25, 256ff.
580 BVerfGE 46, 36ff.
581 Zu den verschiedenen Erscheinungsformen der Geeignetheit als Teilgrundsatz der Verhältnismäßigkeit im weiteren Sinne s. Leisner, DÖV 1999, S. 807ff. (812ff.). Nuancierungen im Rahmen der Geeignetheitsprüfung sind auch in den unten darzustellenden Gliederungen des Untermaßverbots festzustellen. Z. B. sieht Michael (JuS 2001, S. 148ff. (151) eine staatliche Maßnahme als geeignet, wenn sie entweder die grundrechtliche Schutzpflicht oder das mit ihr kollidierende verfassungsrechtlich geschützte Rechtsgut fördert. Die Rechtsprechung des BVerfG (s. Kapitel 3.1.1. und 3.1.3.) verlangt bloß die völlige Ungeeignetheit bzw. Unzulänglichkeit der staatlichen Maßnahme. Merten (Merten, Grundrechtliche Schutzpflichten, S. 28) verlangt nur die abstrakte Möglichkeit der Zweckerreichung und Leisner (Leisner, DÖV 1999, S. 807ff. (813ff.) eine strenge und praxisbezogene Geeignetheitsprüfung.
582 Im Rahmen der Erforderlichkeitsprüfung wird entweder gefragt, ob es ein anderes gleich wirksames jedoch milderes Mittel (so Hain, DVBl. 1993, S. 982ff. (983); Starck, JZ 1993, S. 816ff. (817); Erichsen, Jura 1997, S. 85ff. (88); Borowski, Die Grundrechte als Prinzipien, S. 120, 151f.; vgl. auch Calliess, Rechtsstaat und Umweltstaat, S. 460, 574) oder ein wirksameres gleichermaßen mildes Mittel (so Möstl, DÖV 1998, S. 1029ff. (1038f.); Michael, JuS 2001, S. 148ff. (151))zur Erreichung des verfassungsrechtlichen Zweckes gibt. Abweichend fragt Merten (Merten, Grundrechtliche Schutzpflichten, S. 28f., vgl. Kapitel 3.2.2.2.), ob die staatliche Maßnahme ausreichend ist bzw. hinlänglichen Schutz gewährleistet. Zu den unterschiedenen Verständnissen der Erforderlichkeit als entscheidender Voraussetzung für die Beantwortung der Frage nach der Kongruenz zwischen Übermaß- und Untermaßverbot s. Kapitel 2.4.4.

mäßig wahrgenommen worden ist[583]. Es geht darum, ob der staatliche Schutz aller im Rahmen eines Falles einschlägigen Grundrechte bzw. anderer verfassungsrechtlich gewährleisteter Rechtsgüter nicht untermäßig durchgesetzt worden ist.

3.2.2. DIE DREI GLIEDERUNGSMODELLE DES GRUNDRECHTLICHEN UNTERMASSVERBOTS NACH DEM VORBILD DES VERHÄLTNISMÄSSIGKEITSPRINZIPS

3.2.2.1. DIE UMKEHRUNG DER ÜBLICHEN VERHÄLTNISMÄSSIGKEITSPRÜFUNG: DAS ABWEHRRECHT ALS ZIEL IN DER ZWECK-MITTEL-UNTERMASSVERBOTSPRÜFUNG

Ein großer Teil der Theorie versucht, das grundrechtliche Untermaßverbot im weiteren Sinne durch eine Umkehrung der üblicherweise angewandten Verhältnismäßigkeitsprüfung zu konkretisieren. Diese neue Variante der verhältnismäßigen Zuordnung betrifft typische „Schutz durch Eingriff"-Konstellationen: Es gibt eine grundrechtliche Schutzpflicht und die ihr gegenüberstehenden Abwehrrechte bzw. andere verfassungsrechtlich gewährleistete Rechtsgüter. Die hier dargestellte Vorgehensweise stellt eine Gliederung des „abwägenden" grundrechtlichen Untermaßverbots im weiteren Sinne[584] dar. Die Sichtweise wird umgekehrt[585] und eine Verhältnismäßigkeitsprüfung wird nicht mehr aus der Perspektive der Abwehrseite eines Dreiecks, sondern von der Schutzseite ausgehend praktiziert.

Das grundrechtliche Untermaßverbot wird durch eine Zweck-Mittel-Verhältnismäßigkeitsprüfung im weiteren Sinne konkretisiert. Die Untermaßverbotsprüfung besteht aus einer Vorfrage nach der Verfassungsmäßigkeit des Zweckes der zu prüfenden staatlichen Maßnahmen, und aus den drei Teilfragen nach der Geeignetheit, der Erforderlichkeit sowie der Angemessenheit dieser Maßnahmen.

Im Rahmen der Vorfrage wird untersucht, ob das Ziel, welches die Inkaufnahme von Beeinträchtigungen der unter die jeweilige grundrechtliche Schutzpflicht fallenden Rechtsgüter rechtfertigen soll, an anderen Normen des Grundgesetzes gemessen verfassungsmäßig ist[586]. Zweck der Verhältnismäßigkeitsprüfung ist bei diesem Schema der Schutz des jeweils der grundrechtlichen

---

[583] Zum grundrechtlichen Untermaßverbot im engeren Sinne s. Kapitel 5.2.2., 5.2.4.1. und 5.2.4.2.

[584] S. Kapitel 5.2.2. und 5.2.4.3..

[585] Es geht um eine Umkehrung der Verhältnismäßigkeitsprüfung im Vergleich mit einer Anwendung der klassischen Verhältnismäßigkeit. Dazu vgl. auch die Kritik von Borowski, Grundrechte als Prinzipien, S. 147.

[586] Im Fall des Art. 2 Abs. 2 Satz 1 GG nach Hermes (Hermes, Das Grundrecht auf Schutz, S. 253): „Ist das Ziel oder das Vorhaben, welches die Inkaufnahme von Lebens- oder Gesundheitsbeeinträchtigungen rechtfertigen soll, gemessen an anderen Normen des Grundgesetzes als Art. 2 II 1 GG verfassungsgemäß (Vorfrage)?"

Schutzpflicht gegenüberstehenden verfassungsrechtlich gewährleisteten Rechtsguts. Bei einem „Schutz durch Eingriff"-Fall ist dieser Zweck die Respektierung des mit der Schutzpflicht kollidierenden Abwehrrechts durch den Staat. Als Zweck der Untermaßverbotsprüfung wird also entweder ein Abwehrrecht oder ein anderes verfassungsrechtlich geschütztes Rechtsgut festgelegt. Es ist zu betonen, daß sich diese Gliederung des Untermaßverbots nur in der Zweckbestimmung von den anderen Systematisierungen unterscheidet[587].

Suhr stellt sich bei der „Raucher versus passiver Nichtraucher" Dreieckskonstellation als verfassungsrechtlichen Zweck das Persönlichkeitsrecht des Rauchers vor[588]. Roßnagel bestimmt als Zweck im Rahmen der Frage nach der Verfassungsmäßigkeit der Errichtung von Kernkraftwerken die Abwehrrechte der Errichter und der Betreiber[589]. Hoffmann legt bei der Überprüfung der Verfassungsmäßigkeit eines Atomgesetzes nicht die grundrechtlichen Schutzpflichten aus Art. 2 Abs. 2 GG, sondern die mit ihnen kollidierenden verfassungsrechtlich bewahrten Rechtsgüter der Energieversorgung und des Wirtschaftswachstums[590] als verfassungsrechtliche Zwecke fest. Hermes[591] und Pietrzak[592] bestimmen ebenfalls als Zwecke die jeweils mit der grundrechtlichen Schutzpflicht aus Art. 2 Abs. 2 GG kollidierenden Abwehrrechte bzw. andere verfassungsrechtliche Rechtsgüter. Hermes erstreckt diese Vorgehensweise auch auf die Abwehrrechte, die mit der aus Art. 12 Abs. 1 GG begründeten grundrechtlichen Schutzpflicht kollidieren[593]. Was den Anwendungsraum dieser Untermaßverbotsgliederung anbetrifft, erklärt Hermes sogar, daß sie in allen Fällen zu praktizieren ist, bei denen grundrechtliche Schutzpflichten mit anderen verfassungsrechtlich normierten Interessen kollidieren[594]. Unter diesem Blickwinkel würden bei der Überprüfung der Verfassungsmäßigkeit eines Abtreibungsgesetzes die Abwehrrechte der schwangeren Frau als Zwecke der Untermaßverbotsprüfung festgelegt.

Als erstes wird der Teilfrage nach der Eignung der Beeinträchtigung der unter der grundrechtlichen Schutzpflicht fallenden Rechtsgüter zur Verwirklichung der entgegenstehenden verfassungsrechtlichen Positionen nachgegangen[595]. Bei einer „Schutz durch Eingriff"-Konstellation wird nämlich gefragt, ob die Nicht-Wahrnehmung der normativen grundrechtlichen Schutzpflicht zum Erreichen der staatlichen Nicht-Eingriffspflicht geeignet ist. Das bedeutet für die „Passivraucher-Raucher"-Konstellation: „Ist der Eingriff beim Passivraucher als

[587] Vgl. Kapitel 3.2.2.2. und 3.2.3.1. Dort wird als Zweck der Zweck-Mittel-Prüfung der Verhältnismäßigkeitsprüfung bzw. der Untermaßverbotsprüfung im weiteren Sinne nicht mehr das Abwehrrecht, sondern die grundrechtliche Schutzpflicht angenommen.
[588] Suhr, JZ 1980, S. 166ff. (169).
[589] Roßnagel, Grundrechte und Kernkraftwerke, S. 60f.
[590] Hofmann, Rechtsfragen der atomaren Entsorgung, S. 313ff.
[591] Hermes, Das Grundrecht auf Schutz, S. 252ff.
[592] Pietrzak, JuS 1994, S. 748ff. (751).
[593] Hermes, NJW 1990, S. 1764ff. (1768).
[594] Hermes, Das Grundrecht auf Schutz, S. 253.
[595] Bei Hermes (Hermes, Das Grundrecht auf Schutz, S. 254) lautet es: „Ist die Beeinträchtigung der Schutzgüter des Art. 2 II 1 GG geeignet, die entgegenstehende Position zu verwirklichen (1. Stufe)?"

Mittel zur Persönlichkeitsentfaltung des Nicht-Rauchers (funktional) geeignet?"[596]

Zweitens wird gefragt, ob die Zulassung von Beeinträchtigungen der auf der Schutzseite des Dreiecks liegenden Rechtsgüter erforderlich bzw. notwendig ist, um die entgegenstehenden verfassungsrechtlichen Positionen zur Geltung zu bringen[597]. In einem mehrdimensionalen Freiheitsproblem ginge es um die Erforderlichkeit der Nichtdurchsetzung der normativen grundrechtlichen Schutzpflicht, damit in das gegenüberstehende Abwehrrecht nicht eingegriffen wird.

Drittens wird nach dem Vorliegen eines angemessenen Verhältnisses zwischen dem anhand der normativen grundrechtlichen Schutzpflicht zu schützenden Rechtsgut und den entgegenstehenden Positionen, d.h. der abwehrrechtlichen Unterlassungspflicht gefragt[598].

Hermes gibt einerseits zu, daß diese Gliederung der Untermaßverbotsprüfung alle Probleme nicht unbedingt lösen kann[599]. Zugleich betont er jedoch, daß diese in der Schutzseite des Rechtsdreiecks angelegte Verhältnismäßigkeit „keine größeren oder anderen Unschärfen als die klassische Verhältnismäßigkeitsprüfung bei staatlichen Eingriffen[600]" aufweist.

3.2.2.2. DIE NORMATIVE GRUNDRECHTLICHE SCHUTZPFLICHT ALS ZIEL IN DER ZWECK-MITTEL-PRÜFUNG

Ein anderer Teil der Literatur[601] folgt bei der Gliederung des Untermaßverbots ebenfalls dem Aufbau der abwehrrechtlichen Verhältnismäßigkeitsprüfung. Er unterteilt die Untermaßverbotsthematik in eine Vorfrage und drei nachfolgende Schritte. Dieser Gliederung liegt ebenfalls die Annahme zugrunde, daß „für das Untermaßverbot - ähnlich wie beim Übermaßverbot - Gegenstücke zu den Begriffen Geeignetheit, Erforderlichkeit und Zumutbarkeit gefunden werden können."[602] Seine Gliederung ist jedoch durch eine beachtliche Nuancierung im Vergleich zur oben dargestellten Gliederung gekennzeichnet. Der Unterschied

---

[596] Suhr, JZ 1980, S. 166ff. (169).

[597] Bei Hermes (Hermes, Das Grundrecht auf Schutz, S. 254) lautet es: „Ist die Zulassung bzw. Inkaufnahme von Beeinträchtigungen für Leben und Gesundheit notwendig, um die entgegenstehende Position zur Geltung zu bringen? Fehlen also Alternativen, welche das entgegenstehende Interesse wahren und dennoch Leben und Gesundheit gar nicht oder weniger stark beeinträchtigen (2. Stufe)?"

[598] Bei Hermes (Hermes, Das Grundrecht auf Schutz, S. 254) heißt es: „Besteht ein angemessenes Verhältnis zwischen Lebens- und Gesundheitsbeeinträchtigung einerseits und der entgegenstehenden Position andererseits (3. Stufe)?"

[599] Er betont die Bedeutung der Unsicherheit der tatsächlichen Entwicklungen wie z. B. die Auseinandersetzung mit der Kernenergie (Hermes, Das Grundrecht auf Schutz, S. 254 m. w. N.) und erkennt die besonderen Schwierigkeiten auf der Ebene der Verhältnismäßigkeit im engeren Sinne an (Hermes, Das Grundrecht auf Schutz, S. 255).

[600] Hermes, Das Grundrecht auf Schutz, S. 254.

[601] Merten, Grundrechtliche Schutzpflichten, S. 28ff.; Möstl, DÖV 1998, S. 1029ff. (1038-1039); Erichsen, Jura 1997, S. 85ff. (88); Sodan, NVwZ 2000, S. 601ff. (605-606).

[602] Möstl, DÖV 1998, S. 1029ff. (1038).

besteht bereits in der Vorfrage nach der Bestimmung des Zweckes der Zweck-Mittel-Verfassungsmäßigkeitsprüfung. Als Zweck der dreigliedrigen Prüfung setzt er im Gegensatz zu der oben dargestellten Vorgehensweise die normative grundrechtliche Schutzpflicht und nicht die ihr entgegenstehenden verfassungsrechtlich normierten Rechtsgüter fest[603].

Als Mittel zur Erreichung des mit der normativen grundrechtlichen Schutzpflicht zusammenfallenden Zweckes werden die „zum Schutze ergriffenen Maßnahmen"[604] angesehen.

Auf einer ersten Ebene wird gefragt, ob die zum Schutz ergriffenen Maßnahmen zur Durchsetzung der normativen grundrechtlichen Schutzpflicht geeignet sind. Als Eignung wird die abstrakte Möglichkeit der Zweckerreichung verstanden und es wird von einer elastischen Geeignetheitsprüfung ausgegangen[605]. Auf dieser ersten Ebene der Gliederung des Untermaßverbots wird das Auswahlermessen der Staatsgewalt betont: „Zwischen mehreren geeigneten Maßnahmen kann die Staatsgewalt wählen. Sie kann sie alternativ und vorbehaltlich der Grundfreiheiten Dritter auch kumulativ einsetzen."[606]

Auf einer zweiten Ebene sieht Merten als Teilelement des Untermaßverbots die Erforderlichkeit der konkret ergriffenen Schutzvorkehrungen zur Erreichung der normativen grundrechtlichen Schutzpflicht an. Als Schutzerforderlichkeit begreift er die Hinlänglichkeit[607], die Notwendigkeit[608] und das ausreichende[609] Maß der ergriffenen Maßnahmen, das sog. Schutzminimum[610]. Er leugnet das Kriterium der völligen Unzulänglichkeit als Maßstab zur Bestimmung des Untermaßverbots und merkt zutreffend an, daß schon eine bloß unzulängliche Wahrnehmung der normativen grundrechtlichen Schutzpflicht gegen das Untermaßverbot verstößt[611].

Möstl ersetzt auf der zweiten Ebene der Untermaßverbotsprüfung den Erforderlichkeitsgrundsatz durch einen Effektivitätsgrundsatz: „Auch ist es not-

---

603 Merten, Grundrechtliche Schutzpflichten und Untermaßverbot, S. 28; Möstl, DÖV 1998, S. 1029ff. (1038); Erichsen, Jura 1997, S. 85ff. (88); Sodan, NVwZ 2000, S. 601ff. (605). Umgekehrt wird in der oben dargestellten Gliederung (Kapitel 3.2.2.1.) das Abwehrrecht als Zweck festgelegt.

604 Merten, Grundrechtliche Schutzpflichten, S. 28ff. Vgl. auch Möstl, DÖV 1998, S. 1029ff. (1038f.); Erichsen, Jura 1997, S. 85ff. (88); Sodan, NVwZ 2000, S. 601ff. (605f.).

605 Merten, Grundrechtliche Schutzpflichten, S. 28. Vgl. auch Möstl, DÖV 1998, S. 1029ff. (1038): „Das Untermaßverbot ist verletzt, wenn bislang keine geeigneten (d. h. dem Schutz überhaupt dienlichen) Maßnahmen getroffen wurden oder nach geltendem Recht getroffen werden könnten (wenn also der Staat untätig geblieben ist)."

606 Merten, Grundrechtliche Schutzpflichten, S. 28.

607 Merten, Grundrechtliche Schutzpflichten, S. 29: „..daß die gewählten Maßnahmen hinlänglichen Schutz gewährleisten." Vgl. auch Sodan, NVwZ 2000, S. 601ff. (605f.); Erichsen, Jura 1997, S. 85ff. (88). Vgl. auch BVerfGE 39, 1ff. (51): „...ob der Gesetzgeber im Rahmen der ihm zur Verfügung stehenden Möglichkeiten das Erforderliche getan ... um Gefahren von dem zu schützenden Rechtsgut abzuwenden".

608 Merten, Grundrechtliche Schutzpflichten, S. 29: „...unnötiger Schutz keine Freiheitseingriffe legitimiert".

609 Merten Grundrechtliche Schutzpflichten, S. 29: „...auf eine ausreichende Berücksichtigung durch den Gesetzgeber ankommt."

610 Merten, Grundrechtliche Schutzpflichten, S. 28-29: „Auf der nächsten Stufe entspricht dem Interventionsminimum beim Übermaßverbot das Schutzminimum beim Untermaßverbot.". Kritisch gegen diese Annahme Gellermann, Grundrechte, S. 349.

611 Insoweit stellt Merten (Merten, Grundrechtliche Schutzpflichten, S. 29) sich kritisch gegen die herrschende Judikatur des BVerfG.

wendig, den Gedanken der Effektivität auf handhabbare Weise im Untermaßverbot zu integrieren."[612] Möstl fragt aufgrund der Effektivität, nachdem er die Frage nach der Verfassungsmäßigkeit des die Untermaßverbotsprüfung steuernden Zweckes[613] und der Eignung der durch den Staat ergriffenen Schutzmaßnahmen zur Erreichung dieses Zweckes untersucht hat[614], und bevor er die Verhältnismäßigkeit im engeren Sinne der Schutzmaßnahmen überprüft[615] - das alles erfolgt bei Möstl und bei Merten auf dieselbe Weise - ob es im Vergleich mit der praktizierten Schutzmaßnahme als Mittel eine andere Schutzmaßnahme gäbe, welche die normative grundrechtliche Schutzpflicht mehr fördere, ohne zugleich die entgegenstehenden Rechtsgüter mehr als die ergriffenen Schutzmaßnahmen zu beeinträchtigen: „Das Untermaßverbot ist verletzt, ...wenn es ein Mittel (ggf. das konkret begehrte Mittel) gibt, das besseren Schutz gewährt als die bereits gegebenen Mittel, ohne stärker als diese in Rechte Dritter einzugreifen oder öffentliche Interessen zu beeinträchtigen (wenn es also ein besseres, ebenso mildes Mittel gibt - Grundsatz der Effektivität)."[616]

Diese Neuerung von Möstl, nämlich eine zwar nicht als Optimierungsgebot[617], jedoch als weit über die übliche restriktive Erforderlichkeitsprüfung zu verstehende Effektivitätsprüfung, scheint auf den ersten Blick hin mit der These von Möstl unvereinbar, daß es bei der Untermaßverbotsprüfung zur Einhaltung des Primats des Gesetzgebers bei der Wahrnehmung von grundrechtlichen Schutzpflichten nur Platz für eine Evidenzkontrolle gäbe[618]. Möstl bemerkt jedoch dazu, daß die von ihm vorgeschlagene Gliederung des Untermaßverbots nur für die Frage nach der Reichweite der grundrechtlichen Schutzpflichten und ihrer Erfüllbarkeit durch die staatliche Gewalt einschlägig sei. Die Frage nach der Prüfungsdichte des BVerfG bei der Prüfung der durch die anderen Staatsorgane durchgesetzten Schutzmaßnahmen sei nach Möstl unabhängig von dieser Gliederung ausschließlich aufgrund der durch das BVerfG praktizierten und üblichen Evidenzformel zu entscheiden[619]. Möstl wird damit, ohne daß er dies explizit ausführt[620], zu einem Anhänger der These von der Unterscheidung zwischen Handlungsnorm und Kontrollnorm[621] bei der Schutzpflichtenlehre. Die

[612] Möstl, DÖV 1998, S. 1029ff. (1038). Schon der Titel des relevanten Paragraphen lautet „Untermaßverbot und Effektivitätsgebot".
[613] Möstl, DÖV 1998, S. 1029ff. (1038): „...ob das eingesetzte Mittel auch verfassungsrechtlich geboten ist."
[614] Möstl, DÖV 1998, S. 1029ff. (1038) führt aus: „Das Untermaßverbot ist verletzt, wenn bislang keine geeigneten (d. h. dem Schutz überhaupt dienlichen) Maßnahmen getroffen wurden oder nach geltendem Recht getroffen werden könnten (wenn also der Staat untätig geblieben ist)."
[615] Möstl, (DÖV 1998, S. 1029ff. (1038f.) erläutert, daß das Untermaßverbot drittens verletzt wird, „...wenn die Hinnahme der nach geltendem Recht verbleibenden Gefährdung/Störung des Grundrechtsgutes bei Abwägung mit entgegenstehenden privaten und öffentlichen Interessen nicht zumutbar ist."
[616] Möstl, DÖV 1998, S. S. 1029ff. (1039). Ihm in diesem Punkt folgend Michael, JuS 2001, S. 148ff. (151).; Calliess, Rechtsstaat und Umweltstaat, S. 460f., 574ff. Kritisch dagegen Gellermann, Grundrechte, S. 349f.
[617] Möstl (DÖV 1998, S. S. 1029ff. (1038)) bemerkt, daß der Effektivitätsgedanke nur in die Untermaßverbotsdogmatik integriert werden kann „...wenn er nicht weit im Sinne eines umfassenden Optimierungsgebots verstanden wird, sondern - ähnlich wie das Erforderlichkeitsprinzip - auf einen begrenzten, aber klar konturierten Begriff reduziert wird."
[618] So Möstl, DÖV 1998, S. S. 1029ff. (1037f.).
[619] Möstl, DÖV 1998, S. 1029ff. (1039).
[620] Vgl. dazu Möstl, DÖV 1998, S. 1029ff. (1038, Fn. 95).
[621] Dazu s. auch Kapitel 2.3.5.

durch ihn vorgestellte Gliederung des Untermaßverbots ist nur in der Handlungsnorm angelegt. Im Hinblick auf die Formulierung der Kontrollnorm kehrt Möstl auf die Evidenzformel zurück.

Auf einer dritten Ebene wird als letzte Teilstufe des Untermaßverbotsgedankens das Gebot der Proportionalität[622], der Angemessenheit[623] bzw. der Zumutbarkeit[624] entwickelt. Es geht um die Überprüfung der Verhältnismäßigkeit im engeren Sinne der staatlichen Durchsetzung von grundrechtlichen Schutzpflichten. Es wird für eine proportionale Ziel-Mittel-Relation aufgrund des Untermaßverbots plädiert: „Proportionale Schutzpflicht bedeutet, um im Bilde zu bleiben, daß man Spatzen nicht mit Kanonen schützen muß. Das staatliche Schutzinstrumentarium hat also in einem angemessenen Verhältnis zum Schutzgut und zum Ausmaß und zur Aktualität der bedrohenden Gefahren zu stehen."[625]

3.2.2.3. DAS GRUNDRECHTLICHE UNTERMASSVERBOT IM WEITEREN SINNE ALS DREIGLIEDRIGE ZWECK-MITTEL-PRÜFUNG MIT ZWEI ZWECKEN

Eine weitere Gliederung des Untermaßverbots, welche ebenfalls durch die dreiteilige Struktur der Verhältnismäßigkeit inspiriert worden ist, wird neuerdings von Michael vorgeschlagen[626]. Michael hält, was die im Rahmen des Untermaßverbots zu prüfenden Mittel[627] angeht sowie im Hinblick auf die Herausarbeitung der Verhältnismäßigkeit in engerem Sinne[628] an den oben beschriebenen Gliederungen fest. Ferner übernimmt er auch den durch Möstl in die Diskussion eingeführten Effektivitätsgrundsatz als zweiten Schritt der Untermaßverbotsprüfung. Er folgt jedoch einem neuen Weg zur Bestimmung der die Untermaßverbotsprüfung dirigierenden Zwecke sowie hinsichtlich des Verständnisses der Geeignetheit.

Diesen zwei Neuerungen liegt die These zugrunde, daß die Untermaßverbotsprüfung gleichzeitig sowohl auf die normative grundrechtliche Schutzpflicht als auch auf die ihr möglicherweise entgegenstehenden verfassungsrechtlich geschützten Rechtsgüter Rücksicht nehmen solle. Auf dieser Grundlage stellt Mi-

---

[622] Merten, Grundrechtliche Schutzpflichten, S. 30ff.
[623] Erichsen, Jura 1997, S. 85ff. (88); Möstl, DÖV 1998, S. 1029ff. (1038); vgl. auch BVerfGE 88, 203ff. (254).
[624] Möstl, DÖV 1998, S. 1029ff. (1039) erläutert, daß das Untermaßverbot verletzt wird, „...wenn die Hinnahme der nach geltendem Recht verbleibenden Gefährdung/Störung des Grundrechtsgutes bei Abwägung mit entgegenstehenden privaten und öffentlichen Interessen nicht zumutbar ist." Vgl. auch Sodan, NVwZ 2000, S. 601ff. (606).
[625] Merten, Grundrechtliche Schutzpflichten, S. 30.
[626] Michael, JuS 2001, S. 148ff. (151ff.).
[627] D.h. er sieht als zu prüfendes Mittel die jeweils durchgesetzte staatliche Schutzhandlung vor. Michael (Jus, 2001, S. 148ff. (151)) vertritt die These, daß als Mittel der Prüfung die durch den Staat ergriffenen Maßnahmen oder „im Extremfall völliger Untätigkeit deren Unterlassen" und nicht andere begehrte oder alternative Schutzmittel anzusehen sind.
[628] Michael, JuS 2001, S. 148ff. (151-152).

chael als Zwecke der Untermaßverbotsprüfung sowohl die normative grundrechtliche Schutzpflicht als auch die mit ihr kollidierenden verfassungsrechtlich gewährleisteten Rechtsgüter heraus[629]: „Als Zwecke sind der grundrechtliche Schutzzweck gegenüber dem Einzelnen, aber auch „gegenüber der Gesamtheit aller Bürger“ sowie die mit dem Schutz kollidierenden Interessen herauszuarbeiten.“ Er erläutert somit das Untermaßverbot als eine Zweck-Mittel-Prüfung mit zwei Zwecken.

Bei den „Schutz durch Eingriff“-Konstellationen ist also nach einer ersten Lösung der Zweck der Untermaßverbotsprüfung die staatliche Nicht-Eingriffspflicht[630], nach einer zweiten Auffassung die grundrechtliche Schutzpflicht[631] und nach der These von Michael beides.

Unter diesem Blickwinkel fragt Michael nach der Eignung der ergriffenen Schutzmaßnahmen zur Erreichung sowohl des Schutzzweckes als auch der anderen verfassungsrechtlich vorgesehenen einschlägigen Zwecke[632]: „Ungeeignet ist das vom Staat gewählte Mittel nur, wenn es weder dem Schutzzweck noch anderen Zwecken förderlich ist.“ Mit anderen Worten, wenn bei einer Grundrechtskollision eine staatliche Maßnahme geeignet für die Sicherung eines der kollidierenden Grundrechte bzw. verfassungsrechtlich gewährleistete Rechtsgüter ist, dann bestehe diese staatliche Maßnahme die Geeignetheitsprüfung[633].

Michael sieht als Zwecke der Untermaßverbotsprüfung sowohl den grundrechtlichen Schutzzweck als auch die mit ihm kollidierenden Interessen an. Damit entgeht er der Gefahr, daß das Untermaßverbot die Verhältnismäßigkeit der ergriffenen Schutzmaßnahmen einseitig entweder im Bezug auf die grundrechtliche Schutzpflicht oder im Bezug auf die gegenläufigen verfassungsrechtlich normierten Rechtsgüter bzw. die grundrechtliche Nicht-Eingriffspflicht prüft[634]. Diese einseitige und damit mißglückte Orientierung der Untermaßverbotsprüfung versucht Michael bewußt zu vermeiden. Er versucht nämlich auf den zweiseitigen Bezug der ergriffenen Schutzmaßnahmen gleichgewichtig Rücksicht zu nehmen. Das ist notwendig für die plausible Lösung von Grundrechtskollisionen.

Trotz der konzeptionellen Rechtfertigung dieser Gliederung von Michael bleibt seine Vorgehensweise einigen Vorwürfen ausgesetzt. Obwohl Michael auf der Ebene der Geeignetheit nach der Eignung der ergriffenen Schutzmaßnahmen in Hinblick sowohl auf die normative grundrechtliche Schutzpflicht als auch auf die ihr entgegenstehenden Zwecke fragt[635], fragt er auf der zweiten Ebene der Erforderlichkeit nur nach der Effektivität bzw. der Erforderlichkeit der ergriffenen Maßnahmen hinsichtlich der normativen grundrechtlichen Schutz-

---

629 Michael, JuS 2001, S. 148ff. (151).

630 S. oben Kapitel 3.2.2.1.

631 S. Kapitel 3.2.2.2. und 3.2.3.1.

632 Michael, JuS 2001, S. 148ff. (151).

633 Hier (S. Kapitel 5.2.4.1.) wird andererseits die Geeignetheit einer staatlichen Maßnahme für die Erreichung beider bzw. aller relevanter verfassungsrechtlicher Zwecke gefordert.

634 So jedoch im Ergebnis die Gliederungen in Kapitel 3.2.2.1. und 3.2.2.2.

635 Michael, JuS 2001, S. 148ff. (151): „Ungeeignet ist das vom Staat gewählte Mittel nur, wenn es weder dem Schutzzweck noch anderen Zwecken förderlich ist.“

pflicht[636]: „Existiert ein wirksamer schützendes Mittel, das in Grundrechte Dritter bzw. andere (verfassungsimmanente) Zwecke nicht eingreift?"[637] Da die der normativen grundrechtlichen Schutzpflicht entgegenstehenden verfassungsrechtlich gewährleisteten Rechtsgüter früher gleichfalls als Zwecke der Untermaßverbotsprüfung herangezogen worden sind, wird nicht ersichtlich, warum sie auf der Ebene der Erforderlichkeitskontrolle der Untermaßverbotsprüfung nicht mehr berücksichtigt werden[638]. Die Zweidimesionalität der Untermaßverbotsprüfung wird damit auf der zweiten Ebene der Erforderlichkeit der Zweck-Mittel-Relation brüchig. Als einziger Zweck kommt im Rahmen der Erforderlichkeitskontrolle des Untermaßverbots nur die Erfüllung der grundrechtlichen Schutzpflicht zur Anwendung.

3.2.3. GRUNDRECHTE ALS PRINZIPIEN UND DIE GLIEDERUNG DES GRUNDRECHTLICHEN UNTERMASSVERBOTS

3.2.3.1. DER STAND DER PRINZIPIENLEHRE UND DIE DARAUS RESULTIERENDE KONKRETISIERUNG DES GRUNDRECHTLICHEN UNTERMASSVERBOTS

Jede Norm ist nach Alexy entweder eine Regel, die stets nur entweder erfüllt oder nicht erfüllt werden kann, oder ein Prinzip, das ein in unterschiedlichem Maß erfüllbares Optimierungsgebot darstellt[639]. Prinzipien sind Normen, die gebieten, daß etwas in einem relativ auf die tatsächlichen Möglichkeiten möglichst hohen Maß realisiert wird[640]. Regeln sind Normen, die gebieten, genau das zu tun, was sie festsetzen, nicht mehr und nicht weniger[641].

Alexy hat seine Theorie der Grundrechte aufgrund der Annahme entwickelt, daß die Grundrechte keine Regeln, sondern Prinzipien sind[642]. Die Grundrechtskollisionen seien immer Prinzipienkollisionen, die durch Abwägung zu lösen sind[643]. Diese Abwägung werde durch das Verhältnismäßigkeitsprinzip im

---

[636] Michael, JuS 2001, S. 148ff. (151). Es läßt sich feststellen, daß Möstl und Michael auf der Ebene der Erforderlichkeit denselben dogmatischen Maßstab, d.h. denselben Effektivitätsgedanken verwenden. Vgl. auch Calliess, Rechtsstaat und Umweltstaat, S. 460f., 574ff.

[637] Michael, JuS 2001, S. 148ff. (151).

[638] Michael, JuS 2001, S. 148ff. (151) plädiert jedoch für eine kumulative Anwendung der Erforderlichkeitsprüfung als Teilgrundsatz des abwehrrechtlichen Übermaßverbots mit dem die Schutzseite des „Dreiecks" überprüfenden „Effektivitätsgrundsatz".

[639] Alexy, Theorie der Grundrechte, S. 75ff. Vgl. auch Esser, Grundsatz und Norm, S. 95; Dworkin, Taking Rights Seriously, S. 22ff.

[640] Alexy, Theorie der Grundrechte, S. 75, 100 m.w.N.

[641] Alexy, Theorie der Grundrechte, S. 76, insb. Fn. 25.

[642] Alexy, Theorie der Grundrechte, S. 71ff.

[643] Alexy, Theorie der Grundrechte, S. 84ff.

weiteren Sinne gesteuert[644]. Die Teilelemente dieses Prinzips, d. h. Geeignetheit, Erforderlichkeit und Verhältnismäßigkeit im engeren Sinne werden nach Alexy durch den Prinzipiencharakter der Grundrechte dogmatisch begründet[645]. Für die rationale Konkretisierung der Abwägung von Grundrechtskollisionen stellt Alexy darüber hinaus ein Abwägungsgesetz auf: „Je höher der Grad der Nichterfüllung oder Beeinträchtigung des einen Prinzips ist, um so größer muß die Wichtigkeit der Erfüllung des anderen sein.“[646]

Diese Grundpfeiler seiner Grundrechtstheorie entwickelt Alexy nicht nur bei der Abwehrfunktion der Grundrechte. Er verarbeitet sein Grundmodell im Rahmen aller Grundrechtsfunktionen[647]. Nach Alexy sind also auch die grundrechtlichen Schutzpflichten Prinzipien, die auf Optimierung drängen.[648] Bei den „Schutz durch Eingriff“-Grundrechtskollisionen spielt nach Alexy die Prognosekompetenz des Gesetzgebers eine entscheidende Rolle[649]. Die grundrechtliche Schutzpflicht als materielles Prinzip kollidiert mit dem formellen Prinzip der demokratisch legitimierten Entscheidungskompetenz des Gesetzgebers[650]. Auf eine ausführliche Konturierung der Abwägung bei „Schutz durch Eingriff“-Grundrechtskollisionen geht Alexy nicht ein. Vom grundrechtlichen Untermaßverbot ist nicht die Rede. Alexy hat jedoch den Rahmen für die Entwicklung eines Maßstabes für die Lösung von Kollisionen von grundrechtlichen Schutzpflichten mit Abwehrrechten bzw. mit anderen verfassungsrechtlich gewährleisteten Rechtsgüter gesetzt.

Borowski hat das Prinzipienmodell bzw. die Grundrechtstheorie von Alexy im Rahmen der Kollisionen von grundrechtlichen Schutzpflichten mit Abwehrrechten bzw. mit anderen verfassungsrechtlich gewährleisteten Rechtsgütern vertieft[651]. Für diese Weiterentwicklung bedient er sich des Maßstabes des Untermaßverbots. Er erörtert das Untermaßverbot als Abwägungsmaßstab von Grundrechtskollisionen und nimmt seine schrittweise Konkretisierung vor.

Den Überlegungen von Borowski liegt die Prämisse zugrunde, daß die grundrechtlichen Handlungspflichten verfassungsrechtliche Prinzipien im Sinne der Optimierungsgebote sind, die bestmöglich auf Realisierung drängen[652]. Auf dieser Grundlage plädiert Borowski für die Möglichkeit sowie die Notwendigkeit der Bestimmung des aus der jeweiligen normativen grundrechtlichen Hand-

---

644 Alexy, Theorie der Grundrechte, S. 100ff.
645 Alexy, Theorie der Grundrechte, S. 100: „Der Prinzipiencharakter impliziert den Verhältnismäßigkeitsgrundsatz, und dieser impliziert jenen. Daß der Prinzipiencharakter den Verhältnismäßigkeitsgrundsatz impliziert, bedeutet, daß der Grundsatz der Verhältnismäßigkeit mit seinen drei Teilgrundsätzen...aus dem Prinzipiencharakter logisch folgt, also aus ihm deduzierbar ist.“
646 Alexy, Theorie der Grundrechte, S. 146.
647 Alexy, Theorie der Grundrechte, S. 395ff.
648 Alexy, Theorie der Grundrechte, S. 410ff.
649 Alexy, Theorie der Grundrechte, S. 426. Dazu ausführlicher Raabe, Grundrechte als Erkenntnis, S. 351ff.; vgl. auch Borowski, Grundrechte als Prinzipien, S. 158ff.
650 Alexy, Theorie der Grundrechte, S. 427.
651 Borowski, Grundrechte als Prinzipien, S. 147ff., 248ff.
652 Borowski, Grundrechte als Prinzipien, S. 121, 151.

lungspflicht[653] definitiv Gebotenen[654]. Er ist der Auffassung, daß aus der jeweiligen grundrechtlichen Handlungspflicht im Rahmen eines bestimmten Falles eine diesem Prinzip bzw. dem Optimierungsgebot entsprechende einzig richtige staatliche Handlung abgeleitet werden könnte, nach seiner Terminologie „das grundrechtlich definitiv Gebotene."[655]

In diesem Zusammenhang besteht der Hauptzweck der Analyse von Borowski in der jeweils fallbezogenen Bestimmung dieses definitiv Gebotenen bei grundrechtlichen Handlungsgeboten. Er sucht also nach handhabbaren und typisierbaren Kriterien zur Auswahl und Bestimmung der jeweiligen definitiv gebotenen staatlichen Handlung. Als das ergiebigste Kriterium zu deren Bestimmung sieht er das Untermaßverbot an. Das Untermaßverbot[656] ist nach Borowski ein maßgebliches Mittel zur Bestimmung des jeweils definitiv Gebotenen, aus dem die grundrechtlichen Handlungspflichten als Optimierungsgebote resultieren.

Borowski schlägt eine Gliederung des Untermaßverbots vor, die zum einen die drei Teilschritte des Verhältnismäßigkeitsprinzips im weiteren Sinne enthält[657] und darüber hinaus jedoch auch weitere Teilschritte beinhaltet. Als Zweck der Verhältnismäßigkeitsprüfung erblickt auch Borowski die Entwicklung der normativen grundrechtlichen Handlungspflicht[658]. Gemäß seiner Prämisse bezeichnet er sie als „die Realisierung des Optimierungsgegenstandes des grundrechtlichen Prinzips." Als Mittel thematisiert er nicht wie gewöhnlich die konkret ergriffenen und vorhandenen staatlichen Maßnahmen[659], sondern alle einzelnen möglichen Fördermittel[660]. Daraus wird deutlich, daß er keine konkrete Untermaßverbotsprüfung praktiziert. Er erörtert nicht die Frage nach dem Verstoß der vorhandenen Maßnahmen im Hinblick auf die grundrechtliche Handlungspflicht. Ganz unterschiedlich prüft er die Verhältnismäßigkeit und damit die Verfassungsmäßigkeit aller möglichen Fördermittel, damit er auf das einzig definitiv gebotene Mittel kommt[661].

Nachdem Zweck und Mittel bestimmt worden sind, prüft Borowski ihre Relation anhand der Geeignetheit, der Erforderlichkeit und der Verhältnismäßigkeit im engeren Sinne[662]. Auf der Geeignetheitsstufe wird eigenständig im

---

653 Borowski verbindet das Untermaßverbot nicht ausschließlich mit den grundrechtlichen Schutzpflichten. Er geht zutreffend davon aus, daß das Untermaßverbot alle grundrechtliche Handlungspflichten betrifft.

654 Borowski, Grundrechte als Prinzipien, S. 147ff.

655 Borowski, Grundrechte als Prinzipien, S. 147: „Das grundrechtlich definitiv Gebotene bildet den effektiven Garantiebereich eines grundrechtlichen Leistungsrechts im weiteren Sinne, also die entscheidende Antwort auf die Frage nach dem in der konkreten Situation grundrechtlich Gesollten. Es gibt jedoch eine ganze Reihe von Konstellationen, in denen das definitiv Gebotene bestimmt oder nur in geringem Maß unbestimmt ist."

656 Borowski, Grundrechte als Prinzipien, S. 151ff., 121ff.

657 Borowski (Grundrechte als Prinzipien, S. 249ff.) widerlegt alle Einwände gegen eine am Verhältnismäßigkeitsprinzip orientierte Prüfung der Wahrnehmung von grundrechtlichen Schutzpflichten.

658 Vgl. Kapitel 3.2.2.2., 3.2.2.4.

659 S. Kapitel 3.2.1. und 3.2.2.

660 Was die Festlegung der Mittel anbetrifft, ist Borowski der einzige, der nicht die konkret realisierten staatlichen Maßnahmen als Mittel im Rahmen der Verhältnismäßigkeitsprüfung betrachtet.

661 Es gibt bei Borowski zwei Grundpfeiler des grundrechtlichen Untermaßverbotskonzepts: Die Suche nach dem einzigen verfassungsrechtlich definitiv gebotenen Mittel und die Verhältnismäßigkeitsprüfung aller möglichen und nicht nur der bereits vorhandenen staatlichen Mittel.

662 Borowski, Grundrechte als Prinzipien, S. 152ff.

Hinblick auf jedes Mittel[663] gefragt, ob es „die Realisierung des Optimierungsgegenstandes des grundrechtlichen Prinzips fördert."[664] Auf der zweiten Ebene der Erforderlichkeit prüft Borowski jedes sich als geeignet erwiesene Mittel noch einmal am Maßstab der „Pareto-Optimalität": „Ein Förderungsmittel ist daher nicht erforderlich, wenn es ein Alternativmittel gibt, das ein mindestens ebenso hohes Maß an Förderung bewirkt, aber weniger nachteilige Folgen für gegenläufige Rechte oder Güter nach sich zieht."[665] Die Erforderlichkeitsfrage betrifft jedes Fördermittel allein, d.h. die Erforderlichkeit jedes Fördermittels wird durch Vergleich mit allen anderen Fördermitteln geprüft, unabhängig davon, ob diese Mittel per se aufgrund der „Pareto-Optimalität"[666] erforderlich sind oder nicht: „Für jedes Mittel ist zu prüfen, ob eines der anderen Mittel mindestens ebenso intensiv fördert, aber weniger intensiv beeinträchtigt."

Was die Verhältnismäßigkeit im engeren Sinne angeht, wägt Borowski immer im Hinblick auf alle erforderlichen Fördermittel die Intensität der Förderung der grundrechtlichen Handlungspflicht gegen die Intensität der Beeinträchtigung der gegenläufigen verfassungsrechtlichen Rechtspositionen ab[667]. Als entscheidenden Abwägungsmechanismus erkennt er in diesem Zusammenhang das durch Alexy vorgeschlagene Abwägungsgesetz[668] an. Daran anschließend plädiert er für einen „reinen Zahlenvergleich" der gegenläufigen Grundrechtspositionen.

Die Untermaßverbotsprüfung geht nach Borowski weit über diese drei Schritte der Verhältnismäßigkeitsprüfung hinaus. Ihr Zweck bleibt die Bestimmung des aus dem Optimierungsdenken fließenden einzig gebotenen Fördermittels. Falls also auch nach der Anwendung der Verhältnismäßigkeitsprüfung im engeren Sinne noch mehrere Förderungsmittel vorliegen[669], welche alle drei Prüfschritte der Verhältnismäßigkeit im weiteren Sinne erfolgreich bestanden haben, fragt Borowski immer im Rahmen der Untermaßverbotsprüfung nach Kriterien für eine weitere Mittelauswahl, die zur Bestimmung des einzig gebotenen Förderungsmittels führt[670]. Die weitere und endgültige Mittelauswahl ist

---

[663] Auch Borowski (Borowski, Grundrechte als Prinzipien, S. 152-153, insb. Fn. 117) gibt zu, daß es aus verschiedenen Gründen schwierig ist, alle möglichen Mittel vor Augen zu haben und zu überprüfen: „Dies ist grundsätzlich eine unendliche Zahl möglicher Mittel."

[664] Borowski, Grundrechte als Prinzipien, S. 152.

[665] Borowski, Grundrechte als Prinzipien, S. 153. Gegen die „Pareto-Optimalität" als Konkretisierungsansatz des Schrittes der Erforderlichkeit im Rahmen der Verhältnismäßigkeitsprüfung im weiteren Sinn s. neuerdings die überzeugenden Ausführungen von Schlink, in: FS 50 Jahre Bundesverfassungsgericht, S. 445ff. (457).

[666] Für die anderen möglichen Erforderlichkeitsmaßstäbe s. Borowski, Grundrechte als Prinzipien, S. 153, Fn. 119 m. w. N.

[667] Borowski, Grundrechte als Prinzipien, S. 155.

[668] Alexy, Theorie der Grundrechte, S. 146; ders., Rechtsregeln und Prinzipien, S. 27; Sieckmann, Regel- und Prinzipienmodelle, S. 229ff.

[669] Nach Borowski kann es möglich sein, daß kein Grund für eine weitere Mittelauswahl vorliegt, denn im Rahmen der ersten drei Schritte der Untermaßverbotsprüfung wird alles entschieden: „Nachdem alle ernsthaft in Betracht kommenden Mittel auf Eignung, Erforderlichkeit und Verhältnismäßigkeit im engeren Sinne überprüft wurden, können drei Konstellationen auftreten. Die erste besteht darin, daß kein Mittel allen Anforderungen genügt, dann ist kein Förderungsmittel grundrechtlich geboten. In der zweiten Konstellation genügt genau ein Mittel allen Anforderungen, dieses Mittel ist dann grundrechtlich definitiv geboten. In beiden Fällen stellen sich keinerlei Bestimmtheitsprobleme".

[670] Borowski, Grundrechte als Prinzipien, S. 156ff.

also nach Borowski die vierte notwendige Ebene der Gliederung der Untermaßverbotsprüfung. Als entscheidendes Kriterium bei diesem letzten Schritt schreibt Borowski die Maximierung der Förderungsintensität vor. Zwischen den mehreren verhältnismäßigen Mitteln würde das endgültig Gebotene dasjenige sein, das die höchste absolute Förderungsintensität der grundrechtlichen Handlungspflicht mit sich bringe[671]. Obwohl dieses Kriterium keine Rücksicht auf das grundrechtliche Kosten-Nutzen-Verhältnis nehme, böte es eine einfache und sichere Anwendbarkeit. Als alternative Methode zur Auswahl des einzigen, dem Untermaßverbot genügenden Förderungsmittel sieht er auch das Abstellen auf das grundrechtliche Kosten-Nutzen-Verhältnis an[672]. Das gegen das Untermaßverbot nicht verstoßende Förderungsmittel sei danach jenes, das das Verhältnis zwischen grundrechtlichem Nutzen und grundrechtlichen Kosten optimiere. Kriterien der Optimierung des Kosten-Nutzen-Verhältnisses seien zum einen die absolute Differenz zwischen Förderungsintensität und Beeinträchtigungsintensität und zum anderen die Bildung eines Quotienten aus Förderungsintensität und Beeinträchtigungsintensität. Borowski lehnt im Prinzip das Kriterium der Optimierung des Verhältnisses zwischen grundrechtlichem Nutzen und grundrechtlichen Kosten wegen seiner Komplexität[673] ab und schlägt seine Berücksichtigung nur ausnahmsweise vor.

Auf dieser Grundlage erreicht Borowski seinen Zweck, nämlich eine Vorgehensweise darzustellen, die plausibel die einzigen verfassungsmäßigen Förderungsmittel der jeweiligen grundrechtlichen Handlungspflicht findet. Er schreibt ein dem Abwägungsgesetz von Alexy entsprechendes Untermaßverbotsgesetz vor: „Definitiv geboten - und damit gegen das Untermaßverbot nicht verstoßend - ist damit das Mittel aus der Klasse der verhältnismäßigen Mittel, das die absolut höchste Förderungsintensität besitzt, es sei denn, ein anderes Mittel aus dieser Klasse besitzt ähnlich hohe Förderungsintensität und beeinträchtigt kollidierende verfassungsrechtliche Prinzipien evident geringer."[674]

Die Frage nach dem grundrechtlichen Untermaßverbot bei der staatlichen Wahrnehmung von grundrechtlichen Handlungspflichten hört nach Borowski nach diesen vier Prüfungsebenen auf. Ein endgültiges Ergebnis liegt jedoch seiner Meinung nach damit nicht vor, denn die Problematik der Gestaltungsspielräume des Gesetzgebers bei der Durchsetzung von grundrechtlichen Handlungspflichten ist noch nicht berücksichtigt worden.

Es ist beachtenswert, daß Borowski sich von der herrschenden Literatur und Rechtsprechung distanziert und die Frage der Spielräume nach der Festlegung der Ergebnisse der grundrechtlichen Untermaßverbotsprüfung erörtert[675]. Die Thematik der gesetzgeberischen Spielräume erlangt besondere Bedeutung

---

[671] Borowski, Grundrechte als Prinzipien, S. 156.

[672] Diese Methode bezeichnet Borowski (Grundrechte als Prinzipien, S. 157) Abwägung 2. Stufe.

[673] Borowski (Grundrechte als Prinzipien, S. 157f.) behauptet die Erfolglosigkeit der Metrisierung grundrechtlicher Förderungs- und Beeinträchtigungsintensitäten. Vgl. auch Schlink, Abwägung im Verfassungsrecht, S. 134ff.; Alexy, Theorie der Grundrechte, S. 141ff.; Stelzer, Wesensgehaltsargument, S. 221ff.

[674] Borowski, Grundrechte als Prinzipien, S. 158.

[675] Borowski, Grundrechte als Prinzipien, S. 158ff.

bei der Überprüfung einer Entscheidung des Gesetzgebers durch das BVerfG. Borowski versucht einen Kompromiß zwischen dem von ihm befürworteten Optimierungsmodell des definitiv gebotenen Förderungsmittels und dem gleichfalls zu erfüllenden Prinzip der Gewährleistung der Entscheidungskompetenz des demokratisch legitimierten Gesetzgebers zu finden. In diesem Zusammenhang geht er davon aus, daß das materielle Prinzip der Optimierung der grundrechtlichen Handlungspflichten mit dem formellen Prinzip der Gewaltenteilung kollidiert und er stellt fest, daß diese Kollision durch eine weitere Abwägung zu lösen ist. Diese weitere Abwägung ist nach Borowski notwendig, denn „innerhalb eines Spielraums kann keine Grundrechtsverletzung festgestellt werden."[676] Schließlich plädiert Borowski für die Zuerkennung von nur engen Spielräumen, wobei er kein Kriterium zur Bestimmung der Breite der gesetzgeberischen Spielräume liefert.

Als Resultat der notwendigen Abwägung zwischen dem Ergebnis der viergliedrigen grundrechtlichen Untermaßverbotsprüfung, das in der Festsetzung einer bestimmten gebotenen Förderungspflicht besteht, und den Ermessensspielräumen des Gesetzgebers betrachtet Borowski drei Möglichkeiten. Nach der ersten Möglichkeit sei nur eine bestimmte Handlung definitiv geboten mit der Folge, daß ihre Unterlassung durch den Gesetzgeber durch das BVerfG als verfassungswidrig zu beurteilen sei. Dies würde bedeuten, daß die Mitberücksichtigung der Spielräume des Gesetzgebers im Ergebnis keine Ergänzung des Resultats der grundrechtlichen Untermaßverbotsprüfung herbeiführe. Nach der zweiten Möglichkeit gäbe es keine definitiv gebotene Handlung, sondern eine Palette von mehreren alternativ definitiv gebotenen Förderungshandlungen. Das BVerfG würde dementsprechend die Verfassungswidrigkeit jeglicher staatlicher Handlung feststellen, welche nicht zu dieser Klasse gehört. Danach beeinflussen maßgeblich die gesetzgeberischen Spielräume das Endergebnis, indem sie die Regel der einzigen verfassungsrechtlichen Förderungshandlung durchbrechen. Im dritten Fall sei keine Handlung definitiv geboten und ließe sich kein Verfassungsverstoß des Gesetzgebers feststellen. Die Gestaltungsspielräume der Legislatur seien so weit, daß alle Handlungen verfassungsmäßig seien[677].

3.2.3.2. DIE KRITIK DES OPTIMIERUNGMODELLS IN DER THEORIE

Die Vorstellung der Grundrechte als Prinzipien hat praktisch großen Widerhall in der Literatur gefunden. Ausdrücklich oder unausgesprochen werden die Grundrechte als auf Abwägung angewiesene Prinzipien betrachtet. Mit der Abwägungsjudikatur des BVerfG steht sie voll im Einklang. Es liefert sogar eine

---

[676] Borowski, Grundrechte als Prinzipien, S. 159 mit Hinweisen auch auf Alexy, Theorie der Grundrechte, S. 427 und Raabe, Grundrechtsschutz als Erkenntnis, S. 94ff.
[677] Borowski, Grundrechte als Prinzipien, S. 160.

theoretische Fundierung dieser Rechtsprechung. In diesem Zusammenhang bemerkt Gellermann prägnant: „In einem Modell, das die Grundrechte als auf Optimierung angelegte Prinzipien begreift, läßt sich - und hierin mag der Vorzug dieser Konzeption begründet liegen - das in der Rechtsprechung angenommene Abwägungserfordernis widerspruchsfrei darstellen."[678]

Andererseits wird das Verständnis der Grundrechte als Optimierungsgebote anders als ihr Verständnis als Prinzipien heftig kritisiert. Ein Teil der Literatur befürwortet zwar die Auffassung, daß die Grundrechte Prinzipien sind, die auf Realisierung im Rahmen des tatsächlich und rechtlich Möglichen drängen. Diese Realisierung sei jedoch keine Optimierung. Man stellt fest, daß sich im Rahmen des Verständnisses der Grundrechte als Prinzipien zwei Teilverständnisse entfalten.

Der entscheidungstheoretische Aspekt des Optimierungsmodells wird kritisch diskutiert. Würtenberger argumentiert, daß das Optimierungsmodell kein leicht und unproblematisch anwendbares grundrechtstheoretisches Konzept ist. Es setzt wissenschaftlich-technische Prognosen und Bewertungen voraus, die oft komplex und schwierig sind. Es beinhaltet also Unsicherheiten über die Wirkungszusammenhänge[679]. Weiterhin bereitet es auch Schwierigkeiten bei der rechtlichen Bewertung. Die Lösung von Grundrechtskollisionen durch das Optimierungsmodell bedeutet Abwägung aufgrund von Vorrangregeln und situativen Bewertungen bzw. Gewichtungen. „Für derartige Bewertungen gibt es nur allgemeine Vorrangregeln" und das „Grundgesetz und die Rechtsordnung geben nur grobe Anhaltspunkte für die Gewichtung."[680] Eine Optimierung sowohl im Rahmen des tatsächlich als auch im Rahmen des rechtlich Möglichen ist nicht immer einfach. Mit anderen Worten garantiert das Optimierungsmodell keine optimalen Entscheidungen.

Aber das Verständnis der Grundrechte als Optimierungsgebote ist nicht nur schwierig anwendbar. Es stößt auch auf verfassungsrechtliche Hindernisse. Es wird argumentiert, daß die optimierende Grundrechtsabwägung dem Verständnis des Grundgesetzes als Rahmenordnung widerspricht, die einen großen Raum für rechtliche Gestaltung offenläßt[681]. Darüber hinaus schlägt das Optimierungsmodell auch auf das Verhältnis zwischen Gesetzgeber und Verfassungsgerichtsbarkeit durch[682]. Deswegen ist es mit dem Gewaltenteilungsgrundsatz bzw. mit dem Demokratieprinzip schwer vereinbar. Insgesamt ist die grundrechtliche Optimierung zwar ein wichtiges Ziel der Verfassungspolitik und das muß sie immer sein. Es ist jedoch fraglich, ob sie auch ein verfassungsrechtliches Prinzip darstellt[683].

---

678 Gellermann, Grundrechte, S. 70

679 Würtenberger, VVDStRL 58 (1999), S. 139ff. (154f.).

680 Würtenberger, VVDStRL 58 (1999), S. 139ff. (155f.).

681 Würtenberger, VVDStRL 58 (1999), S. 139ff. (158); Gellermann, Grundrechte, S. 71.

682 Gellermann, Grundrechte, S. 71f.

683 S. Würtenberger, VVDStRL 58 (1999), S. 139ff. (158f.); ders., Umweltschutz und Grundrechtsdogmatik, S. 3ff. (8f.); Gellermann, S. 70ff.

In der Literatur werden auch Einwände gegen das Verständnis der grundrechtlichen Schutzpflichten bzw. Handlungspflichten als Optimierungsgebote und gegen die diesem Verständnis korrespondierende Gliederung des grundrechtlichen Untermaßverbots durch Alexy und Borowski erhoben[684]. Gellermann bemerkt, daß die Unterscheidung zwischen materiellen und formellen Prinzipien, welche die Radikalität des optimierenden Prinzipienmodells zu mildern versucht, es zugleich seiner dogmatischen Stringenz beraubt und sich mit Art. 1 Abs. 3 GG nicht vereinbaren läßt[685].

Nitz stellt sich kritisch gegen diese Gliederung des Untermaßverbots, weil nach ihm die grundrechtlichen Schutzpflichten keine Optimierungsgebote sondern Mindestschutzpflichten sind.

Den Ausgangspunkt der Überlegungen von Nitz bietet die Frage nach dem aus den grundrechtlichen Schutzpflichten ableitbaren Schutzniveau[686]. Nitz macht von Anfang an mit guten Gründen deutlich, daß nach der Begründung und Festlegung der grundrechtlichen Schutzpflichten die Auffindung von Ansätzen zur Konkretisierung des durch den Staat in diesem Zusammenhang zu erreichenden Mindestschutzniveau den maßgeblichen Angelpunkt der Schutzpflichtenlehre darstellt. Er geht davon aus, daß man zunächst klären soll, ob die grundrechtlichen Schutzpflichten eine Maximierung, eine Optimierung oder einen Mindestschutz der Grundrechtsgüter erfordern[687]. Nitz schlägt eine Unterscheidung zwischen Maximierung, Optimierung und Mindestschutz vor: Die grundrechtlichen Schutzpflichten seien Maximierungspflichten, wenn der Staat verpflichtet sei, ohne Berücksichtigung der entgegenstehenden verfassungsrechtlich geschützten Interessen „die zu schützenden Rechtsgüter maximal zur Geltung zu bringen"[688], mit anderen Worten „im Rahmen des Möglichen umfassenden Rechtsgüterschutz zu gewährleisten."[689] Das Verständnis der grundrechtlichen Schutzpflichten als Maximierungsgebote berge in sich eine Vernachlässigung der unumstritten geltenden abwehrechtlichen Dimension der Grundrechte[690].

Zweitens seien die grundrechtlichen Schutzpflichten Optimierungspflichten, wenn der Staat verpflichtet sei, die zu schützenden Rechtsgüter unter Berücksichtigung anderer, ebenfalls grundrechtlich geschützter Interessen (d. h.

---

[684] Nitz, Private und öffentliche Sicherheit, S. 368 ff.; Gellermann, Grundrechte, S. 349. Vgl. auch Hain, Die Grundsätze des Grundgesetzes, S. 286, der zwar für das Verständnis der grundrechtlichen Schutzpflichten als Prinzipien, zugleich jedoch gegen eine daraus resultierende Suche nach der aus dem Untermaßverbot herleitbaren einzig richtigen Lösung plädiert: „D. h. es gibt nicht nur eine „richtige", optimale Antwort auf die praktische Abwägungsfrage, sondern aus den prinzipiellen Positionen läßt sich lediglich ein Rahmen gewinnen, innerhalb dessen Spielraum für mögliche prinzipienkonforme Konkretisierungen besteht."

[685] Gellermann, Grundrechte, S. 75.

[686] Nitz, Private und öffentliche Sicherheit, S. 368: „Ist somit geklärt, daß und zugunsten welcher grundrechtlichen Schutzgüter der Staat schützen muß, bleibt zu klären, welches Maß an Schutz zu gewährleisten ist."

[687] Nitz, Private und öffentliche Sicherheit, S. 369ff.

[688] Nitz, Private und öffentliche Sicherheit, S. 368.

[689] Nitz, Private und öffentliche Sicherheit, S. 369.

[690] Nitz, Private und öffentliche Sicherheit, S. 369: „....der schützende Staat...unterliegt den Einschränkungen des abwehrrechtlichen Gehalts der Grundrechte. Dementsprechend muß das geforderte Schutzniveau in Relation zu kollidierenden Interessen Dritter ermittelt werden, so daß es jedenfalls nicht um maximalen Schutz, sondern nur um die Frage gehen kann, ob er optimalen Schutz gewährleisten muß oder aber sich auf ein Mindestschutzniveau beschränken kann."

vor allem unter Respekt der Abwehrfunktion der Grundrechte) zu optimieren. Auch dieses Verständnis der grundrechtlichen Schutzpflichten ist nach Nitz verfehlt: „Ein solches Optimierungskonzept basiert notwendig auf einem Verfassungsverständnis, nach dem die Verfassung nicht nur die Grundlagen des staatlichen Lebens regelt, sondern alle Kollisionen zwischen verfassungsrechtlich anerkannten Interessen bereits vorentschieden hat. Der Gesetzgeber würde danach zwar nicht praktisch, aber eben doch verfassungstheoretisch zum Verfassungsvollzugsorgan, sein verbleibender Spielraum würde nur noch Fragen der Umsetzung des Verfassungsauftrags umfassen. Dies ist jedoch nicht das Konzept des Grundgesetzes."[691]

Schließlich schreiben grundrechtliche Schutzpflichten nach Nitz nur einen Mindestschutz der zu schützenden Rechtsgüter vor. „Für die Kollision zwischen Schutzbegehren und Abwehrrecht folgt hieraus, daß dem Gesetzgeber regelmäßig ein Spielraum verbleibt. Sofern der Eingriff in Grundrechte Dritter hinter der aus Sicht dieses Abwehrrechts noch zulässigen Eingriffsintensität zurückbleibt, kann der Gesetzgeber in dieser Zone zwischen Mindestschutz und maximal zulässigem Eingriff frei wählen."[692] Kurz gefaßt ist nach Nitz der Staat zur Maximierung der gemäß der grundrechtlichen Schutzpflichten zu schützenden Rechtsgüter weder verpflichtet noch berechtigt, zu ihrer Optimierung nur berechtigt und zu ihrem Mindestschutz verpflichtet[693].

3.2.3.3. STELLUNGNAHME

Die Einwände gegen die Gliederung des Untermaßverbots durch Borowski sind gerechtfertigt, soweit sie sich gegen die prinzipielle Vorstellung von der einzig gebotenen und justitiablen staatlichen Wahrnehmung einer grundrechtlichen Handlungspflicht richten. Es ist aus dem Grundgesetz nicht ableitbar, daß jede grundrechtliche Handlungsverpflichtung immer nur in einer Weise verfassungsmäßig wahrgenommen werden kann. Daß dies ausnahmsweise der Fall sein kann, ist unzweifelhaft. Aber es ist nicht immer der Fall. Unter demselben Blickwinkel ist ebenfalls nicht zutreffend, das grundrechtliche Untermaßverbot als eine detaillierte vielschichtige Prüfung zu begreifen, das darauf zugeschnitten ist, die einzige gebotene Förderungshandlung zu markieren. Andererseits plädiert selbst Alexy nicht für die Suche nach der einzig richtigen optimierten Lösung.

---

691 Nitz, Private und öffentliche Sicherheit, S. 371.
692 Nitz, Private und öffentliche Sicherheit, S. 371-372.
693 Im Gegensatz zu den Abwehrrechten merkt Nitz (Private und öffentliche Sicherheit, S. 376) zutreffend und charakteristisch hinsichtlich der grundrechtlichen Schutzpflichten folgendes an: „Anders als die auf Minimierung des Eingriffs zielende Abwehrfunktion der Grundrechte zielt die Schutzverpflichtung gerade nicht auf eine Maximierung von Schutz im Rahmen der kollidierenden Grundrechte (=Optimierung)."

Die grundrechtstheoretischen Prämissen von Nitz sind zwar zutreffend. Die grundrechtlichen Schutzpflichten sind Optimierungsberechtigungen und Mindestschutzpflichten. Diese Mindestschutzpflichten erschöpfen sich jedoch weder in der Gewährleistung des Wesensgehalts der Grundrechte, wie Scherzberg behauptet[694], noch in der Menschenwürde, wie Hain meint[695]. Der Ausdruck Mindestschutzpflichten ist deshalb irreführend. Das grundrechtliche Untermaßverbot im engeren Sinne gewährleistet auch den Schutzbereich der grundrechtlichen Handlungspflichten unter der Berücksichtigung ihrer verfassungsrechtlichen Schranken[696].

Die Schwierigkeit der Überprüfung aller möglichen Förderungsmittel ist eine deutliche Schwäche der Gliederung des Untermaßverbots von Borowski. Das Untermaßverbot kann zuverlässig nur die vorhandenen staatlichen Maßnahmen verfassungsrechtlich überprüfen.

Weiterhin erweist sich der Maßstab der „absoluten Differenz“, auf dessen Anwendung Borowski im Rahmen des vierten Schrittes der weiteren Mittelauswahl tendiert, als nicht einwandfrei. Denn das Vorhandensein von vergleichbarer Förderungsintensität und Beeinträchtigungsintensität ist nicht immer selbstverständlich. Beeinträchtigungsintensität eines Abwehrrechts und Förderungsintensität einer grundrechtlichen Handlungspflicht sind nicht immer meßbar durch Zahlen.

Die Ausführungen von Borowski bleiben schließlich schuldig, eine Antwort auf die für ihn zentrale Frage der Bestimmung der gebotenen Förderungsmittel. Denn Borowski liefert auf der Ebene der Kollision zwischen grundrechtlichem Untermaßverbot und Gewaltenteilungsgrundsatz bzw. Demokratieprinzip keinen Abwägungsmechanismus und bevorzugt keine der drei möglichen Resultate. Damit bleibt auch unklar, ob seine prozedural völlig originäre und bahnbrechende Vorgehensweise mit dem Untermaßverbot am Ende auch zu radikal unterschiedlichen Ergebnissen führt.

Andererseits ist eine solche Bestimmung des grundrechtlichen Untermaßverbots aufgrund der dogmatischen Prämissen von Borowski und im Rahmen seines optimierenden Prinzipiendenkens konsequent. Die Diskussion und die Kontroverse über das grundrechtliche Untermaßverbot wird dadurch angereichert, denn Borowski vertritt ein Untermaßverbotsmodell, das dem Prinzipiendenken der Schule von Alexy[697] verpflichtet ist, die einen beachtlichen Teil der allgemeinen Grundrechtstheorie dominiert. Mit anderen Worten, wenn man der Auffassung ist, daß die grundrechtlichen Handlungspflichten durch eine optima-

---

694 S. Kapitel 2.2.1.2.

695 Hain, Die Grundsätze des Grundgesetzes, S. 286f.

696 Dazu Kapitel 5.2.4.1. und 5.3.1.1.

697 Alexy, Theorie der Grundrechte, S. 75ff.; ders., Zum Begriff des Rechtsprinzips, Rechtstheorie, Beiheft 1, (1979), S. 59ff.; ders., Recht, Vernunft, Diskurs, S. 213ff.; Sieckmann, Regelmodelle und Prinzipienmodelle des Rechts, ders., Zur Abwägungsfähigkeit von Prinzipien, S. 205; ders., Logische Eigenschaften von Prinzipien, Rechtstheorie, S. 163; Borowski, Grundrechte als Prinzipien; Raabe, Grundrechte und Erkenntnis, S. 176ff. Grundsätzlich zustimmend auch Hoffmann-Riem, Effizienz als Herausforderung an das Verwaltungsrecht, S. 11ff. (23); Hoppe, DVBl. 1992, S. 358ff.; Koch, Die normtheoretische Basis der Abwägung, S. 11ff. (16ff.); Kadelbach, Allgemeines Verwaltungsrecht unter europäischem Einfluß, S. 51ff.

le staatliche Handlung wahrgenommen werden können, stellt das Untermaßverbotsmodell von Borowski einen überzeugenden Weg zur Weiterführung dieses Verständnisses.

Die Gliederung des Untermaßverbots durch Borowski wird durch eine große innere systematische Kraft und Plausibilität gekennzeichnet. Es handelt sich um ein durchaus abschließend konturiertes grundrechtliches Untermaßverbotsmodell, das Anworten auf die meisten auftauchenden Fragen zu liefern vermag. Borowski spricht nicht nur theoretisch, sondern verwendet auch praktische Beispiele aus der Rechtsprechung[698] und veranschaulicht seinen Gedankengang durch Schemata[699].

Kurz gefaßt ist die Gliederung des grundrechtlichen Untermaßverbots nach Borowski im Zusammenhang mit der nachfolgenden Einbeziehung der Frage nach der Begrenzung der Untermaßverbotsprüfung des BVerfG aufgrund der Gewaltenteilung ein vollständiges Untermaßverbotskonzept. Dagegen kann man jedoch mit guten Gründen einwenden, daß seine dogmatische Prämissen nicht zutreffend sind.

3.2.4. KRITISCHE STIMMEN GEGEN EINE GLIEDERUNG DES GRUNDRECHTLICHEN UNTERMASSVERBOTS NACH DEM VORBILD DER VERHÄLTNISMÄSSIGKEIT

Dietlein[700] zweifelt die Möglichkeit der Gliederung der Untermaßverbotsprüfung nach dem Vorbild des abwehrechtlichen Übermaßverbots an: „Bei systematischer Betrachtung muß indessen bald klar werden, daß derlei Versuche zum Scheitern verurteilt sind.“[701] Nach ihm sind die Teilschritte der Geeignetheit, der Erforderlichkeit und der Verhältnismäßigkeit im engeren Sinne nur darauf zugeschnitten, konditional programmierte[702] Maßstäbe wie das abwehrechtliche Übermaßverbot zu konkretisieren[703]. Er bemerkt, daß das abwehrechtliche Übermaßverbot die Struktur eines „Wenn-Dann-Schemas“ aufweist.

Das grundrechtliche Untermaßverbot habe jedoch eine anders geartete Struktur. Es sei kein „konditional-programmierter“, kein „Wenn-Dann“-Maßstab[704], sondern es sei finalprogrammiert[705] und ergebnisorientiert[706]. Diese Bemerkung von Dietlein ist äußerst wichtig, denn sie versucht aus rechtssyste-

---

698 Borowski, Grundrechte als Prinzipien, S. 140ff.
699 Borowski, Grundrechte als Prinzipien, S. 154.
700 Dietlein, ZG 1995, S. 131ff. (139ff.).
701 Dietlein, ZG 1995, S. 131ff. (139).
702 Zum Begriff des Konditionalprogrammes s. Luhmann, Recht und Automation in der öffentlichen Verwaltung, S. 36.
703 Dietlein, ZG 1995, S. 131ff. (139).
704 Dietlein, ZG 1995, S. 131ff. (139): „...erscheint es nicht annähernd möglich, das Untermaßverbot in die Paßform eines Konditionalprogrammes, also in ein schlichtes „Wenn-Dann-Schema“ zu zwängen“.
705 Dietlein, ZG 1995, S. 131ff. (140).
706 Nitz, Private und öffentliche Sicherheit, S. 375.

matischer Sicht zu beweisen, warum sich die dreigliedrige Struktur der Verhältnismäßigkeit mit dem grundrechtlichen Untermaßverbot im engeren Sinne nicht vereinbaren läßt.

Auch Nitz[707] äußert sich kritisch gegen die Konkretisierung des grundrechtlichen Untermaßverbots durch die drei Schritte der Verhältnismäßigkeit. Den Ausgangspunkt der Überlegungen von Nitz bietet die Frage nach dem aus den grundrechtlichen Schutzpflichten fließenden Schutzniveau[708]. Nachdem er den Schluß zieht, daß die grundrechtlichen Schutzpflichten nur zur Gewährleistung eines Mindestschutzniveaus der grundrechtlich geschützten Rechtsgüter verpflichten[709], untersucht Nitz Ansätze zur praktischen Wahrnehmung und Weiterführung dieses verfassungsrechtlich geforderten Mindestschutzniveaus[710]. In diesem Zusammenhang behandelt er das Untermaßverbot als einen möglichen Ansatz, eine Methode zur Konkretisierung des Mindestschutzniveaus, zu dessen Erreichung der Staat verpflichtet sei[711].

Nitz versucht, die drei Schritte des Übermaßverbots auch im Rahmen des Untermaßverbots anzuwenden[712]. Die strukturelle Parallele zwischen Übermaß- und Untermaßverbot erschöpfe sich jedoch in den Fragen nach der Festlegung des Zweckes und nach der Geeignetheit der eingesetzten Mittel zur Wahrnehmung dieses Zweckes: „...so ist im Rahmen der Untermaßverbotsprüfung ebenfalls zu fragen, ob das schützende Mittel die grundrechtlichen Interessen des zu Schützenden fördern kann.“[713]

Wenn Nitz die Erforderlichkeitsstufe sowie die Verhältnismäßigkeitsprüfung im engeren Sinne im Rahmen des Untermaßverbots zu skizzieren probiert, stellt er fest, daß dies dogmatisch widersprüchlich ist. Der Grund dafür sei, daß sowohl die Erforderlichkeitsprüfung als auch die Prüfung der Angemessenheit eine Funktion der grundrechtlichen Schutzpflichten als Optimierungsgebote voraussetze, was nach Nitz, wie oben dargelegt worden ist[714], kaum der Fall ist[715]. Nitz bemerkt mit Recht, daß eine Erforderlichkeitsprüfung, die nach einem effektiveren und zugleich zumindest gleichfalls beeinträchtigenden Mittel

---

707 Nitz, Private und öffentliche Sicherheit, S. 368ff.
708 Nitz, Private und öffentliche Sicherheit, S. 368.
709 S. Kapitel 3.2.3.2.
710 Nitz, Private und öffentliche Sicherheit, S. 373ff.
711 Nitz, Private und öffentliche Sicherheit, S. 373.
712 Nitz, Private und öffentliche Sicherheit, S. 375ff.
713 Nitz, Private und öffentliche Sicherheit, S. 375. A. A. ist jedoch von Arnauld, Die Freiheitsrechte und ihre Schranken, S. 235, der den Geeignetheitsgedanke als inkompatibel mit dem Untermaßverbotsgedanken ansieht.
714 S. Kapitel 3.2.3.2.
715 Nitz, Private und öffentliche Sicherheit, S. 375-376. Vgl. dazu die im Ergebnis ähnlichen Ausführungen von Schlink (in: FS 50 Jahre BVerfG, S. 445ff. (455ff.). Schlink verwendet zwar eine unterschiedliche Terminologie (er geht nämlich von der Unterscheidung zwischen Prognose und Bewertung aus und er erklärt, daß die Geeignetheitsfrage und die restriktive Erforderlichkeitsfrage nur durch Prognose zu beantworten sind, während die Erforderlichkeitsfrage im Sinne der „Pareto-Optimalität“ und die Verhältnismäßigkeitsprüfung im engeren Sinne ohne Bewertungen nicht entschieden werden können). Im Ergebnis ist der hier vertretene kritische Ansatz gegen das Erforderlichkeitsprinzip im Sinne der „Pareto-Optimalität“ und des Verhältnismäßigkeitsprinzips im engeren Sinne mit der These von Schlink identisch. Beide Ansätze bezweifeln den Verfassungsrang von „Pareto-Optimalität“ und Verhältnismäßigkeit im engeren Sinne und ihre Anwendung bei der Auflösung von Grundrechtskollisionen an.

wie das staatlich Wahrgenommene fragt[716], und eine Verhältnismäßigkeitsprüfung im engeren Sinne[717] nur mit einem Verständnis der grundrechtlichen Schutzpflichten als Optimierungspflichten kompatibel seien[718].

Kurz ausgedrückt vertritt Nitz die Auffassung, daß es im Rahmen der Untermaßverbotsprüfung keinen Platz für Erforderlichkeits- und Angemessenheitserwägungen gibt. Denn das Untermaßverbot sei eine Methode zur Konkretisierung des verfassungsrechtlich geforderten Mindestschutzniveaus. Unter diesem Blickwinkel bestehe das Untermaßverbot ausschließlich aus einer Geeignetheitsprüfung. Auf dieser Grundlage sieht Nitz also den Maßstab des Übermaßverbots als wenig ergiebig, das Mindestschutzniveau weiter zu konkretisieren.

3.2.5. KRITISCHE WÜRDIGUNG

Bei der Erörterung der Frage nach der Gliederung des grundrechtlichen Untermaßverbots ist die Unterscheidung zwischen grundrechtlichem Untermaßverbot in engerem Sinne und „abwägendem" grundrechtlichem Untermaßverbot in weiteren Sinne von Bedeutung[719]. Daraus folgt, daß die Gliederung aus zwei gesondert zu untersuchenden Teilfragen besteht. Beide Teilfragen können nicht unabhängig von der Frage nach der Funktion der grundrechtlichen Handlungspflichten als Optimierungspflichten oder als Mindestschutzpflichten abschließend erörtert werden.

Was die Konturierung des grundrechtlichen Untermaßverbots im engeren Sinne anbelangt, sind die Teilschritte der Erforderlichkeit und der Verhältnismäßigkeit im engeren Sinne als dogmatisch nicht stringent zu beurteilen. Die Fragen nach der Erforderlichkeit und der Verhältnismäßigkeit im engeren Sinne einer staatlichen Maßnahme tauchen erst bei Grundrechtskollisionen auf. Sie setzen die Spannung zwischen mindestens zwei Grundrechten voraus. Für die Auflösung der Kollision sind beide (bzw. alle) gegenüberstehenden Grundrechtsbelange zu berücksichtigen. Eine Anwort nach der Erforderlichkeit oder der Verhältnismäßigkeit im engeren Sinne einer staatlichen Maßnahme ist durch

---

716 Nitz, Private und öffentliche Sicherheit, S. 376: „Hier ließe sich fragen, ob im Hinblick auf das auf dieser Prüfungsebene hinzunehmende Maß an Beeinträchtigung der Grundrechte potentiell störender Dritter auch dasjenige gewählt wurde, welches am effektivsten schützt." S. als Beispiel eines solchen Vorgehens mit dem Erforderlichkeitsgrundsatz im Rahmen der Gliederung des Untermaßverbots Borowski, Grundrechte als Prinzipien, S. 153ff; vgl. auch Möstl, DÖV 1998, S. 1029ff. (1038-1039); Michael, JuS 2001, S. 148ff. (151).

717 Nitz, Private und öffentliche Sicherheit, S. 376: „Gleiches gilt für die letzte Stufe der Übermaßverbotsprüfung. Auch hier ist mangels einer Verpflichtung zur Optimierung keine der Angemessenheitsstufe entsprechende umfassende Abwägung der beteiligten rechtlichen Interessen möglich."

718 Nitz, Private und öffentliche Sicherheit, S. 376: „Hintergrund dieser Fragestellung wäre damit der Gedanke, daß wenn schon damit in Grundrechte Dritter eingegriffen werden muß, so müsse doch wenigstens ein Optimum an Schutz verwirklicht werden. Dies zeigt, daß eine Integration der Erforderlichkeitsprüfung in die Untermaßverbotsprüfung nur dann möglich ist, wenn die verfassungsrechtlichen Schutzpflichten auf optimalen Schutz gerichtet sind." Vgl. auch Dietlein, ZG 1995, S. 131, 136ff.

719 Kapitel 5.2.2.

die Blickrichtung auf nur ein relevantes Grundrecht nicht möglich. Im Rahmen des grundrechtlichen Untermaßverbots im engeren Sinne wird jedoch die Verfassungsmäßigkeit einer staatlichen Maßnahme nur bezüglich eines Grundrechts erörtert.

Das grundrechtliche Untermaßverbot im engeren Sinne fragt nur, ob z. B. ein Abtreibungsgesetz die grundrechtliche Pflicht des Staates zum Schutz des Lebens des Ungeborenen wahrgenommen hat. Die Erforderlichkeitsfrage erörtert darüber hinaus, ob dieses Gesetz erforderlich für die Nicht-Verletzung der Grundrechte der schwangeren Frau ist[720], oder ob die Verletzung der Grundrechte der schwangeren Frau für die Nicht-Verletzung des Lebens des Nasciturus erforderlich ist[721]. Ebenfalls fragt die Verhältnismäßigkeit im engeren Sinne, ob das vorhandene Gesetz verhältnismäßig im engeren Sinne, d. h. auf alle relevanten Grundrechte, und nicht nur um beim Beispiel zu bleiben auf das Lebensrecht des Ungeborenen, die gebotene Rücksicht genommen hat.

Anders verhält es sich mit der Geeignetheitsfrage. Ihre Beantwortung bedarf keiner Berücksichtigung von entgegenstehenden Grundrechtsbelangen[722]. Die Geeignetheit einer staatlichen Maßnahme kann allein in Bezug auf ein Grundrecht beurteilt werden. Das bedeutet somit, daß die Geeignetheit das grundrechtliche Untermaßverbot im engeren Sinne konturieren könnte. Was geeignet ist, verstößt nicht gegen das grundrechtliche Untermaßverbot im engeren Sinne. Was ungeeignet ist, ist auch untermäßig im engeren Sinne.

Aber es bleibt unklar, was geeignet ist und was nicht. Der Maßstab der Geeignetheit ist abstrakt und nicht weiterführend. Es ist also fragwürdig, ob sich die Geeignetheitsfrage zur Konkretisierung des grundrechtlichen Untermaßverbots im engeren Sinne als ergiebig erweisen kann. Eine eigene, die vorliegenden Vorarbeiten kombinierende oder weiterführende Stellungnahme zur Konkretisierung des grundrechtlichen Untermaßverbots im engeren Sinne soll dargestellt werden[723].

Die übliche Erforderlichkeitsfrage ist jedoch m. E. verfehlt. Denn sie setzt immer das strukturelle Übergewicht eines Grundrechts voraus. Wenn die Rechtfertigung eines staatlichen Eingriffs in ein Grundrecht wegen der Erforderlichkeit dieses Eingriffs für den Schutz eines anderen Grundrechts begründet wird, dann genießt tatsächlich das zweite Grundrecht einen verfassungsrechtlichen Vorrang[724]. Bei Dreieckskonstellationen kollidieren zwei oder mehrere Grundrechte. Die Erforderlichkeitsfrage setzt den Vorrang eines Grundrechts voraus. Sie stellt die Erforderlichkeit einer staatlichen Maßnahme für die Förderung ei-

---

[720] So lautet die Variante von Hermes, Suhr, Pietrzak, Hofmann, Roßnagel (Kapitel 3.2.1.1.)

[721] So lautet der Ansatz von Merten, Möstl (3.2.2.2.) und Borowski (3.2.3.1.)

[722] Vgl. Leisner, DÖV 1999, S. 807ff. (813): „Geeignetheit ist also kein „Vergleichskriterium".

[723] Kapitel 5.2.4.1. und 5.2.4.2.

[724] Bei der Gliederung von Hermes, Suhr, Roßnagel, Hofmann und Pietrzak (Kapitel 3.2.2.1.) genießt das jeweilige Abwehrrecht und bei der Gliederung von Merten, Möstl, Erichsen (Kapitel 3.2.2.2), Michael (Kapitel 3.2.2.4.) und Borowski (Kapitel 3.2.3.1.) das jeweilige Schutzrecht diesen Vorrang. Vgl. auch Böckenförde, Der Staat 29 (1990), S. 1ff. (20): „Wäre er (d. h. nur ein Zweck als Bezugspunkt der dreigliedrigen Verhältnismäßigkeitsprüfung) vorhanden, würde er dem oder einem Grundrechtsgehalt, bei dem er angesiedelt wird, sofort einen Vorrang verschaffen."

nes Grundrechts als genügenden Grund für die Rechtfertigung des Eingriffs in ein anderes Grundrecht dar. Damit indiziert sie unmittelbar den Vorrang des einen Grundrechts und rechtfertigt die Zurückstellung des anderen Grundrechts. Dies ist jedoch durch das Grundrechtssystem des Grundgesetzes nicht gestattet.

Die Gegner der Kongruenzthese zwischen Übermaß- und Untermaßverbot haben entwickelt, daß bei Dreieckskonstellationen sich die Frage nach der Erforderlichkeit einer staatlichen Maßnahme für die Erfüllung der einschlägigen grundrechtlichen Schutzpflicht von der Frage nach der Erforderlichkeit der staatlichen Maßnahme für den Nicht-Eingriff in das einschlägige Abwehrrecht wesentlich unterscheidet[725]. Und es genügt nicht zu entscheiden, im Hinblick auf welche der zwei Grundrechte die Erforderlichkeitsfrage zu stellen ist[726]. Man muß beweisen, warum die Erforderlichkeitsfrage in Bezug auf das jeweilige Abwehrrecht und nicht in Bezug auf die jeweilige Schutzpflicht, oder umgekehrt zu stellen ist[727]. Die These von einer schwächeren Wirkung der grundrechtlichen Schutzpflichten den Abwehrrechten gegenüber[728] könnte die Stellung der Erforderlichkeitsfrage in Bezug auf das jeweilige Abwehrrecht und damit den Vorrang der Abwehrseite dogmatisch begründen. Wen man diese These vertritt, kann man mit guten Gründen die Erforderlichkeitsfrage in die Gliederung des grundrechtlichen Untermaßverbots im weiteren Sinne[729] einordnen. Aber die These von der schwächeren Wirkung der grundrechtlichen Schutzpflichten findet m. E. keinen Anknüpfungspunkt im Grundgesetz und vernachlässigt den deutlichen Wortlaut von Art. 1 Abs. 3 GG[730].

Dabei ist die übliche Erforderlichkeitsfrage durch eine andere Erforderlichkeitsfrage bzw. Notwendigkeitsfrage zu ersetzen[731]: Ein Eingriff in den Schutzbereich eines Grundrechts ist ausnahmsweise verfassungsrechtlich gerechtfertigt, wenn er erforderlich (notwendig) für die Nicht-Antastung des Wesensgehalts eines anderen Grundrechts ist. Dafür bietet das Grundgesetz feste Vorgaben: Den Vorrang des Wesensgehalts der Grundrecht nach Art. 19 Abs. 2 GG.

Schließlich ist endgültig zu entscheiden, ob die Anwendung der Verhältnismäßigkeitsprüfung im engeren Sinne bei der Konkretisierung des grundrechtlichen Untermaßverbots im weiteren Sinne erlaubt und hilfreich ist. Die Antwort

---

[725] S. Kapitel 2.4. und 3.2.2.1.

[726] S. Möstl, DÖV 1998, S. 1029ff. (1038).

[727] Die Erforderlichkeitsfrage kann nicht zwei Bezugspunkte haben, wie die Verhältnismäßigkeit im engeren Sinne. Deswegen ist ihre Anwendung bei der Auflösung von Grundrechtskollisionen, bei denen es immer zumindest zwei verfassungsrechtliche Bezugspunkte gibt, problematisch. Vgl. Calliess, Rechtsstaat und Umweltstaat, S. 570.

[728] Jarass, AöR 110 (1985), S. 363ff. (382): „... daß die Grundrechtsförderung als Ausfluß der objektivrechtlichen Seite eines Grundrechts grundsätzlich einen geringeren Schutz erfährt als der Grundrechtseingriff als Ausfluß der Abwehrfunktion"; Wahl/Masing, JZ 1990, S. 553ff. (559): "Danach stehen sich Abwehranspruch und Schutzpflicht nicht gleichgeordnet gegenüber"; Canaris, Grundrechte S. 43f.; Ruffert, Vorrang der Verfassung, S. 219. S. auch Kapitel 2.1.1.4. und 2.4.4.

[729] Unter diesen Bedingungen ist die Konkretisierung des grundrechtlichen Untermaßverbots im weiteren Sinne durch Suhr, Roßnagel, Hofmann, Hermes und Pietrzak (Kapitel 3.2.2.1.) dogmatisch plausibel.

[730] S. auch Kapitel 2.4.4.

[731] Diese fragt, ob die Verletzung des Schutzbereichs eines Grundrechts strikt erforderlich (notwendig) für die Nicht-Antastung des Wesensgehalts eines anderen Grundrechts ist. Dazu Kapitel 5.2.4.1., 5.2.4.3., 5.3.1.1.

zu dieser wichtigen Frage ist sowohl einfach als auch schwierig. Einfach ist sie, denn, wenn man die Verhältnismäßigkeit im engeren Sinne als ein Prinzip mit Verfassungsrang betrachtet, so stellt die Verhältnismäßigkeitsprüfung im engeren Sinne zweifellos den letzten Schritt der Gliederung des grundrechtlichen Untermaßverbots im weiteren Sinne dar[732].

Schwierig ist es nicht, weil etwa das Verhältnismäßigkeitsprinzip im engeren Sinne nicht von Natur aus darauf zugeschnitten sei, unter Berücksichtigung auch der Schutzfunktion der Grundrechte Dreieckskonstellationen zu lösen. Das Verhältnismäßigkeitsprinzip im engeren Sinne berücksichtigt immer die Schutzfunktion der Grundrechte und verortet sich in „Schutz durch Eingriff"-Konstellationen. Die Verhältnismäßigkeit im engeren Sinne ist dieselbe, unabhängig davon, ob man sie im Hinblick auf die Abwehrfunktion der Grundrechte, dem grundrechtlichen Übermaßverbot oder aus der Sicht der Schutzfunktion der Grundrechte dem grundrechtlichen Untermaßverbot zuordnet. Ihr Anwendungsfeld sind immer die Grundrechtskollisionen. Mit guten Gründen behaupten die Anhänger der Kongruenzthese zwischen Übermaßverbot und Untermaßverbot, daß das Verhältnismäßigkeitsprinzip im engeren Sinne bzw. die Angemessenheit einer staatlichen Maßnahme aus der Perspektive sowohl des Übermaßverbots als auch des Untermaßverbots identisch ist. Sie ist schwierig, weil, obwohl der Verfassungsranng des Verhältnsimäßigkeitsprinzips nach der herrschenden Auffassung nicht bestritten wird, die konkrete dogmatische Herleitung des Verhältismäßigkeitsprinzips umstritten bleibt.

3.3. DIE KRITERIEN ZUR ANWENDUNG DES GRUNDRECHTLICHEN UNTERMASSVERBOTS

Die Schilderung der Struktur des grundrechtlichen Untermaßverbots ist zwar der Hauptschritt für seine Konturierung. Die Struktur des grundrechtlichen Untermaßverbots wird jedoch erst durch die Entwicklung von konkreten Kriterien praktisch anwendbar.

[732] S. Kapitel 5.2.4.3., 5.3.1.1. und insbesondere 5.3.1.2.

3.3.1. DIE ART DES DIE NORMATIVE GRUNDRECHTLICHE HANDLUNGSPFLICHT AUSLÖSENDEN GRUNDRECHTS

Die herrschende These von der Ranggleichheit[733] der Grundrechte des Grundgesetzes verbietet Überlegungen, über eine variierend abgestufte Anwendung des grundrechtlichen Untermaßverbots. Es gibt jedoch Stimmen in der Literatur, welche die Bedeutung des einzelnen Grundrechts als flankierendes und Differenzierungen steuerndes Moment im Rahmen des grundrechtlichen Untermaßverbots herausarbeiten[734]. Daß die verschiedenen Grundrechte aus ethischer Sicht nicht auf derselben Ebene stehen[735] und über eine unterschiedliche und abgestufte Bedeutung verfügen, mag unbestritten bleiben. Aber die Entscheidung des Grundgesetzes, alle Grundrechte als prinzipiell ranggleich anzuerkennen, wird nicht geändert und soll dadurch auch nicht überspielt werden. Deswegen ist es verfassungsrechtlich bedenklich, von der Bedeutung des jeweiligen Grundrechts als entscheidendem Faktor zur Konkretisierung der Struktur des grundrechtlichen Untermaßverbots zu sprechen.

Ganz anders steht es jedoch mit der Art des jeweiligen Grundrechts. Die Grundrechte sind zwar ranggleich, aber sind auch zugleich unterschiedlich[736]. Die Art des Grundrechts ist aus zweierlei Hinsicht dazu geeignet, die Struktur des grundrechtlichen Untermaßverbots zu steuern. Zuerst wohnt jeder Grundrechtsnorm eine unterschiedliche Grundrechtsstruktur inne. D. h., daß der Schutzbereich jedes Grundrechts einzigartig ist, und daß sich seine Schranken von den Schranken der anderen Grundrechten unterscheiden können. Daraus folgt, daß die Untermaßverbotsprüfung jeweils anders bei einem Grundrecht ohne Gesetzesvorbehalt, bei einem Grundrecht mit einem einfachen oder bei einem Grundrecht mit qualifiziertem Gesetzesvorbehalt zur Anwendung kommt[737].

Zweitens spielt die Art des jeweiligen Grundrechts eine entscheidende Rolle, was die Frage nach der Bestimmung seines Wesensgehalts angeht. Alle Wesensgehalte der Grundrechte sind zwar ranggleich. Aber die Art des jeweiligen Grundrechts spielt eine wesentliche Rolle zur Unterscheidung seines engen

[733] Nitz, Private und öffentliche Sicherheit, S. 378; Dreier, Dimensionen der Grundrechte, S. 22; Hermes, Das Grundrecht auf Schutz, S. 252-253; Müller, Die Einheit der Verfassung, S. 204-205; Böckenförde, Staat, Gesellschaft, Freiheit, S. 232ff.

[734] In dieser Richtung Merten, Grundrechtliche Schutzpflichten, S. 31f.; Peilert, Das Recht des Auskunftei- und Detekteigewerbes, S. 244-245; vgl. auch BVerfGE 39, 1ff. (42); Canaris, JuS 1989, S. 163 und Roth, Faktische Eingriffe, S. 422, die die Bedeutung des jeweiligen Grundrechts als Faktor zur Bestimmung der „faktischen Funktionsfähigkeit" der bedrohten Freiheit sehen. Vgl. auch Degenhart, Kernenergierecht, S. 149ff.; Lücke, DÖV 1976, S. 289ff. (294).

[735] Insoweit ist die Bemerkung von Merten, Grundrechtliche Schutzpflichten, S. 32, wonach "..menschliches Leben Vorrang vor freien Warenverkehr haben muß", zutreffend und schwerwiegend.

[736] Daraus folgt, daß die Art eines Grundrechts doch ein Kriterium zur Konturierung des grundrechtlichen Untermaßverbots ist. Der hier dargestellte Ansatz wird von Nitz (Nitz, Private und öffentliche Sicherheit, S. 379) übersehen, der vorschnell als einzige Kriterien die Restitutionsfähigkeit und die Intensität der Beeinträchtigung ansieht.

[737] Vgl. auch Hesse, Grundzüge des Verfassungsrechts, Rdnr. 303ff. Im Prinzip zustimmend auch Lerche, HdbStR V, § 122, Rdnr. 20ff.

und total unbeschränkbaren Wesenskerns von seinem Schutzbereich. Der Wesensgehalt der Grundrechte hat nicht immer dieselbe Breite im Vergleich mit ihrem Schutzbereich[738]. Mit anderen Worten gibt es keine gemeinsame Proportion, die den Wesensgehalt eines Grundrechts als ein Stück seines sämtlichen Schutzbereichs festmacht. Bei einem Grundrecht kann der Wesensgehalt ein breiteres Stück des Schutzbereichs umfassen, bei einem anderen aber ein viel kleineres Teil des Schutzbereichs. Dabei spielen auch einzelfallbezogene Erwägungen eine Rolle. Das Kriterium der Art des Grundrechts ist im Zusammenhang mit anderen Kriterien anzuwenden. Mit guten Gründen werden also in der Theorie und in der Rechtsprechung die Kriterien bei der Anwendung des Untermaßverbots immer zusammen erörtert[739].

Das Grundgesetz schreibt nur mit der Regelung des Art. 19 Abs. 2 GG i.V. mit dem jeweiligen Grundrecht vor, daß es für jedes Grundrecht zwei Ebenen seiner Normativität gibt, die sich in der Regel[740] mehr oder weniger unterscheiden, d.h. nicht absolut deckungsgleich sind. Über die Konturen der zwei Ebenen der Normativität jedes Grundrechts führt das Grundgesetz darüber hinaus nichts aus. Auf dieser Grundlage wird also deutlich, daß die Art des Grundrechts auch wegen seiner einzigartigen Relation zwischen Wesensgehalt und üblichem Schutzbereich die grundrechtliche Untermaßverbotsprüfung gesondert beeinflussen kann.

3.3.2. DIE INTENSITÄT DES GRUNDRECHTSEINGRIFFS BZW. DER GRUNDRECHTSGEFÄHRDUNG

Der Grad der Verletzung bzw. der drohenden Gefahr ist das zweite Kriterium für die Konkretisierung der grundrechtlichen Untermaßverbotsprüfung im

---

[738] Isensee (Das Grundrecht, Rdnr. 141) verneint eine rangmäßige Abstufung der Grundrechte und begründet die Notwendigkeit der Differenzierung nach der Art der geschützten Schutzgüter mit ihrer variierenden Empfindlichkeit („Leben und Gesundheit sind empfindlicher als das Eigentum"). Es ist zutreffend, daß die verschiedenen Grundrechte im unterschiedlichen Maß empfindlich im Hinblick auf Beeinträchtigungen sind. Der dogmatische Grund dafür ist jedoch die hier angesprochene nicht feste Proportion zwischen ihrem Wesensgehalt und ihrem Schutzbereich.

[739] Isensee (Das Grundrecht, Rdnr. 90) führt in diesem Zusammenhang Art, Reichweite und Intensität des Übergriffs ein. Vgl. auch BVerfGE 49, 89ff., (142); Peilert, Das Recht des Auskunftei- und Detekteigewerbes, S. 243ff. (244).

[740] Eine Ausnahme könnte man jedoch für Grundrechte ohne Gesetzesvorbehalt annehmen. Wenn man diese Grundrechte weder aufgrund der Verhältnismäßigkeit noch nach den sogenannten „verfassungsimmanenten Schranken" (s. Enders, Die Menschenwürde in der Verfassungsordnung, S. 323ff.; Lorenz, in: FS Klein, S. 267ff.; Wagner, Zur Stellung der Forschungsfreiheit im Gefüge der Grundrechte, S. 229ff.) als einschränkbar aussieht, fallen bei diesen Grundrechten Schutzbereich und Wesensgehalt ins eins. Das ist jedoch nicht zutreffend. Denn der Schutzbereich kann mit guten Gründen verfassungsmäßig anhand Art. 18 GG oder aufgrund des hier entwickelten (S. Kapitel 5.2.4.1., und 5.3.1.1.) verfassungsimmanenten Erforderlichkeitsprinzips (die Verletzung des Schutzbereichs eines Grundrechts, die für die Nichtantastung des Wesensgehalts eines anderen Grundrechts strikt erforderlich ist, ist nicht verfassungswidrig) eingeschränkt werden. Der Wesensgehalt der Grundrechte ist jedoch immer unantastbar. (S. Kapitel 5.3.1.1.).

engeren und im weiteren Sinne[741]. Merten spricht dabei von einer Gefahrenskala, in deren Rahmen Art, Nähe und Ausmaß möglicher Gefahren von Bedeutung sind[742]. Scherzberg macht die Verfassungsmäßigkeitsprüfung des grundrechtlichen Untermaßverbots unmittelbar von der Intensität des Grundrechtseingriffs abhängig[743].

Von der Intensität der Grundrechtsgefährdung hängt maßgeblich die Geeignetheit[744] der für die Behebung dieser Gefahr eingesetzten staatlichen Maßnahmen und damit das grundrechtliche Untermaßverbot ab. Bei einer grundrechtlichen Untermaßverbotsprüfung im weiteren Sinne, die nach dem dreigliedrigen Verhältnismäßigkeitsprinzip strukturiert wird, ist die Intensität der Grundrechtsgefährdung sowohl auf der Geeignetheits- und der Erforderlichkeitsstufe als auch im Rahmen der Verhältnismäßigkeit im engeren Sinne von Bedeutung. Auf dieser letzten Ebene der situativen Abwägung erfährt der Intensitätsfaktor eine besondere Bedeutung[745].

Bei der in dieser Arbeit vorgeschlagenen Gliederung des grundrechtlichen Untermaßverbots[746] spielt ebenfalls die Intensität der Grundrechtsgefährdung eine entscheidende Rolle. Denn sie konturiert in zweierlei Hinsicht das grundrechtliche Untermaßverbot. Sie wirkt sich zuerst auf der Ebene der situativen Überprüfung, ob der Wesensgehalt der normativen grundrechtlichen Pflicht angetastet worden ist, aus. Weiterhin trägt sie zur Entscheidung der Frage bei, ob der Schutzbereich der relevanten Grundrechte ungerechtfertigt verletzt worden ist.

3.3.3. DIE RESTITUTIONSFÄHIGKEIT DER BEEINTRÄCHTIGUNG

Ein weiteres Kriterium für die Konkretisierung der Strukturen von grundrechtlichem Untermaßverbot im engeren und im weiteren Sinne ist die Restitutionsfähigkeit[747] der durch das staatliche Tun oder Unterlassen bewirkten Grundrechtsbeeinträchtigungen. Nach diesem Gedanken hängt das grundrechtliche Untermaßverbot auch von der Möglichkeit ab, die Grundrechtsbeeinträchtigun-

---

[741] BVerfGE 49, 89ff. (142); Hermes, Das Grundrecht auf Schutz, S. 255-256; Canaris, JuS 1989, S. 161ff. (163); Scherzberg, Grundrechtschutz, S. 208ff.; Dietlein, Die Lehre, S. 114; Isensee, Grundrecht auf Sicherheit, S. 37; ders., Das Grundrecht, Rdnr. 90; Merten, Grundrechtliche Schutzpflichten, S. 30ff.; Roth, Faktische Eingriffe, S. 422; Peilert, Das Recht des Auskunftei- und Detekteigewerbes, S. 243ff.; Aulehner, Polizeiliche Gefahren- und Informationsvorsorge, S. 462; Nitz, Private und öffentliche Sicherheit, S. 379; Pieroth/Schlink, Grundrechte, Rdnr. 88ff.

[742] Merten, Grundrechtliche Schutzpflicht, S. 32.

[743] Scherzberg, Grundrechtsschutz, S. 208.

[744] Zur Geeignetheitsfrage als Ansatz zur Konturierung des grundrechtlichen Untermaßverbots s. Kapitel 3.1.1., 3.2.4. und 3.2.5.

[745] Merten, Grundrechtliche Schutzpflicht, S. 30ff.

[746] Dazu Kapitel 5.2.4.

[747] Isensee, Grundrecht auf Sicherheit, S. 38; Blankenagel, DÖV 1989, S. 689ff. (693); Peilert, Das Recht des Auskunftei- und Detekteigewerbes, S. 243ff. (245); Nitz, Private und öffentliche Sicherheit, S. 379; Pieroth/Schlink, Grundrechte, Rdnr. 92.

gen rückgängig zu machen. Dieses Kriterium mißt im Ergebnis dem Schutz des Lebens als Vorbedingung jeder Freiheitsausübung eine überragende Bedeutung bei[748]. Im übrigen handelt es sich hier um ein mit dem Maßstab der Eingriffsintensität verwandtes empirisches Kriterium. Restitutionsfähigkeit ist also als komplementärer Maßstab der Beeinträchtigungsintensität anzusehen.

3.3.4. DIE MÖGLICHKEIT DES SELBSTSCHUTZES

Als weiteres Kriterium[749] zur Konkretisierung des grundrechtlichen Untermaßverbots wird schließlich in der Literatur die Möglichkeit des Selbstschutzes genannt. Isensee vertritt ein Subsidiaritätsprinzip im Hinblick auf die Begründung von grundrechtlichen Schutzpflichten[750], wenn das „Opfer" über Selbstschutzmöglichkeiten verfügt: „Schutzbedarf ergibt sich für den Staat nur, soweit der Bürger nicht in eigener Verantwortung für seine Sicherheit sorgen und ihm nicht zugemutet werden kann, sein Recht selber zu verteidigen ... Eigeninitiative hat grundsätzlich Vorrang von Staatsintervention."[751] Der Maßstab der Selbstschutzmöglichkeit ist zur Entscheidung der situationsbezogenen Frage hilfreich, ob der Wesensgehalt eines Grundrechts angetastet oder sein Schutzbereich ungerechtfertigt verletzt worden ist.

3.3.5. SCHLUSSBEMERKUNG

Intensität des Grundrechtseingriffs, Restitutionsfähigkeit des Grundrechtseingriffs, Möglichkeit des Selbstschutzes sind drei Vorgaben für eine situative Konkretisierung des grundrechtlichen Untermaßverbots. Dazu ist weiterhin auch das Kriterium der Art des einschlägigen Grundrechts zu zählen. Die Art eines Grundrechts definiert sich in diesem Zusammenhang durch die Einzigartigkeit seiner normativer Programmierung nach „Schutzbereich-Eingriff-

---

[748] Isensee, Grundrecht auf Sicherheit, S. 38; Nitz, Private und öffentliche Sicherheit, S. 379 m. w. N. Vgl. auch Rütten, Institutionelle Arbeitslosigkeit und Grundgesetz, S. 226ff. zur Bedeutung der Möglichkeit des Selbstschutzes im Zusammenhang zwischen Untermaßverbot und Arbeitsrecht.

[749] Nitz (Private und öffentliche Sicherheit, S. 380-381 m. w. N.) bringt als hilfsreiches Kriterium auch die Sozialadäquanz von Gefahren und Freiheitsbeeinträchtigungen ins Spiel. Dieses Kriterium ist jedoch zu abstrakt und schwierig praktizierbar. Darüber hinaus könnte es zu einer verfassungsrechtlich bedenklichen Relativierung der grundrechtlichen Untermaßverbotsprüfung beitragen.

[750] Das Kriterium der Möglichkeit des Selbstschutzes taucht ausschließlich bei Dreieckskonstellationen auf und betrifft deshalb nur das grundrechtliche Untermaßverbot als Grenze der Wahrnehmung von grundrechtlichen Schutzpflichten. Bei den anderen grundrechtlichen Handlungspflichten ist dieses Kriterium irrelevant.

[751] Isensee, Das Grundrecht, Rdnr. 142. Vgl. auch Robbers, Sicherheit als Menschenrecht, S. 221ff.; Roth, Faktische Eingriffe, S. 422-423. A.A. Nitz, Private und öffentliche Sicherheit, S. 379.

Rechtfertigung", sowie durch den normativen Abstand zwischen seinem Wesensgehalt und seinem weiteren Schutzbereich.

3.4. ZUSAMENFASSUNG

In der Rechtsprechung liegen zwei Ansätze für die Konkretisierung des grundrechtlichen Untermaßverbots vor. Die Evidenzformel präzisiert das grundrechtliche Untermaßverbot im engeren Sinne und die Wirksamkeitsformel versucht das grundrechtliche Untermaßverbot im weiteren Sinne zu konturieren[752]. Beide Ansätze sind jedoch wenig ergiebig. In der Theorie sind ebenfalls verschiedene Strategien der Konturierung des grundrechtlichen Untermaßverbots vorhanden. Durch alle diese Ansätze hat jedoch das grundrechtliche Untermaßverbot keine feste Struktur gewonnen. Eine schrittweise Konturierung bzw. Gliederung der zwei Arte des grundrechtlichen Untermaßverbots fehlt[753]. Andererseits sind die in der Rechtsprechung und in der Theorie entwickelten praktischen Kriterien zur Konkretisierung des grundrechtlichen Untermaßverbots durchaus plausibel.

---

[752] Zur Unterscheidung zwischen grundrechtlichem Untermaßverbot im engeren und im weiteren Sinne als Fundament und erforderliche Voraussetzung jeder Konkretisierung des grundrechtlichen Untermaßverbots s. Kapitel 5.2.2.
[753] Zum Versuch einer solchen Konturierung s. die eigene Stellungnahme im Kapitel 5.2.4.

KAPITEL 4: BEREICHSSPEZIFISCHE ERÖRTERUNG DES UNTERMASSVERBOTS

In diesem Kapitel wird die Frage nach der Einwirkung des Untermaßverbotes auf verschiedene Rechtsgebiete des Öffentlichen Rechts erörtert. Das Untermaßverbotsprinzip, so wie es in der Literatur und in der Rechtsprechung entwickelt wird, ist ein verfassungsrechtliches Prinzip. Es wird aus dem Verfassungsrecht abgeleitet.

Das Untermaßverbot erfährt als verfassungsrechtlicher Maßstab in wichtigen Rechtsgebieten praktische Bedeutung. Dabei wird nur die Bedeutung des Untermaßverbots im allgemeinen Verwaltungsrecht (4.1.), im Steuerrecht (4.2.), im Umweltrecht (4.3.) und im Polizeirecht (4.4.) dargestellt. Das Untermaßverbot findet des weiteren auch im Strafrecht[754], im Zivilrecht[755], im Arbeitsrecht[756], im Gesellschaftsrecht[757], im Sportrecht[758], im Europarecht[759] und in der EMRK[760] praktische Anwendung.

---

[754] Lagodny, Strafrecht vor den Schranken der Grundrechte, S. 254ff.; Vogel, StV 1996, S. 110ff.; Jeßberger, Kooperation und Strafzumessung, S. 96f.; vgl. auch Hirsch, Strafen im Rechtsstaat, S. 109ff.

[755] Roth, Die Grundrechte am Maßstab einer Vertragsinhaltskontrolle, S. 229ff. (244ff.); von Bar, RabelsZ 1995, S. 203ff.; Hermes, NJW 1990, S. 1764ff. Looschelders, VersR 1999, S. 141ff. Vgl. auch Looschelders, Die Ausstrahlung der Grundrechte auf das Schadensrecht, S. 93ff.; Hesse/Kauffmann, JZ 1995, S. 219ff. S. auch Kapitel 2.1.1.

[756] Dazu Rütten, Insitutionelle Arbeitslosigkeit und Grundgesetz, S. 201ff. (214, 292ff.); Wank/Rolf, RdA 1999, S. 130ff. (136); Dieterich, in: FS Schaub, S. 117ff.; Otto, in: FS Wiese, S. 353ff. (359ff.); Urban, Der Kündigungsschutz außerhalb des Kündigungsschutzgesetzes, S. 54ff., 79, 166ff.; Badura, Persönlichkeitsrechtliche Schutzpflichten des Staates im Arbeitsrecht, S. 1ff.; Stahlhacke, Grundrechtliche Schutzpflichten und allgemeiner Kündigungsschutz, S. 34ff.; Mästle, Der zivilrechtliche Schutz vor sexueller Belästigung am Arbeitsplatz, S. 106ff. (110); Vollstädt, Die Beendigung von Arbeitsverhältnissen durch Vereinbarung einer Altersgrenze, S. 76ff. und 214ff. Vgl. auch Scherer, Grenzen des Streikrechts in den Arbeitsbereichen der Daseinsvorsorge, S. 62ff., 109ff., 165; Classen, Jura 1997, S. 542ff. (546); Richardi, in Richardi/Wlötzke, Münchener Handbuch zum Arbeitsrecht, Band I, S. 92ff.

[757] Jung, Individualschutz durch Wirtschaftsgrundrechte im Gesellschaftsrecht, JZ 2001, S. 1004ff. (1005).

[758] Krogmann, Grundrechte im Sport, S. 132ff.

[759] Vom Untermaßverbot ist in der Rechtsprechung der EuGH und in der Literatur des Gemeinschaftsrechts nicht ausdrücklich die Rede. Mit dem Urteil des EuGH vom 9. 12. 1997 tritt jedoch die Schutzpflichtenlehre in die Rechtsprechung des EuGH erstmals explizit hervor. Der Untermaßverbotsgedanke wohnt als Teilfrage in diesem Urteil inne. In diesem Zusammenhang s. EuGH, Urteil vom 9. 12. 1997- Rs C- 265/ 95, NJW 1998, S. 1931ff.; EuGRZ 1997, S. 385ff.; EuR 1998, S. 47ff.; Szczekalla, DVBl. 1998, S. 219ff.; Schwarze, EuR 1998, S. 53ff.; Meurer, EWS 1998, S. 19f6f.; Fischer, JA 1998, S. 838f.; Meier, EuZW 1998, S. 87-88; Burgi, EWS 1999, S. 327ff.; Kainer, JuS 2000, S. 431ff.; Epiney, Art. 28 EGV, in: Calliess/Ruffert, Kommentar EUV/EGV, S. 509ff. Vgl. auch Szczekalla, Grundrechte, in: Rengeling (Hrsg.), Handbuch zum europäischen und deutschen Umweltrecht, S. 315ff. (336ff.); Schilling, EuGRZ 2000, S. 3ff. (32ff.); Bleckmann, in: FS Börner, S. 29ff. (36-37); ders., in: FS Bernhardt, S. 309ff. (321); Rengeling, Grundrechtsschutz in der Europäischen Gemeinschaft, S. 206-207; Tönne, Effektiver Rechtschutz durch staatliche Gerichte als Forderung des Europäischen Gemeinschaftsrechts, S. 276ff.

[760] Auch im Rahmen der EMRK ist keine explizite Untermaßverbotslehre zu finden. Der Untermaßverbotsgedanke entwickelt sich jedoch mittelbar im Rahmen der Schutzpflichtendogmatik. S. Feik, Staatliche Gewährleistungspflichten und Nachbarrechte im gewerblichen Betriebsanlagenrecht, S. 205ff.; Bleckmann, in: FS Bernhardt, S. 309ff.; Frowein/Peukert; EMRK-Kommentar, S. 23ff. und 32ff.; Murswiek, Die Pflicht des Staates zum Schutz vor Eingriffen Dritter nach der Europäischen Menschenrechtskonvention, S. 213ff.; Vgl. auch Iliopoulos-Stranga, RabelsZ 1999, S. 414ff. (442); Guradge, Die Europäische Menschenrechtskonvention, S. 20.

4.1. DAS UNTERMASSVERBOT IM ALLGEMEINEN VERWALTUNGSRECHT

Das Untermaßverbot ist kein gefestigtes Rechtsprinzip des traditionellen allgemeinen Verwaltungsrechts. Denn die Lehre der grundrechtlichen Schutzpflichten hat bis jetzt keinen bedeutungsvollen Anwendungsspielraum im allgemeinen Verwaltungsrecht gefunden[761].

Neuerdings gibt es jedoch Überlegungen zu einer Reform und Modernisierung des allgemeinen Verwaltungsrechts[762], welche die Tür zum Eingang des Untermaßverbotsgedanke in das allgemeine Verwaltungsrecht öffnen. Es wird nämlich die Auffassung vertreten, daß der Regelungsbereich des Verwaltungsrechts von einem Anwachsen seiner Komplexität in Gestalt der Multifinalität des Verwaltungshandelns und der unvermeidbaren Einbeziehung von Dritten und ihrer wahrzunehmenden Interessen gekennzeichnet wird. Deshalb wird vorgeschlagen, eine Neuorientierung des allgemeinen Verwaltungsrechts vorzunehmen, welche auf einer Verbesserung der Entscheidungsrichtigkeit der Verwaltung durch Rechtmäßigkeit, Akzeptabilität[763] und Optimierung[764] abzielt. Als Optimierungsmechanismus erkennt Hoffmann-Riem auch das Untermaßverbot an[765].

Den Ausgangspunkt und die zentrale These der Überlegungen Hoffmann-Riems über das Untermaßverbot stellt der sogenannte „Korridor zwischen Übermaß- und Untermaßverbot“ dar. Dies hat bedeutsame Konsequenzen: So schreibt das Untermaßverbot eine Abweichung von dem im allgemeinen Verwaltungsrecht herrschenden Antragsprinzip vor[766]. Des weiteren bewirkt es eine Annäherung von Zivilrecht und Öffentlichem Recht[767] im Rahmen eines offenen Effektivitätsrechtsdenkens[768].

---

[761] S. jedoch ausnahmsweise Hoffmann-Riem, DVBl. 1994, S. 1381ff.; Schmidt-Aßmann, Das allgemeine Verwaltungsrecht als Ordnungsidee, S. 328ff.

[762] Hoffmann-Riem, DVBl. 1994, S. 1381ff.; Hill, Umweltrecht als Motor und Modell einer Weiterentwicklung des Staats- und Verwaltungsrechts, S. 91ff.

[763] S. Würtenberger, Die Akzeptanz von Verwaltungsentscheidungen; ders., Die Akzeptanz von Gesetzen, S. 380ff.; ders., NJW 1991, S. 257ff.; Voßkuhle, Verwaltungsarchiv 92 (2001), S. 184ff. (202f.).

[764] Zum Optimierungsgedanke im Verwaltungshandeln s. Würtenberger, VVDStRL 58 (1999), S. 139ff. m.w.N. Zur Optimierung als ein Auftrag, nach den jeweiligen tatsächlichen und rechtlichen Möglichkeiten, zur Verwirklichung in einem möglichst hohem Maß s. Alexy, Theorie der Grundrechte, S. 75, 146; Enderlein, Abwägung im Recht und Moral, S. 87ff.; Gellermann, Grundrechte, S. 66ff. S. auch Kapitel 3.2.3.

[765] Hoffmann-Riem, DVBl. 1994, S. 1381ff. (1384- 1385). Kritisch dazu Würtenberger, VVDStRL 58 (1999), S. 139ff. (144-145).

[766] S. Kapitel 4.1.2.

[767] Zur Annäherung zwischen Privatrecht und Öffentlichem Recht s. Hoffmann-Riem/Schmidt-Aßmann (Hrsg.), Öffentliches Recht und Privatrecht als wechselseitige Auffangordnungen.

[768] Zur Effektivität im Verwaltungsrecht s. Hoffmann-Riem, Effizienz als Herausforderung an das Verwaltungsrecht, S. 11ff.; Schmidt-Aßmann, Effizienz als Herausforderung an das Verwaltungsrecht, S. 245ff.; Voßkuhle, Verwaltungsarchiv 92 (2001), S. 184ff. (197f.).

4.1.1. DER KORRIDOR ZWISCHEN ÜBERMASS- UND UNTERMASSVERBOT IM ALLGEMEINEN VERWALTUNGSRECHT

Hoffmann-Riem spricht von einer Optimierung, an welcher die Verwaltungsentscheidung im Korridor zwischen Übermaß- und Untermaßverbot orientiert sei. Er konzipiert diesen Ansatz als einen entscheidenden Teil eines weiterzuentwickelnden Gesamtverhältnismäßigkeitsprinzips[769] im Rahmen eines neu zu orientierenden Allgemeinen Verwaltungsrechts. Er erklärt weiterhin, daß die Vorstellung von einem Korridor die Multipolarität der Verwaltungsentscheidung zur Geltung bringt. Dies bedeutet konkret gesprochen, daß die Verwaltungsentscheidung Begünstigungen und Belastungen im Korridor zwischen Übermaß- und Untermaßverbot abwägen muß.

Der Korridor zwischen Übermaß- und Untermaßverbot mag einfachgesetzlich[770] abschließend durchprogrammiert sein. Dabei wird das Ermessen der Verwaltung durch die Pflicht zur Einhaltung beider Prinzipien verkürzt. Wenn dies jedoch nicht der Fall sei, seien durch die Verwaltung Prognose- und Beurteilungsentscheidungen vorzunehmen, damit eine Handlungsalternative ausgewählt wird, welche die gegenseitigen Interessen nach den Maßstäben der praktischen Konkordanz ausbalanciert. Aber auch dabei seien die Grenzen des verfassunsrechtlichen Korridors zwischen Untermaß- und Übermaßverbot nicht zu vernachlässigen.

Im Rahmen des Korridors zwischen Übermaß- und Untermaßverbot ist es für Hoffmann-Riem maßgeblich, daß die Verwaltung über die Prärogative der Optionenwahl verfügt[771]. Die Hauptthese Hoffmann-Riems zu dieser Problematik lautet also, daß zum einen ein rechtlich vorgeschriebener und von der Verwaltung zu respektierender Korridor variablen Umfangs zwischen Übermaßverbot- und Untermaßverbot besteht, und daß zum zweiten im Rahmen dieses Korridors die Prärogative der Verwaltung, welcher Optionenermessen eingeräumt wird, zur Optimierung des Interessenausgleichs ungestört zu praktizieren ist.

---

[769] Diese Gesamtverhältnismäßigkeit (Hoffmann-Riem, DVBl. 1994, S. 1381ff. (1384-1386), welche Hoffmann-Riem als strukturelle Hauptpfeiler einer Neuorientierung des Allgemeinen Verwaltungsrechts vorschlägt, besteht aus zwei Teilen: Aus einer Optimierung im Korridor zwischen Übermaß- und Untermaßverbot und aus einer Verhältnismäßigkeit im Instrumentenmix. Würtenberger (VVDStRL 58 (1999), S. 139ff. (145, 158)) wirft an dieser Stelle die Frage nach der mit solchen Überlegungen eng zusammenhängenden problematischen Einschränkung der Ermessens- und Planungsspielräume der Verwaltung auf.

[770] Es ist an dieser Stelle zu berücksichtigen, daß das Untermaßverbot in diesem Zusammenhang aus dem einfachen Recht und nicht aus den Grundrechtsverbürgungen fließt. Es geht zwar um ein rechtliches jedoch um kein verfassungsrechtliches bzw. grundrechtliches Untermaßverbot. Damit wird das Monopol des Verfassungsrechts, was die Problematik des Untermaßverbots angeht, durchbrochen.

[771] Hoffmann-Riem, DVBl. 1994, S. 1381ff. (1385). Vgl. auch Hoffmann-Riem, DVBl. 1994, S. 605ff. (608).

4.1.2. DIE ABWEICHUNG VON DEM ANTRAGSPRINZIP AUFGRUND DES UNTERMASSVERBOTS

Weiterhin schlägt Hoffmann-Riem einen Typ „konsentierten Optionenermessens" der Verwaltung vor. Es handelt sich um ein Optionenermessen der Verwaltung in dem Sinne, daß sie und nicht allein der Antragssteller die Antragsalternative wählen kann. Damit würden das Antragsprinzip[772] und die gebundene Kontrollerlaubnis entschärft, aber zugleich die Drittinteressen besser berücksichtigt. Praktisch würde das folgendes bedeuten: Der Verwaltung würde in noch zu bestimmenden Fällen das Optionenermessen eingeräumt, „die in ihrem Ermessen liegende Versagung der beantragten Option mit dem Vorschlag einer Alternative zu koppeln, die als genehmigt gilt, es sei denn, der Antragsteller erklärt binnen einer bestimmten Frist, er erstrebe keine Genehmigung für diese Alternative."[773] Auch diese Art „konsentierten Optionsermessens" ergebe sich dogmatisch aus dem Korridor zwischen Übermaß- und Untermaßverbot.

4.1.3. DER ZUSAMMENHANG ZWISCHEN ÖFFENTLICHEM UND ZIVILRECHT UND DAS UNTERMASSVERBOT

Schließlich rekurriert Hoffmann-Riem auf die Idee vom öffentlichen und privatem Recht als wechselseitig nutzbaren Auffangordnungen in der Untermaßverbotsdogmatik. Die Untermaßverbotsdogmatik fordert die Einhaltung eines Mindeststandards an Schutz der Grundrechte vor Drittbeeinträchtigungen. Dieses Gebot des zureichenden Schutzes oder anders gewendet, das Verbot des unzureichenden staatlichen Schutzes betrifft die Gesamtheit des Rechts und des staatlichen Handelns. Die Rechtsordnung ist eine Einheit vor dem Grundgesetz, welche den Anforderungen der Grundrechte bzw. des grundrechtlichen Untermaßverbots entsprechen muß. Es ist nicht von Bedeutung, ob der Staat seine grundrechtlichen Handlungspflichten durch öffentlichrechtliche oder durch zivilrechtliche Regelungen erfüllt. Es ist jedoch wichtig, daß die grundrechtlichen Pflichten durch den Staat im Ergebnis erfüllt werden.

Praktisch gesehen bedeutet das nach Ansicht von Hoffmann-Riem, daß z. B. das öffentlich-rechtliche Nachbarrecht subsidiär präsent gegenüber dem zivilrechtlichen Nachbarrecht bleiben müsse und daß haftungsrechtliche und verbraucherschutzrechtliche Ansätze bei den Entscheidungen der Verwaltung mitzuberücksichtigen seien[774]. Das Verwaltungshandeln solle seinen Problemen

---

[772] Zum Antragsprinzip s. Hoffmann-Riem, DVBl. 1994, S. 605ff. Schnell, Der Antrag im Verwaltungsverfahren; Huber, Allgemeines Verwaltungsrecht, S. 104-105; Badura, in: Erichsen, Allgemeines Verwaltungsrecht, S. 500ff.; Maurer, Allgemeines Verwaltungsrecht, S. 457.

[773] Hoffmann-Riem, DVBl. 1994, S. 1381ff. (1385).

[774] Hoffmann-Riem, DVBl. 1994, S. 1381ff. (1386).

mit Blick auch auf privat organisierte Strukturen und Auffangnetze sowie mit Blick auf die ganze Rechtsordnung begegnen. Damit würden die Perspektiven der gezielten Optimierung, richtigen Problemschlichtung und insgesamt zureichenden Rechtschutzes an Bedeutung gewinnen. Die Frage, ob der Staat seine grundrechtlichen Handlungspflichten im Rahmen des Nachbarrechts verfassungsmäßig wahrgenommen hat, sei durch die Überprüfung sowohl der öffentlichrechtlichen als auch der zivilrechtlichen Regelungen des Nachbarrechts am Maßstab des Korridors zwischen Übermaß- und Untermaßverbot zu beantworten.

Aus den Überlegungen Hoffmann-Riems geht hervor, daß die Untermaßverbotsdogmatik zur praxisbezogenen Annäherung und Kooperierung von Privatrecht und Öffentlichem Recht führt.

4.1.4. ZWISCHENERGEBNIS

Hoffmann-Riem stellt entscheidend auf den Korridor zwischen Übermaß- und Untermaßverbot ab. Er führt zugleich die wissenschaftliche Diskussion über das Untermaßverbot weiter, indem er sowohl das Untermaßverbot als auch den Korridor zwischen Übermaß- und Untermaßverbot im Rahmen des Allgemeinen Verwaltungsrechts untersucht und dem einfachen Recht zuordnet. Er stellt darüber hinaus eine Annäherung zwischen Zivil- und Öffentlichem Recht auf der Grundlage der grundrechtlichen Untermaßverbotsdogmatik fest.

4.2. DAS UNTERMASSVERBOT IM STEUERRECHT

Das Untermaßverbot beansprucht auch im Steuerrecht Anwendung[775]. Es wird mit guten Gründen vertreten, daß es bei der Wahrnehmung des Gesetzesvollzuges, insbesondere bei der konkreten Ausgestaltung der Sachaufklärung, durch die Finanzbehörde eine wichtige Rolle spielen kann.

Den Ausgangspunkt bildet der Versuch von Seer[776], einen maßvollen Gesetzesvollzug der Finanzbehörden zu konzipieren. Seer plädiert für eine mehrdimensionale Vorgehensweise der Finanzbehörde beim Gesetzesvollzug. „Die Finanzbehörden haben ihre knappen Verwaltungsressourcen so einzusetzen, daß

[775] Seer, FR 1997, S. 553ff. Vgl. auch eine weitere Verwendung des Ausdrucks Untermaßverbot in Hinblick auf die Frage nach der erlaubten Höhe der Gebühren in: Sacksofsky, Umweltschutz durch nicht-steuerliche Abgaben, S. 168: „Ganz selbstverständlich geht man heute davon aus, daß die Gebühr zwar möglicherweise durch das Kostendeckungsprinzip nach oben, nicht aber durch ein Untermaßverbot nach unten beschränkt ist."
[776] Seer, FR 1997, S. 553ff.

ein angemessener Ausgleich zwischen Gesetzmäßigkeit, Rechtsanwendungsgleichheit und den betroffenen Freiheitsgrundrechten hergestellt wird."[777]

Was die konkrete Sachaufklärungsaufgabe der Finanzbehörde angeht, sollten auf einer ersten Ebene sowohl die Gesetzmäßigkeit als auch die Gleichmäßigkeit der Besteuerung berücksichtigt werden[778]. Gesetzmäßigkeit und Rechtsanwendungsgleichheit der Besteuerung sollten jedoch darüber hinaus bei den Ermittlungshandlungen der Finanzbehörde auch mit den möglicherweise betroffenen Grundrechten in Ausgleich gebraucht werden. Seer weist an dieser Stelle auf die Prinzipien der praktischen Konkordanz[779] und des schonendsten Ausgleichs[780] als Methoden zu einer optimierenden Erledigung dieses Ausgleichspostulats[781] hin.

Das Untermaßverbot ist in diesem Zusammenhang hilfreich, wenn die Finanzbehörde die konkrete Sachaufklärung unter dem Blickwinkel der betroffenen Grundrechte zu betreiben verpflichtet ist. Einerseits löse die abwehrrechtliche Seite der Grundrechte eine Übermaßverbotsgrenze aus. Andererseits fließe aus der Allgemeinheit der Interessen der Steuerzahler ein Untermaßverbot[782].

Daraus folge, daß der Gestaltungsspielraum der Finanzbehörde bei der konkreten Ausgestaltung der Sachaufklärung sich zwischen Übermaß- und Untermaßverbot zu entfalten vermag. Anders formuliert befindet sich der abzielende maßvolle Gesetzesvollzug der Finanzbehörde im Zwischenbereich vom Untermaß- und Übermaßverbot.

Das Untermaßverbot im Steuerrecht, so wie es Seer begreift[783], ist kein grundrechtliches Untermaßverbot im strikten Sinne. Es fließt nicht aus grundrechtlichen Schutzpflichten. „Das Untermaßverbot setzt der finanzbehördlichen Zurückhaltung im Interesse der Allgemeinheit der Steuerzahler eine Untergrenze."[784]

Dieses so verstandene Untermaßverbot geht davon aus, daß staatliche Passivität oder zurückhaltende Beteiligung vorliegen kann, und es richtet sich dagegen. Im Hinblick auf den Ausgangspunkt, nämlich die Gegenüberstellung der staatlichen Passivität, ähnelt es dem grundrechtlichen Untermaßverbot. Es dient in diesem Sinne einem Effektivitätsdenken im Recht.

Die Gemeinsamkeiten hören jedoch damit auf. Die Quelle der Begrenzung der übertriebenen staatlichen Zurückhaltung, d.h. des Untermaßverbotes, sind nicht die grundrechtlichen Schutzpflichten, sondern das allgemeine Interesse, das Interesse der Allgemeinheit der Steuerzahler. Man denkt auf dieser Grundlage mit Götz[785] an die Staatsaufgabe Sicherheit und mit Würtenberger[786]

---

[777] Seer, FR 1997, S. 553ff. (562).
[778] Seer, FR 1997, S.553ff. (556f.).
[779] Hesse, Grundzüge des Verfassungsrechts, Rdnr. 317f.
[780] Lerche, HdbStR V, § 122, Rdnr. 3ff.
[781] Seer, FR 1997, S. 553ff. (557f.).
[782] Seer, FR 1997, S. 553ff. (558).
[783] Seer (FR 1997, S. 553ff. (558), Fn. 56), macht deutlich, daß er im Untermaßverbot die Grenze einer unverhältnismäßigen staatlichen Zurückhaltung sieht.
[784] Seer, FR 1997, S. 553ff. (558).
[785] Götz, HdbStR III, §117, Rdnr. 30.

an den Rechtsstaatsprinzip als dogmatische Anknüpfungspunkte einer verfassungsrechtlichen Untermaßverbotsdogmatik. Das Untermaßverbot findet zwar im Steuerrecht nicht in seiner strikt[787] grundrechtlichen Form Widerhall. Es ist jedoch zugleich beachtenswert, daß trotz dieser unterschiedlichen Fundierung des Untermaßverbots die Formel des hoheitlichen Gestaltungsspielraums „zwischen Übermaß- und Untermaßverbot“[788] anwendbar ist.

4.3. DAS UNTERMASSVERBOT IM UMWELTRECHT

Das Umweltrecht ist mittlerweile zum zentralen Anwendungsfeld der Schutzpflichten- und damit der Untermaßverbotsdogmatik geworden. In vielen Entscheidungen des BVerfG[789] zu dieser Thematik tauchen vornehmlich umweltrechtliche Fragen auf. In der Literatur haben einige Beiträge zur Bildung der Dogmatik der grundrechtlichen Schutzpflichten maßgeblich beigetragen[790]. Die Aktualität des Untermaßverbots in seiner Erscheinungsform als Teilelement einer Lehre der grundrechtlichen Schutzpflichten im Bereich des Umweltrechts wird dabei ersichtlich.

Der Zusammenhang zwischen Umweltrecht und Untermaßverbot wird schwerpunktmäßig im Umweltverfassungsrecht verortet. Die Konturierung des Untermaßverbots als zentrales Kontrollmaßstabes einer Schutzpflichtenlehre im Umweltrecht setzt in erster Linie die Klärung des das staatliche Einschreiten fordernden Überschreiten der Schädlichkeits- bzw. Gefährlichkeitsschwelle voraus. Des weiteren ist das Untermaßverbot im Wechselspiel zwischen der Staatszielbestimmung des Art. 20a GG und den umweltrelevanten Grundrechtsgewährleistungen des Grundgesetzes einzuordnen. Es ist ferner die Verwandtschaft zwischen dem Begriff des ökologischen Existenzminimums und dem Untermaßverbot zu erörtern. Von erheblicher praktischer Bedeutung ist der Streit um die Bestimmung der durch das Untermaßverbot vermittelten Kontrolldichte im Umweltrecht. Schließlich lassen sich einige praktische Ansätze berücksichtigen, die aus der Anwendung des Untermaßverbots im Umweltrecht fließen, wie namentlich die Frage nach der Reversibilität bzw. Flexibilität der durch die grundrechtlichen Schutzpflichten gesteuerten staatlichen Maßnahmen, nach dem

---

[786] Würtenberger, Freiheit und Sicherheit, S. 15ff. (21).

[787] Es nicht zu übersehen, daß auch grundrechtliche Handlungspflichten bzw. Nicht-Eingriffspflichten des Staates dabei eine wichtige Rolle spielen können. Seer erwähnt ausdrücklich als maßgebliche Maßstäbe der Untermaßverbotsprüfung neben der Gesetzmäßigkeit und die Rechtsanwendungsgleichheit auch die Freiheitsrechte der Steuerzahler.

[788] S. Kapitel 2.4, 5.2.3. Vgl. auch Kapitel 2.1.1.3.4., 2.1.2.2., 2.1.2.3.

[789] BVerfGE 77, 170ff. (215) - C- Waffen; BVerfG, NJW 1995, S. 2243ff.; BVerfG, NJW 1996, S. 651ff.- Ozon-Gesetz; BVerfG, NJZ 1997, S. 2509ff.- Elektrosmog.

[790] Murswiek, Die staatliche Verantwortung für die Risiken der Technik; Hermes, Das Grundrecht auf Schutz von Leben und Gesundheit; Böhm, Der Normmensch; Calliess, Rechtsstaat und Umweltstaat.

Schutz der künftigen Generationen und nach der Privatisierung staatlicher Aufgaben im Umweltschutz.

4.3.1. UMWELTVERFASSUNGSRECHT

Dem Umweltverfassungsrecht[791] gehören zum einen die Verfassungsnormen an, die eine ausdrückliche umweltschützende Funktion aufweisen. Dabei handelt es sich vor allem um die durch die Novellierung des Grundgesetzes im Jahre 1994 statuierte Verpflichtung des Staates zum Umweltschutz gemäß Art. 20a GG: „Der Staat schützt auch in Verantwortung für die künftigen Generationen die natürlichen Lebensgrundlagen im Rahmen der verfassungsmäßigen Ordnung durch die Gesetzgebung und nach Maßgabe von Gesetz und Recht durch die vollziehende Gewalt und die Rechtsprechung."[792] Vor der Regelung dieser Staatszielbestimmung, deren Einführung eine langjährige Diskussion vorausgegangen war, gab es im Grundgesetz[793] kein spezifisches materielles[794] Umweltverfassungsrecht.

Daneben gibt es die Umwelt ausdrücklich schützende Vorschriften in den Verfassungen einzelner Bundesländer[795]. An dieser Stelle ist nur kurz auf die Regelungen der Bayerischen Verfassung, die ein Grundrecht auf Erholung in der freien Natur[796] gewährt, sowie der Verfassungen Brandenburgs[797] und Sachsens hinzuweisen[798], die u. a. ein Recht auf Zugang zu Informationen über die Umwelt[799] regeln.

Zum anderen zählen zum Umweltverfassungsrecht die Verfassungsgrundsätze, die ohne daß sie einen ausschließlich umweltschützenden Charakter haben, bedeutungsvoll für den Umweltschutz sind. Damit sind das Rechtsstaatsprinzip, das Sozialstaatsprinzip und die Kompetenzregeln über die Verteilung von Gesetzgebungs- und Verwaltungszuständigkeiten im Umweltschutzbereich gemeint.

---

[791] Kloepfer, Umweltrecht, S. 113ff.; Hoppe/Beckmann/Kauch, Umweltrecht, S. 89ff.

[792] S. Henneke, NuR 1995, S. 325ff.; Kuhlmann, NuR 1995, S. 1ff.; Waechter, NuR 1996, S. 321ff.; Murswiek, NVwZ 1996, S. 222ff.; ders., Umweltschutz als Staatsaufgabe; Steinberg, NJW 1996, S. 1985ff.; Bernsdorff, NuR 1997, S. 328ff.; Kloepfer, DVBl. 1996, S. 73ff.; Hoffmann-Riem, Die Verwaltung 28 (1995), S. 425ff.; Kloepfer, Umweltrecht, S. 119ff.; Würtenberger, Unweltschutz und Grundrechtsdogmatik, S. 3ff.; Söhnlein, Landnutzung im Umweltstaat des Grundgesetzes; Bender/Sparwasser/Engel, Umweltrecht, S. 22ff.; Hoppe/Beckmann/Kauch, Umweltrecht, S. 89ff.; Schmidt-Preuß, JZ 2000, S. 581ff. (582); Volkmann, JuS 2001, S. 521ff.

[793] Anders als in Art. 150 Weimarer Reichsverfassung.

[794] Es gab die umweltrelevanten Kompetenznormen der Art. 74 Nr. 24 GG und 75 Nr. 3 und 4 GG.

[795] Art. 3 Abs. 2, 131 Abs. 2 und 141 Bay Verf., Art. 26a Hess. Verf., Art. 59a Saarl. Verf., Art. 73a RPf. Verf., Art. 2, 28, 39 Brand. Verf.

[796] Art. 141 Abs. 3 S. 1 Bay. Verf. Dazu Kloepfer, Umweltrecht, S. 117, m. w. N.

[797] Art. 39 Abs. 7 Satz 2.

[798] Art. 34.

[799] Bender/Sparwasser/Engel, Umweltrecht, S. 23.

Auf einer dritten Ebene des Umweltverfassungsrechts wirken die Grundrechte in ihrer Funktion sowohl als Abwehrrechte als auch als staatliche Schutzpflichten. Unabhängig davon, ob sie in Gestalt des Abwehrrechts oder der Schutzpflicht zum Ausdruck kommen, können Grundrechte sowohl als kollidierend mit dem Umweltschutz als auch als umweltschutzfördernd wirken. Insbesondere die grundrechtlichen Schutzpflichten aus Art. 2 Abs. 2 GG, Art. 2 Abs. 1 GG i. V. m. Art. 1 Abs. 1 GG und Art. 14 GG haben eine parallele, sogar qualifizierte[800] umweltschützende Funktion neben der Staatszielbestimmung des Art. 20a GG.

4.3.2. VERLETZUNG, GEFAHR, RISIKO UND UNTERMASSVERBOT

Die grundrechtliche Schutzpflicht verpflichtet den Staat zum Schutz vor Verletzungen und vor Gefahren der grundrechtlich geschützten Rechtsgüter. Der erste Schritt nach der ideengeschichtlichen und dogmatischen Begründung der grundrechtlichen Schutzpflichten besteht in der Frage nach der Bestimmung der die jeweilige grundrechtliche Schutzpflicht praktisch auslösenden Verletzungs- bzw. Gefahrenschwelle. Die Erörterung dieser Frage findet vor allem im Umweltrecht statt, da in diesem Rechtsbereich eine ursprünglich auf die polizeirechtliche Gefahrenabwehrdogmatik gestützte Verletzungs- und Gefahrenlehre allmählich entwickelt worden ist und fortgeführt wird.

Hier ist anerkannt, daß die Frage nach der Schädlichkeits- und Gefahrenschwelle der Untermaßverbotsfrage grundsätzlich gleichsteht. Schädlichkeits- und Gefahrenschwelle und Untermaßverbot sind die beiden Seite derselben Medaille. Sie erläutern dasselbe Phänomen, einerseits positiv, andererseits negativ. Mit anderen Worten fällt unter das Untermaßverbot alles, was die Schädlichkeits- und Gefahrenschwelle überschreitet.

Ausgangspunkt der Überlegungen ist die Bestimmung der Eingriffsschwelle. Dort wo das Vorliegen einer Grundrechtsverletzung zu untersuchen ist, herrscht der moderne Eingriffsbegriff[801]: Eingriff ist jedes staatliche Handeln, das dem Einzelnen ein Verhalten, das in den Schutzbereich eines Grundrechts fällt, unmöglich macht, gleichgültig ob diese Wirkung final oder unbeabsichtigt, unmittelbar oder mittelbar, rechtlich oder tatsächlich (faktisch, informal) ist, mit oder ohne Befehl und Zwang erfolgt. Da es jedoch dabei um die Problematik der grundrechtlichen Schutzpflichten und des Untermaßverbots im Umweltrecht geht, ist notwendig den privatem, präziser formuliert, den nicht staatliche Eingriff in die Betrachtung einzubeziehen. An dieser Stelle erscheint mir zweckmäßig, eine Ergänzung des modernen Eingriffsbegriffs vorzunehmen,

---

[800] Denn den grundrechtlichen Schutzpflichten entsprechen nach der heute herrschenden Meinung Rechte auf Schutz.

[801] Pieroth/Schlink, Grundrechte, Rdnr. 238ff.

so daß auch die private Eingriffe mitumfaßt werden[802]. In diesem Sinne ist die staatliche Natur der Maßnahme keine notwendige Voraussetzung des Eingriffs in ein Grundrecht. Daraus folgt, daß Eingriff jedes Handeln[803] (staatliches oder privates) ist, das ein Verhalten, das in den Schutzbereich eines Grundrechts fällt, unmöglich macht, gleichgültig ob die Wirkung dieses Handelns final oder unbeabsichtigt, unmittelbar oder mittelbar, rechtlich oder tatsächlich (faktisch, informal), mit oder ohne Befehl und Zwang erfolgt.

Was die Bestimmung der Gefahrenschwelle anbelangt, welche die grundrechtlichen Schutzpflichten im Umweltrecht auslöst, gilt es Gefahr, Risiko und Restrisiko zu bestimmen und abzugrenzen.

Gefahr ist eine Sachlage, die bei ungehindertem, objektiv zu erwartendem Geschehensablauf in absehbarer Zeit mit hinreichender Wahrscheinlichkeit zu einem Schaden für ein konkretes Schutzgut führen kann[804]. Risiko bezeichnet man nach herrschender Auffassung einen theoretisch möglichen Schadenseintritt, der jedoch so unwahrscheinlich ist, daß die Gefahrenschwelle nicht erreicht wird[805]. Das Risiko unterscheidet sich von Gefahr also lediglich durch die geringere Eintrittswahrscheinlichkeit. Schließlich wird als Restrisiko jenes Maß an Risiko bezeichnet, aufgrund dessen Schäden nach dem derzeitigen Stand der Erkenntnis praktisch ausgeschlossen sind[806]. Es wird also ersichtlich, daß die Grenzen zwischen den drei Bausteinen des sicherheitsrechtlichen Dreistufenmodells fließend sind und eine wertende praktische Umsetzung verlangen[807].

Auf dieser Grundlage stellt sich die schwierige Frage nach dem Zusammenhang zwischen Gefahr, Risiko und Restrisiko zum einen und grundrechtlichen Schutzpflichten und Untermaßverbot zum anderen. Anders gewendet lösen

---

802 Kritisch gegen eine solche Übertragung des abwehrrechtlichen Topos des Eingriffs auf die Schutzpflichtenlehre Preu, JZ 1991, S. 265ff. (267f.); Klein, DVBl. 1994, S. 489ff. (496); Pietrzak, JuS 1994, S. 748ff. (749); Brünning, NVwZ 2000, S. 955ff. (956). Dagegen wird eingewandt, daß eine solche Eingriffsdefinition mit der prinzipiell nicht unmittelbaren Anwendung der Grundrechte zwischen Privaten unvereinbar ist. Dem entgegengesetzt liegt dieser Arbeit die Vorstellung der grundsätzlich unmittelbaren Wirkung der Grundrechte zwischen Privaten (Kapitel 5.3.2.) zugrunde. Dem weiteren Einwand, daß eine Vorgehensweise auf der Schutzpflichtenebene mit einem so weiten Eingriffsbegriff die prinzipielle Gleichordnung der beteiligten Personen durch eine ungerechtfertigte Präferenz der Interessen der Schutzbedürftigen mit sich bringe, ist entgegenzuhalten, daß es um keine Präferenz geht, da man im Rahmen der Erörterung des möglichen Vorliegens eines Eingriffs keine endgültige Antwort in Hinblick auf die Verfassungsmäßigkeit dieses Eingriffs gibt. Diese Bemerkung ist wichtig, weil sie den Anlaß zur Herausarbeitung auch eines diesem Eingriffsbegriff entsprechenden Rechtfertigungsmodells bietet (s. Kapitel 5.2.4.).

803 Das Wort Handeln würde vielleicht vorzugswürdig durch das Wort Ereignis oder Tatsache ersetzt, damit auch die sowohl dem Staat als auch den Privaten nicht zurechenbaren Eingriffe, z. B. die Naturkatastrophen, dem Eingriffsbegriff, bei der Bestimmung des Eingriffsbegriffs mitberücksichtigt werden. Es soll an dieser Stelle berücksichtigt werden, daß dieses weite Eingriffsverständnis eine unmittelbare Drittwirkung der Grundrechte voraussetzt, welche einen der maßgeblichen dogmatischen Bausteine dieser Arbeit darstellt.

804 Würtenberger/Heckmann/Riggert, Polizeirecht in Baden-Württemberg, Rdnr. 278; Drews/ Wacke/Vogel/Martens, Gefahrenabwehr, S. 220; Voßkuhle, Das Kompensationsprinzip, S. 382; Böhm, Der Normmensch, S. 111ff.; Hoppe/Beckmann/Kauch, Umweltrecht, S. 114.

805 Kloepfer, Umweltrecht, S. 118; Voßkuhle, Das Kompensationsprinzip, S. 382; Hoppe/Beckmann/Kauch, Umweltrecht, S. 114ff.; Würtenberger/Heckmann/Riggert, Polizeirecht in Baden-Württemberg, Rdnr. 305.

806 BVerfGE 49, 89ff. (143); Di Fabio, Risikoentscheidungen im Rechtsstaat, S. 104ff.; Voßkuhle, Das Kompensationsprinzip, S. 383; Kloepfer, Umweltrecht, S. 118, Rdnr. 17.

807 Dazu Böhm, Der Normmensch, S. 111ff.; Di Fabio, Risikoentscheidungen im Rechtsstaat, S. 104ff.; Voßkuhle, Das Kompensationsprinzip, S. 383; Preuß, in Grimm, Staatsaufgaben, S. 529ff.; Wahl/Appel, in: Wahl, Prävention, S. 90ff.

sowohl Gefahren als auch Risiken und Restrisiken oder ausschließlich die Überschreitung der Gefahrenschwelle die grundrechtlichen Schutzpflichten aus? Es wird die Auffassung vertreten, daß Risiken und Restrisiken[808] oder nur Restrisiken[809] nicht tauglich sind, konkrete grundrechtliche Schutzpflichten zu begründen. Nach einer anderen am ehesten überzeugenden Betrachtungsweise sind Risiken und Restrisiken nicht von vornherein als Schutzpflichtenquelle auszuschließen[810]. Schutzpflichtenschwelle und Gefahrenschwelle fallen nämlich nicht in eins und die Schutzpflichtenschwelle geht über diese hinaus. Für die Untermaßverbotsprüfung sind Gefahr, Risiko und Restrisiko relevant. Die Qualifizierung einer Sachlage als Risiko oder Restrisiko und nicht als Gefahr ist zwar für die Bestimmung des Untermaßverbots im Rahmen eines konkreten Falles von Bedeutung, schließt jedoch nicht die Möglichkeit der Effektuierung des Untermaßverbots aufgrund eines Restrisiko aus. Als Gründe dafür werden außer den Abgrenzungsschwierigkeiten zwischen den drei Kategorien von „Risiken" der Mangel an verfassungsrechtlichen Anhaltspunkten für die Auffindung konkreter Belastungsschwellen[811] sowie die Bedeutung des auf die Risiken und Restrisiken gestützten Vorsorgeprinzips[812] für das Umweltrecht hervorgehoben. Man kommt mit Recht zum Schluß, daß, auch das Vorhandensein eines bloßen Restrisiko für das Auslösen von Schutzpflichten ausreichen kann. Als ausschlaggebender Maßstab zur Begründung von grundrechtlichen Schutzpflichten ist jedoch das Bestehen einer „bereits entfernten Wahrscheinlichkeit"[813] vorzugswürdig.

Denn bei der immer fallbezogenen Untermaßverbotsprüfung ist dreierlei von Bedeutung[814]: 1) der Grad an Wahrscheinlichkeit des zu erwartenden Schadens 2) die Intensität und die Höhe des zu erwartenden Schadens und 3) die Bedeutung des einschlägigen Rechtsgutes[815].

---

808 Schmidt-Aßmann, AöR 106 (1981), S. 205ff. (216), eine Handlungspflicht erst bei nicht unerheblichen Gefahren anerkennt.

809 Hermes, Das Grundrecht auf Schutz, S. 233ff. m. w. N. In dieser Richtung auch BVerfGE 49, 89ff., (143), wo der Ansatz entwickelt wird, daß anhand praktischer Vernunft ein Restrisiko als sozialadäquate Last hingenommen werden müsse. Kritisch dazu Böhm, Der Normmensch, S. 111ff. (120).

810 Böhm, Der Normmensch, S. 115ff. Vgl. auch BVerfGE 56, 54ff. (78).

811 Kunig, in: Münch/Kunig, GG, Art. 2, Rdnr. 67; Böhm, Der Normmensch, S. 117; Voßkuhle, Das Kompensationsprinzip, S. 384.

812 Böhm, Der Normmensch, S. 112. Es soll betont werden, daß Risiko und Vorsorge schwierig abzugrenzen sind. Zur Vorsorge s. ausführlicher Köck, AöR 121 (1996), S. 1ff; Fleury, Das Vorsorgeprizip im Umweltrecht; Petersen, Schutz und Vorsorge; Wahl, Prävention und Vorsorge, S. 72ff. Vgl. auch die Regelung des Vorsorgeprinzips im Barnier-Gesetz: „Mangelnde Gewissheit darf die Einführung effektiver und angemessener Maßnahmen zur Verhütung schwerer irreversibler Schäden nicht verzögern"; Testart, Die Experten, das Gesetz und der Bürgersinn, Le Monde diplomatique- die Tageszeitung/WoZ vom 13. Oktober 2000, S. 14-15.

813 BVerfGE 49, 89ff. (142); Sodan, NVwZ 2000, S. 601ff. (605).

814 Eingehender zu den Anwendungskriterien der grundrechtlichen Untermaßverbotsprüfung s. Kapitel 3.3.

815 Böhm, Der Normmensch, S. 114-115; Brünning, JuS 2000, S. 955ff. (956).

4.3.3. SCHUTZPFLICHTEN UND UNTERMASSVERBOT IM ZUSAMMENHANG ZWISCHEN ART. 20a GG UND DEN GRUNDGESETZLICHEN UMWELTRELEVANTEN GRUNDRECHTSGEWÄHRLEISTUNGEN

Die hier zu klärende Frage lautet: Ist das Untermaßverbot nur bei den umweltrelevanten Grundrechtsgewährleistungen anwendbar oder ist es auch Bestandteil der Staatszielbestimmung des Art. 20a GG?

Ausgangspunkt ist die Unterscheidung zwischen einklagbaren umweltrelevanten grundrechtlichen Schutzpflichten und der bloß objektivrechtlichen Staatszielbestimmung des Art. 20a GG. Es ist jedoch auch die funktionelle Parallele zwischen grundrechtlichen Schutzpflichten und der Staatszielbestimmung Umweltschutz zu berücksichtigen. Im Ergebnis besteht der einzige bedeutsame Unterschied in der komplementären subjektiven Natur der grundrechtlichen Schutzpflichten. Diese Differenzierung ist selbstverständlich, weil z. B. Art. 2 Abs. 2 GG ein Grundrecht gewährt, während Art. 20a eine Staatszielbestimmung regelt.

Daraus folgt, daß aus Art. 20a GG zwar keine grundrechtliche Schutzpflicht (deswegen entspricht ihr kein Grundrecht auf Schutz), sondern doch eine staatliche Schutzpflicht begründet wird. Diese These wird neuerdings in der Literatur ausführlich entwickelt[816]. Bei Art. 20a GG geht es um eine Fallkonstellation vergleichbar mit den aus Art. 6 Abs. 1, Abs. 2 und Abs. 4 GG hergeleiteten Schutzpflichten.

Das Untermaßverbot ist also auch in Hinblick auf Art. 20a GG relevant[817]. Hier wird deutlich, daß das Untermaßverbot nicht nur bei den grundrechtlichen Schutzpflichten, sondern bei allen verfassungsrechtlichen staatlichen Schutzpflichten Anwendung finden kann[818]. Auch aus ideengeschichtlicher Sicht gehen alle staatliche Schutzpflichten und alle Arten von verfassungsrechtlichem Untermaßverbot auf die Staatsaufgabe innere Sicherheit und auf das Rechtsstaatsprinzip zurück[819]. Die tiefe innere Beziehung zwischen der Staatszielbestimmung Umweltschutz und dem Oberbegriff „Staatsaufgabe Sicherheit" wird in der Literatur ausführlich nachgewiesen. Der Umweltschutz, und damit seine ausdrückliche normative verfassungsrechtliche Prägung in Art. 20a GG, ist ein notwendiger Bestandteil der Friedensfunktion des Rechtsstaates und der Staatsaufgabe Sicherheit[820].

---

816 S. Calliess, Rechtsstaat und Umweltstaat, S. 125ff., 576ff.

817 Für die Anwendung des Untermaßverbots im Rahmen des Art. 20a GG plädieren zutreffend Würtenberger, (Umweltschutz und Grundrechtsdogmatik, S. 3ff. (7, 9)) und Calliess, (Rechtsstaat und Umweltstaat, S. 577). Anders jedoch wenig überzeugend Steinberg (Verfassungsrechtlicher Grundrechtschutz durch Grundrechte und Staatszielbestimmung, NJW 1996, S. 1985ff. (1992)), der nur eine Übermaßverbotsprüfung gemäß der Staatszielbestimmung des Art. 20a GG als geboten sieht. Vgl. auch Kruis, DVBl. 2000, S. 441ff. (442f., 444f.).

818 Kapitel 5.2.1.

819 S. Kapitel 5.2.1.

820 Murswiek, Umweltschutz als Staatszweck, S. 31f.; Grimm, Die Zukunft der Verfassung, S. 415ff.; Würtenberger, Freiheit und Sicherheit, S. 15ff. (26).

4.3.4. ÖKOLOGISCHES EXISTENZMINIMUM

Das ökologische Existenzminimum[821] wird aus dem Schutzbereich des Art. 2 Abs. 2 GG hergeleitet, der das Leben und die körperlichen Unversehrtheit gewährleistet. Es ist eine Teilgewährleistung des in diesem Sinne umweltrelevanten Artikels 2 Abs. 2 GG. Die Wendung „ökologisches Existenzminimum" veranschaulicht unter dem Aspekt des Zusammenhanges von Art. 2 Abs. 2 GG mit Art. 1 Abs. 1 GG ein gesichertes menschenwürdiges und nicht durch Umweltbelastungen gefährdetes Leben. Es ist eine charakteristische Ausprägung der in den umweltrelevanten Grundrechtsartikeln herrschenden anthropozentrischen[822] umweltschutzrechtlichen Perspektive.

Das ökologische Existenzminimum als Teilgrundrecht des Art. 2 Abs. 2 GG ist nicht nur ein Abwehrrecht. Es verfügt darüber hinaus über eine Schutzfunktion. Die grundrechtliche Pflicht zum Schutz des ökologischen Existenzminimums, wie es aus Art. 2 Abs. 2 GG hergeleitet wird, unterliegt der Untermaßverbotskontrolle[823].

4.3.5. DER STREIT UM DIE KONTROLLDICHTE DES UNTERMASSVERBOTS IM UMWELTRECHT

In der umweltrechtlichen Literatur wird zutreffend festgestellt, daß es in der Rechtsprechung des BVerfG zwei Vorgehensweise[824] zur Handhabung der Kontrolldichte des Untermaßverbots gibt.

Die in der Rechtsprechung des BVerfG herrschend gewordene Vorgehensweise zur Bestimmung der Prüfdichte des Untermaßverbots bietet die sogenannte Evidenzformel[825]. Danach sei zur Bejahung der Verletzung des Untermaßverbots durch das BVerfG festzustellen, daß „..die öffentliche Gewalt Schutzvorkehrungen entweder überhaupt nicht getroffen hat oder offensichtlich die getroffenen Regelungen und Maßnahmen gänzlich ungeeignet oder völlig

[821] Scholz, JuS 1976, S. 232ff. (234); Kloepfer, Zum Grundrecht auf Umweltschutz, S. 22, 27f.; ders., Umweltrecht, S. 116, Rdnr. 11; Schmidt-Aßmann, AöR 106 (1981), S. 205ff., (207); Benda, UPR 1982, S. 241ff. (243); Hoppe/Beckmann/Hauck, Umweltrecht, S. 110, Rdnr. 69.

[822] Zur Differenzierung zwischen anthropozentrischer und ökozentrischer Perspektive s. statt aller Murswiek, NVwZ 1996, S. 222ff. (224); Waechter, NuR 1996, S. 321ff. (323f.), der dem Begriff „Anthropozentrik" den Begriff „Mitweltschutz" entgegensetzt.

[823] Zum Zusammenhang zwischen ökologischem Existenzminimum und Wesengehaltsargument s. Söhnlein, Landnutzung im Umweltstaat des Grundgesetzes, S. 84ff.; Bock, Umweltschutz im Spiegel von Verfassungsrecht und Verfassungspolitik, S. 310.

[824] Sodan, NVwZ 2000, S. 611ff. (605); Voßkuhle, Das Kompensationsprinzip, S. 385; Steinberg, NJW 1996, S. 1985ff. Eine ausführlichere kritische Erörterung dieser zwei Untermaßverbotsprüfungen des BVerfG s. in Kapitel 3.1.

[825] Dazu s. Kapitel 3.1.2.

unzulänglich sind, das Schutzziel zu erreichen."[826] Mit anderen Worten würde ein evidenter Mangel an staatlichen Schutzvorkehrungen zur Verletzung einer konkreten grundrechtlichen Schutzpflicht führen. Als entscheidende Kriterien kommen in diesem Zusammenhang 1) die gänzliche Absenz von staatlichen Schutzvorkehrungen oder 2) ihre völlige Unzulänglichkeit zum Zuge.

Was die umweltrechtliche Rechtsprechung des BVerfG anbelangt: alle umweltrelevanten Entscheidungen des BVerfG haben bis jetzt bei der Auseinandersetzung mit der Untermaßverbotsfrage die Evidenzformel benutzt. Das umweltrechtliche Untermaßverbot steht also in der Rechtsprechung der Evidenzprüfung gleich.

Eine alternative Vorgehensweise zur Anwendung der Untermaßverbotsprüfung liegt im zweiten § 218-Urteil vor. Hier heißt es, daß das Untermaßverbot weit über die evident unzureichenden Maßnahmen hinausgeht[827]. Die entscheidenden Kriterien seien die Angemessenheit und die Wirksamkeit des durch die konkrete grundrechtliche Schutzpflicht geforderten Schutzes. Darüber hinaus seien auch die der konkreten grundrechtlichen Schutzpflicht konkurrierenden Rechtsgüter mitzuberücksichtigen: „Notwendig ist ein, unter Berücksichtigung entgegenstehender Güter, angemessener Schutz, entscheidend ist, daß er als solcher wirksam ist."[828] Der Angemessenheits- und der Wirksamkeitsmaßstab werden ferner durch die Forderung nach sorgfältigen Tatsachenermittlungen, vertretbaren Einschätzungen und Beobachtungs- und Nachbesserungspflichten erläutert und weiter konkretisiert: „Die Vorkehrungen, die der Gesetzgeber trifft, müssen für einen angemessenen und wirksamen Schutz ausreichend sein und zudem auf sorgfältigen Tatsachenermittlungen und vertretbaren Einschätzungen beruhen."[829] „Soweit die Entscheidungen des Gesetzgebers Prognosen über tatsächliche Entwicklungen, insbesondere die Wirkungen seiner Regelungen zugrundelägen, müßten die Prognosen verläßlich sein. Seien bei einer grundlegend neuen Regelung die Möglichkeit, sich ein hinreichend sicheres Urteil zu bilden, naturgemäß eingeschränkt, so muß sich der Gesetzgeber des erreichbaren, für die gebotene verläßliche Prognose der Schutzwirkung des Konzepts wesentlichen Materials bedienen und es mit der gebotenen Sorgfalt daraufhin auswerten, ob es seine gesetzgeberische Einschätzung hinreichend zu stützen vermöge. Schließlich sei er gehalten, die Auswirkungen seines Schutzkonzeptes im Auge zu behalten (Beobachtungs- und Nachbesserungspflicht)."[830]

Obwohl dieses Untermaßverbotskonzept in der umweltrechtlichen Judikatur des BVerfG kaum Widerhall gefunden hat, hat es beachtenswerte Zustimmung in einem Teil der umweltrechtlichen Literatur gewonnen, der für die Übertragung dieses Konzepts auf die umweltrechtliche Schutzpflichtenlehre plä-

---

[826] BVerfGE 79, 175ff. (202); vgl. auch die ähnliche Formulierung in BVerfGE 56, 54ff. (81); BVerfG, NJW 1983, S. 2931f.; BVerfGE 77, 170ff. (215). S. auch BVerfG, NJW 1996, S. 651; BVerfGE 92, 26 (46); BVerfG, NJW 1995, S. 2343; BVerfG, NJW 1997, S. 2509; BVerfG, UPR 1998, S. 145.

[827] Dazu s. Kapitel 3.1.1.

[828] BVerfGE 88, 203ff. (254, 261) unter Bezugnahme auf Isensee, Das Grundrecht, Rdnr. 165ff.

[829] BVerfGE 88, 203ff. (254).

[830] BVerfGE 88, 203ff. (262f, 269).

diert[831]. Insbesondere Steinberg systematisiert das an dem Angemessenheit- bzw. dem Wirksamkeitsgedanken orientierte Untermaßverbotskonzept in fünf Schritten[832]: 1) Bestimmung der Art und des Maßes der Gefahr 2) Wirksamkeitsprüfung aufgrund verläßlicher Prognosen 3) Berücksichtigung der möglicherweise kollidierenden Rechtsgüter 4) Ständige Beobachtungspflicht der Ergebnisse und gegebenenfalls Nachbesserungspflicht 5) Respekt des Gestaltungsspielraums des Gesetzgebers. Ferner betont er die prozeduralen Vorteile[833] dieser Betrachtungsweise. Daran anschließend hebt Böhm hervor, daß dieses Konzept geeignet ist, den vorhandenen Schutzlücken im Umweltrecht zu begegnen[834].

Andererseits werden in der Literatur auch verschiedene Einwände gegen dieses Untermaßverbotsverständnis geäußert. Die Kritik konzentriert sich vor allem auf die Gefährlichkeit dieses Konzeptes für den Gestaltungsspielraum des Gesetzgebers. Die Anforderungen des Angemessenheits- Wirksamkeitsmodell werden als zu detailliert betrachtet, und es wird von einer „Überdehnung der verfassungsrechtlichen Schutzpflicht“[835] gesprochen, welche die Herabwürdigung des Gesetzgebers zu einem Vollzugsorgan mit sich bringe, da sie dem Gesetzgeber die Freiheit der Wahl nehmen würde, zwischen mehreren in der Wirksamkeit gleichwertigen Mitteln des Schutzes zu entscheiden[836]. Weiterhin wird auch der teilweise[837] zutreffende Einwand erhoben, daß das Untermaßverbot als angemessener und wirksamer Schutz im Sinne des zweiten Abtreibungsurteils nur begrenzte Tragweite hat und nicht imstande ist, Beurteilungskriterien zu liefern[838].

Immer im Rahmen der Thematik der gerichtlichen Kontrolldichte des gesetzgeberischen Ermessensspielraums bei der Wahrnehmung von staatlichen Schutzpflichten im Bereich des Umweltrechts, und weit über die Diskussion der zwei Varianten des Untermaßverbot hinaus, stellt sich ein wichtiger verwandter Ansatz. Es geht um das Dilemma zwischen Untermaßverbot und Optimierung[839] als konkurrierende Maßstäbe der verfassungsgerichtlichen Überprüfung. Würtenberger[840] schildert die dabei abstrakt auftauchende Kollisionslage, warnt vor

---

[831] Steinberg, NJW 1996, S. 1986ff. (1988-1989); Böhm, Der Normmensch, S. 102-103; Kruis, DVBl. 2000, S. 441ff. (443).
[832] Steinberg, NJW 1996, S. 1986ff. (1988- 1989).
[833] „Dieses Konzept führt zu im wesentlichen prozeduralen Anforderungen an den Gesetzgeber und bringt begründete und nachvollziehbare und damit auch kontrollierbare Entscheidungen hervor“ (Steinberg, NJW 1996, S. 1986ff. (1989).
[834] Böhm, Der Normmensch, S. 103.
[835] So die in BVerfGE 88, 203ff. dissentierenden Richter Mahrenholz und Sommer (BVerfGE 88, 203ff. (355)).
[836] Hermes/Walther, NJW 1993, S. 2337, 2340. Vgl. auch Wahl, Richter als Gesetzgeber, Frankfurter Rundschau v. 30. 6. 1993, S. 148; Hesse, in: FS Mahrenholz, S. 541ff.
[837] Denn die Analyse der Ausführungen von BVerfGE 88, 203ff. durch Steinberg hat gezeigt, daß die Angemessenheits-Wirksamkeitsklausel mit einer gewissen verfahrensrechtlichen Ausrüstung ausreichend ergiebig sein kann.
[838] Voßkuhle, Das Kompensationsprinzip, S. 384- 85 m. w. N.
[839] Zur Optimierung der Grundrechte s. Alexy, Theorie der Grundrechte, S. 75, 146; Raabe, Grundrechte und Erkenntnis, S. 176ff.; Borowski, Grundrechte als Prinzipien; Würtenberger, VVDStRL 58 (1999), S. 141ff. m. w. N. Vgl. auch Kapitel 3.2.3.
[840] Würtenberger, Umweltschutz und Grundrechtsdogmatik, S. 3ff. (9).

der negativen Folge, die eine Bevorzugung der Optimierungsstrategie mit sich bringe[841], und äußert sich für die balancierenden Vorteile und die bereichsspezifische Anpassungsfähigkeit einer Untermaßverbotsprüfung.

4.3.6. REVERSIBILITÄT UND SCHUTZ DER KÜNFTIGEN GENERATIONEN

Als bedeutsame Instrumente der Konturierung des Untermaßverbots im Umweltrecht kommen die Reversibilität der staatlich ergriffenen Umweltschutzmaßnahmen und der Schutz der künftigen Generationen zur Anwendung.

Die Reversibilität der staatlichen Schutzmaßnahmen ist als mögliche Ausprägung der Untermaßverbotsprüfung im Umweltrecht anzusehen. Die Tatsache, daß eine staatliche Maßnahme gegen das Untermaßverbot verstößt, löst nicht nur als Rechtsfolge ihre Verfassungswidrigkeit aus, sondern sie bringt darüber hinaus die Frage nach ihrer möglichen Reversibilität bzw. neuen verfassungskonformen Ausgestaltung ins Spiel. Die prozedurale Anreicherung des Untermaßverbotsmechanismus durch Beobachtungs- und Nachbesserungspflichten[842] fügt sich harmonisch in den Gedanken eines den Weg für die Reversibilität der staatlichen Maßnahme öffnenden Untermaßverbots ein. Die Komplexität der Sachlagen im Umweltrecht macht die Zuordnung von Reversibilitäts- bzw. Nachbesserungsalternativen zur Untermaßverbotsprüfung in diesem Rechtsbereich, wo die Risikovorsorge wahrgenommen werden soll, besonders wichtig.

Als besonderen bereichsspezifischen Faktor bei der Anwendung des Untermaßverbots im Umweltrecht läßt sich auch der verfassungsrechtliche Auftrag zum Schutz der künftigen Generationen[843] nennen. In Art. 20a GG wird ausdrücklich ausgeführt, daß die natürlichen Lebensgrundlagen auch in Verantwortung für die künftigen Generationen geschützt werden. Damit wird eine umweltrechtliche Vorsorgepflicht begründet und wird implizit ein verbesserter Umweltschutz erwünscht. Die Gewährleistung der natürlichen Lebensgrundlagen auch für die künftigen Generationen birgt auf der materiellen Ebene eine verfassungsrechtliche Pflicht zu Ressourcenschonung und Sparsamkeit in sich[844]. Auf der prozeduralen Ebene statuiert sie eine Pflicht zu umfangreichen und langfristigen Ursache-Wirkung-Prognosen[845].

Die oben[846] aus Art. 20a GG begründete staatliche Schutzpflicht wird durch diese klare Aussage und die in ihr angelegten Teilaspekte geprägt. Bei der Untermaßverbotsprüfung sollen also alle diese Parameter mitgedacht werden.

[841] Dazu ausführlicher Würtenberger, VVDStRL 58 (1999), S. 141f.
[842] BVerfGE 88, 203ff. (262f., 269). Dazu s. auch Kapitel 3.1.2., 4.3.5.
[843] Zur seiner dogmatischen Begründung s. statt aller Murswiek, Umweltschutz als Staatszweck, S. 38ff. und Waechter, NuR 1996, S. 325-326. Vgl. auch Dreier, Verantwortung im demokratischen Verfassungsstaat, S. 27ff. (31f.). S. auch neuerdings von Bubnoff, Der Schutz der künftigen Generationen im deutschen Umweltrecht.
[844] Waechter, NuR 1996, S. 326. Vgl. auch Henneke, NuR 1995, S. 329; Bernsdorff, NuR 1997, S. 332.
[845] Bernsdorff, NuR 1997, S. 332.
[846] Kapitel 4.3.3.

Die konkrete Erwähnung der „Verantwortung für die künftigen Generationen" kann praktisch die umweltrechtliche Untermaßverbotslehre dergestalt beeinflussen, daß sie ein starkes Argument gegen die prinzipielle Ausschließung der Risiken und der Restrisiken aus der Untermaßverbotsprüfung bietet.

4.3.7. PRIVATISIERUNG UMWELTRECHTLICHER STAATLICHER AUFGABEN UND UNTERMASSVERBOT

Es stellt sich die Frage, ob die Privatisierung umweltrechtlicher öffentlicher Aufgaben[847] mit dem umweltrechtlichen Untermaßverbot vereinbar ist[848]. In der Literatur wird die These vertreten, daß die Lehre der grundrechtlichen Schutzpflichten kein prinzipielles Privatisierungshindernis darstellt[849].

Diese Auffassung stellt zum einen auf die typische Situation der Delegierung umweltrechtlicher Vollzugsaufgaben auf Private und zum anderen auf das herrschende Evidenzmodell[850] des Untermaßverbots ab. Auf dieser Grundlage ist die Privatisierung bestimmter umweltrechtlicher Vollzugsfunktionen und die daran anschließende Übernahme dieser Aufgabe durch Private grundsätzlich unproblematisch. Andererseits jedoch wird die Gefahr erkannt, daß die privaten Vollzugsträger und Vollzugshelfer aus Eigeninteresse die Einhaltung der umweltrechtlichen Anforderungen hintertreiben können[851]. Nach dem Untermaßverbot solle daher erstens dem Staat eine Garantenstellung zur Kontrollierung der Vollzugsmaßnahmen durch Private vorbehalten werden. Zweitens steht diese Privatisierung dem Untermaßverbot dann entgegen, wenn der Gesetzesvollzug evident unzureichend ist und die Sicherheit der Bürger nicht mehr wirksam gewährleistet werden kann[852].

Darüber hinaus sollte hervorgehoben werden, daß die Privatisierung umweltrechtlicher Aufgaben, zwar nicht gegen das umweltrechtliche grundrechtli-

---

[847] Dazu Skouris, Die Grundrechte im Rahmen der Privatisierung, S. 91ff.; Burgi, Funktionale Privatisierung und Verwaltungshilfe; Gusy, Privatisierung von Staatsaufgaben; Volmicke, Privatisierung öffentlicher Leistungen in Deutschland; König/Benz, Privatisierung und staatliche Regulierung; Guislain, Les privatisations: und defi strategique juridique et institutionel; Benz, DieVerwaltung 28 (1995), S. 337ff.; Schoch, DVBl. 1994, S. 962ff.; Schmidt, Die Privatisierung öffentlicher Aufgaben als Problem des Staats- und Verwaltungsrechts, S. 210ff.; von Hagemeister, Die Privatisierung öffentlicher Aufgaben; Ronellenfitsch, DÖV 1999, S. 705ff.; Brüning, Der Private bei der Erledigung kommunaler Aufgaben insbesondere der Abwasserbeseitigung und der Wasserversorgung; Bucher, Privatisierung von Bundesfernstraßen; Klowait, Die Beteiligung Privater an der Abfallentsorgung; Wahl, DVBl. 1993, S. 517ff.

[848] Ludwig, Privatisierung staatlicher Aufgaben im Umweltschutz, S. 44-45 und 160-161; v. Heimburg, Verwaltungsaufgabe und Private, S. 22.

[849] Ludwig, Privatisierung staatlicher Aufgaben im Umweltschutz, S. 160-161.

[850] Im Rahmen der Privatisierung bloßer Vollzugsaufgaben des Umweltrechts ist die Bedeutung zwischen den zwei Untermaßverbotskonzepten des BVerfG, d. h. zwischen Evidenzprüfung und Wirksamkeitsprüfung (Dazu s. Kapitel 3.1. und 4.3.5.) hervorzuheben. Aus dem Wirksamkeitsmodell des Untermaßverbots fließen nämlich strengere Anforderungen.

[851] Ludwig, Privatisierung staatlicher Aufgaben im Umweltschutz, S. 160.

[852] Ludwig, Privatisierung staatlicher Aufgaben im Umweltschutz, S. 160-161 mit Verweis auf BVerfGE 88, 203ff. (254) und Isensee.

che Untermaßverbot, unter den oben zitierten Vorbehalten, verstoße. Sie würde jedoch das Demokratieprinzip vernachlässigen.

4.3.8. ERGEBNISSE

Im Umweltrecht spielt das Untermaßverbot eine wichtige Rolle. Das umweltrechtliche Untermaßverbot betrifft sowohl die umweltrelevanten grundrechtlichen Schutzpflichten als auch die staatliche Schutzpflicht aus Art. 20a GG. Von der Untermaßverbotsprüfung sind grundsätzlich die Risiken für Leben und Gesundheit nicht auszuschließen. Nach herrschender Auffassung orientiert sich das Untermaßverbot im Umweltrecht an einer Evidenzprüfung. Durch einen Teil der Theorie wird jedoch das in der zweiten Abtreibungsentscheidung entwickelte alternative Wirksamkeitsmodell befürwortet. Die Reversibilität der staatlichen umweltschützenden Maßnahmen, die verfahrensrechtliche Sicherung der Wahrnehmung von grundrechtlichen Schutzpflichten und der Schutz der umweltrechtlichen Lebensgrundlagen auch angesichts der künftigen Generationen sind Ansätze, welche zur Konturierung des umweltrechtlichen Untermaßverbots wichtig und brauchbar sind. Das Gleichgewicht zwischen dem umweltrechtlichen Untermaßverbot und einem demokratischen Untermaßverbot, d. h. die Einhaltung eines verfassungsrechtlich unverzichtbaren Mindestmaßes an gesetzgeberischer Gestaltungsfreiheit bei der Wahrnehmung grundrechtlicher Schutzpflichten, ist immer zu beachten.

4.4. DAS UNTERMASSVERBOT IM POLIZEIRECHT

Das Polizeirecht als Teil des besonderen Verwaltungsrechts ist auch als konkretisiertes Verfassungsrecht zu begreifen. Das polizeiliche Handeln bedarf verfassungsrechtlicher Legitimation. Grundrechte bieten in allen ihren Funktionen diese Legitimation an. Im Anschluß an diese Annahmen gelangt man zu einem Polizeiverfassungsrecht, bei dem das Untermaßverbot einen gesonderten Platz einnimmt. Das Untermaßverbotsprinzip betrifft im Polizeirecht hauptsächlich die Frage nach der Ermessensreduzierung des polizeilichen Ermessens und den entsprechenden Anspruch auf Einschreiten der Polizei. Naheliegend stellt sich die Problematik des dogmatischen Zusammenhanges zwischen den sogenannten Schädlichkeitsgrenzen und dem Untermaßverbot. Als weiterer konkreter Anwendungsbereich des Untermaßverbots im Polizeirecht ist auch die Privatisierung der behördlichen Aufgaben zu erörtern.

4.4.1. POLIZEIVERFASSUNGSRECHT

Der Ausdruck „Polizeiverfassungsrecht" erinnert an die geläufige und anerkannte Terminologie „Umweltverfassungsrecht". So wie Umweltrecht wird auch Polizeirecht vorwiegend durch verfassungsrechtliche Ansätze beeinflußt und weiterentwickelt. In den meisten Lehrbüchern[853] des Polizeirechts wird der Zusammenhang zwischen Verfassungsrecht und Polizeirecht ausführlich diskutiert. Dieser Rechtsbereich wird namentlich entweder in einem besonderen Kapitel unter dem ausdrücklichen Titel „Polizeirecht und Verfassung"[854] oder im Rahmen der Rechtsquellen des Gefahrenabwehrrechts[855] thematisiert. Insoweit scheint es berechtigt und zweckmäßig, vom Polizeiverfassungsrecht zu sprechen.

Zu den verfassungsrechtlichen Grundlagen des Polizeirechts und damit zum Polizeiverfassungsrecht zählen die Kompetenzenordnung des GG[856], die staatsorganisationsrechtliche Legitimation des polizeilichen Handelns[857], der

---

[853] Würtenberger/Heckmann/Riggert, Polizeirecht in Baden-Württemberg, Rdnr. 21ff.; Würtenberger, Besonderes Verwaltungsrecht, Rdnr. 19ff.; Gusy, Polizeirecht, S. 42ff.; Haus/Wohlfarth, Allgemeines Polizei- und Ordnungsrecht, S. 96ff.; Wagner/Ruder, Polizeirecht, S. 94ff.; Drews/Wacke/Vogel/Martens, Gefahrenabwehr, S. 267ff.

[854] Haus/Wohlfarth, Allgemeines Polizei- und Ordnungsrecht, S. 96ff.; Wagner/Ruder, Polizeirecht, S. 94ff. Vgl. leicht abweichend auch Würtenberger/Heckmann/Riggert, Polizeirecht in Baden-Württemberg, Rdnr. 21ff.. wo von „Polizei im demokratischen Rechtsstaat" die Rede ist und Gusy, Polizeirecht, S. 42ff. wo von „verfassungsrechtlichen Grundlagen" gesprochen wird.

[855] Waechter, Polizei- und Ordnungsrecht, S. 74f.

[856] Waechter, Polizei- und Ordnungsrecht, S. 74ff.

[857] Würtenberger/Heckmann/Riggert, Polizeirecht in Baden-Württemberg, Rdnr. 21; Würtenberger, Besonderes Verwaltungsrecht, Rdnr. 19; Böckenforde, JA 1984, S. 325ff. (331).

Einfluß des Rechtsstaatsprinzips auf das Polizeirecht[858], die Frage nach der Betrachtung der Sicherheit als Verfassungsaufgabe[859], die Problematik der demokratischen Legitimation des polizeilichen Handelns[860], der verfassungsrechtlich geprägte Übergang von der traditionellen Gefahrenabwehr zur neuen Aufgabe der Gefahrenvorsorge[861] und der Zusammenhang zwischen Grundrechten und Polizeirecht. Diese Fragen überschneiden sich vielfach und sind nicht immer leicht abgrenzbar. Alle diese Fragen könnten unter dem Ausdruck grundrechtlicher und staatsorganisationsrechtlicher Grundlagen und Legitimation des Polizeirechts[862] zusammengefaßt werden.

Was konkreter die Grundrechte anbelangt, ist das Polizeiverfassungsrecht in dreierlei Hinsicht relevant. Es stellt sich nämlich zuerst die Frage nach der Einschränkung der Grundrechte durch das polizeiliche Handeln und wird anschließend nach Grundrechten mit Vorbehaltsschranken, Grundrechten mit verfassungsunmittelbaren und Grundrechten mit verfassungsimmanenten Schranken differenziert[863]. Auf einer zweiten Ebene wird die Anwendung der einzelnen Grundrechte für das Polizeirecht diskutiert[864]. Schließlich und vorrangig taucht die Thematik der Doppelfunktion der Grundrechte auch im Polizeirecht auf[865]. In diesem Zusammenhang kommt einerseits die abwehrrechtliche Funktion der Grundrechte als Grenze des polizeilichen Handelns zum Ausdruck. Andererseits steuert jedoch auch die Schutzfunktion der Grundrechte als legitimierender bzw. fördernder Faktor die polizeiliche Tätigkeit.

Die doppelte Funktion der Grundrechte ist kein rein und abschließend verfassungsrechtliches Thema. Die Annahme einer Doppelfunktion der Grundrechte strahlt auf die untergeordneten Rechtsbereiche und damit auch auf das Polizeirecht aus. Es wird zutreffend hervorgehoben, daß die Polizei mit der Schutzwirkung der Grundrechte häufiger als früher nicht als Gefährdung, sondern als Helfer gegen Gefährdungen durch andere Bürger angesehen wird[866]. Die Kon-

---

[858] Wagner/Ruder, S. 94f.; Würtenberger/Heckmann/Riggert, Polizeirecht in Baden-Württemberg, Rdnr. 21ff.; Würtenberger, Besonderes Verwaltungsrecht, Rdnr. 19ff.; Haus/Wohlfarth, Allgemeines Polizei- und Ordnungsrecht, S. 96ff.

[859] Götz, HdbStR III, § 79; Isensee, Das Grundrecht auf Sicherheit; Robbers, Sicherheit als Menschenrecht; Würtenberger/Heckmann/Riggert, Polizeirecht in Baden-Württemberg, Rdnr. 21; Gusy, Polizeirecht, S. 42; Waechter, Polizei- und Ordnungsrecht, S. 82ff.

[860] Würtenberger/Heckmann/Riggert, Polizeirecht in Baden-Württemberg, Rdnr. 24f.; Würtenberger, Besonderes Verwaltungsrecht, Rdnr. 23f.; ders., NJW 1991, S. 257ff.; Wassermann, Die Polizei 1992, S. 1ff: Kniesel, Die Polizei im demokratischen Verfassungsstaat, S. 15ff.

[861] Würtenberger/Heckmann/Riggert, Polizeirecht in Baden-Württemberg, Rdn. 29f.; Darstädt, Gefahrenabwehr und Gefahrenvorsorge; Petersen, Schutz und Vorsorge.

[862] Vgl. den Ausdruck „Die Polizei im demokratischen Rechtsstaat" (Würtenberger/Heckmann/Riggert, Polizeirecht in Baden-Württemberg, Rdnr. 21) als synonym des Polizeiverfassungsrechts.

[863] Wagner/Ruder, Polizeirecht, S. 101ff.; Haus/Wohlfarth, Allgemeines Polizei- und Ordnungsrecht, S.107ff.

[864] Wagner/Ruder, Polizeirecht, S. 104ff.; Haus/Wohlfarth, Allgemeines Polizei- und Ordnungsrecht, S. 109ff.

[865] Würtenberger/Heckmann/Riggert, Polizeirecht in Baden-Württemberg, Rdnr. 21f.; Würtenberger, Besonderes Verwaltungsrecht, Rdnr. 23f.; Waechter, Polizei- und Ordnungsrecht, S. 86f.; Gusy, Polizeirecht, S. 43; Haus/Wohlfarth, Allgemeines Polizei- und Ordnungsrecht, S. 105ff. Zum Zusammenhang zwischen grundrechtlichen Schutzpflichten und Polizeirecht s. auch neuerdings Schumacher, Verwertbarkeit rechtswidrig erhobener Daten im Polizeirecht, S. 75ff.; Greiner, Die Verhinderung verbotener Internetinhalte im Wege polizeilicher Gefahrenabwehr, S. 23ff.

[866] Waechter, Polizei- und Ordnungsrecht, S. 87.

frontierung zwischen Abwehrrechten und Schutzpflichten illustriert sich deutlich und beispielhaft im Polizeirecht. Im Tätigkeitsbereich der polizeilichen Behörden korrelieren sehr oft private Abwehrrechte mit konkreten staatlichen grundrechtlichen Schutzpflichten[867].

Das Untermaßverbot als Bestandteil einer Schutzpflichtenlehre ist im Polizeiverfassungsrecht im Rahmen der Schutzfunktion der Grundrechte zu diskutieren. Würtenberger hat den Untermaßverbotsgedanken als maßgebliches Moment mit eigenständiger Bedeutung in der Lehre des Polizeiverfassungsrechts vorgestellt und den Zusammenhang zwischen Schutzpflichten und Untermaßverbot aus der Sicht des Polizeirechts angesprochen: Aufgabe der Polizei sei unter anderem der Schutz des Einzelnen bei der Ausübung grundrechtlicher Freiheit. In diesem Zusammenhang „..besitzt der Staat dem Einzelnen gegenüber eine Vielzahl von Schutzpflichten. Solchen Schutzpflichten genügt der vom Grundgesetz verfaßte Präventionsstaat nicht allein durch Leistungen, sondern auch durch gefahrvorbeugende und gefahrunterbindende (Abwehr-)Maßnahmen nach dem Polizeirecht. Bei der Erfüllung der grundrechtlichen Schutzpflichten gilt das Untermaßverbot.“[868] So wie die grundrechtlichen Schutzpflichten richtet sich auch das Untermaßverbot gegen staatliche Passivität, d. h. im Polizeirecht gegen polizeiliches Untätigbleiben und für polizeiliche Einmischung. Es ist unumstritten, daß das Untermaßverbot im Polizeirecht bedeutet, daß die Grundrechte in diesem Rechtsbereich nicht unterhalb des gebotenes Maßes durch die polizeiliche Tätigkeit gesichert werden dürfen. Die praktische Erklärung des Untermaßverbots im Polizeirecht, nämlich der Sinn des Ausdruckes „nicht unterhalb des gebotenes Maßes“, schwankt jedoch zwischen einer Wirksamkeits- bzw. Angemessenheitsgrenze und einem Maßstab, der sich nur gegen völlig unzulängliche Maßnahme richtet[869].

Die Ausführungen über die grundrechtlichen Schutzpflichten und das Untermaßverbot dürfen im Polizeirecht nicht dahingehend interpretiert werden, daß die abwehrrechtliche Seite der Grundrechte in diesem Rechtsbereich eine unterrangige Stelle besitzt und letztendlich überspielt wird. Dieses Mißverständnis birgt eine Mißbrauchsgefahr in sich und würde zu freiheitsfeindlichen Ergebnissen führen. Die Tatsache, daß das polizeiliche Tätigwerden seine Legitimation in den grundrechtlichen Schutzpflichten findet, erläutert zwar die Bedeutung dieser Grundrechtsfunktion für das Polizeirecht, soll jedoch nicht die Gleichran-

---

[867] S. in diesem Zusammenhang das Beispiel, das Waechter (Polizei- und Ordnungsrecht, S. 87) erwähnt: „Besonders erkannt ist die Zwiespältigkeit der Grundrechtsfunktionen beim polizeilichen Todesschuß: Einerseits schützt das Recht auf Leben aus Art. 2 Abs. 2 GG jeden Menschen vor staatlichen Eingriffen in das Lebensrecht. Andererseits scheint die Schutzfunktion von Art. 2 Abs. 2 GG zugunsten etwa einer Geisel zu fordern, daß der Staat das Leben des Geiselnehmers, falls notwendig, zerstört“. Vgl. auch die polizeirechtlichen „Schutz durch Eingriff“-genetischen Fragestellungen des Fingerabdrucks, der Videoüberwachung und der Schleierfahndung bei Würtenberger, Freiheit und Sicherheit, S. 15ff. (21f.).

[868] Würtenberger, Besonderes Verwaltungsrecht, Rdnr. 19-20; Würtenberger/Heckmann/Riggert, Polizeirecht in Baden-Württemberg, Rdnr. 21; Würtenberger, Freiheit und Sicherheit, S. 15ff. (21).

[869] Zu den zwei Linien des grundrechtlichen Untermaßverbots in Rechtsprechung und Literatur s. Kapitel 3.1. dieser Arbeit.

gigkeit der Abwehrrechte, nämlich der rechtsstaatlichen Grenze des polizeilichen Handelns, auch in diesem Rechtsbereich berühren.

4.4.2. ERMESSENSREDUZIERUNG AUF NULL UND ANSPRUCH AUF EINSCHREITEN DER POLIZEI

Die Problematik der Ermessensreduzierung auf Null und des Anspruches auf polizeiliches Einschreiten stellt ein Musterbeispiel der Konkretisierung des Untermaßverbots im Polizeirecht dar. Es handelt sich um zwei Fragen: 1) Rechtfertigt das Untermaßverbot eine Ermessenreduzierung (auf Null) des polizeilichen Ermessenspielraums? und 2) Begründet das Untermaßverbot einen daran anschließenden Anspruch auf polizeilichen Schutz?

4.4.2.1. UNTERMASSVERBOT UND ERMESSENSREDUZIERUNG DES POLIZEILICHEN HANDELNS

Die Aporie der Bestimmung der Wirkungen des Untermaßverbots auf die Ermessensreduzierung des polizeilichen Handelns ergibt sich aus der wichtigen Frage nach dem Gestaltungsspielraum der Exekutive bei der Wahrnehmung von grundrechtlichen Schutzpflichten: Kann der prinzipiell weite Ermessensspielraum der polizeilichen Behörden aufgrund des aus der Schutzpflichtendogmatik fließenden Untermaßverbotsprinzips reduziert werden? Daran anschließend ist bejahendenfalls zu verdeutlichen, bis zu welchem Punkt eine durch das Untermaßverbot deduzierte Schrumpfung des polizeilichen Ermessensspielraums möglich und sogar notwendig ist.

Den Ausgangspunkt der Überlegungen bildet der dem behördlichen Handeln innewohnende weite Ermessensspielraum, der im Polizeirecht als Opportunitätsprinzip[870] bezeichnet wird. Die polizeilichen Behörden besitzen einen grundsätzlich breiten Ermessensspielraum sowohl im Hinblick auf das „Ob“ als auch hinsichtlich des „Wie“ des Einschreitens. Sie verfügen nämlich sowohl über ein Entschließungs-[871] als auch über ein Auswahlermessen. Die Annahme

[870] Würtenberger/Heckmann/Riggert, Polizeirecht in Baden-Württemberg, Rdnr. 322f.; Schenke, Besonderes Verwaltungsrecht, Rdnr. 66f.; Waechter, VerwArch. 88 (1997), S. 298ff.; Ossenbühl, DÖV 1976, S. 463ff.

[871] Nach herrschender Auffassung (Würtenberger/Heckmann/Riggert, Polizeirecht in Baden-Württemberg, Rdnr. 322; Schoch, JuS 1994, S. 754ff.; Schenke, Besonderes Verwaltungsrecht, Rdnr. 67f.; Drews/Wacke/Vogel/Martens, Gefahrenabwehr, S. 371) verfügen die Polizeibehörden auch über eine Entschließungsermessen (es steht nämlich im Ermessen der Polizei, ob überhaupt Maßnahmen ergriffen werden sollen), obwohl es auf den ersten Blick scheint, als ob § 3 PolG BW nur das Auswahlermessen regelt. Anders jedoch Knemeyer (VVDStRL 36 (1977), S. 221ff. (237f.)), nach dem die Polizei kein Entschließungsermessen besitzt.

eines großen Ermessensspielraums des polizeilichen Handelns wird durch das das Polizeirecht kennzeichnende Subsidiaritätsprinzip[872] weiter verstärkt.

Auf einer zweiten Ebene verlangen die grundrechtlichen Schutzpflichten auch polizeiliches Tätigwerden, was gegebenenfalls, d. h. bei polizeilicher Passivität oder Zurückhaltung, die verfassungsrechtliche Forderung nach polizeilicher Ermessensreduzierung mit sich bringen kann. Die Annahme einer grundrechtlichen Schutzpflicht führt also zur Reduzierung des polizeilichen Entschließungsermessen[873]. Das Untermaßverbot kann des weiteren eine Reduzierung auch des Auswahlermessens bewirken[874].

Bis jetzt ist nur von „Reduzierung des Ermessenspielraums" der polizeilichen Behörden die Rede. Die Ermessensreduzierung auf Null[875] ist zwar auch ein Unterfall der Ermessenreduzierung, welche jedoch nur unter ganz besonderen Umständen zur Anwendung kommt. Es ist also hervorzuheben, daß das Untermaßverbot eine Ermessensreduzierung des polizeilichen Ermessens und nicht unbedingt eine Ermessensreduzierung auf Null zur Folge hat.

Rekurriert man auf den Stand der Rechtsprechung und der Literatur, was die maßgeblichen Faktoren zur Herbeiführung einer Ermessensreduzierung auf Null und zugleich zur Veranschaulichung des Untermaßverbotsgedanken im Polizeirecht angeht, stellt man drei konkurrierenden Vorgehenslinien und damit ein uneinheitliches Bild fest. Einerseits soll die Schwere und die Intensität des privaten Eingriffs, der die einschlägige grundrechtliche Schutzpflicht begründet, als allein entscheidende Kriterium für eine Reduzierung des polizeilichen Ermessens gelten[876]. Andererseits wird auf den Rang und die Wichtigkeit des unter die Schutzfunktion der Grundrechte fallenden Rechtsgutes[877] eingegangen, um das Untermaßverbotsprinzip im Polizeirecht zu erklären und eine Ermessenreduzierung zu begründen. Drittens stellt man auf den Mangel eines verfassungsrechtlichen Gegengewichts ab, welches die polizeiliche Passivität bzw. unzulängliche Einmischung rechtfertigt[878]. Alle drei Kriterien[879] stellen jeweils einen Aspekt des Untermaßverbotsprinzips dar und sind deshalb kumulativ zu verwenden.

---

[872] § 2 Abs. 2 BW PolG. S. Würtenberger/Heckmann/Riggert, Polizeirecht in Baden-Württemberg, Rdnr. 115-116, 393; Vahle, VR 1991, S. 200ff.; Frotscher, DVBl. 1976, S. 695ff.

[873] Di Fabio, VerwArch. 86 (1995), S. 214ff. (222, 226); Hain/Schlette/Schmitz, AöR 122 (1997), S. 32ff. (44ff., 51ff.).

[874] Di Fabio, VerwArch. 86 (1995), S. 214ff. (233).

[875] S. Eyermann, UPR 1981, S. 14ff. (16); Roller, DVBl. 1993, S. 20ff. (25); Schmehl, JA 1997, S. 866ff. (872); Decker, JA 1998, S. 799ff. (804).

[876] Bandsäge-Urteil, BVerwG, BVerwGE 11, 95ff. Zustimmend auch Wilke, in: FS Scupin, S. 831ff.

[877] OVG Lüneburg, NVwZ 1992, S. 502ff.; BGH, VerwRspr. 5, 319ff.; BGH, VerwRspr. 7, 87ff.

[878] Wilke, in: FS Scupin, S. 831ff. (842).

[879] Zu den praktischen Kriterien für eine grundrechtliche Untermaßverbotsprüfung s. Kapitel 3.3.

4.4.2.2. DER ANSPRUCH AUF EINSCHREITEN DER POLIZEI

Die Frage nach der Bejahung eines Anspruches auf polizeiliches Einschreiten[880] ist nach dem heutigen Stand der Diskussion schon auf einfachgesetzlicher Ebene lösbar[881]. Es wird nämlich überzeugend angenommen, daß die polizeilichen Generalklauseln über einen drittschützenden Charakter verfügen und dementsprechend einen Anspruch auf polizeiliches Einschreiten zu begründen imstande sind. Nur wenn man Schwierigkeiten bei der Ableitung eines subjektiv-öffentlichen Rechts auf polizeiliches Einschreiten ausschließlich aufgrund der polizeirechtlichen Vorschriften begegnet, rekurriert man subsidiär auf mögliche verfassungsrechtliche Ansätze. Ein solches Bedürfnis gilt im Hinblick auf die allgemeinen Klauseln des Polizeirechts nicht.

Da das Untermaßverbot entweder eine bloße Ermessensreduzierung oder eine Schrumpfung des Ermessens auf Null bewirken kann, ist unter dem Blickwinkel des subjektiven Anspruches folgendes hinzufügen: Der bloßen Reduzierung des polizeilichen Ermessensspielraums, die jedoch nicht bis zur Schrumpfung des polizeilichen Auswahlermessens auf Null reicht, entspricht ein formelles[882] subjektives Recht. Der Ermessensreduzierung auf Null korrespondiert ein subjektives öffentliches Recht auf Einschreiten der Polizei.

4.4.3. SCHÄDLICHKEITSGRENZE UND UNTERMASSVERBOT

Die Frage nach den Schädlichkeitsgrenzen stellt kein eigenständiges Unterkapitel des Polizeirechts dar. Denn wenn man von Schädlichkeitsgrenzen spricht, befindet man sich noch im Feld der Ermessensreduzierung des polizeilichen Handelns. Daher gelten prinzipiell auch dabei die oben erläuterten Ausführungen. Der Ausdruck „Schädlichkeitsgrenze[883]“ spielt eine ähnliche Rolle wie das Untermaßverbot in diesem Bereich. Die Schädlichkeitsgrenze übernimmt

---

[880] Brünning, JuS 2000, S. 955ff.; Di Fabio, VerwArch. 86 (1995), S. 214f. (220f.); Schoch, JuS 1994, S. 754ff. (758f.); Dietlein, DVBl. 1991, S. 685ff.; ders., Die Lehre, S. 193ff.; Wilke, in: FS Scupin, S. 831ff.; Pietzcker, JuS 1982, S. 106ff.; Buschlinger, DÖV 1965, S. 374ff. Zur Systematisierung (Anspruch auf polizeiliches Einschreiten bei Obdachlosigkeit, bei Hausbesetzungen und der Baurechtsbehörde) der Fällen bei denen ein Anspruch auf polizeiliches Einschreiten auftaucht sich auf der Art des betroffenen oder gefährdeten Schutzgutes abstellend s. Würtenberger/Heckmann/Riggert, Polizeirecht in Baden-Württemberg, Rdnr. 325, Fn. 402, 403 und 404.

[881] Zur Bejahung des drittschützendes Charakters der polizeilichen Generalklausel s. Würtenberger/Heckmann/Riggert, Polizeirecht in Baden-Württemberg, Rdnr. 324 m. w. N.

[882] Zur wichtigen Unterscheidung zwischen formellem und materiellem Anspruch im Verwaltungsrecht s. Pietzcker, JuS 1982, S. 106ff. (107-108); Ossenbühl, DÖV 1976, S. 467ff.; Bachof, Die verwaltungsgerichtliche Klage auf Vornahme einer Amtshandlung, S. 69; Bühler, Die subjektiven öffentlichen Rechte und ihr Schutz in der deutschen Verwaltungsrechtsprechung, S. 158, 162ff.

[883] Jellinek, Verwaltungsrecht, § 20 III 2b; Schenke, Besonderes Verwaltungsrecht, S. 66ff.; Wolff/Bachof, III, § 125, Rdnr. 36; Würtenberger/Heckmann/Riggert, Polizeirecht in Baden-Württemberg, Rdnr. 325; Di Fabio, VerwArch 86 (1995), S. 214ff. (220f.).

nämlich so wie das Untermaßverbot den Auftrag der Ermessensreduzierung des polizeilichen Handelns gegebenenfalls bis zum Einschreiten[884].

Das Überschreiten der Schädlichkeitsgrenze führt nach herrschender Auffassung zur Ermessensreduzierung des polizeilichen Handelns auf Null[885]. Die Überschreitung der Schädlichkeitsgrenze und damit die Annahme einer Ermessensreduzierung auf Null, die ein polizeiliches Einschreiten aktualisiert, sei dann zu bejahen, wenn eine Gefahr oder Störung für die öffentliche Sicherheit oder Ordnung sich als besonders schädlich erweist und weit über die Grenzen der von der Polizei noch tolerierbaren Schädlichkeit geht[886]. Zugleich sei der Bürger auf polizeiliche „Hilfe“ existentiell angewiesen[887]. Jellinek, der Erfinder des Begriffs, sieht das maßgebliche Kriterium zur Annahme der Überschreitung der Schädlichkeitsgrenze in den gesellschaftlichen Anschauungen: „..wenn die Polizei nach gesellschaftlichen Anschauungen einschreiten muß.“[888] Zutreffend kritisiert Schenke den Maßstab der gesellschaftlichen Anschauungen als wenig ergiebig zur Bestimmung der Schädlichkeitsgrenze und schlägt statt dessen ein pluralistisches dreigliedriges Kriterium zur Indizierung der Schädlichkeitsgrenze vor: „Ob die Schädlichkeitsgrenze überschritten ist, dürfte in erster Linie von der Wertigkeit des bedrohten Rechtsguts, aber auch von der Intensität der Gefahr und der mit dem polizeilichen Handeln verbundenen Risiken abhängen.“[889] Die Betonung des Ranges des bedrohten Rechtsgutes als Maßstab ist hier ersichtlich.

Schädlichkeitsgrenze und Untermaßverbot thematisieren die Reduzierung des polizeilichen Gestaltungsspielraums. In diesem Sinn kommt beiden Maßstäben eine Filter- bzw. Umschaltfunktion zu. Trotz der inhaltlichen Ähnlichkeiten und Verwandtschaften gibt es jedoch auch strukturelle Unterschieden zwischen den zwei Begriffen. Das Untermaßverbot stellt auf den Schutz der grundrechtlich geschützten Rechtsgüter ab und zielt daher auf ein Verbot von untermäßigem Schutz. Während das Untermaßverbot ein Verbot des untermäßigen Rechtsschutzes privater Rechtsgüter regelt, setzt die Schädlichkeitsgrenze einem bestimmten Maß an Schädlichkeit für dieselben Rechtsgüter Grenzen. Des weiteren ist nicht zu vergessen, daß der Maßstab der Schädlichkeitsgrenze im Rahmen des Verwaltungsrechts selbst entwickelt worden ist, während das Untermaßverbot ein verfassungsrechtlicher Maßstab ist, der auf das Polizeirecht übertragen wird.

Soweit beide Ausdrücke denselben Inhalt und dieselbe Funktion haben und zu gleichen Ergebnissen führen, ist eine Bevorzugung des einen oder des anderen Maßstabes nur von theoretischer Bedeutung. Auf dieser Grundlage ist

---

884 Als dritter alternativer einschlägiger Maßstab wird von Hain/Schlette/Schmitz (AöR 122 (1997), S. 32ff. (51ff., 57ff.)) das in dem Untermaßverbot angelegte Mindestmaßkriterium genannt.

885 Nach richtigem Verständnis sind sowohl das Untermaßverbot als auch die Schädlichkeitsgrenze dazu geeignet, sowohl eine einfache Ermessensreduzierung als auch eine Ermessensreduzierung auf Null vorzuschreiben.

886 Schenke, Besonderes Verwaltungsrecht, Rdnr. 70.

887 Würtenberger/Heckmann/Riggert, Polizeirecht in Baden-Württemberg, Rdnr. 325 m. w. N.

888 Jellinek, Verwaltungsrecht, § 20 III 2b.

889 Schenke, Besonderes Verwaltungsrecht, Rdnr. 70.

sogar zu behaupten, daß die Schädlichkeitsgrenze eine konkrete, auf das Polizeirecht bezogene Art vom Untermaßverbot darstellt. Die Würdigung der Schädlichkeitsgrenze als einer besonderen bereichsspezifischen Prägung des ursprünglich verfassungsrechtlichen Prinzips des Untermaßverbots ist jedoch nur im Rahmen des modernen Verständnisses der Schädlichkeitsgrenze erlaubt, bei dem der Rang des bedrohten Rechtsgutes, die Intensität des Eingriffs und die dem drittschützenden polizeilichen Einschreiten gegenüberstehenden privaten Abwehrrechte als Maßstäbe dienen.

4.4.3. PRIVATISIERUNG DER GEFAHRENABWEHR UND DAS UNTERMASSVERBOT

Die Privatisierung von Verwaltungsaufgaben stellt eine aktuelle und brisante Problematik dar[890]. Als Unterfrage dieser Thematik stellt sich die Privatisierung der polizeirechtlichen Aufgaben, welche allmählich an Bedeutung in der polizeirechtlichen Dogmatik gewinnt. In der Literatur hat zu dieser Frage eine noch in Entwicklung stehende mehrdimensionale Diskussion begonnen[891]. An dieser Stelle ist nicht auf die reichen polizeirechtlichen Aspekte dieser Diskussion einzugehen. Es sind auch nicht die verschiedenen Vorschläge, welche unter dem Schlagwort „Police Private Partnership"[892] zur Zeit im Zentrum des polizeirechtlichen Interesses stehen, kritisch zu erläutern. Hier sind nur die grundrechtlichen Parameter der Frage nach der Privatisierung der Gefahrenabwehr zu beleuchten. Noch konkreter ist allein der Zusammenhang zwischen dem aus der Funktion der Grundrechte als Schutzpflichten entnommenen Untermaßverbot und der Privatisierung der öffentlichen Sicherheit von Interesse[893].

---

[890] Dazu Kämmerer, Privatisierung; Skouris, Die Grundrechte im Rahmen der Privatisierung, S. 91ff.; Burgi, Funktionale Privatisierung und Verwaltungshilfe; Gusy, Privatisierung von Staatsaufgaben; Volmicke, Privatisierung öffentlicher Leistungen in Deutschland; König/Benz, Privatisierung und staatliche Regulierung; Guislain, Les privatisations: und defi strategique juridique et institutionel; Benz, Die Verwaltung 28 (1995), S. 337ff.; Schoch, DVBl. 1994, S. 962ff.; Schmidt, Die Privatisierung öffentlicher Aufgaben als Problem des Staats- und Verwaltungsrechts, in: Grundfragen des Verwaltungsrechts und der Privatisierung, Biernat/Hendler/ Schoch/Wasilewski, 1994, S. 210ff.; von Hagemeister, Die Privatisierung öffentlicher Aufgaben. Zur Privatisierung im Bericht des Kommunalrechts, Ronellenfitsch, DÖV 1999, S. 705ff.; Brüning, Der Private bei der Erledigung kommunaler Aufgaben- insbesondere der Abwasserbeseitigung und der Wasserversorgung; Bucher, Privatisierung von Bundesfernstraßen; Klowait, Die Beteiligung Privater an der Abfallentsorgung; Wahl, DVBl. 1993, S. 517ff.

[891] Stober, DÖV 2000, S. 261ff.; ders., NJW 1997, S. 889ff.; Peilert, Police Private Partnership, DVBl. 1999, S. 282ff.; Gramm, VerwArch. 90 (1999), S. 329ff.; Krölls, NVwZ 1999, S. 233ff.; Bueß, Private Sicherheitsdienste; Pitschas, DÖV 1997, S. 393ff.; ders./Stober, Kriminalprävention durch Sicherheitspartnerschaften; Schulte, DVBl. 1995, S. 130ff.; Glavic, Handbuch des privaten Sicherheitsgewerbes; Jean d'Heur, AöR 119 (1994), S. 107ff.; Greifeld, DÖV 1981, S. 906ff.; Hoffmann-Riem, ZRP 1977, S. 277ff.

[892] Stober, DÖV 2000, S. 261ff.; Peilert, DVBl. 1999, S. 282ff.; Bueß, Private Sicherheitsdienste; Budäus/Eichhorn, Public-Private-Partnership; Pitschas, DÖV 1997, S. 393ff.; ders./Stober, Kriminalprävention durch Sicherheitspartnerschaften.

[893] Zum Zusammenhang von grundrechtlichen Schutzpflichten und Privatisierung des Öffentlichen s. Enders, Der Staat 35 (1996), S. 351ff.

Die wichtige Frage lautet: Ist die Privatisierung des Gefahrenabwehrrechts verfassungsrechtlich verboten? Den Ausgangspunkt unserer Überlegungen bietet die mittlerweile herrschende These zu dieser Frage: Weder verlangt noch verbietet das Grundgesetz eine Privatisierung der polizeirechtlichen Aufgaben und überantwortet deshalb die Entscheidung darüber der Legislative[894]. Diese These ist grundsätzlich zu befürworten, aber zugleich dem Vorbehalt der Schutzpflichtenlehre bzw. des Untermaßverbots zu unterwerfen.

Es ist nämlich zu fragen, ob die grundrechtlichen Schutzpflichten schon von Verfassungs wegen der Privatisierung der Sicherheitsdienste Hindernisse bereiten oder sie möglicherweise zwingend vorschreiben und fordern. M. E. löst der Zusammenhang zwischen grundrechtlichen Schutzpflichten und Privatisierung der Gefahrenabwehr vier Unterfragen aus, welche näher zu untersuchen sind: 1) Ist die Schutzfunktion der Grundrechte mit einer Privatisierung der polizeilichen Aufgaben vereinbar? 2) Bejahendenfalls, stellt das Untermaßverbot gewisse Grenzen der Privatisierung der Gefahrenabwehr auf? 3) Ist nach heutiger Lage der Dinge eine Privatisierung der öffentlichen Sicherheit zur praktischen Erfüllung der grundrechtlichen Pflicht zum Schutz der sicherheitsrelevanten Rechtsgüter erforderlich und grundrechtlich zwingend? 4) Ist im Rahmen der oben beschriebenen prinzipiellen Offenheit der Verfassung zur Privatisierung von polizeilichen Aufgaben und angesichts der Tatsache, daß die grundrechtlichen Schutzpflichten sich primär an den Gesetzgeber richten[895], eine Regelungspflicht der Legislative zu konkreterer Bestimmung dieses Rechtsfeldes zu entnehmen?

1. Allein die Funktion der Grundrechte als grundrechtliche Schutzpflichten schließt die Privatisierung der Gefahrenabwehr nicht aus. Die grundrechtlichen Schutzpflichten begründen eine Pflicht der staatlichen Organe zum Schutz der grundrechtlich geschützten Rechtsgüter vor Eingriffen und Gefährdungen nicht staatlicher Natur[896]. In aller Regel sind diese Eingriffe privater Herkunft, d. h. die grundrechtlichen Schutzpflichten schützen vor allem vor grundrechtswidrigem privatem Handeln. In diesem Sinn ist die Übernahme eines Teils der Gefahrenabwehr durch Private im Hinblick auf mögliche Grundrechtsgefährdungen mit der Schutzpflichtenlehre vereinbar und ihrem Schutzmodell voll adäquat. Die Garantenstellung des Staates bleibt unangetastet. Der Staat muß die Privaten sowohl vor den eingreifenden Privaten als auch vor Maßnahmen der Gefahrenabwehr und damit vor den „privaten Polizisten" schützen.

Die Tatsache, daß die Privatisierung der Gefahrenabwehr aus der Sicht der grundrechtlichen Schutzpflichten unproblematisch ist, bedeutet nicht, daß es keine andere verfassungsrechtliche Vorschrift gibt, welche einer solchen Privatisierung entgegensteht. Mit guten Gründen kann man Art. 33 Abs. 4 GG als Hin-

[894] Stober, DÖV 2000, S. 261ff. (264-265); Pitschas, Neue Polizeikonzepte, S. 251, 261f.; Hoffmann-Riem, JZ 1999, S. 421ff.; Peilert, DVBl. 1999, S. 282ff. (284). A. A. jedoch Ronellenfitsch, DÖV 1999, S. 709 und Beste, in: Gusy, Privatisierung von Staatsaufgaben, S. 180ff., 202.
[895] Erichsen, Jura 1997, S. 85ff. (87f.); Unruh, Zur Dogmatik, S. 21ff.; Dietlein, Die Lehre, S. 70ff.; Pietrzak, JuS 1994, S. 748ff. (753).
[896] Zum Begriff der grundrechtlichen Schutzpflichten s. auch Kapitel 2.1.

dernis einer weitgehenden Privatisierung der Gefahrenabwehr ansehen[897]. Auch im Grundrechtsteil des Grundgesetzes könnte man nach solchen Barrieren suchen[898]. Ausdrückliche oder implizite Aussagen gegen eine Privatisierung der Gefahrenabwehr überhaupt oder von Teilbereichen können in bestimmten Grundrechtsverbürgungen getroffen sein, was hier nicht weiter vertieft wird. Die grundrechtlichen Schutzpflichten sind jedoch eine Funktion der Grundrechte, welche vom Konzept her gegen die Privatisierungsfrage keine Einwände zu begründen vermögen.

Es könnte jedoch dahin argumentiert werden, daß mit einer weitgehenden Privatisierung der Gefahrenabwehr die ideengeschichtlichen Wurzeln der grundrechtlichen Schutzpflichten in Frage gestellt würden[899]. Als ideengeschichtliche Grundlage der grundrechtlichen Schutzpflichten wird traditionell das Modell „staatliches Gewaltmonopol-private Friedens- und Gehorsamspflicht“ mit dem Auftrag der Friedenssicherung und Schutzgewährleistung als Voraussetzungen des ideengeschichtlich legitimierten Gesellschaftsvertrags[900] vorgestellt. Man könnte also daran denken, daß die Privatisierung der Gefahrenabwehr eine Abweichung vom Grundsatz des staatlichen Gewaltmonopols im sehr empfindlichen polizeirechtlichen Bereich bedeuten würde.

Gleichwohl kann man aus drei Gründen nicht zum Schluß kommen, daß die grundrechtlichen Schutzpflichten eine Privatisierung der Gefahrenabwehr verbieten. Zuerst ist der Zusammenhang zwischen staatlichem Gewaltmonopol und privater Gehorsamspflicht nicht die einzige ideengeschichtliche Wurzel[901] der grundrechtlichen Schutzpflichten. Zudem gelten für eine grundrechtliche

---

[897] Gramm (VerwArch. 90 (1999), S. 329ff.) betont zutreffend die Rolle des Art. 33 Abs. 4 GG für die Grenzziehung zwischen erlaubter und verbotener Privatisierung von Staatsaufgaben (S. 331ff.; vgl. auch Gusy, StWStP 1994, S. 205ff.; Bueß, Private Sicherheitsdienste, S. 179ff.). Es ist ihm insoweit zuzustimmen, als er die These vertritt, daß Art. 33 Abs. 4 GG ein Regel-Ausnahme-Verhältnis für die Wahrnehmung hoheitlicher Befugnisse statuiert, das für die Erfüllung von Staatsaufgaben den Einsatz von staatlichem Personal in der Regel vorschreibt und zugleich Ausnahmen ausdrücklich zuläßt. Zur Konkretisierung dieses Regel-Ausnahme-Verhältnisses plädiert er für eine qualitative Betrachtungsweise, die auf das Kriterium der potentiellen Eingriffsintensität, zu der die jeweiligen Befugnisse äußerstenfalls berechtigten (S. 358), abstellt. Beispielsweise erklärt er die Privatisierung des Bereichs der staatlichen Sanktionierung (S. 351ff., 359; vgl. dazu auch Steegmann, NJW 1997, S. 2158ff.) und den Einsatz selbständig agierender Privater mit hoheitlichen Befugnissen beim gezielten, auf Menschen gerichteten Schußwaffengebrauch als unzulässig. Von unserer Seite ist im Hinblick auf Art. 33 Abs. 4 GG von einem verfassungsrechtlichen Untermaßverbot zugunsten des öffentlichen Personals zu sprechen. Diese Sichtweise ist jedoch von dem aus der Schutzpflichtenlehre fließenden grundrechtlichen Untermaßverbot zu unterscheiden, obwohl die beiden Ansätze aus verschiedenen Ausgangs- und Orientierungspunkten aus zu ähnlichen Ergebnissen führen mögen.

[898] Zu den möglichen verfassungsrechtlichen uns insbesondere grundrechtlichen Grenzen der Privatisierung von Verwaltungsaufgaben s. statt aller Schoch, DVBl. 1994, S. 962ff. (969f.); Lübbe-Wolff, DVBl. 1993, S. 762ff.; Ossenbühl, VVDStRL 30 (1971), S. 137ff. (179f.); Frenz, GewArch. 1994, S. 145ff. (150ff.); Gusy, DÖV 1996, S. 573ff. (581ff.); Peilert, DVBl. 1999, S. 282ff. (283ff.)

[899] Dazu ausführlicher Stober, DÖV 2000, S. 261ff. (264ff.); Krölls, NVwZ 1999, S. 233ff.; Schulte, DVBl. 1995, S. 130ff.; Isensee, in: FS Eichenberger, S. 23ff.

[900] Der Gesellschaftsvertrag zwischen Herrscher und Beherrschten geht auf Rousseau („Du Contrat sozial“) und Locke („Two Treatises of government“) zurück. Seine zentrale Idee, nämlich die Legitimation der Herrschaft durch das Interesse der Beherrschten, ist jedoch schon im „Leviathan“ von Hobbes zu finden. Dazu s. statt aller Pelinka, Grundzüge der Politikwissenschaft, S. 147ff.

[901] Mit guten Gründen sieht Schulte (DVBl. 1995, S. 130ff. (132)) unabhängig von der Lehre vom Gesellschaftsvertrag allein das staatliche Gewaltmonopol als ideengeschichtliche Grundlage der grundrechtlichen Schutzpflichten.

Schutzpflicht außer der „entfernten" ideengeschichtlichen Grundlage auch nähere rechtsdogmatische Herleitungsgründe. Zweitens sagt der Widerspruch eines rechtlichen Phänomens mit den ideengeschichtlichen Wurzeln nichts über einen Widerspruch des rechtlichen Phänomens mit dem verfassungsrechtlichen Maßstab selbst. Schließlich ist auch fraglich, ob das staatliche Gewaltmonopol als Fundament der grundrechtlichen Schutzpflichten durch die Privatisierung von polizeirechtlichen Aufgaben wirklich berührt wird, da die staatliche Funktionen immer auch im Rahmen der Erfüllung ihrer grundrechtlichen Schutzpflichten das private gefahrenabwehrende Handeln kontrollieren müssen.

2. Die Privatisierung von polizeirechtlichen Aufgaben ist zwar mit den grundrechtlichen Schutzpflichten vereinbar, unterliegt jedoch zugleich ihrer Kontrolle. Die Staatsorgane sind verpflichtet, den Einzelnen vor Eingriffen der privaten Sicherheitsdienste in die grundrechtlich geschützten Rechtsgüter zu schützen. Sie sollen nämlich ihre grundrechtlichen Schutzpflichten auch den privaten Sicherheitsdiensten gegenüber wahrnehmen. Und diese Wahrnehmung der grundrechtlichen Schutzpflichten unterliegt wie in jedem anderen Fall einer Untermaßverbotskontrolle[902]. D. h., daß Legislative, Exekutive und Judikative dafür sorgen müssen, daß der Schutz der Grundrechte vor Beeinträchtigungen privater Sicherheitsdienste nicht untermäßig bleibt. In diesem Zusammenhang ist m. E. verfassungsrechtlich geboten, daß bei der Behandlung eines Falles sowohl durch öffentliche Behörden als auch durch private Sicherheitsdienste die letzteren den Befehlen der ersteren zu folgen haben. Denn die privaten Sicherheitsdienste haben nur ihre Aufgabe zu erledigen, während die öffentliche Polizei darüber hinaus auch ihre Schutzpflichten erfüllen muß. Der öffentlichen Polizei obliegt mit anderen Worten auch eine Garantenstellung im Hinblick auf den Grundrechtsschutz.

3. Es ist nicht zu bestreiten, daß in den Augen vieler Bürger der Staat sich als unfähig im Umgang mit der zunehmenden Kriminalität und in der Wahrnehmung seiner Schutzfunktion erweist. Die Steigerung, die Internationalisierung und die Vernetzung der organisierten Kriminalität und die Schaffung von „Inseln der Illegalität" sind nur charakteristische Beispiele dieser bedenklichen und negativen Entwicklung[903]. Auf der Grundlage der partiellen Unfähigkeit der öffentlichen Polizeibehörden zur Wahrnehmung ihrer grundrechtlichen Schutzpflichten wächst die Frage nach einer möglichen, auf die Schutzpflichtenlehre gestützten Verpflichtung des Staates zur partiellen Privatisierung der Sicherheitsdienste. Diesem Gedankengang liegt die Vermutung zugrunde, daß eine partielle Privatisierung der Gefahrenabwehr zu einer erfolgreicheren Bekämpfung der Kriminalität führen könnte. Daraus würde unter dem Blickwinkel der Schutzpflichtenlehre eine Berücksichtigung der Privatisierungsmöglichkeiten durch die Legislative und die Exekutive bei der Wahrnehmung ihrer Schutzpflichten resultieren. Nach einer extremeren Variante dieses Grundgedankens

---

[902] Zum Zusammenhang zwischen Privatisierung von staatlichen Aufgaben und Untermaßverbot s. auch Hoffmann-Riem, DVBl. 1999, S. 657ff. (663); Jean d'Heur, AöR 119 (1994), S. 107ff. (121ff.).
[903] Würtenberger/Heckmann/Riggert, Polizeirecht in Baden-Württemberg, Rdnr. 28 mit weiteren Nachweisen.

würde sich die Privatisierung der Gefahrenabwehr die einzige Lösung zur effektiven Bekämpfung der Kriminalität anbieten. Das würde bedeuten, daß aus der Sicht des Untermaßverbots die Privatisierung der Gefahrenabwehr nicht nur erlaubt, sondern geboten und weiterzuführen sei. Der letzten Argumentation ist entgegenzuhalten, daß sie auf der schwer nachweisbaren Prämisse beruht, daß kein anderes taugliches Mittel zur Wahrnehmung der grundrechtlichen Schutzpflichten im Bereich des Gefahrenabwehr zur Verfügung steht und daß eine Privatisierung der Gefahrenabwehr die vorliegenden Probleme endgültig lösen würde. Darüber hinaus steht eine Verpflichtung der Legislative zu einer weitgehenden Privatisierung der Gefahrenabwehr ihrem grundsätzlich weiten Ermessensspielraum bei der Wahrnehmung von grundrechtlichen Schutzpflichten entgegen.

Aus dem Untermaßverbot folgt jedoch die Verpflichtung der Gesetzgebung, die Privatisierungsmöglichkeiten der Gefahrenabwehr mitzuberücksichtigen, und als eine Waffe neben anderen gegen die Bekämpfung des Verbrechens im Rahmen ihres Ermessens kumulativ zu verwenden. Es handelt sich um eine staatliche Pflicht zur wissenschaftlichen Erforschung und statistischen Verarbeitung der Privatisierungschancen der Gefahrenabwehr[904].

Nach einer neoliberalen Sichtweise folgt aus dem Untermaßverbot darüber hinaus eine staatliche umfangreiche Privatisierungspflicht der Gefahrenabwehr. Danach kann der Staat heute die Sicherheit der Bürger nicht allein garantieren. Deswegen sollten die ideengeschichtlichen Wurzeln des modernen Rechtsstaates zurücktreten: Das staatliche Gewaltmonopol sollte aufgelöst werden und die Privatisierung der Gefahrenabwehr erweise sich als erforderlich[905]. Damit werden auch die Funktion der Grundrechte als staatliche Schutzpflichten sowie die Garantenstellung des Staates aufgelöst. Diese Betrachtung geht fehl, weil sie die grundrechtliche Schutzfunktion des Staates auflöst, ohne ein alternatives System zu entwickeln. Es verstößt sowohl gegen das Grundrechtssystem des Grundgesetzes als auch gegen das Rechtsstaatsprinzip.

4. Die Erfüllung der Pflicht zum Schutz der Grundrechte vor privaten Beeinträchtigungen ist nach unbestrittener Auffassung in der Schutzpflichtenlehre primäre Aufgabe des demokratisch legitimierten Gesetzgebers. Im Polizeirecht wird[906] mit Recht eine Regelungspflicht des Gesetzgebers vertreten, was die Fragen nach dem „Ob" und dem „Wie" der Privatisierung der Gefahrenabwehr anbelangt. Die Privatisierung der Gefahrenabwehr, wie oben entwickelt, stellt ein erlaubtes Mittel mit guten Aussichten zur Wahrnehmung der grundrechtlichen Schutzpflichten im Polizeirecht dar, das aber auch der Untermaßverbotsprüfung unterliegt. Die Einfügung dieses Mittels in das System der Gefahrenabwehr obliegt dem Gesetzgeber.

---

[904] Vgl. BVerfGE 88, 203ff. (262f., 269), wo von einer Beobachtungs- bzw. Nachbesserungspflicht des Staates gesprochen wird.

[905] Zu dieser zutreffend als „kalten Privatisierung" bezeichneten Fehlentwicklung s. DBB Positionen vom 11. Februar 2000, § V4 im Internet.

[906] Jean d'Heur, AöR 119 (1994), S. 107ff. (121-122).

KAPITEL 5: ZUR BILDUNG EINER UNTERMASSVERBOTSDOGMATIK

In diesem Kapitel ist der Stand von Literatur und Rechtsprechung zum Untermaßverbotsprinzip nicht von primärem Interesse[907]. Die Ergebnisse der vorhandenen Diskussion sind zwar zu systematisieren und kritisch zu würdigen. Hauptziel dieses Kapitels ist aber nicht ausschließlich, die Schlüsse der Untermaßverbotsdiskussion unter der Perspektive der Bildung einer rechtlichen Untermaßverbotsdogmatik kritisch zu beleuchten und zu systematisieren. Es wird in erster Linie bezweckt, zu einer dogmatischen Veranschaulichung durch Begriffsbildung, Kategorisierung, Beantwortung der offenen Fragen und kritischen Vertiefung der in der Diskussion über das Untermaßverbot bereits zur Verfügung stehenden Gesichtspunkte beizutragen, sowie weitere Aspekte der Untermaßverbotsdogmatik zu entwickeln. Es wird versucht, über die schon untersuchten Funktionen und Betrachtungsweisen des Untermaßverbots hinaus die Konturen einer grundrechtlichen Untermaßverbotsdogmatik zu gewinnen.

Was die Dogmatik des grundrechtlichen Untermaßverbots anbelangt, das unausweichlich im Zentrum des Interesse dieser Arbeit steht, besteht der erste Schritt unserer Vorgehensweise in der Bestimmung seines Anwendungsraums. Es ist bis jetzt nicht deutlich geworden, wie umfangreich das Anwendungsfeld des grundrechtlichen Untermaßverbots ist. Es geht dabei um die Frage nach dem Zusammenhang zwischen den verschiedenen Funktionen der Grundrechte und dem grundrechtlichen Untermaßverbot. Anders formuliert: Gilt das Untermaßverbot nur bei den grundrechtlichen Schutzpflichten oder entfaltet es auch im Rahmen aller Grundrechtsfunktionen Wirkung? Anhand dieser Frage wird das Anwendungsfeld des grundrechtlichen Untermaßverbots bestimmt (5.1.).

Daran anschließend wird die Frage nach dem genauen Sinn und Inhalt des grundrechtlichen Untermaßverbots erörtert: Was bedeutet das grundrechtliche Untermaßverbot? In diesem Zusammenhang, und nachdem die Unterscheidung zwischen grundrechtlichem und (anderem) verfassungsrechtlichem Untermaßverbot entwickelt wird, wird hervorgehoben, daß das grundrechtliche Untermaßverbot zwei Erscheinungsformen hat: das grundrechtliche Untermaßverbot im engeren und das grundrechtliche Untermaßverbot im weiteren Sinne. Man kann nicht für, gegen oder über das grundrechtliche Untermaßverbot argumentieren, ohne deutlich zu machen, welches der zwei Aspekte des grundrechtlichen Untermaßverbots gemeint ist. Weiterhin ist eine eigene Gliederung bzw. Konturierung sowohl des grundrechtlichen Untermaßverbots im engeren Sinne als auch des grundrechtlichen Untermaßverbots im weiteren Sinne zu entwickeln (5.2.).

Die Dogmatik des grundrechtlichen Untermaßverbots vollendet sich in der Erörterung des Untermaßverbotsprinzips zusammen mit anderen wichtigen

[907] Den Stand der Literatur zur Problematik „Untermaßverbot" erörtern schwerpunktmäßig die Kapitel 1.2., 2. und 3 dieser Arbeit.

dogmatischen Maßstäben der allgemeinen Grundrechtslehre Die folgende Untersuchung erschöpft sich nicht in einer detaillierten Erläuterung des Untermaßverbotsprinzips. Das ist nur ein wichtiges Teilziel, dessen Erreichung der größte Teil dieses Kapitels gewidmet wird. Zentrales Ziel ist jedoch auch, die Konturen des wissenschaftlichen Umfelds dieses Prinzips zu schildern und das Untermaßverbot in seinen Kontext einzuordnen (5.3.).

5.1. DER ANWENDUNGSBEREICH DES GRUNDRECHTLICHEN UNTERMASSVERBOTS

Das Anwendungsfeld des Untermaßverbots stellt einen grundsätzlichen Angelpunkt zur Konturierung einer Untermaßverbotsdogmatik dar. Die genaue Bestimmung der Bezugspunkte einer Untermaßverbotsprüfung und ihre befriedigende Abgrenzung von den grundrechtlichen Schutzpflichten sind dogmatische Schlüssel für die Orientierung der Untermaßverbotslehre.

Wenn man von dem heutigen Stand der Lehre und der Rechtsprechung bezüglich des Untermaßverbots ausgeht, formuliert man die Aporie über den Anwendungsraum des Untermaßverbots ungefähr so: Ist das Untermaßverbot ein Maßstab, der nur in den Fallkonstellationen Wirkung entfaltet, wo die Grundrechte in Gestalt der grundrechtlichen Schutzpflichten zum Ausdruck kommen, oder ist es bei allen staatlichen grundrechtlichen Handlungspflichten, damit auch bei den grundrechtlichen Teilhabe- bzw. Leistungspflichten als Kontrollmaßstab präsent und relevant? (5.1.1.)

Die Problematik läßt sich weit über dieses „Entweder-Oder" hinaus ergänzen: Welche Funktionsweise der Grundrechte betrifft die Untermaßverbotsprüfung? Dieser Problemstellung liegt die „ketzerische" Vermutung zugrunde, daß das Untermaßverbot auch bei der klassischen abwehrrechtlichen Grundrechtsfunktion einschlägig sein kann (5.1.2.).

5.1.1. GRUNDRECHTLICHE SCHUTZPFLICHTEN, GRUNDRECHTLICHE HANDLUNGSPFLICHTEN UND DIE ANWENDUNG DES UNTERMASSVERBOTS

Zunächst ist es notwendig zu verdeutlichen, welche anderen Arten von staatlichen grundrechtlichen Handlungspflichten jenseits der grundrechtlichen Schutzpflichten vorliegen (5.1.1.1.). Mit dieser Frage befindet man sich im Feld der allgemeinen Grundrechtslehre über die Einteilung und Einordnung der Grundrechtsgewährleistungen sowie über die Funktionen der Grundrechte.

In diesem Zusammenhang muß man die Kriterien der Differenzierung zwischen grundrechtlichen Schutzpflichten und anderen grundrechtlichen Handlungspflichten entwickeln (5.1.1.2.). Auf dieser Grundlage kann man die Frage nach dem Anwendungsraum des Untermaßverbots klären (5.1.1.3.).

5.1.1.1. STAATLICHE GRUNDRECHTLICHE HANDLUNGSPFLICHTEN IN DER ALLGEMEINEN GRUNDRECHTSLEHRE

Die Entwicklung von jenseits der grundrechtlichen Schutzpflichten liegenden staatlichen grundrechtlichen Handlungspflichten hängt maßgeblich von der allgemeinen Grundrechtslehre ab. Zuerst spielt die Einteilung und Systematisierung der verschiedenen Grundrechte eine wesentliche Rolle. Noch wichtiger sind jedoch die Überlegungen zu den verschiedenen Funktionen der Grundrechte. Die Problematik der Staatszielbestimmungen und der Verfassungsprinzipien ist auch mitzuberücksichtigen. Die grundlegende Zweiteilung der Grundrechte in eine objektiv-rechtliche und eine subjektiv-rechtliche Seite ist gleichfalls einschlägig. Alle diese Systematisierungsansätze prägen maßgeblich den Stand der heutigen allgemeinen Grundrechtslehre. Ihre innere Kohärenz ist bis jetzt nicht abschließend veranschaulicht worden. Es liegen zwar herrschende oder jedenfalls gefestigte Ergebnisse vor, was jeden einzelnen Ansatz betrifft. Es gibt jedoch keine gefestigte gemeinsame Linie in Gestalt einer synthetischen Konzeption, die auf alle diese Gesichtspunkte Rücksicht nimmt und sie in ein widerspruchsfreies Grundrechtssystem einordnet und alle diese Ansätze funktionell und harmonisch integriert.

An dieser Stelle kann nicht versucht werden, eingehend allen diesen Gesichtspunkten nachzugehen. Es ist nur beabsichtigt, mit Blick auf alle diese Gesichtspunkte eine Antwort auf die Frage nach der Fortentwicklung der Untermaßverbotsdogmatik zu geben.

Die Grenzziehung zwischen Grundrechten[908] und anderen verfassungsrechtlich garantierten Rechtsgütern[909] und die Einteilung der Grundrechte machen deutlich, von welchen grundgesetzlichen Gewährleistungen grundrechtliche Handlungspflichten ausgelöst werden können.

Auf einer zweiten Ebene ist zur weiteren Konkretisierung der grundrechtlichen Handlungspflichten die Diskussion über die Funktionen der Grundrechte von entscheidender Bedeutung. Bei diesem Thema gibt es eine Reihe von mehr oder weniger abweichenden Systematisierungen. Es ist unbestritten, daß die abwehrrechtliche Funktion der Grundrechte die erste, die klassische, die wichtigste, kurz gesagt „die Standardfunktion“ der Grundrechte ist. Sie wird allen anderen Grundrechtsfunktionen als die eine Seite der Medaille gegenübergestellt: Es gibt einerseits die abwehrrechtliche Funktion der Grundrechte und andererseits

[908] Dazu werden auch die grundrechtsgleichen und die grundrechtsähnlichen Rechte aufgezählt. Dazu s. Sachs, Grundrechte, A 2 Rdnr. 7ff. Vgl. auch Appel, Jura 2000, S. 571ff.

[909] Z. B. Art. 20a GG. Zur daraus fließenden staatlichen (nicht-grundrechtlichen) Schutzpflicht s. Kapitel 4.3.3.

alle anderen Funktionen der Grundrechte. Nach herrschender Terminologie fallen alle diese weiteren Grundrechtsfunktionen unter dem Ausdruck „objektiv-rechtliche Rechtsgehalte der Grundrechte[910]" in eins. Ein Teil der Literatur unterscheidet jedoch nicht zwischen abwehrrechtlicher Funktion und Funktionen der „objektiv-rechtlichen Gehalt" der Grundrechte sondern zwischen Eingriffsabwehrfunktion und Schutzfunktion der Grundrechte[911].

Es gibt zwar Nuancierungen, wenn in der Literatur die verschiedenen Teilfunktionen der der abwehrrechtlichen Funktion gegenüberstehenden „Rahmenfunktion der zweiten Generation" konkret aufgezählt werden. Es ist jedoch unbestritten[912], daß dazu die Einrichtungsgarantien, die Verfahrensgarantien die Leistungs- und die Teilhaberechte und die grundrechtlichen Schutzpflichten gehören.

Prämisse der folgenden Überlegungen ist, daß aus allen dem sogenannten „objektiv-rechtlichen Gehalt" zugehörenden Grundrechtsfunktionen grundrechtliche staatliche Handlungspflichten fließen. Im grundrechtstheoretischen Feld ist diese Vorgehensweise mit der institutionellen sowie mit der sozial-staatlichen Grundrechtstheorie vereinbar und den anderen Grundrechtstheorien[913] nicht fremd.

Unter diesem Blickwinkel kommt man zum Schluß, daß staatliche Pflichten zur Gewährleistung oder Förderung der Einrichtungsgarantien, staatliche Handlungspflichten zur Verwirklichung der Grundrechtsausübung durch Organisation, Verfahren und Finanzierung, den grundrechtlichen Leistungsrechten entsprechende Leistungspflichten, den derivativen Teilhaberechten korrespondierende staatliche Pflichten zur Gewährung der Teilhabe, staatliche grundrechtliche Pflichten zur Gewährleistung der sozialen Seite von Grundrechten und staatliche grundrechtliche Schutzpflichten bestehen. Alle diese einschließlich der grundrechtlichen Schutzpflichten sind staatliche grundrechtliche Pflichten, d. h. Handlungspflichten, bei welchen die grundrechtliche Untermaßverbotsprüfung zur Anwendung kommen kann.

Letztlich liegt der hier vertretenen These die Annahme zugrunde, daß sich aus den Grundrechten eine staatliche Respektierungspflicht, eine staatliche Förderpflicht und eine staatliche Schutzpflicht ergibt[914].

---

910 Dazu s. Jarass, AöR 110 (1985), S. 363ff.; Böckenförde, Zur Lage, S. 30ff.; ders., Der Staat 29 (1990), S. 1ff.; Alexy, Der Staat 29 (1990), S. 49ff.; Schapp, JZ 1998, S. 913ff.; Hennig, Die Rechtsprechung des Bundesverfassungsgerichts, S. 120ff.

911 Canaris, AcP 184 (1984), S. 201ff.; ders., Grundrechte und Privatrecht. Dazu s. Kapitel 2.1.1.

912 S. Pieroth/Schlink, Grundrechte, Rdnr. 70ff.

913 Zu den verschiedenen Grundrechtstheorien s. Böckenförde, NJW 1974, S. 1529ff.; Alexy, Theorie der Grundrechte, S. 21ff.; Trute, Die Forschung zwischen grundrechtlicher Freiheit und staatlicher Institutionalisierung, S. 246ff.; Morgenthaler, Freiheit durch Gesetz, S. 27ff., 39ff., 52ff. Vgl. auch Forsthoff, Der Staat der Industriegesellschaft, S. 79.

914 Vgl. Markus Engels, Die europäische Grundrechtecharta: Auf dem Weg zu einer europäischen Verfassung? Eurokollege 45 (2001) im Internet: „Der Staat hat in dieser Hinsicht Verpflichtungen auf drei Ebenen: Die Respektierungspflicht, die Schutzpflicht und die Gewährleistungspflicht."

5.1.1.2. ZUR ABGRENZUNG VON GRUNDRECHTLICHEN SCHUTZPFLICHTEN UND ANDEREN GRUNDRECHTLICHEN HANDLUNGSPFLICHTEN

Die These ist, daß sich die grundrechtlichen Schutzpflichten, so wie sie beim heutigen Stand der Grundrechtsdogmatik zur Anwendung kommen, von den anderen staatlichen grundrechtlichen Handlungspflichten wesentlich unterscheiden.

Die grundrechtlichen Schutzpflichten verorten sich hauptsächlich in Dreieckskonstellationen. Noch genauer entfalten sie ihre Wirkung in Fällen, in denen ein klassisches Abwehrrecht oder auch eine Einrichtungsgarantie durch nicht staatliche Aktivitäten verletzt oder bedroht worden ist. Die grundrechtliche Schutzpflicht wird nach herrschender Ansicht normativ aus dem objektivrechtlichen Gehalt der Grundrechte abgeleitet[915]. Zur Begründung einer konkreten grundrechtlichen staatlichen Schutzverpflichtung ist das Vorliegen eines nicht-staatlichen Eingriffs[916] oder einer nicht vom Staat unmittelbar verursachten Gefährdung erforderlich. Der private Angreifer eines unter ein bestimmtes Grundrecht oder eine bestimmte Einrichtungsgarantie zu subsumierenden Rechtsguts spielt mit seiner Beeinträchtigung oder Bedrohung die entscheidende Rolle zur Aktualisierung der konkreten grundrechtlichen Schutzpflicht.

Im Gegensatz dazu bedürfen die grundrechtlichen Förder-, Leistungs- oder sozialen Handlungspflichten keiner nicht staatlichen Beeinträchtigung oder Gefährdung der abwehrrechtlichen Funktion zu ihrer Aktualisierung. Sie werden nur aufgrund der Bejahung der weit über die Abwehrfunktion hinausgehenden Teilhabe-, Förder-, Leistungs- und Sozialfunktion des einschlägigen Grundrechts ausgelöst.

Der Hauptunterschied zwischen grundrechtlichen Schutzpflichten und anderen grundrechtlichen Handlungspflichten besteht darin, daß die Schutzpflicht eine Metafunktion der abwehrrechtlichen Funktion darstellt, während die anderen grundrechtlichen Handlungspflichten durch keine solche strukturelle Abhängigkeit von der abwehrrechtlichen Funktion eines Grundrechts gekennzeichnet werden. Die Einwirkung eines nicht-staatlichen[917] Eingriffs oder Gefährdung

---

[915] S. auch Kapitel 5.3.2.2.

[916] Nach der hier verwendeten Terminologie ist eine private Beeinträchtigung eines Grundrechts so wie jeder staatlicher Eingriff ebenfalls als Eingriff zu bezeichnen. Dabei stimmt auch Schlink (Abwägung im Verfassungsrecht, S. 214ff., ders., EuGRZ 1984, S. 457ff. (464) zu. Zum modernen Eingriffsbegriff, der zwar weiter geht als der klassische Eingriffsbegriff, der durch Finalität, Unmittelbarkeit, Rechtsförmlichkeit und Zwang konturiert und begrenzt wird (Pieroth/Schlink, Grundrechte, Rdnr. 238), der jedoch den Eingriff Privater nicht miteinschließt s. Pieroth/Schlink, Rdnr. 239ff.). Vgl. dazu die detaillierten Ausführungen von Eckoff (Der Grundrechtseingriff, insb. S. 236ff.) und Holoubek, (Bauelemente eines grundrechtsdogmatischen Argumentationsschemas, S. 42ff.) und den interessanten Ansatz von Ipsen, (in: FS Starck, S. 85ff. (98ff.), der anstelle des Ausdrucks „Eingriff" die Anwendung des Terminus „Einwirkung" vorschlägt. Er sieht diesen Terminus als geeignet, alle Arten von Beeinträchtigungen der grundrechtlich geschützten Rechtsgüter begrifflich zu umfassen.

[917] Wenn man davon ausgeht, daß die grundrechtlichen Schutzpflichten nur aus privaten Beeinträchtigungen entstehen, dann wird die Grenzziehung zwischen grundrechtlichen Schutzpflichten und anderen grundrechtlichen Handlungspflichten leichter. Die schwierigste Unterkategorie, was die Zuordnung anbelangt, stellen die staatlichen Verpflichtungen zum Schutz vor Grundrechtsbeeinträchtigungen oder Gefährdungen der grundrechtlich geschützten Rechtsgüter dar, die zumindest unmittelbar weder durch den Staat noch durch Private verursacht

ist für die Begründung der konkreten grundrechtlichen Schutzpflicht erforderlich. Dieses Erfordernis ist bei der Begründung einer anderen grundrechtlichen Handlungspflicht entbehrlich. Mit anderen Worten besteht die Handlungspflicht bei den grundrechtlichen Schutzpflichten in dem Schutz vor einem privatem Eingriff und in den anderen grundrechtlichen Handlungspflichten in einem staatlichem Tätigwerden anderer Art. Bei den anderen grundrechtlichen Handlungspflichten fehlt die Abwehrrechtsangewiesenheit. Kurz gefaßt fehlt bei den anderen grundrechtlichen Handlungspflichten das Dreiecksschema, auf dem sich die grundrechtliche Schutzpflicht in der Regel gründet.

Gegenstand aller grundrechtlichen Handlungspflichten ist immer ein Stück verfassungsrechtlich festgeschriebener Freiheit. Falls dieser Freiheitsraum sich mit dem unter das einschlägige Abwehrrecht fallenden Freiheitsraum deckt, handelt es sich um eine grundrechtliche Schutzpflicht im Sinne der herrschenden Dogmatik. Falls dies nicht der Fall ist, geht es um eine grundrechtliche Handlungspflicht anderer Art.

5.1.1.3. ZUR ANWENDUNG DES GRUNDRECHTLICHEN UNTERMASSVERBOTS BEI ALLEN GRUNDRECHTLICHEN HANDLUNGSPFLICHTEN

In der Literatur und in der Rechtsprechung wird einerseits das Untermaßverbot in der Regel als eine Teilfrage der grundrechtlichen Schutzpflichten erörtert. Anderseits wird jedoch nicht explizit und deutlich vertreten, daß das Untermaßverbot nur der Dogmatik der grundrechtlichen Schutzpflichten angehört. Die Frage nach dem Anwendungsfeld des Untermaßverbots wird nicht gesondert diskutiert[918].

Es erscheint zweckmäßig, die nur implizit vorhandenen Ansätze in der Literatur für eine weit über die grundrechtlichen Schutzpflichten hinausreichende Anwendung des Untermaßverbotsprinzips darzustellen (1) sowie die Gründe für die Monopolisierung des Untermaßverbots durch die Lehre der grundrechtlichen

---

werden. Ein charakteristisches Beispiel dafür könnten die Folgen eines Erdbebens sein. Diese Fälle könnten mit guten Gründen sowohl den grundrechtlichen Schutzpflichten als auch den anderen grundrechtlichen Handlungspflichten bzw. den grundrechtlichen Förderpflichten zugeordnet werden. Es gibt einerseits keinen überzeugenden Grund zur Ausschließung dieser Unterkategorie von der Palette der grundrechtlichen Schutzpflichten. Andererseits sind dabei die Grenzen zwischen Schutz und Förderung fließend und schwer bestimmbar. Im Prinzip begrüßenswert ist in diesem Zusammenhang der durch Roth (Faktische Eingriffe, S. 413ff.) vorgenommene Systematisierungsversuch der grundrechtlichen Handlungspflichten. Dabei ist zu berücksichtigen, daß Roth auf die subjektive Ebene abstellt und als Oberbegriff nicht die Handlungspflichten sondern die Leistungsrechte bevorzugt. Roth differenziert grundsätzlich zwischen grundrechtlichen Rechten auf Schutz (S. 413ff.) und Beistand (S. 420ff.) und grundrechtlichen Förderrechten (S. 423ff.). Damit schlägt er eine Mittellösung vor, in der die Grauzone der hier angesprochenen grundrechtlichen Beistandsrechte einen eigenständigen Platz neben den grundrechtlichen Schutzpflichten einnimmt.

[918] Luthe (Optimierende Sozialgestaltung, S. 61) vertritt neuerdings die zutreffende These, daß das Untermaßverbot auch bei der Leistungsfunktion der Grundrechte anwendbar ist: „Sowohl in Leistungs- als auch im abwehrrechtlichen Sinn besteht das Gebot der Erzielung einer größtmöglichen Wirksamkeit des Schutzes, dem ein Untermaßverbot korrespondiert."

Schutzpflichten zu untersuchen (2), bevor die These für die Anwendung des Untermaßverbots bei allen grundrechtlichen Handlungspflichten begründet wird (3).

1. Schon bei der ersten Verwendung des Untermaßverbots überhaupt bietet Schuppert Anhaltspunkte für eine Anwendung des Untermaßverbots auf alle grundrechtlichen Handlungspflichten. Er bezieht sich zwar ausdrücklich auf eine typische Konstellation von grundrechtlichen Schutzpflichten, sieht jedoch den Untermaßverbotsgedanken als mit den „wertentscheidenden Grundsatznormen"[919] verbunden. D.h. er geht von einem umfassenden Untermaßverbotsverständnis aus, das im ganzen Raum des sogenannten objektiv-rechtlichen Gehaltes der Grundrechte angelegt und deshalb ein Prüfungsmaßstab bei der staatlichen Wahrnehmung aller grundrechtlichen Handlungspflichten sei.

Scherzberg äußert sich deutlicher für eine weite Anwendung des Untermaßverbots[920]. Er ordnet das Untermaßverbot ausdrücklich dem ganzen „objektiv-rechtlichen Gehalt der Grundrechte" zu[921]. Darüber hinaus weist er auf den inneren dogmatischen Zusammenhang zwischen Wesensgehaltsgarantie und Untermaßverbot hin[922]. Die Wesensgehaltsgarantie betrifft alle Grundrechtsfunktionen und findet nicht nur bei den grundrechtlichen Schutzpflichten Anwendung.

Seer stellt fest, daß der Begriff des Untermaßverbots im Zusammenhang mit der grundrechtlichen Schutzpflicht des Staates kreiert worden ist. Darüber hinaus merkt er jedoch zutreffend an, daß der Begriff sich zur Bezeichnung einer unverhältnismäßigen staatlichen Zurückhaltung verallgemeinern läßt[923]. Dazu gehören sicherlich alle grundrechtliche Handlungspflichten.

2. Es gibt gewisse Gründe, welche die Begrenzung der Anwendung des Untermaßverbotsprinzips auf die grundrechtlichen Schutzpflichten erklären könnten. Zunächst ist wichtig, daß das Untermaßverbot im Rahmen der Schutzpflichtenlehre „geboren" worden ist. Weiterhin hat die Theorie der grundrechtlichen Schutzpflichten in den letzten zehn Jahren große Aktualität gewonnen. Es gibt hierzu eine reiche Rechtsprechung und eine mittlerweile unübersehbare Literatur. Diese Beschäftigung der Literatur und der Rechtsprechung gab den Anlaß zur Erörterung des Untermaßverbots unter der Perspektive der gesamten Schutzpflichtenlehre und in einem unlösbarem Zusammenhang mit ihr.

3. M. E. ist eine weite Anwendung des grundrechtlichen Untermaßverbots zu bevorzugen, weil kein hinreichender rechtsdogmatischer Grund dafür besteht, die Untermaßverbotsprüfung ausschließlich auf den Bereich der grundrechtlichen Schutzpflichten zu begrenzen. Das grundrechtliche Untermaßverbot markiert begrifflich die nicht zu unterschreitenden Grenzen der vom Staat positiv zu leistenden Grundrechtssicherung[924]. Diese staatliche Grundrechtssicherung er-

[919] Schuppert, Funktionell-rechtliche Grenzen, S. 15.
[920] Scherzberg, Grundrechtsschutz, S. 208ff.
[921] Scherzberg, Grundrechtsschutz, S. 208.
[922] Scherzberg, Grundrechtsschutz, S. 209ff.
[923] Seer, FR 1997, 1997, S. 553ff. (558, Fn. 56).
[924] Der Maßstab der „positiv zu leistenden staatlichen Grundrechtssicherung" kann auch durch den oben geschilderten Ausdruck der „staatlichen grundrechtlichen Handlungspflichten" problemlos ersetzt werden.

schöpft sich jedoch nach dem Stand der heutigen Grundrechtslehre keinesfalls in der Funktion der grundrechtlichen Schutzpflichten. Alle anderen, jenseits der abwehrrechtlichen Funktion liegenden Grundrechtsfunktionen nehmen an der durch staatliches Tätigwerden zu leistenden Grundrechtssicherung teil. Unter diesem Blickpunkt wird ersichtlich, daß das Untermaßverbot im Hinblick auf alle „Grundrechtsfunktionen der zweiten Generation" zur Anwendung kommt.

Eine Anwendung des Untermaßverbots bei allen grundrechtlichen Handlungspflichten ist schließlich ein zusätzliches Argument für die dogmatische Eigenständigkeit des Untermaßverbots[925] sowohl dem Übermaßverbot als auch der grundrechtlichen Schutzpflicht gegenüber. Ein Untermaßverbot, das in unterschiedlichen Fallkonstellationen zur Anwendung kommt, kann keineswegs mit der grundrechtlichen Schutzpflicht deckungsgleich sein.

5.1.2. ABWEHRRECHTLICHE FUNKTION DER GRUNDRECHTE UND UNTERMASSVERBOT

Die obigen Überlegungen haben im Rahmen der derzeitigen Grundrechtsdiskussion versucht, Ergebnisse in Hinsicht auf die Frage nach dem Anwendungsbereich des Untermaßverbots zu gewinnen. Die eigentliche Frage besteht jedoch m. E. nicht darin, das Untermaßverbot als zu praktizierenden Maßstab aller grundrechtlichen Handlungspflichten oder nur der grundrechtlichen Schutzpflichten darzustellen. Sie lautet vielmehr so: Ist das Untermaßverbot nur ein Prüfungsmaßstab der Grundrechtsfunktionen der zweiten Generation oder darüber hinaus aller Grundrechtsfunktionen einschließlich der abwehrrechtlichen Grundrechtsfunktion?

Damit stellt sich eine neue Frage, und man befindet sich in einem Neuland jenseits oder auch contra der herrschenden Grundrechtslehre. D. h., daß die folgenden Überlegungen nicht versuchen, das grundrechtliche Untermaßverbot, so wie es heute praktisch gilt, zu konturieren. Sie zeigen nicht, wo das grundrechtliche Untermaßverbot zur Anwendung kommt, sondern wo es auch zur Anwendung kommen könnte. Sie zielen auf die Eröffnung eines neuen Weges zur Entfaltung des grundrechtlichen Untermaßverbotsgedanken.

Die hier vertretene These lautet, daß das Untermaßverbot auch bei der Abwehrfunktion der Grundrechte anwendbar sein sollte. Diese Stellungnahme beruht auf drei Prämissen: dem Arbeiten auf der Ebene der Funktionen der Grundrechte (1), der terminologischen Erörterung des Untermaßverbots (2) und dem Umdenken, was einige Schlüsselbegriffe der allgemeinen Grundrechtslehre anbelangt (3).

1. Grob skizziert gibt es drei Grundrechtsfunktionen: die Abwehrfunktion, der staatliche Nicht-Eingriffspflichten bzw. Respektierungspflichten und indivi-

---

[925] Kapitel 2.1.3., 2.4.4. und 3.2.3.

duelle Abwehrrechte korrespondieren, die Schutzfunktion, zu der staatliche Schutzpflichten und individuelle Schutzrechte gehören, und die Förderfunktion, durch die die anderen staatlichen Handlungspflichten sowie individuelle Leistungs-, Förder- und Teilhaberechte ausgelöst werden.

So wie oben argumentiert worden ist, daß kein überzeugender Grund dafür besteht, die Anwendung des Untermaßverbots bei der Förderfunktion der Grundrechte bzw. betreffs der anderen Handlungspflichten zu leugnen, ist diesem Argumentationsgang auch hier im Hinblick auf die Abwehrfunktion der Grundrechte zu folgen. Die Schutzfunktion ist zwar etwas qualitativ anderes als die Förderfunktion oder die Abwehrfunktion. Sie wird jedoch durch Gemeinsamkeiten mit beiden Grundrechtsfunktionen verbunden. Schutzfunktion und Förderfunktion lösen zum einen grundrechtliche Handlungspflichten des Staates aus und gewährleisten in diesem Sinne positiv und mit grundrechtlichen Maßnahmen die Freiheit der Bürger. Abwehrfunktion und Schutzfunktion gewährleisten zum anderen dasselbe, sie haben den gleichen Bezugspunkt trotz der unterschiedlichen Perspektiven, sie sichern die individuelle Freiheit vor Beeinträchtigungen und Gefahren jeglicher Art und jegliches Ursprungs, d. h. absolut.

Der an dieser Stelle entwickelte Aspekt weist darauf hin, daß gewisse Verwandtschaften zwischen Abwehrfunktion und Schutzfunktion nicht zu unterschätzen sind. Diese beachtenswerten Gemeinsamkeiten von Abwehr- und Schutzfunktion der Grundrechte werden prägnant durch die sogenannte Etatistische Konvergenztheorie[926] illustriert. Mit ihren Prämissen und Ergebnissen mag man einig oder nicht einig sein, man soll jedoch die gemeinsame Linie von Abwehr- und Schutzfunktion besonders beachten: Bei beiden Grundrechtsfunktionen geht es um die Abwehr von Eingriffen. Der Unterschied besteht in der Art der Eingriffe[927] und in der Art und Weise, mit der die Abwehr erfolgt[928]. Auf dieser Grundlage erscheint die Übertragung des Untermaßverbotsprinzips auch auf die Dogmatik der Abwehrfunktion als nicht von vornherein unvertretbar und ausgeschlossen. Sie ist aber weiter begründungsbedürftig.

2. Unter dem Begriff des grundrechtliches Untermaßverbots ist das Verbot des untermäßigen Grundrechtsschutzes bzw. der untermäßigen Grundrechtssicherung zu begreifen. Die Grundrechtssicherung bzw. der Grundrechtsschutz im weiteren Sinne bezieht sich auf alle Grundrechtsfunktionen und hängt von ihrer Aktualisierung und Effektuierung ab. Dementsprechend ist also auch das grundrechtliche Untermaßverbot schon begrifflich auf alle Grundrechtsfunktionen anwendbar. Daraus kann man schließen, daß das grundrechtliche Unter-

---

[926] Nach dieser These seien alle privaten Eingriffen in die Grundrechte dem Staat zuzurechnen. Dazu s. auch Kapitel 2.1.1.4. und 5.3.2.1.

[927] Bei der abwehrrechtlichen Funktion der Grundrechte (grundrechtliche Nicht-Eingriffspflichten) ist der abzuwehrende Eingriff staatlich. Bei der schutzrechtlichen Funktion der Grundrechte (grundrechtliche Schutzpflichten) ist der abzuwehrende Eingriff nicht staatlich und in der Regel privat.

[928] Bei der abwehrrechtlichen Funktion der Grundrechte bewirkt die Abwehr des staatlichen Eingriffs durch ein staatliches Unterlassen. Bei der schutzrechtlichen Funktion der Grundrechte erfolgt die Abwehr des privaten Eingriffs durch ein staatliches schützenden Tätigwerden (durch die Durchsetzung der grundrechtlichen Schutzpflicht).

maßverbot teilweise auch das Verbot der untermäßigen abwehrrechtlichen Grundrechtssicherung bedeutet kann.

Zum selben Ergebnis kommt man, wenn man alle drei Grundrechtsfunktionen auch als staatliche Leistung oder Sicherung versteht, d. h. eine Leistung von Nicht-Einmischung, eine Leistung von Schutz gegenüber nicht staatlichen Beeinträchtigungen und eine Leistung von fördernden Elementen variabler Art. Das grundrechtliche Untermaßverbot ist in diesem Schema ein Verbot der untermäßigen staatlichen grundrechtsrelevanten Leistung. Das abwehrrechtliche Untermaßverbot ist ein Verbot der untermäßigen Leistung der Eingriffsunterlassung. Der Bezugspunkt des verbotenen Untermaßes muß nicht unbedingt ein Tun sein, sondern es kann ebenfalls in einer Unterlassung bestehen.

3. Grundrechtliches Untermaßverbot der abwehrechtlichen Grundrechtssicherung bedeutet, daß der Staat nicht untermäßig seiner Pflicht, die Grundrechte nicht zu verletzen, folgen soll. Das grundrechtliche Untermaßverbot im Sinne des Verbots des untermäßigen abwehrechtlichen Grundrechtsschutzes - anders gewendet das Untermaßverbot bei der Wahrnehmung der staatlichen Nicht-Eingriffspflichten - steht dem herkömmlichen abwehrrechtlichen Übermaßverbot gleich: Der Staat soll nicht untermäßig seine Nicht-Eingriffspflicht wahrnehmen, heißt, daß der Staat nicht übermäßig in die Grundrechtsverbürgungen eingreifen soll. Dieses Ergebnis führt jedoch nicht unbedingt zu einer Ersetzung des vorhandenen Instrumentariums bei der Prüfung der Verfassungsmäßigkeit von staatlichen Eingriffen, denn das nach herrschender Auffassung angewandte Übermaßverbot ist als eine Unterkategorie des Untermaßverbots anzusehen. Der Begriff Übermaßverbot konkretisiert[929] das grundrechtliche Untermaßverbot im Bereich der abwehrechtlichen Funktion der Grundrechte. Denn es macht deutlich, daß, wenn es um grundrechtliche Nicht-Eingriffspflichten geht, das Verbot der untermäßigen staatlichen Grundrechtssicherung bedeutet, daß der Staat in die Grundrechte der Menschen nicht übermäßig eingreifen darf.

---

[929] Deswegen ist es sinnvoll, obwohl das grundrechtliche Untermaßverbot den Oberbegriff darstellt und auch bei den grundrechtlichen Nicht-Eingriffspflichten zur Anwendung kommt, wenn es um die Abwehrfunktion der Grundrechte geht, vom grundrechtlichen Übermaßverbot zu sprechen.

5.2. VERFASSUNGSRECHTLICHES UNTERMASSVERBOT UND GRUNDRECHTLICHES UNTERMASSVERBOT IM ENGEREN UND IM WEITEREN SINNE

5.2.1. DIE UNTERSCHEIDUNG ZWISCHEN GRUNDRECHTLICHEM UND (ANDEREM) VERFASSUNGSRECHTLICHEM UNTERMASSVERBOT

In der Rechtsprechung[930] und im größten Teil des Schrifttums[931] wird nur das grundrechtliche Untermaßverbot entwickelt. Es handelt sich dabei um das Verbot des staatlichen untermäßigen Grundrechtsschutzes[932]. In der Literatur wird jedoch vereinzelt mit guten Gründen die Erstreckung des Untermaßverbots als Verfassungsprinzip weit über die Grundrechte hinaus diskutiert.

Götz[933] schlägt die dogmatische Verbindung des verfassungsrechtlichen Untermaßverbots nicht allein mit den grundrechtlichen Schutzpflichten, sondern auch mit der Staatsaufgabe der inneren Sicherheit vor. Er leitet in diesem Zusammenhang das verfassungsrechtliche Untermaßverbot aus der Staatsaufgabe der inneren Sicherheit ab. Das Untermaßverbot sei die „Verfassungsnotwendigkeit des Einsatzes staatlicher (physischer) Gewalt zur Herstellung der inneren Sicherheit."[934] Die dogmatische Verknüpfung des Untermaßverbots mit der Staatsaufgabe der inneren Sicherheit versucht nicht, den Zusammenhang zwischen Untermaßverbot und grundrechtlichen Schutzpflichten aufzulösen oder zu ersetzen. Innere Sicherheit und grundrechtliche Schutzpflichten sind verwandte Maßstäbe[935]. Die innere Sicherheit innerhalb des modernen Rechtsstaates ist primär eine grundrechtliche Sicherheit[936]. Die innere Sicherheit gebietet jedoch sowohl die Wahrnehmung von grundrechtlichen Schutzpflichten des Staates, als auch die Wahrnehmung von anderen (nicht-grundrechtlichen) staatlichen verfassungsrechtlichen Schutzpflichten[937].

Würtenberger[938] verortet das verfassungsrechtliche Untermaßverbot im Zusammenhang zwischen Freiheit und innerer Sicherheit und er sieht seinen Anwendungsraum sowohl bei den grundrechtlichen als auch bei den rechtsstaatlichen Schutzpflichten. „Hiernach darf der Staat nicht die ihm aus den Grund-

[930] S. Kapitel 3.1.
[931] S. Kapitel 1., 2., und 3.2.
[932] Zur genauen Bestimmung des Anwendungsraums des grundrechtlichen Untermaßverbots s. Kapitel 5.1.
[933] Götz, HdbStR III, § 79, Rdnr. 30.
[934] Götz, HdbStR III, § 79, Rdnr. 30.
[935] Möstl, (Sicherheitsgewährleistung im gewaltenteilenden Rechtsstaat, S. 53ff. (56)) bezeichnet die grundrechtlichen Schutzpflichten und das Rechtsstaatsprinzip als die zwei Säule der Staatsaufgabe Sicherheit.
[936] S. Götz, HdbStR III, § 79; Gusy, DÖV 1996, S. 573ff.; Würtenberger, Freiheit und Sicherheit, S. 15ff.; Robbers, Sicherheit als Menschenrecht; Isensee, Das Grundrecht auf Sicherheit, insb. S. 34ff.; Möstl, Sicherheitsgewährleistung im gewaltenteilenden Rechtsstaat, S. 53ff. (56f.).
[937] Vgl. Würtenberger (Freiheit und Sicherheit, S. 15ff. (17)), der in der Staatsaufgabe Sicherheit im demokratischen Rechtsstaat die großen Ziele der Verfassung eingeschlossen sieht: „Hier bestimmen Achtung und Schutz der Würde des Menschen, die Grundrechte des Einzelnen und die Durchsetzung der demokratisch legitimierten Rechtsordnung die Zielsetzungen innerer Sicherheit im demokratischen Rechtsstaat."
[938] Würtenberger, Freiheit und Sicherheit, S. 15ff.

rechten und dem Rechtsstaatsprinzip erwachsenden Schutzpflichten vernachlässigen."[939] Der moderne Rechtsstaat ist ein liberaler, sozialer und demokratischer Staat, dessen verfassungsrechtlichen Grundprinzipien vom Staat zu schützen sind. Das Untermaßverbot bezieht sich auf alle Verfassungsprinzipien und schließt somit auch nicht-grundrechtliche verfassungsrechtliche staatliche Schutzpflichten ein.

Durch die Ausführungen von Götz und Würtenberger ist der zentrale Punkt zur Bestimmung des verfassungsrechtlichen Untermaßverbots aufgeworfen: Das verfassungsrechtliche Untermaßverbot findet zwar seinen wichtigsten Anwendungsraum bei den grundrechtlichen Schutzpflichten bzw. den Grundrechten. Es wird jedoch darüber hinaus bei den anderen staatlichen Schutzpflichten des Grundgesetzes angewandt, die vor allem durch die innere Sicherheit und das Rechtsstaatsprinzip begründet werden.

Diese Pflichten sind auch staatliche Schutzpflichten. Sie bilden jedoch nicht das Alter Ego der Grundrechte, d. h. sie sind kein Bestandteil der Grundrechtsdogmatik, wie die grundrechtlichen Schutzpflichten[940]. Ihnen entsprechen keine subjektive Rechte auf Schutz. Alle diese verfassungsrechtliche staatliche Schutzpflichten stellen das Anwendungsfeld des verfassungsrechtlichen Untermaßverbots dar.

5.2.2. DIE UNTERSCHEIDUNG ZWISCHEN GRUNDRECHTLICHEM UNTERMASSVERBOT IM ENGEREN SINNE UND GRUNDRECHTLICHEM UNTERMASSVERBOT IM WEITEREN SINNE

Das grundrechtliche Untermaßverbot ist ein verfassungsrechtliches Prinzip, das die Verfassungsmäßigkeit des staatlichen Handelns im Hinblick auf die durch die Grundrechte ausgelösten staatlichen Handlungspflichten und Nicht-Eingriffspflichten überprüft[941]. Die grundrechtliche Untermaßverbotsprüfung ist eine Verfassungsmäßigkeitsprüfung.

Es ist noch nicht entwickelt worden, welche Funktion die Untermaßverbotsprüfung als Verfassungsmäßigkeitsprüfung des staatlichen Handelns genau übernimmt. Denn Untermaßverbot kann in diesem Zusammenhang zweierlei bedeuten:

1. Es kann zum einen bedeuten, daß die konkrete staatliche, grundrechtlich gesteuerte Handlung nicht gegen die aus einem Grundrecht begründete Handlungspflicht oder Nicht-Eingriffspflicht verstoßen soll. In diesem engeren Sinne überprüft das grundrechtliche Untermaßverbot, ob ein staatliches Organ eine verfassungsrechtlich bindende grundrechtliche Handlungspflicht bzw.

[939] Würtenberger, Freiheit und Sicherheit, S. 15ff. (21).
[940] Zur Dogmatik der grundrechtlichen Schutzpflichten s. Kapitel 2.1. und 5.3.2. Zu den grundrechtlichen Schutzpflichten im amerikanischen Verfassungsrecht s. Grimm, in: FS Mahrenholz, S. 529ff.
[941] S. Kapitel 5.1.

Nicht-Eingriffspflicht genügend, d. h. nicht untermäßig, durchgesetzt hat. Prüfungsmaßstab ist nur eine staatliche grundrechtliche Pflicht. Die Verfassungsmäßigkeit einer staatlichen Maßnahme wird nur in Bezug auf ein Grundrecht kontrolliert. Z. B. wird hier überprüft, ob die Neuregelung des Abtreibungsgesetzes die grundrechtliche Pflicht des Staates zum Schutz des Lebens des Nasciturus nicht untermäßig wahrgenommen hat[942], oder ob der Gesetzgeber durch das Ozongesetz seine grundrechtliche Pflicht zum Schutz der Gesundheit der Bürger vor erhöhten Ozonkonzentrationen[943] und durch seine Regelungen die grundrechtliche Pflicht zum Schutz der Gesundheit der Passivraucher[944] verfassungsmäßig erfüllt hat. Als weiteres Beispiel dafür kann auch angeführt werden, ob eine Entscheidung des BGH einen verfassungswidrigen Eingriff in die Meinungsfreiheit eines Bürgers darstellt, d. h. die staatliche Nicht-Eingriffspflicht aus Art. 5 Abs. 1 GG ungerechtfertigt verletzt[945].

Das grundrechtliche Untermaßverbot im engeren Sinne ist immer ein Teilschritt der hier entwickelten Lösung von Grundrechtskollisionen. Es ist zwar ein unvollständiger, jedoch zugleich ein eigenständiger Schritt. Das hier vorgeschlagene Kollisionsmodell[946] plädiert für die Subsumtion des konkreten Sachverhaltes bzw. der konkreten staatlichen Maßnahme unter alle einschlägigen Grundrechte bzw. verfassungsrechtliche Regeln. Jede Subsumtion ist eine Anwendung des grundrechtlichen bzw. verfassungsrechtlichen Untermaßverbots im engeren Sinne. Die gesonderte Thematisierung jedes grundrechtlichen Untermaßverbots im engeren Sinne ist zwar nicht genügende, aber erforderliche Voraussetzung für die endgültige Beantwortung der Verfassungsmäßigkeitsfrage.

2. Grundrechtliches Untermaßverbot kann zum anderen bedeuten, daß das zuständige staatliche Organ nicht untermäßig im Rahmen sämtlicher möglicherweise komplexer Fallkonstellation handeln soll. Nach diesem zweiten weiten Verständnis ist die Untermäßigkeit des staatlichen Handelns nicht nur am Maßstab eines Grundrechts, sondern am Maßstab aller einschlägigen Grundrechte bzw. Regelungen des Grundgesetzes zu beurteilen[947]. Die Perspektive wechselt und erweitert sich. Es handelt sich dabei nicht um das Untermaßverbot der staatlichen Maßnahme nur im Hinblick auf eine grundrechtliche Handlungs- bzw. Nicht-Eingriffspflicht, sondern um das Untermaßverbot des staatlichen Handelns[948] aus der Perspektive sowohl der grundrechtlichen Handlungs- bzw.

---

[942] BVerfGE 88, 203ff. Hier wird nicht die endgültige und in jeder Hinsicht Verfassungsmäßigkeit des Abtreibungsgesetzes, sondern nur seine Verfassungsmäßigkeit im Hinblick auf das Recht auf Leben des Ungeborenen, erörtert.

[943] BVerfG, NJW 1996, S. 651.

[944] s. Suhr, JZ 1980, S. 166ff.; Faber, DVBl. 1998, S. 745ff.

[945] BVerfGE 7, 198ff. Zur Qualifizierung der Entscheidung des BGH als Eingriff in die Meinungsfreiheit von Lüth s. die Ausführungen von Canaris im Kapitel 2.1.2.2.

[946] S. Kapitel 5.2.4.3. und 5.3.1.

[947] Die auch so weit konzipierte Untermaßverbotsprüfung ist ebenfalls eine Verfassungsmäßigkeitsprüfung. Es geht jedoch um eine allseitige Verfassungsmäßigkeitsprüfung einer staatlichen Maßnahme.

[948] Es läßt sich anmerken, daß der eigentliche Gegenstand der Untermaßverbotsprüfung auch in diesem Fall derselbe ist. Das, was sich wirklich ändert, ist die Perspektive der Betrachtung dieses Gegenstandes. Dabei wird die konkrete staatliche Maßnahme nämlich nicht isoliert als Wahrnehmung einer grundrechtlichen Handlungs-

Nichteingriffspflicht, als auch der möglicherweise mit ihr kollidierenden Grundrechte oder anderer verfassungsrechtlich geschützter Rechtsgüter. Es wird hier überprüft, ob die Neuregelung der Abtreibung in jeder Hinsicht verfassungsmäßig ist oder ob das Ozongesetz im Hinblick auf alle grundrechtlichen Schutzpflichten, Abwehrrechte und andere Regelungen des Grundgesetzes verfassungsmäßig ist oder auch, ob eine Entscheidung des BGH die Grundrechte aller Beteiligten bewahrt hat[949]. Prüfungsmaßstäbe sind dabei alle staatlichen grundrechtlichen bzw. verfassungsrechtlichen Pflichten.

In diesem zweiten Fall erweist sich das Untermaßverbot als ein Maßstab der Auflösung von Grundrechtskollisionen. Unter diesem Blickwinkel betrifft das Untermaßverbot nicht nur die Schutzseite eines Rechtsdreiecks oder die Aktualisierung einer staatlichen Förderpflicht. Das grundrechtliche Untermaßverbot im weiteren Sinne zwingt zu einer Auflösung von Grundrechtskollisionen, die äquivalente Postulate und Funktionen mit der Verhältnismäßigkeit im weiteren Sinne, der praktischen Konkordanz, dem schonendsten Ausgleich, dem Korridor zwischen Übermaß- und Untermaßverbot wahrnimmt.

Die Untermaßverbotsprüfung im weiteren Sinne als Lösungsmodell von Grundrechtskollisionen ist in der Rechtsprechung des BVerfG zum Untermaßverbot präsent. Das Zweite Abtreibungsurteil hat mit dem Ausdruck „Untermaßverbot“ einen weiteren Namen für den Maßstab von Lösung von Grundrechtskollisionen geboten[950]. Das BVerfG entfaltet in diesem Urteil sein Lösungsmodell im Rahmen eines echten Grundrechtskollisionsfalles und betreibt deutlich eine Abwägung: „Allerdings hat der Gesetzgeber das Untermaßverbot zu beachten. ... insofern unterliegt er der verfassungsgerichtlichen Kontrolle. Notwendig ist ein - unter Berücksichtigung entgegenstehender Rechtsgüter - angemessener Schutz; entscheidend ist, daß er als solcher wirksam ist.“[951]

3. Das grundrechtliche Untermaßverbot im engeren Sinne überprüft die konkrete staatliche Handlung nur im Hinblick auf ein relevantes Grundrecht und es stellt eine Teilverfassungsmäßigkeitsprüfung des Falles dar. Das grundrechtliche Untermaßverbot im weiteren Sinne überprüft dieselbe Handlung am Maßstab aller einschlägigen Grundrechte bzw. verfassungsrechtlicher Regelungen und liefert eine endgültige Verfassungsmäßigkeitsprüfung desselben Falles.

Diese Unterscheidung ist von großer Bedeutung, denn es geht um zwei unterschiedlichen grundrechtlichen Untermaßverbote, um zwei variablen Ebenen der Untermaßverbotsdiskussion. Das Untermaßverbot ist je nach Fall etwas qualitativ und wesentlich anderes. Es ist also immer genau zu erklären, welcher dieser zwei Momente der verfassungsgerichtlichen Überprüfung gemeint ist,

---

pflicht, sondern als Prägung und Wahrnehmung aller relevanten ins Spiel kommenden verfassungsrechtlichen Aufträge gesehen.

[949] BVerfGE 7, 198ff. Unter diesem Blickwinkel ist im Rahmen des Lüth-Urteils zu fragen, ob der BGH sowohl die Meinungsfreiheit von Lüth als auch die Grundrechte des Regisseurs und des Kinounternehmers geschützt hat. Zum verfassungsrechtlichen Schutz dieser Grundrechte s. die Ausführungen von Canaris im Kapitel 2.1.2.3.

[950] Das grundrechtliche Untermaßverbot im weiteren Sinne wird jedoch in der BVerfGE 88, 203ff. anders konkretisiert als hier. Zu den Konturen des grundrechtlichen Untermaßverbots im weiteren Sinne in BVerfGE 88, 203ff. s. Kapitel 3.1.2.

[951] BVerfGE 88, 203ff. (254).

wenn von Untermaßverbotsprüfung gesprochen wird. Die Konkretisierung der zwei Ansätze kann über verschiedene Strukturen oder Merkmale verfügen. Die Kriterien des Untermaßverbots, sowie die Gliederung der verfassungsgerichtlichen Untermaßverbotsprüfung können mit guten Gründen variieren. Eine gewisse Überschneidung besteht jedenfalls, weil das Untermaßverbot im engeren Sinne immer einen Teilaspekt des „abwägenden" Untermaßverbots im weiteren Sinne darstellt.

Die Unterscheidung zwischen grundrechtlichem Untermaßverbot im engeren Sinne und im weiteren Sinne ist eine notwendige dogmatische Voraussetzung für jede weitere Überlegung im Bereich der Untermaßverbotsdogmatik. Ohne diese Systematisierung ist die Bildung einer grundrechtlichen Untermaßverbotsdogmatik unmöglich. Die vorhandene teilweise unkonturierte Entwicklung der Untermaßverbotsproblematik ist in großem Umfang auf die Nicht-Berücksichtigung dieser fundamentalen Unterscheidung zurückzuführen. Denn es wird übersehen, daß Canaris, Isensee und die ihnen folgende Literatur, sowie die Rechtsprechung des BVerfG, die das Untermaßverbot als Evidenzprüfung zur Anwendung bringt, eine andere Art von Untermaßverbot begreifen und entwickeln als das zweite Abtreibungsurteil und der Teil der Literatur, der die Kongruenz zwischen Übermaß- und Untermaßverbot vertritt. Einerseits wird das Untermaßverbot als die verfassungsrechtliche Grenze einer konkreten Durchsetzung einer grundrechtlichen Schutzpflicht durch den Staat, andererseits als der Maßstab zur Auflösung einer „Schutz durch Eingriff" Konstellation erörtert.

5.2.3. DAS UNTERMASSVERBOT NACH CANARIS UND ISENSEE UND DIE HIER ENTWICKELTE UNTERSCHEIDUNG ZWISCHEN GRUNDRECHTLICHEM UNTERMASSVERBOT IM ENGEREN UND IM WEITEREN SINNE

Wie oben entwickelt worden ist[952], erörtern Canaris und Isensee das Untermaßverbot als den Maßstab zur Überprüfung der Verfassungsmäßigkeit der staatlichen Maßnahme im Hinblick auf die grundrechtlichen Schutzpflichten. In Fällen, wo ein Abwehrrecht mit einer grundrechtlichen Schutzpflicht kollidiert, machen Canaris und Isensee die Verfassungsmäßigkeit einer staatlichen Handlung sowohl von der klassischen Übermaßverbotsprüfung als auch von der Untermaßverbotsprüfung abhängig. Das Untermaßverbot überprüft, ob die staatliche Maßnahme die relevante grundrechtliche Schutzpflicht verfassungsmäßig erfüllt hat. Es beantwortet jedoch die Frage nicht, ob der Staat die im Rahmen des Falles relevanten Abwehrrechte bzw. Nicht-Eingriffspflichten respektiert hat. Dazu gibt es nach Canaris und Isensee das klassische Übermaßverbot. Die staatliche Maßnahme ist insgesamt verfassungsmäßig, wenn sie sich im Korridor

[952] Kapitel 2.1.1. und 2.1.2.

der staatlichen Gestaltungsspielräume zwischen Übermaß- und Untermaßverbot befindet.

Das Untermaßverbot ist nach Canaris und Isensee, anders als im Zweiten Abtreibungsurteil[953] und als das hier entwickelte Untermaßverbot im weiteren Sinne[954], kein Maßstab für die endgültige Lösung von Grundrechtskollisionen. Der Maßstab für die Auflösung von Grundrechtskollisionnen ist die kumulative Anwendung des klassischen Übermaßverbots und des Untermaßverbots[955]. Die endgültige Verfassungsmäßigkeit der staatlichen Maßnahme bzw. die Auflösung der Grundrechtskollisionen setzt die Anwendung sowohl einer Übermaß- als auch einer Untermaßverbotsprüfung voraus.

Das Untermaßverbot nach Canaris und Isensee ist also, wie das hier entwickelte Untermaßverbot im engeren Sinne, ein Teilmoment für die allseitige Verfassungsmäßigkeitsprüfung einer staatlichen Handlung. Es ist ebenfalls so wie das hier erörterte Untermaßverbot im engeren Sinne eine Verfassungsmäßigkeitsprüfung der staatlichen Wahrnehmung von grundrechtlichen Schutzpflichten. Beide sind darauf zugeschnitten, eine endgültige Antwort zu liefern, wenn im Rahmen einer Verfassungsbeschwerde vor dem BVerfG die nichtverfassungsmäßige Wahrnehmung einer grundrechtlichen Schutzpflicht durch den Staat gerügt wird. Sie geben jedoch keine endgültige Anwort hinsichtlich anderer gegebenenfalls verfassungsrelevanter Aspekte des Falles. Sie bieten weiterhin auch keine vollständige Antwort in einer schutzpflichtenrelevanten abstrakten Normenkontrolle. Sie belegen nur, ob die einschlägige grundrechtliche Schutzpflicht verfassungsmäßig durchgesetzt worden ist.

5.2.4. STELLUNGNAHME ZUR KONKRETISIERUNG DES GRUNDRECHTLICHEN UNTERMASSVERBOTS IM ENGEREN SINNE UND DES GRUNDRECHTLICHEN UNTERMASSVERBOTS IM WEITEREN SINNE

5.2.4.1. DIE ZWEI EBENEN DER NORMATIVITÄT JEDES GRUNDRECHTS UND DIE ZWEI SCHRITTE DER GLIEDERUNG DES GRUNDRECHTLICHEN UNTERMASSVERBOTS IM ENGEREN SINNE

Das grundrechtliche Untermaßverbot im engeren Sinne ergibt sich zunächst unmittelbar aus der Wesensgehaltsgarantie des Art. 19 Abs. 2 GG folgenden Mindestschutzpflicht. Als erster Schritt bei der Gliederung des grundrechtlichen Untermaßverbots im engeren Sinne stellt sich die Frage nach der Nicht-Antastung des Wesensgehalts des jeweils relevanten Grundrechts. Schon wegen der Antastung des Wesensgehaltes des ungeborenen Lebens verstößt also

[953] BVerfGE. 88, 203ff. (254ff.). S. Kapitel 3.1.2.
[954] S. Kapitel 5.2.2. und 5.2.4.3.
[955] S. Kapitel 2.1.1.3.4.

eine Fristenlösung ohne Indikation gegen das grundrechtliche Untermaßverbot im engeren Sinne[956].

Hier ist fallbezogen zu konkretisieren, ob der Wesensgehalt des zu schützenden Grundrechts nicht angetastet worden ist. Für diese fallbezogene Konkretisierung spielen die oben entwickelten Kriterien[957] eine wichtige Rolle.

Die Untermaßverbotsprüfung im engeren Sinne verlangt immer einen zweiten Schritt: Der weit über den Wesensgehalt gehende Schutzbereich des jeweiligen Grundrechts darf nicht ungerechtfertigt angegriffen werden, unabhängig davon, ob sein Wesensgehalt nicht angetastet worden ist. Wann trotz einer Nicht-Antastung des Wesensgehalts des Grundrechts das grundrechtliche Untermaßverbot im engeren Sinne durch die staatliche Maßnahme verletzt worden ist, ist nicht einheitlich für alle Grundrechte zu beantworten. Denn jedes Grundrecht verfügt über eigene Schranken. Deswegen muß ein staatlicher oder ein privater Eingriff[958] in das jeweilige Grundrecht den Anforderungen seiner besonderen Schranken entsprechen. Sonst verstößt er ebenfalls gegen das grundrechtliche Untermaßverbot im engeren Sinne.

Im zweiten Schritt der grundrechtlichen Untermaßverbotsprüfung im engeren Sinne spielen die verfassungsrechtlichen Schranken in dreierlei Hinsicht eine entscheidende Rolle. Es ist erstens wichtig, ob ein Grundrecht schrankenlos ist, einen einfachen oder einen qualifizierten Gesetzesvorbehalt hat. Zweitens ist maßgeblich, wie das Grundgesetz zwei Grundrechte durch ihre Schranken verfassungsrechtlich „koordiniert". Z. B. gilt im Grundgesetz der Schutz der Ehre als besondere Schranke der Meinungsfreiheit[959] aber nicht des Lebens. Die Ehre genießt grundsätzlich einen Vorrang vor der Meinungsfreiheit[960]. Das Leben genießt andererseits den Vorrang vor der Ehre, die als Teil des allgemeinen Persönlichkeitsrechts unter dem Vorbehalt der Nicht-Verletzung der Rechte anderer[961] und damit des Lebens steht. Drittens gilt für alle Grundrechte eine aus Art. 19 Abs. 2 GG[962] abzuleitende allgemeine Schranke des jeweiligen Schutzbereichs: Weit über ihre besonderen Schranken hinaus ist ein Eingriff in ihren Schutzbereich gerechtfertigt, wenn er im Rahmen eines Falles strikt notwendig für die Nicht-Antastung des Wesensgehalts eines kollidierenden Grundrechts ist. Hier fungiert Art. 19 Abs. 2 GG nicht mehr - wie im ersten Schritt der hier entwickelten grundrechtlichen Untermaßverbotsprüfung im engeren Sinne - als Schranken-Schranken des zu schützenden Grundrechts. Es kommt als Schran-

---

[956] Im Ergebnis auch BVerfGE 39, 1ff.

[957] Kapitel 3.3.

[958] Für eine unmittelbare Drittwirkung der Grundrechte als Vorraussetzung der Dogmatik von den grundrechtlichen Schutzpflichten S. Kapitel 5.3.2.

[959] Art. 5 Abs. 2 GG: „Diese Rechte finden ihre Schranken in den Vorschriften der allgemeinen Gesetze, den gesetzlichen Bestimmungen zum Schutz der Jugend und in dem Recht der persönlichen Ehre."

[960] Vgl. Isensee, in: FS Kriele, S. 5ff. (34) „Die Lösung ist jedoch nicht offen wie bei üblichen Kollisionen, weil das Grundgesetz vorab klarstellt, daß das Recht der persönlichen Ehre Schranke der Meinungsfreiheit ist." Zur Kritik von Isensee gegen die herrschende Auffassung in Literatur und Rechtsprechung bei der Auflösung der Kollisionen zwischen Meinungsfreiheit und Ehre s. Kapitel 2.1.2.3.1.

[961] Art. 2 Abs. 1 GG: „Jeder hat das Recht auf die freie Entfaltung seiner Persönlichkeit, soweit er nicht die Rechte anderer verletzt und nicht gegen die verfassungsmäßige Ordnung oder das Sittengesetz verstößt."

[962] „In keinem Falle darf ein Grundrecht in seinem Wesensgehalt angetastet werden."

ken-Schranke des mit ihm kollidierenden Grundrechts und zugleich als Schranke des zu schützenden Grundrechts zur Anwendung.

5.2.4.2. DER DRITTE SCHRITT DES GRUNDRECHTLICHEN UNTERMASSVERBOTS IM ENGEREN SINNE BEI DEN GRUNDRECHTLICHEN HANDLUNGSPFLICHTEN

Die Tatsache, daß eine konkrete staatliche Maßnahme oder Unterlassung gegen eine normative grundrechtliche Handlungspflicht verstößt, bedeutet nicht unbedingt, daß dadurch auch das grundrechtliche Untermaßverbot im engeren Sinne verletzt worden ist. Eine staatliche Maßnahme kann per se und allein betrachtet gegen eine verfassungsrechtliche Norm verstoßen, aber im Zusammenhang mit anderen staatlichen Maßnahmen mit dieser Verfassungsnorm vereinbar sein. Es ist z. B. nicht notwendig, daß ein bestimmtes Gesetz vorliegt, das die grundrechtliche Pflicht des Staates zum Schutz der Gesundheit der Nichtraucher[963] regelt. Das grundrechtliche Untermaßverbot im engeren Sinne verlangt, daß die Gesundheit der Passivraucher durch alle staatliche Regelungen geschützt wird. Es ist irrelevant, ob der verfassungsrechtliche Schutz des Eigentums vor Eingriffen Dritter bzw. Nachbarn durch öffentlich-rechtliche Vorschriften oder durch das private Nachbarrecht erreicht wird. Oder auch im Fall Schleyer[964] ist verfassungsrechtlich irrelevant, ob das Leben von Schleyer durch die Freilassung der Terroristen, durch eine erfolgreiche Rettungsmission oder durch Verhandlungen gerettet würde. Und in den zwei Abtreibungsurteilen[965] wird nicht für eine konkrete Lösung, sondern für ein insgesamt genügendes bzw. wirksames Schutzkonzept zugunsten des Lebens des Nasciturus plädiert.

Das grundrechtliche Untermaßverbot stellt nicht auf die punktuelle, eigenständige und isolierte Verfassungswidrigkeit oder Verfassungsmäßigkeit eines staatlich durchgesetzten Mittels ab, sondern auf das Ziel der Wahrnehmung der normativen grundrechtlichen Handlungspflichten. Wie diese Wahrnehmung zustande kommen wird, durch die eine oder die andere staatliche Handlung oder Regelung oder durch einen Komplex von verschiedenen Maßnahmen, ist für das grundrechtliche Untermaßverbot unwichtig. Von Bedeutung ist nur, daß die grundrechtliche Handlungspflicht nicht untermäßig durchgesetzt wird.

In diesem Zusammenhang wird mit guten Gründen sowohl in der Rechtsprechung[966] als auch in der Literatur[967] nicht von der konkreten staatlichen Maßnahme, sondern vom angewandten Schutzkonzept als Gegenstand der Untermaßverbotsprüfung gesprochen. Das ist ein praktisches Ergebnis des Ansat-

---

[963] Zu dieser Problematik s. Suhr, JZ 1980, S. 166ff.; Faber, DVBl. 1998, S. 745ff.
[964] BVerfGE 46, 36ff.
[965] BVerfGE, 39, 1ff.; 88, 203ff.
[966] BVerfGE 88, 203ff. (254)
[967] Calliess, Rechtsstaat und Umweltstaat, S. 460f., 574ff.

zes, daß die grundrechtlichen Handlungspflichten ergebnisorientiert sind: Sie dürfen durch die Gesamtheit der staatlichen Maßnahmen nicht untermäßig wahrgenommen werden. Der weite Gestaltungsspielraum des Staates, vor allem des Gesetzgebers bei der Wahrnehmung von grundrechtlichen Handlungspflichten besteht darin, die Mittel zu wählen, die zum verfassungsrechtlich gebotenen Ergebnis führen. Es obliegt den staatlichen zuständigen Organen, wie sie das grundrechtliche Untermaßverbot im engeren Sinne nicht verletzen.

Deswegen ist nach der endgültigen Feststellung eines Verstoßes der konkret gerügten staatlichen Maßnahme gegen das Untermaßverbot die folgende weitere Frage zu stellen: Gibt es auch andere staatliche Vorgaben, Handlungen bzw. Regelungen, die im Zusammenhang mit der schon geprüften staatlichen Maßnahme gesehen letztendlich die normative grundrechtliche Handlungspflicht nicht untermäßig wahrnehmen? Es wird mit anderen Worten untersucht, ob die Blickrichtung auf andere relevante, nicht per se geprüfte staatliche Maßnahmen die prima-facie-Verletzung[968] des grundrechtlichen Untermaßverbots im engeren Sinne behebt.

Damit kommt man zum Schluß, daß in der Gliederung der vorgeschlagenen grundrechtlichen Untermaßverbotsprüfung im engeren Sinne nach der Wesensgehaltsprüfung und nach der Verfassungsmäßigkeitsprüfung des Eingriffs in den Schutzbereich des einschlägigen Grundrechts der hier diskutierte dritte Teilschritt hinzuzufügen ist.

Es ist jedenfalls zu berücksichtigen, daß dieser dritte Schritt, der korrektiver Art ist, nur dann in die Gliederung des grundrechtlichen Untermaßverbots einzuordnen ist, wenn es sich um die Untermaßverbotsprüfung von grundrechtlichen Handlungspflichten handelt. Die grundrechtlichen Handlungspflichten sind durch ein positives Tätigwerden wahrzunehmen. Dabei ist unerheblich, welche staatliche Maßnahme diese positive Verpflichtung erfüllt. Es ist nicht von Bedeutung, ob das zu prüfende oder ein anderes staatliches Tätigwerden diese positive Verpflichtung erfüllt. Es ist nur maßgeblich, daß die Verpflichtung überhaupt erfüllt wird.

Ganz anders verhält es sich bei den grundrechtlichen Nicht-Eingriffspflichten des Staates. Dabei ist die grundrechtliche Pflicht nicht durch ein positives Tätigwerden, sondern durch Unterlassung wahrzunehmen. Wenn es um die grundrechtliche Untermaßverbotsprüfung im engeren Sinne einer grundrechtlichen Nicht-Eingriffspflicht geht, dann besteht die Struktur des grundrechtlichen Untermaßverbots im engeren Sinne ausschließlich aus den zwei oben dargestellten Teilstufen[969]. Jede positive Handlung, die verfassungswidrig ist, verstößt also ohnehin gegen das grundrechtliche Untermaßverbot im engeren Sinne. Der hier angesprochene dritte Schritt ist in diesem Fall entbehrlich. Wenn eine staatliche Maßnahme die abwehrrechtliche Dimension eines Grundrechts

[968] Durch die ersten zwei Schritte wird geprüft, ob eine konkrete staatliche Maßnahme per se betrachtet gegen das grundrechtliche Untermaßverbot im engeren Sinne verstößt. Nur durch die Einbeziehung auch des dritten Schrittes wird geprüft, ob das grundrechtliche Untermaßverbot im engeren Sinne verletzt worden ist.
[969] Kapitel 5.2.4.1.

verletzt, dann kann auch der Blick auf andere staatlichen Maßnahmen die Grundrechtsverletzung keinesfalls abändern. Z. B. hat im Fall Lüth[970] der BGH mit seiner Entscheidung die Meinungsfreiheit von Lüth und damit auch das grundrechtliche Untermaßverbot im engeren Sinne endgültig verletzt[971]. Die Mitberücksichtigung von anderen staatlichen Maßnahmen kann nichts dazu beitragen.

5.2.4.3. DIE KONKRETISIERUNG DES GRUNDRECHTLICHEN UNTERMASSVERBOTS IM WEITEREN SINNE

Das grundrechtliche Untermaßverbot im weiteren Sinne ist darauf zugeschnitten, die Verfassungsmäßigkeit einer staatlichen Maßnahme nicht nur einseitig im Hinblick auf die Erfüllung einer grundrechtlichen Handlungspflicht bzw. Nicht-Eingriffspflicht, sondern unter Berücksichtigung auch anderer möglicherweise entgegenstehender verfassungsrechtlicher Normen zu entscheiden. Nur wenn im Rahmen eines Falles dem relevanten Grundrecht keine andere Norm des Grundgesetzes entgegensteht, fallen grundrechtliches Untermaßverbot im engeren und im weiteren Sinne im Ergebnis zusammen. Ob dies[972] jedoch praktisch möglich ist, ist zu bezweifeln.

Die Prüfung des grundrechtlichen Untermaßverbots im weiteren Sinne ist nach der hier vertretenen Ansicht eine zweiseitige[973] Verfassungsmäßigkeitsprüfung. Z. B. prüft das grundrechtliche Untermaßverbot im weiteren Sinne in einem „Schutz durch Eingriff"-Fall die staatlichen Schutzmaßnahmen hinsichtlich sowohl der einschlägigen grundrechtlichen Schutzpflicht als auch des einschlägigen Abwehrrechts.

Die hier vorgeschlagene Vorgehensweise ist die folgende: Es wird festgestellt, daß ein Fall, d. h. eine vorgenommene staatliche Wahrnehmung einer grundrechtlichen Handlungspflicht bzw. Nicht-Eingriffspflicht, Bezüge zu zwei bzw. mehreren Verfassungsnormen hat. Ihre Verfassungsmäßigkeit hängt von ihrer Kompatibilität mit beiden bzw. allen betroffenen Verfassungsnormen ab.

Auf dieser Grundlage besteht das Untermaßverbot im weiteren Sinne aus zwei Prüfungen: Aus einer Untermaßverbotsprüfung im engeren Sinne und aus einer Verfassungsmäßigkeitsprüfung hinsichtlich der anderen einschlägigen Norm[974] des Grundgesetzes. Wenn die untersuchte staatliche Handlung beide

[970] Zur überzeugenden Qualifizierung der Entscheidung des BGH als staatlichen Eingriff s. die Ausführungen von Canaris in Kapitel 2.1.1.2.2.
[971] BVerfGE 7, 198ff.
[972] D. h. ob es Fälle gibt, bei denen nur eine verfassungsrechtliche Regelung bzw. nur ein Grundrecht einschlägig ist.
[973] Oder auch eine mehrseitige Verfassungsmäßigkeitsprüfung, wenn mehr als zwei Grundrechte bzw. verfassungsrechtlich geschützte Güter kollidieren.
[974] Auch diese Norm kann ebenfalls eine Grundrechtsnorm sein. Wenn dies der Fall ist, wird eine zweite Untermaßverbotsprüfung im engeren Sinne duchgeführt. Bei „Schutz durch Eingriff Konstellationen" besteht die

Prüfungen bestanden hat, dann ist sie verfassungsmäßig. Sie ist mit dem Untermaßverbot im weiteren Sinne vereinbar, sie befindet sich in dem verfassungsrechtlichen Korridor zwischen dem Untermaßverbot im engeren Sinne und der Nicht-Verletzung der anderen Verfassungsnorm, wo sich primär der Gestaltungsspielraum des Gesetzgebers aber auch der anderen staatlichen Organe entfalten kann.

Nach der herrschenden Ansicht in Theorie und Rechtsprechung verfügt die grundrechtliche Untermaßverbotsprüfung im weiteren Sinne auch über einen weiteren Schritt. Die zu prüfende staatliche Maßnahme solle nicht nur die zwei oder mehreren grundrechtlichen bzw. verfassungsrechtlichen Untermaßverbotsprüfungen im engeren Sinne bestehen, sondern auch das Verhältnismäßigkeitsprinzip im engeren Sinne[975] respektieren. Die Verhältnismäßigkeit, ein Prinzip mit Verfassungsrang[976], komme als zweite allgemeine Schranken-Schranke notwendig bei der grundrechtlichen Untermaßverbotsprüfung im weiteren Sinne zur Anwendung. Die staatliche Maßnahme müsse auch verhältnismäßig im engeren Sinne sein, was durch fallbezogene Abwägung zu ermitteln sei.

5.3. VOM UNTERMASSVERBOTSPRINZIP ZUR UNTERMASSVERBOTSDOGMATIK: GRUNDRECHTLICHES UNTERMASSVERBOT IM ZUSAMMENHANG MIT DER ALLGEMEINEN GRUNDRECHTSLEHRE

5.3.1. GRUNDRECHTLICHES UNTERMASSVERBOT IM WEITEREN SINNE UND GRUNDRECHTSKOLLISIONEN

Das hier entwickelte grundrechtliche Untermaßverbot im weiteren Sinne ist ein neuer Maßstab für die Auflösung von Grundrechtskollisionen. Es konkretisiert die Anfordernungen der praktischen Konkordanz bzw. des schonendsten Ausgleichs. Es geht um einen Vorschlag, der davon ausgeht, daß jede grundrechtsrelevante Verfassungsmäßigkeitsprüfung in aller Regel Bezüge zu mehreren Grundrechte bzw. verfassungsrechtlichen Regelungen aufweist. Nach der

---

grundrechtliche Untermaßverbotsprüfung im weiteren Sinne (zumindest) aus zwei grundrechtlichen Untermaßverbotsprüfungen im engeren Sinne.

975 Immer häufiger wird von einer „Angemessenheit-Verhältnismäßigkeit“ bzw. Gesamtverhältnismäßigkeit statt von der Verhältnismäßigkeit im engeren Sinne gesprochen. S. Böckenförde, Der Staat 29 (1990) S. 1ff. (20); Hoffmann-Riem, DVBl. 1994, S. 1381ff. (1384ff.); Gellermann, Grundrechte, S. 350ff.; Calliess, Rechtsstaat und Umweltstaat, S. 577ff. Die terminologische Variation ist bemerkenswert: Böckenförde spricht von „Angemessenheit-Verhältnismäßigkeit“, Hoffmann-Riem von „Gesamtverhältnismäßigkeit“, Gellermann von „Angemessenheit der normativen Ausgestaltung“, Calliess von „mehrpoliger Verhältnismäßigkeit“. Damit wird jedoch im Ergebnis das traditionelle Verhältnismäßigkeitsprinzip im engeren Sinne thematisiert. Allerdings geht es um ein maßvolles Austarieren von Verhältnissen und um einen angemessenen Ausgleich bei den Grundrechtskollisionen. Vgl. Kapitel 5.3.1.2.3.

976 Zu den hier geäußerten Bedenken gegen diese herrschende These s. Kapitel 5.3.1.2.

hier vertretenen Lösung sind die Grundrechtskollisionen nicht durch die traditionellen Vorgaben der Eingriffsdogmatik und eine dreischrittige Verhältnismäßigkeitsprüfung, sondern durch eine Summe von grundrechtlichen bzw. verfassungsrechtlichen Untermaßverbotsprüfungen im engeren Sinne zu lösen. Die maßgeblichen Angelpunkte dieses Modells sind systematisch darzustellen. Besondere Rücksicht wird auf die Integrierbarkeit des Verhältnismäßigkeitsprinzips in diesen neuen Maßstab genommen.

5.3.1.1. DIE ANGELPUNKTE DES HIER ENTWICKELTEN GRUNDRECHTLICHEN UNTERMASSVERBOTS IM WEITEREN SINNE

Das hier konturierte grundrechtliche Untermaßverbot im weiteren Sinne ist ein Maßstab zur Lösung von Grundrechtskollisionen.

1. Zuerst geht dieser Kollisionsmaßstab davon aus, daß die Grundrechte keine Prinzipien sondern Regeln sind. Die Grundrechte stellen Regeln in allen ihren Funktionen dar, so daß auch die grundrechtlichen Schutzpflichten Regel sind[977]. Regeln sind auch alle verfassungsrechtlichen Regelungen. Ein Grundrechtskollisionsfall bezieht sich unbedingt auf zwei bzw. mehrere Grundrechte oder verfassungsrechtliche Regelungen. Das bedeutet, daß bei Grundrechtskollisionen die Verfassungsmäßigkeit einer staatlichen Maßnahme bzw. Unterlassung bezüglich aller relevanten Regelungen des Grundgesetzes zu beurteilen ist. Mit anderen Worten ist die Verfassungsmäßigkeit der konkreten staatlichen Maßnahme durch ihre Subsumtion unter alle relevanten Regelungen des Grundgesetzes zu beurteilen. Damit wird nicht für eine Abwägung, sondern für zwei bzw. mehrere Subsumtionen plädiert. Es wird nicht der traditionellen Verhältnismäßigkeitsgrundsatz, sondern werden alle einschlägigen Grundrechtsnormen angewandt. Die Subsumtionen der zu prüfenden staatlichen Handlung beziehen sich damit auf die relevanten Normen des Grundgesetzes. Das grundrechtliche Untermaßverbot im weiteren Sinne ist eine Summe von grundrechtlichen bzw. verfassungsrechtlichen Untermaßverboten im engeren Sinne.

2. Eine Grundrechtskollision ist nicht durch Abwägungen der Wesensgehalte von gegenläufigen Grundrechten zu lösen. Die Wesensgehalte der Grundrechte sind nach dem deutlichen Wortlaut von Art. 19 Abs. 2 GG nicht abwägbar. Eine staatliche Maßnahme, die den Wesensgehalt eines Grundrechts zugunsten des Wesensgehaltes eines anderen Grundrechts antastet, ist immer verfassungswidrig. Es ist nicht verfassungsrechtlich legitimiert, daß der Staat den Wesensgehalt eines Grundrechts durch die Preisgabe des Wesensgehalts eines anderen Grundrechts schützt. Auch wenn dem Staat keine andere Lösung für den Schutz des Wesensgehalts des Grundrechts einer Person als die Antastung

[977] Vgl. Kapitel 3.2.3.

des Wesensgehalts eines Grundrechts eines anderen möglich ist, ist die staatliche Maßnahme, welche diese Lösung realisiert, verfassungswidrig.

3. Die Kollisionen von Schutzbereichen der Grundrechte sind im Rahmen ihrer Schranken zu lösen. Bei jeder Grundrechtskollision treffen die verschiedenen Grundrechte bzw. verfassungsrechtlichen Regelungen auch mit ihren jeweiligen Schranken aufeinander[978]. Eine Lösung der Kollision von zwei grundrechtlichen Schutzbereichen hat immer durch die Berücksichtigung des Zusammentreffens ihrer Schranken zu erfolgen. Eine vorschnelle Anwendung des Verhältnismäßigkeitsprinzips, ohne Berücksichtigung der Schranken der einschlägigen verfassungsrechtlichen Normen ist verfassungswidrig. Z. B. fällt für die Grundrechtskollision zwischen Gesundheit und Gesundheit, soweit es keine Antastung eines Wesensgehalts gibt, die Entscheidung dem Gesetzgeber zu, da Art. 2 Abs. 2 Satz 1 GG unter einem einfachem Gesetzesvorbehalt steht.

4. Neue Untersuchungen haben überzeugend gezeigt, daß das klassische Verhältnismäßigkeitsprinzip bei Grundrechtskollisionen keine Anwendung finden kann[979]. Bei Grundrechtskollisionen gibt es nicht nur einen Gesetzeszweck, sondern zwei gegenüberstehende grundrechtliche bzw. verfassungsrechtliche Zwecke. Es stellt sich also die Frage, ob diese kollidierenden verfassungsrechtlichen Ziele durch die Verhältnismäßigkeit im engeren Sinne bzw. die „Angemessenheit-Verhältnismäßigkeit"[980] verfassungsrechtlich abzuwägen sind. Auf dieser Grundlage lautet die Frage: Ist das Verhältnismäßigkeitsprinzip im engeren Sinne ein - sogar der letzte - Schritt der hier entwickelten grundrechtlichen Untermaßverbotsprüfung? Die These ist, daß bei Betrachtung der Verhältnismäßigkeit im engeren Sinne als verfassungsrechtliches Prinzip diese als letzter Schritt in die grundrechtliche Untermaßverbotsprüfung einzuordnen ist[981].

5. Die Kollision von einem grundrechtlichen bzw. verfassungsrechtlichen Schutzbereich mit dem Wesensgehalt eines Grundrechts ist zugunsten des Wesensgehalts zu lösen. Art. 19 Abs. 2 GG spielt eine wichtige doppelte Rolle bei der Konkretisierung des grundrechtlichen Untermaßverbots im engeren Sinne. Es begründet auf einer ersten Ebene eine keinesfalls anzutastende Schranken-Schranke eines Grundrechts. Eingriffe in den Wesensgehalt dieses Grundrechts sind also immer verfassungswidrig. Auf einer zweiten Ebene und im Rahmen der Frage nach der Rechtfertigung des staatlichen Eingriffs in den (weit über den Wesensgehalt gehenden) Schutzbereich dieses Grundrechts kommt Art. 19 Abs. 2 GG die Funktion einer Schranken-Schranke der entgegenstehenden Grundrechte und zugleich einer Schranke dieses Grundrechts zu. Eingriffe in den Schutzbereich dieses Grundrechts, die strikt notwendig für die Nicht-Antastung des Wesensgehalts eines anderen Grundrechts sind, sind verfassungsmäßig.

6. Es ist zuzugeben, daß es eine schwierige Frage ist, wann eine Verletzung des Schutzbereichs und wann eine Antastung des Wesensgehalts vorliegt.

---

[978] S. auch Kapitel 5.2.4.1.
[979] S. Kapitel 2.4.4.
[980] Dazu s. Kapitel 5.3.1.2.3.
[981] S. Kapitel 5.3.1.2.

Zur Beantwortung dieser Frage spielen als Kriterien die Art des Grundrechts, die Eingriffsintensität, die Restitutionsfähigkeit und die Möglichkeit des Selbstschutzes die entscheidende Rolle[982]. Wenn es um grundrechtliche Schutzpflichten vorsorglicher Natur geht, z. B. um den Schutz der Umwelt vor hohen Ozonkonzentrationen, erfolgt die Beantwortung der Frage nach der Qualifizierung einer Gefahr bzw. eines Risikos als Eingriff in den Schutzbereich oder als Eingriff in den Wesensgehalt eines Grundrechts auf Grund einer staatlichen Prognose. Diese Frage muß jedes zuständige staatliche Organ aufgrund seines Wissens, seines Kenntnisstandes und seiner Informationen und nicht bewertend bzw. abwägend[983] beantworten.

5.3.1.2. DIE EINFÜGUNG DES VERHÄLTNISMÄSSIGKEITSPRINZIPS IM ENGEREN SINNE IN DIE GRUNDRECHTLICHE UNTERMASSVERBOTSDOGMATIK

Hier ist zu beantworten, ob und in wie weit das Verhältnismäßigkeitsprinzip zu der oben entwickelten Konkretisierung des grundrechtlichen Untermaßverbots im weiteren Sinne gehört.

In der Theorie und in der Rechtsprechung werden einerseits zwar gewichtige Einwände gegen die Anwendung des Verhältnismäßigkeitsprinzips im weiteren Sinne im Verfassungsrecht geäußert, andererseits jedoch wird der Verfassungsrang des Verhältnismäßigkeitsprinzips im weiteren Sinne trotz seiner verschiedenen dogmatischen Begründungen nicht bestritten. Was die Grundrechtskollisionen anbetrifft, wird jedoch mittlerweile überzeugend entwickelt, daß das Verhältnismäßigkeitsprinzip nicht mehr als dreigliedrige Verhältnismäßigkeit im weiteren Sinne, sondern als Verhältnismäßigkeit im engeren Sinne bzw. „Angemessenheit-Verhältnismäßigkeit" zur Anwendung kommt.

Hier ist auf dieser Grundlage zu untersuchen, ob das Verhältnismäßigkeitsprinzip im engeren Sinne[984] in die Gliederung des grundrechtlichen Untermaßverbotsprinzips im weiteren Sinne integrierbar ist. Es wird die These vertreten, daß - wenn das Verhältnismäßigkeitsprinzip im engeren Sinne Verfassungsrang hat und aus dem Wesen der Grundrechte ableitbar ist - dieses dann den letzten Schritt der grundrechtlichen Untermaßverbotsprüfung im weiteren Sinne darstellt.

5.3.1.2.1. EINWÄNDE GEGEN DIE ANWENDUNG DES VERHÄLTNISMÄSSIGKEITSPRINZIPS IM VERFASSUNGSRECHT

---

[982] S. Kapitel 3.3.

[983] Zur überzeugenden Unterscheidung zwischen Prognosen und Bewertungen s. die Ausführungen von Schlink, (in: FS 50 Jahre BVerfG, S. 445ff. (455ff.): „Prognosen sind Aussagen über die Wirklichkeit in der Zukunft. Sie werden vom Wissen über die vergangene und gegenwärtige Wirklichkeit getragen und in der Zukunft als wahr oder falsch erwiesen. Bewertungen sind Entscheidungen, mit denen von zwei Größen die eine der anderen vorgezogen wird."

[984] Zu einer Ablehnung der Konkretisierung des grundrechtlichen Untermaßverbots im weiteren Sinne durch die drei Schritte des Verhältnismäßigkeitsprinzips im weiteren Sinne s. die kritischen Bemerkungen gegen den Geeignetheits- und den Erforderlichkeitsgrundsatz in Kapitel 3.2.5. Kurz gefaßt ist die Geeignetheitsfrage m. E. unergiebig und die Erforderlichkeitsfrage dogmatisch verfehlt.

Das Verhältnismäßigkeitsprinzip ersetzt sehr oft ungerechtfertigt die Wesensgehaltsgarantie des Art. 19 Abs. 2 GG[985]. Ein beachtlicher Teil der Literatur konkretisiert den Wesensgehalt der Grundrechte ausschließlich oder teilweise durch das Verhältnismäßigkeitsprinzip[986]. Auch wenn das Verhältnismäßigkeitsprinzip Verfassungsrang hat und eine allgemeine Schranken-Schranke der Grundrechte ist, fällt es keinesfalls mit der Wesensgehaltsgarantie zusammen.

Weiterhin überspielt das Verhältnismäßigkeitsprinzip den klaren Wortlaut der Verfassung, wenn es bei der Prüfung der Verfassungsmäßigkeit von Eingriffen in schrankenlose Grundrechte angewandt wird. Das gilt ebenfalls, wenn es als Ersatzeingriffsvorbehalt im Rahmen von Eingriffen in Grundrechte mit einfachen und qualifizierten Schranken zur Anwendung kommt. Zugleich berührt es die Gewaltenteilung, indem es dem jeweiligen kontrollierenden staatlichen Rechtsanwender (nämlich in der Regel die Judikative und insbesondere die Verfassungsgerichtsbarkeit) die Möglichkeit liefert, eine intensive Verfassungsmäßigkeitsprüfung wahrzunehmen[987].

In diesem Zusammenhang spricht Denninger vom einem „trojanischem Vehikel, mit dessen Hilfe wandelnde Ordnungs- und Gerechtigkeitsvorstellungen in die Festung traditioneller Rechtsdogmatik einziehen können"[988], Würtenberger von einem „ungeschriebenen Verfassungsprinzip"[989] des Verfassungsrichterrechts, dessen Anwendung viele rechtsmethodische Schwierigkeiten[990] mit sich bringt, Isensee von einem „unkritischen und unkontrollierten Gebrauch dieses Prinzips, einem Übermaß der Berufung auf das Übermaßverbot."[991] Ossenbühl sieht in der Verhältnismäßigkeit im engeren Sinne einen „Gleich- und Weichmacher" der Rechtsordnung[992], Gentz ein „Einfallstor eines unkontrollierbaren und unkontrollierten Gerechtigkeitsgefühls"[993], Grunsky eine „spanischen Wand für praktisch jedes gewünschte Ergebnis."[994]

5.3.1.2.2. DIE THESE VON DEM VERFASSUNGSRANG DES VERHÄLTNISMÄSSIGKEITSPRINZIPS

[985] Vgl. auch von Krauss, Der Grundsatz der Verhältnismäßigkeit, S. 50ff.; Erichsen, Jura 1988, S. 388.
[986] Dazu s. Kapitel 2.2.3.2.
[987] Schlink, EuGRZ 1984, S. 457ff. (462): „In den Prüfungen der Verhältnismäßigkeit im engeren Sinne kann letztlich nur die Subjektivität der Prüfenden zur Geltung kommen und zum Ergebnis fallweiser Beurteilungen von Grundrechtsgebrauch als mehr oder weniger wertvoll gelangen."
[988] Denninger, JZ 1970, S. 134ff. (150).
[989] Würtenberger, Zur Legitimität, S. 57ff. (61).
[990] „Wenn man durch juristische Interpretation das in der Norm Vorgegebene vermittels juristischer Schlußverfahren zur Geltung gelangen läßt, so läßt sich, wie die genannten Beispielen (dazu gehört auch die Anwendung des Verhältnismäßigkeitsprinzips) belegen, das Verfassungsrichterrecht in weiten Bereichen nicht durch die von Savigny entwickelte klassische juristische Methodenlehre legitimieren"(Würtenberger, Zur Legitimität, S. 62).
[991] Isensee, Subsidiaritätsprinzip und Verfassungsrecht, S. 377.
[992] Ossenbühl, Abwägung im Verfassungsrecht, S. 34.
[993] Gentz, NJW 1968, S. 1600ff.
[994] Grunsky, ZRP 1976, S. 131.

Die vorgenannte Kritik wendet sich gegen die übertriebene bzw. übermäßige Anwendung des Verhältnismäßigkeitsprinzips und weniger gegen seine Anwendung überhaupt. Das Verhältnismäßigkeitsprinzip wird nach herrschender Ansicht aus dem Verfassungsrecht hergeleitet. Es ist zwar ganz umstritten, welches der verfassungstextliche Anknüpfungspunkt des Verhältnismäßigkeitsprinzips ist[995]. Seine Anwendung als verfassungsrechtlicher Abwägungsmaßstab für die Auflösung von Grundrechtskollisionen ist jedoch unumstritten. Das Verhältnismäßigkeitsprinzip spielt eine wichtige Rolle für die Lösung von Grundrechtskollisionen, wo es als allgemeine Schranken-Schranke zum Ausdruck kommt.

Das Verhältnismäßigkeitsprinzip verfügt über tiefe ideengeschichtliche Wurzeln[996]. Weiterhin hat es eine lange erfolgreiche Tradition und besitzt insoweit mit guten Gründen eine überragende Stellung in der herrschenden deutschen Rechts- bzw. Verfassungsrechtsdogmatik. Es ist mittlerweile zu einem wichtigen Prinzip der EMRK[997] und des Europarechts[998] geworden. Mit der Forderung nach Verhältnismäßigkeit der staatlichen Maßnahmen wird der Schutz der Freiheit gefördert. Es ist schließlich per se rational und hat sich zur befriedigenden Lösung von Grundrechtskollisionen als geeignet erwiesen.

5.3.1.2.3. VOM DREISCHRITTIGEN VERHÄLTNISMÄSSIGKEITSPRINZIP IM WEITEREN SINNE ZUR ANGEMESSENHEIT-VERHÄLTNISMÄSSIGKEIT UND IHREM VERFASSUNGSRANG

Die Lehre von den grundrechtlichen Schutzpflichten hat deutlich gemacht, daß das traditionelle Verhältnismäßigkeitsprinzip, das nur auf einen Gesetzeszweck abstellt, bei Grundrechtskollisionen nicht mehr haltbar ist[999]. Bei Grundrechtskollisionen gibt es zwei kollidierende verfassungsrechtliche Zwecke. Der Verhältnismäßigkeitsgedanke muß sich an beiden verfassungsrechtlichen Zwe-

[995] Zu den verschiedenen dogmatischen Herleitungen des Verhältnismäßigkeitsprinzips s. statt allem neuerdings v. Arnauld (JZ 2000, S. 276ff.) und Hochhuth (Relativitätstheorie des öffentlichen Rechts, S. 88ff.) m. w. N. Hier ist nur kurz anzumerken, daß alle vorhandenen Ableitungsstrategien (aus dem Rechtsstaatsprinzip, aus Art. 19 Abs. 2 GG, aus dem Gebot vernünftigen Staatshandelns, aus Art. 3 Abs. 1 GG, aus dem Wesen der Grundrechte, aus dem dynamischen materiellen Regel-Ausnahme-Verhältnis im Bereich der Freiheitsrechte) nicht zu überzeugen vermögen. In einer Verfassungsordnung, die die Grundrechte ausschließlich als Regeln und nicht als Prinzipien gewährleistet, gibt es keinen Platz für den Verhältnismäßigkeitsgrundsatz.
[996] S. Wieacker, in: FS Fischer, S. 867ff.; Würtenberger, Zu den Wurzeln des Rechtsstaates in Deutschland, S. 15ff. (29f.); Hochhuth, Relativitätstheorie des öffentlichen Rechts, S. 140ff.
[997] S. Iliopoulos-Strangas, RabelsZ 1999, S. 414ff.; Cremona, The Proportionality Principle in the Jurisprudence of the European Court of Human Rights, S. 323ff.; Eissen, Le principle de proportionalité dans la jurisprudence de la Cour européenne des droits de l homme, in: Petiti/Decaux/Imbert, La Convention européenne des droits de l'homme, S. 65ff.; Ermacora, Das Verhältnismäßigkeitsprinzip im österreichischen Recht sowie aus der Sicht der EMRK, S. 67ff.
[998] Schwarze, Europäisches Verwaltungsrecht, Band II, S. 661ff.; Hirsch, Das Verhältnismäßigkeitsprinzip im Gemeinschaftsrecht, S. 10ff. m. w. N.
[999] S. Kapitel 2.4.4.

cken orientieren. Unter diesem Blickwinkel ist das dreischrittige Verhältnismäßigkeitsprinzip im weiteren Sinne nicht mehr brauchbar, weil es nur auf die Eingriffsseite eines Grundrechtsdreiecks abstellt[1000]. An seiner Stelle kommt eine „Angemessenheit-Verhältnismäßigkeit" zur Anwendung, welche mit dem Verhältnismäßigkeitsprinzip im engeren Sinne gleichsteht. Auf dieser Grundlage lautet also die Frage: Hat das Verhältnismäßigkeitsprinzip im engeren Sinne Verfassungsrang und wie ist dieser dogmatisch zu begründen?

Der Verfassungsrang des Verhältnismäßigkeitsprinzips im engeren Sinne ist bislang wenig umstritten. Nur Schlink[1001] bezweifelt die Anwendung der Verhältnismäßigkeit im engeren Sinne bei der Überprüfung der Verfassungsmäßigkeit von gesetzgeberischen Entscheidungen durch das BVerfG. Die verschiedenen dogmatischen Begründungen der Verhältnismäßigkeit im engeren Sinne z. B. durch das Wesen der Grundrechte oder durch das Rechtsstaatsprinzip vermögen zwar nicht zu überzeugen[1002]. Wie Würtenberger bemerkt, findet man für die dogmatische Ableitung des Verhältnismäßigkeitsprinzips äußerst vage Ansätze im Verfassungstext. Aber trotzdem ist das Verhältnismäßigkeitsprinzip im engeren Sinne ein ungeschriebenes Prinzip des Verfassungsrichterrechts, das durch das BVerfG im Rahmen der richterlichen Rechtsfortbildung entwickelt worden ist. Und falls die Rechtsfortbildung des Verfassungsrechts durch das BVerfG zum Verfassungsrecht gehörend betrachtet wird[1003], besitzt das Verhältnismäßigkeitsprinzip im engeren Sinne einen Verfassungsrang.

Was das Wesen des Verhältnismäßigkeitsprinzips im engeren Sinne anbetrifft, wird es aus dem Prinzipiencharakter der Grundrechte[1004] abgeleitet. Wenn man die Grundrechte als auf Realisierung bzw. Optimierung[1005] drängende Prinzipien ansieht, erkennt man auch das Verhältnismäßigkeitsprinzip im engeren Sinne als notwendigen Maßstab für die Auflösung von Grundrechtskollisionen.

Daraus ist zu entnehmen, daß, wenn das Verfassungsrichterrecht Verfassungsrecht ist und die Grundrechte Prinzipien sind, das Verhältnismäßigkeitsprinzip im engeren Sinne den letzten Schritt der grundrechtlichen Untermaßverbotsprüfung im weiteren Sinne darstellt.

[1000] Vgl. auch Kapitel 2.2. für die Probleme, welche bei der Anwendung des Erforderlichkeitsprinzips bei Grundrechtskollisionen auftauchen.

[1001] Schlink, Abwägung im Verfassungsrecht, S. 127ff. Neuerdings hat jedoch Schlink (in: FS 50 Jahre BVerfG, S. 445ff. (461), Fn. 34) seine These ergänzt, indem er die Auffassung vertritt, daß die Verhältnismäßigkeit im engeren Sinne problematisch nur bei der verfassungsgerichtlichen Überprüfung von gesetzgeberischen Entscheidungen ist.

[1002] Vgl. auch Hochhuth, Relativitätstheorie des öffentlichen Rechts, S. 88 „Die Verhältnismäßigkeit sei rechtlich – oder genauer legalitätsimmanent nicht befriedigend begründet." Kritisch gegen die vorhandenen Begründungen der Verhältnismäßigkeit sind auch Bleckmann, (JuS 1994, S. 177ff.;) und Schlink, (in: FS 50 Jahre BVerfG), S. 445ff.

[1003] So zumindest die herrschende These in der Literatur. Zur Legitimität des Verfassungsrichterrechts, s. Würtenberger, Zur Legitimität, S. 57ff. insb. 71 m. w. N.

[1004] Zu den Grundrechte als Prinzipien s. die Darstellung der These von Alexy und Borowski im Kapitel 3.2.3.1.

[1005] Zur Kritik gegen die Optimierungsthese s. Kapitel 3.2.3.2. und 3.2.3.3.

5.3.2. UNMITTELBARE DRITTWIRKUNG DER GRUNDRECHTE, GRUNDRECHTLICHE SCHUTZPFLICHTEN UND GRUNDRECHTLICHE UNTERMASSVERBOTSDOGMATIK

Eine wichtige Frage der grundrechtlichen Untermaßverbotsdogmatik ist bis jetzt nicht abschließend diskutiert: Wie beeinflußt die Diskussion über die Art der Drittwirkung der Grundrechte die Konturierung des grundrechtlichen Untermaßverbots? Eigentlich geht es um die Frage nach dem dogmatischen Zusammenhang einerseits zwischen grundrechtlichen Schutzpflichten und Untermaßverbot und andererseits zwischen Drittwirkung der Grundrechte und Untermaßverbot. Diese zwei Fragen sind eng miteinander verbunden. Notwendige Voraussetzung für die Erörterung dieser zwei Fragen ist also die Beantwortung der Vorfrage nach dem dogmatischen Zusammenhang zwischen grundrechtlichen Schutzpflichten und Drittwirkung der Grundrechte.

5.3.2.1. DRITTWIRKUNG DER GRUNDRECHTE

Nach herrschender Auffassung entfalten die Grundrechte nur eine mittelbare Drittwirkung[1006]. Die Lehre der mittelbaren Drittwirkung entwickelt sich in vielen mehr oder weniger abweichenden Varianten. Die Dogmatik der grundrechtlichen Schutzpflichten ist allerdings die modernste und zugleich mittlerweile überwiegend anerkannte Variante der mittelbaren Drittwirkung in Rechtsprechung und Literatur[1007].

Hier ist nicht eingehend auf den Stand der Drittwirkungslehre einzugehen. Es ist nur kurz zu betonen, daß auch andere Argumentationsweisen außer der Theorie der mittelbaren Drittwirkung vorhanden sind. Es gibt Stimmen in der Literatur, die sich gegen eine Drittwirkung der Grundrechte stellen[1008]. Es gibt

[1006] Dürig, in: FS Nawiasky, S. 157ff.; ders., in: Maunz/Dürig, GG, Art. 1 Abs. III, Rdnr. 129ff.; Hesse, Grundzüge des Verfassungsrechts, Rdnr. 355ff.; ders., Bedeutung der Grundrechte, HdbStR, Rdnr. 56ff.; Pieroth/Schlink, Grundrechte, Rdnr. 181ff.; Stein, Staatsrecht, § 27 V, S. 330ff.; Stern, Staatsrecht III/1, § 76 III 2b; Manssen, Grundrechte, Rdnr. 181ff.; Sachs, Grundrechte; A 5 II, Rdnr. 30ff.; Larenz/Wolf, Allgemeiner Teil des BGB, § 4 III; Canaris, AcP 184 (1984), S. 201ff.; ders, Erwiderung, AcP 185 (1985), S. 9ff.; ders., JuS 1989, S. 161ff.; ders., Grundrechte und Privatrecht, ders., in: FS Leisner, S. 417ff.; Medicus, AcP 192 (1992), S. 35ff.; Kunig, in: v. Münch/Kunig, GG, Vorb. Art. 1-19 Rdnr. 28ff.; Rüfner, HdbStR V, § 117, Rdnr. 54ff.; Oeter, AöR 119 (1994), S. 529ff.; Pietzcker, in: FS Dürig, S. 345ff.; Unruh, Zur Dogmatik, S. 69ff.; Erichsen, Jura 1996, S. 527ff.; Isensee, Vertragsfreiheit, S. 490ff.; ders, Grundrecht auf Ehre, S. 13-14; Schapp, JZ 1998, S. 913ff.; Hennig, Die Rechtsprechung des Bundesverfassungsgerichts, S. 120ff. Zu der Rechtsprechung für eine mittelbare Drittwirkung s. Stern, Staatsrecht III/1, § 76 I 4 und II 2; Heinrich, Formale Freiheit und materiale Gerechtigkeit, S. 118ff.

[1007] Dazu s. Unruh, Zur Dogmatik, S. 71ff. m. w. N.

[1008] Dazu s. die Nachweise in: Heinrich, Formale Freiheit und materiale Gerechtigkeit, S. 112ff., insb. S. 113 Fn. 264; Leisner, Grundrechte und Privatrecht, S. 309ff. Vgl. auch neuerdings Diederichsen, AcP 198 (1998), S. 171ff. (199ff.); Zöllner, AcP 196 (1996), S. 1ff. (36): „Grundrechte sind auf vertragliche Absprachen weder unmittelbar noch mittelbar anwendbar. Sie entfalten im Vertragsrecht keine Schutzgebotsfunktion.“

die etatistische Konvergenztheorie von Schwabe, Murswiek und Lübbe-Wolf[1009], das Drei-Ebenen Modell von Alexy[1010], die unmittelbare Drittwirkung der Menschenwürde nach Art. 1 Abs. 1 GG[1011], die begrenzte unmittelbare Drittwirkung aus Art. 19 Abs. 3 GG nach Lücke[1012]. In verschiedenen Varianten wird auch die unmittelbare Drittwirkung der Grundrechte vertreten[1013]. Bleckmann[1014] und Hager[1015] haben neuerdings wesentliche Argumente für eine unmittelbare Drittwirkung der Grundrechte vorgetragen, die kaum oder nicht überzeugend durch die herrschende Literatur widerlegt worden sind.

Auch im Rahmen der herrschenden Lehre der mittelbaren Drittwirkung bleiben viele Unterfragen umstritten. Z. B. besteht keine Einigkeit darin, ob die grundrechtlichen Schutzpflichten auch bei den vertraglichen privaten Beziehungen Anwendung finden[1016]. Weiterhin ist nicht endgültig entschieden, ob die Grundrechte nur über die Generalklauseln und die allgemeinen Rechtsbegriffe des Zivilrechts oder über alle zivilrechtliche Regelungen im Privatrecht Wirkung entfalten[1017]. Die Frage nach der Art und den Konturen der Drittwirkung der Grundrechte ist also nicht abschließend geklärt.

1009 Danach sind die privaten Eingriffe in ein Grundrecht dem Staat zuzurechnen und als staatliche Eingriffe zu betrachten. Dazu s. auch Kapitel 2.1.1.1.4.

1010 Alexy, Theorie der Grundrechte, S. 484ff. Nach Alexy ist die Drittwirkungsfrage durch ein Modell zu beantworten, das sich in drei Ebenen gliedert: „die der Pflichten des Staates, die der Rechte gegenüber dem Staat und die der rechtlichen Relationen zwischen Privatrechtssubjekten.“ (S. 485). Die Ansicht von Alexy nähert sich im Ergebnis der mittelbaren Drittwirkungslehre an. Dazu s. auch Heinrich, Formale Freiheit und materielle Gerechtigkeit, S. 119ff., der ein Zwei-Ebenen Modell vorschlägt, (S. 121f.). Dem Ansatz von Alexy folgt neuerdings auch Schindler (Die Kollision von Grundfreiheiten und Gemeinschaftsgrundrechten, S. 171ff.) im Bereich der Kollision zwischen Grundfreiheiten und Gemeinschaftsgrundrechten im Europarecht.

1011 Kunig, in: v. Münch/Kunig, GG, Vorb. Art 1-19, Rdnr. 27; Maunz/Zippelius, Staatsrecht, S. 143-144. Ob die unmittelbare Drittwirkung der Menschenwürde analog auch auf die anderen Grundrechte zu erstrecken oder im Rahmen eines argumentum a contrario für die anderen Grundrechte abzulehnen ist, ist eine weitere Frage, die noch nicht endgültig beantwortet worden ist.

1012 Lücke, JZ 1999, S. 377ff. (383). Lücke vertritt mit guten Gründen eine grundsätzlich unmittelbare Drittwirkung der Grundrechte, die aus Art. 19 Abs. 3 („Art. 19 Abs. 3 GG ist nicht nur als Grundrechtsberechtigungs- sondern zugleich als Grundrechtsverpflichtungsnorm interpretierbar“) dogmatisch begründet wird. Diese Drittwirkung ist jedoch nach Lücke nur eine begrenzte unmittelbare Drittwirkung.

1013 Nipperdey, Grundrechte und Privatrecht, S. 13; ders., in: FS Molitor, S. 17 und 24.; Hager, JZ 1994, S. 373ff.; ders., Grundrechte im Privatrecht; S. 5ff.; Bleckmann, DVBl. 1988, S. 938ff. (943); ders., Die Grundrechte, S. 235ff.; vgl. auch Maunz/Zippelius, Staatsrecht, S. 142ff.; Schlink, EuGRZ 1984, S. 457ff. (464): „Auch das Verhalten eines Bürgers kann als Freiheitsbeschränkung und das Gegenverhalten als Eingriffsabwehr gesehen und geprüft werden.“

1014 Bleckmann, DVBl. 1988, S. 938ff.. Zurückhaltenderer ist jedoch Bleckmann gegenüber der unmittelbaren Drittwirkung der Grundrechtrechte in: ders., Die Grundrechte, S. 235ff.

1015 Hager, JZ 1994, S. 373ff.; ders., Grundrechte im Privatrecht, S. 5ff., 27.

1016 Dafür Canaris, AcP 184 (1984), S. 201ff. (232ff.). Dagegen Isensee, Vertragsfreiheit, S. 500ff.; Zöllner, AcP 196 (1996), S. 11.

1017 Für eine mittelbare Drittwirkung der Grundrechte durch die Mediatisierung der Generalklauseln und der unbestimmten Rechtsbegriffen Erichsen, Jura 1998, S. 528ff. Für eine umfassendere mittelbare Drittwirkung, Canaris, Grundrechte und Privatrecht, S. 16ff.; Isensee, Vertragsfreiheit, S. 490. Vgl. auch Kapitel 2.1.1.1.3. und 2.1.1.1.4.

5.3.2.2. DRITTWIRKUNG DER GRUNDRECHTE UND GRUNDRECHTLICHE SCHUTZPFLICHTEN

Hier sind nicht die Argumente für und gegen eine mittelbare oder unmittelbare Drittwirkung der Grundrechte näher zu diskutieren. Von Interesse ist nur der dogmatische Zusammenhang zwischen der Drittwirkung der Grundrechte und den grundrechtlichen Schutzpflichten des Staates. Es wird nämlich gefragt: Welche Art der Drittwirkung der Grundrechte setzt eine Dogmatik der grundrechtlichen Schutzpflichten voraus?

Nach herrschender Auffassung führen die grundrechtlichen Schutzpflichten zu einer Art der mittelbaren Drittwirkung der Grundrechte[1018]. Aus dem objektiv rechtlichen Gehalt der Grundrechte werden grundrechtliche Schutzpflichten des Staates zum Schutz der Grundrechte vor nicht-staatlichen Eingriffen begründet[1019]. Diese grundrechtlichen Schutzpflichten betreffen zwar nicht ausschließlich, aber primär den Gesetzgeber. Die grundrechtliche Schutzpflicht sei gesetzesmediatisiert[1020]. Dies führt die herrschende Lehre zur dogmatischen Verbindung zwischen grundrechtlichen Schutzpflichten und mittelbarer Drittwirkung der Grundrechte. Nach dieser Sichtweise erklärt die Dogmatik der grundrechtlichen Schutzpflichten, warum eine Drittwirkung der Grundrechte nur eine mittelbare sein kann. Die erforderliche Gesetzesmediatisierung der normativen grundrechtlichen Schutzpflicht bietet nach der herrschenden Ansicht den Grund für die Mittelbarkeit der Drittwirkung der Grundrechte. Grundrechtliche Schutzpflichten und unmittelbare Drittwirkung werden nach dieser Argumentationsweise in Literatur und Rechtsprechung als unvereinbar angesehen.

Dieser herrschenden Annahme ist mit Nachdruck zu widersprechen: Die Notwendigkeit der Gesetzesmediatisierung der grundrechtlichen Schutzpflichten bietet keine Stütze für die Bejahung einer prinzipiellen mittelbaren Drittwirkung der Grundrechte. Die Selbstverständlichkeit in einer Demokratie, daß der Gesetzgeber primär Adressat der grundrechtlichen Schutzpflichten ist, spricht nicht für eine mittelbare Drittwirkung der Grundrechte. Die Tatsache, daß die grundrechtlichen Schutzpflichten primär mittels des einfachen Rechts erfüllt werden müssen, belegt in keiner Weise, daß die Grundrechte eine nur mittelbare Drittwirkung entfalten. Es geht um unterschiedliche Fragen. Die Frage nach den Adressaten der Schutzpflichten ist von der Frage nach den Adressaten der Grundrechte strikt zu trennen. Zuerst ist die Frage nach den Adressaten der Grundrechte in Gestalt der Nicht-Eingriffspflichten und danach ist die Frage nach den Ad-

---

[1018] Badura, Persönlichkeitsrechtliche Schutzpflichten des Staates im Arbeitsrecht, S. 9; Hermes, NJW 1990, S. 1765ff.; Robbers, Sicherheit als Menschenrecht, S. 201ff.; Klein, NJW 1989, S. 1640; Starck, Grundrechtliche Schutzpflichten, S. 66ff.; Unruh, Zur Dogmatik, S. 71ff.; Isensee, Vertragsfreiheit, S. 498; Böckenförde, Zur Lage, S. 34ff.

[1019] Zur dogmatischen Herleitung der grundrechtlichen Schutzpflichten, s. Unruh, Zur Dogmatik, S. 26ff.; Giwer, Rechtsfragen der Präimplantationsdiagnostik, S. 83ff.; Tzemos, Die dogmatische Herleitung der grundrechtlichen Schutzpflichten, Magisterarbeit, m. w. N.

[1020] Dazu s. Isensee, Das Grundrecht auf Sicherheit, S. 44; Unruh, Zur Dogmatik, S. 24; Wahl/Masing, JZ 1990, S. 553ff.; Hoffmann-Riem, Modernisierung von Recht und Justiz, S. 185.

ressaten der grundrechtlichen Schutzpflichten[1021] zu erörtern. Denn die Begründung einer grundrechtlichen Schutzpflicht setzt die Annahme einer Drittwirkung[1022] des relevanten Grundrechts voraus und nicht umgekehrt. Zuerst kommt der private Eingriff bzw. die private Gefahr und danach (und deswegen) der staatliche Schutz.

Auf dieser Grundlage ist die These zu entwickeln, daß grundrechtliche Schutzpflichten nicht die verfeinerte Variante der mittelbaren Drittwirkung, sondern eine logische Folge der unmittelbaren Drittwirkung der Grundrechte sind. Anders gewendet setzt die dogmatische Begründung einer grundrechtlichen Pflicht des Staates zum Schutz eines Grundrechts vor einem privaten Eingriff die unmittelbare Drittwirkung dieses Grundrechts voraus[1023].

Zur normativen Begründung von grundrechtlichen Schutzpflichten gibt es insgesamt zwei Möglichkeiten: Entweder kann man die normative grundrechtliche Schutzpflicht als eine Teilausprägung der staatlichen abwehrrechtlichen Nicht-Eingriffspflicht ansehen[1024]. Nach dieser Auffassung wird die gesamte Rechtsordnung, damit auch die Rechtsbeziehungen zwischen Privaten, vom Staat festgelegt und durchgesetzt. Der private Eingriff in ein Grundrecht sei immer dem Staat zuzurechnen. Der private Eingriff wird nach dieser Argumentationsweise zugleich auch als staatlicher Eingriff betrachtet. Das bedeutet, daß die durch die Schutzpflichten grundrechtlich geschützten Rechtsgüter immer nicht allein durch Private, sondern auch durch den eingreifenden Staat beeinträchtigt werden. Bei einer solchen Sicht der Dinge gibt es in der Tat keine Notwendigkeit für die Drittwirkungsfrage. Denn durch die Rekonstruktion der privaten Handlungen als staatliche Eingriffe kommen die Grundrechte immer in ihrer Staatsbezogenheit zur Anwendung. Mit guten Gründen wird gegen diese Auffassung eingewandt, daß sie nicht dogmatisch stringent die unzweifelhaft private Beeinträchtigungen dem Staat zurechnet und im Ergebnis denaturiert[1025].

1021 Zu den grundrechtlichen Schutzpflichten als Metafunktion der Abwehrrechte bzw. der grundrechtlichen Nicht-Eingriffspflichten s. Kapitel 5.1.2.

1022 Wie unten zu zeigen ist, setzt sogar die Begründung einer grundrechtlichen Schutzpflicht die unmittelbare Drittwirkung des einschlägigen Grundrechts voraus.

1023 Vgl. auch Lücke, JZ 1999, S. 377ff (382): „Die Schutzgebotsfunktion der Grundrechte ruft demnach für sich genommen keine Drittwirkung der Grundrechte hervor, sondern setzt deren horizontale Geltung voraus." Dieser zentrale Ansatz wird in der Regel in der Literatur ungerechtfertigt verkannt; anders nur Windel, Der Staat 37 (1998), S. 385ff. (392): „Die Schutzgebotslehre ließe sich daher nur halten, wenn Privatrechtssubjekte wechselseitig ihre Grundrechtspositionen zu achten hätten," und Braczyk, Rechtsgrund und Grundrecht, S. 78 "Lehnt man ab, Private als grundrechtsverpflichtet anzusehen und hält man statt dessen den Gesetzgeber für grundrechtlich verpflichtet, Schutznormen gegenüber potentiellen privaten Angriffen zu erlassen, kann es nicht um den Schutz von „Rechten" gehen, denn diese leugnet man in der Horizontalwirkung gerade", die jedoch im Ergebnis die Schutzpflichtenlehre widerlegen.

1024 Diese ist die Auffassung der etatistischen Konvergenztheorie. S. Fn. 116.

1025 Zur Kritik gegen diese Theorie s. Bleckmann, DVBl. 1988, S. 939ff.; Heinrich, Formale Freiheit und materiale Gerechtigkeit, S. 114ff.; Alexy, Theorie der Grundrechte, S. 415ff.; Unruh, Zur Dogmatik, S. 44ff.

Oder[1026] es wird nicht bestritten, daß der private Eingriff nicht direkt[1027], d. h. als staatlicher Eingriff dem Staat zuzurechnen ist, sondern nur eine staatliche Schutzpflicht auslöst[1028]. Danach ist erstens der Eingriff privat. Zweitens ist dieser private Eingriff ein Eingriff in ein Grundrecht, in eine verfassungsrechtlich gewährleistete Rechtsposition, ein Eingriff in das Verfassungsrecht. Es ist kein Eingriff in einfachgesetzlich gewährleistete Rechte. Dieser private Eingriff in das Grundrecht ist zugleich der Grund für die Begründung einer grundrechtlichen Schutzpflicht. Im Rahmen dieser herrschenden Betrachtungsweise gibt es jedoch keinen Platz für eine nur mittelbare Drittwirkung der Grundrechte. Die grundrechtliche Schutzpflicht wird tatbestandlich durch einen privaten Eingriff in ein Grundrecht begründet. Wenn man davon ausgeht[1029], daß ein privater Eingriff in ein Grundrecht vorliegt, dann sieht man notwendig den private Angreifer als Grundrechtsadressat und bejaht man eine unmittelbare Drittwirkung der Grundrechte. Wenn eine Pflicht des Staates zum Schutz des Lebens des Ungeborenen vor einer durch die schwangere Mutter beschlossenen Abtreibung begründet wird, ist die Abtreibung als Eingriff in das Grundrecht auf Leben betrachtet und ist die Mutter durch dieses Grundrecht unmittelbar verpflichtet. Die Ableitung einer grundrechtlichen Schutzpflicht des Staates setzt diesen private Eingriff voraus und folgt ihm. Mit anderen Worten ist die Lehre von den grundrechtlichen Schutzpflichten keine einleuchtendere, fortgeführte, moderne Variante der mittelbaren[1030] Drittwirkung der Grundrechte. Sie ist ein weiterer

[1026] *Tertium non datur.* Ein Eingriff liegt sicherlich vor. Die Frage ist, ob man diesen Eingriff als privat oder als staatlich qualifiziert. Wenn man den Eingriff als privat ansieht, dann gibt es eine unmittelbare Drittwirkung und im Anschluß wird eine staatliche grundrechtliche Schutzpflicht begründet. Denn es kann nicht sein, daß zum einen der Staat vor einem privaten Eingriff in ein Grundrecht verfassungsrechtlich verpflichtet zu schützen ist und zum anderen kein privaten Eingriff in dieses Grundrecht vorliegt. Wenn der private Eingriff als staatlich angenommen wird, dann kommen die Grundrechte nicht als Schutzpflichten sondern als Nicht-Eingriffspflichten zum Ausdruck. Die herrschende Lehre sieht zutreffend den Eingriff als privat an und bedient sich keines Zurechnungsdenkens. Man spricht jedoch in der Regel von privater Beeinträchtigung und nicht von privatem Eingriff. Mit solchen sprachlichen Verlegenheitslösungen wird jedoch nichts wesentliches geändert. Der praktische Grund zur Begründung der konkreten grundrechtlichen Schutzpflicht bleibt immerhin eine private Handlung, unabhängig davon, ob man sie als Eingriff oder Beeinträchtigung bezeichnet. Damit entfaltet das Grundrecht jedenfalls eine unmittelbare Drittwirkung.

[1027] Der private Eingriff verletzt auf einer ersten Ebene die grundrechtlichen Nicht-Eingriffspflicht des Privaten-Störers. Auf einer ersten Ebene kommt also die abwehrrechtliche Nicht-Eingriffsfunktion der Grundrechte dem privaten Störer gegenüber zur Anwendung. Vgl. auch Schlink, EuGRZ 1984, S. 457ff. (464). Auf einer zweiten Ebene aktualisiert sich, diesmals dem Staat gegenüber, die grundrechtliche Schutzfunktion der Grundrechte.

[1028] Eine dritte Möglichkeit ist jedenfalls sowohl die Schutzpflichtenlehre als auch die unmittelbare Drittwirkung der Grundrechte zu leugnen. Nach einer solchen Ansicht gäbe es jedoch keine Schutzfunktion der Grundrechte. Diese seien nur Abwehrrechte dem Staat gegenüber und die privaten Eingriffe in die Grundrechte könnten nicht aus verfassungsrechtlicher Sicht beurteilt werden. Vgl. den Ansatz von Windel, Der Staat 37 (1998), S. 385ff. (392-393). Diese These respektiert zwar die unvermeidbare innere dogmatische Verbindungslinie zwischen unmittelbarer Drittwirkung und grundrechtlichen Schutzpflichten. Andererseits verkennt sie, daß die Grundrechte im heutigen Leben auch durch private Eingriffe verletzt werden.

[1029] Im Rahmen der herrschenden These zur dogmatischen Herleitung der grundrechtlichen Schutzpflichten aus dem objektiv-rechtlichen Gehalt der Grundrechte muß man von der Annahme eines privaten Eingriffs ausgehen. Denn diese herrschende Auffassung verneint, daß der Eingriff des Privaten als staatlicher Eingriff anzusehen ist. Es leugnet jedoch nicht, daß ein Eingriff in ein Grundrecht vorliegt, vor dem der Staat zu schützen verpflichtet ist. Dieser Eingriff ist also nach der herrschenden Auffassung ein privater Eingriff.

[1030] Die Drittwirkung der Grundrechte würde mit guten Gründen mittelbar sein, wenn der private Eingriff nicht gegen das Grundrecht, d. h. eine verfassungsrechtliche Norm, sondern nur gegen eine einfachgesetzliche Regelung verstöße. Das würde bedeuten, daß die staatliche Schutzpflicht aus dieser einfachgesetzlichen Regelung zu

Schritt, eine weitere Funktion, die nach der Annahme der unmittelbaren Drittwirkung eines Grundrechts zustande kommt.

Es läßt sich also festhalten, daß es eine grundrechtliche Schutzpflicht nicht ohne eine unmittelbare Drittwirkung des einschlägigen Grundrechts geben kann. Die These ist, daß aus einem Grundrecht staatliche grundrechtliche Schutzpflichten begründet werden, weil und nur soweit eine unmittelbare Drittwirkung dieses Grundrechts zu bejahen ist.

Umgekehrt gilt ebenfalls: Wo eine grundrechtliche Schutzpflicht begründet wird, liegt auch eine unmittelbare Drittwirkung des einschlägigen Grundrechts vor. Unmittelbare Drittwirkung als Grund und grundrechtliche Schutzpflicht als Folge stellen einen unlösbaren Zusammenhang dar. Wenn man auf den heutigen Stand der Dogmatik der grundrechtlichen Schutzpflichten abstellt, stellt man fest, daß die Dogmatik der grundrechtlichen Schutzpflichten ein gewichtiges Argument[1031] darstellt, daß die unbestrittene Drittwirkung der Grundrechtsnormen nur eine unmittelbare sein kann. Es ist heute unbestritten, daß grundrechtliche Schutzpflichten eine Grundrechtsfunktion darstellen. Aus den obigen Überlegungen ist also der Schluß zu ziehen, daß es eine unmittelbare Drittwirkung der Grundrechte gibt, weil es grundrechtliche Schutzpflichten gibt[1032].

5.3.2.3. UNMITTELBARE DRITTWIRKUNG DER GRUNDRECHTE UND GRUNDRECHTLICHES UNTERMASSVERBOT

Die Frage nach der Drittwirkung der Grundrechte ist nur mittelbar ein Bestandteil einer grundrechtlichen Untermaßverbotslehre, die das grundrechtliche Untermaßverbot als notwendig staatsgerichtet versteht[1033]. Ihre Erörterung stellt nur eine Vorbedingung für die dogmatische Begründung einer konkreten grundrechtlichen Schutzpflicht dar. Die Verbindungslinie zwischen einer nur staatsgerichteten grundrechtlichen Untermaßverbotsprüfung und der Drittwirkungsthematik ist also die Dogmatik der grundrechtlichen Schutzpflichten. Die Drittwirkungsfrage lehnt der Untermaßverbotsdogmatik an, insoweit es sich um eine

---

begründen sei. Auch die Anhänger der mittelbaren Drittwirkung der Grundrechte gehen jedoch davon aus, daß die staatliche Schutzpflicht aus einem Grundrecht abzuleiten ist und die private Beeinträchtigung gegen dieses Grundrecht verstößt.

[1031] Für weitere wichtige Argumente gegen die mittelbare Drittwirkung und für die unmittelbare Drittwirkung der Grundrechte s. Bleckmann, DVBl. 1988, S. 938ff.; Hager, JZ 1994, S. 373ff. Es gibt jedoch auch wichtige Argumente, die für eine nur mittelbare Drittwirkung der Grundrechte sprechen.

[1032] Die Argumentation besteht aus drei Schritten: 1) Eine grundrechtliche Schutzpflicht wird unumstritten aus einem Grundrecht begründet. 2) Die Begründung einer grundrechtlichen Schutzpflicht setzt die unmittelbare Drittwirkung des einschlägigen Grundrechts voraus. 3) Aus 1 und 2 folgt, daß das konkrete Grundrecht eine direkte Drittwirkung entfaltet.

[1033] Die herrschende und auch hier dargelegte Konturierung des grundrechtlichen Untermaßverbots geht grundsätzlich von seinem Verständnis als ausschließlich staatsgerichtet aus. Ausgangspunkt jeder Überlegung ist nämlich die Definition des grundrechtlichen Untermaßverbots als das durch den Staat nicht zu unterschreitende Minimum der Wahrnehmung von grundrechtlichen Handlungspflichten bzw. Nicht-Eingriffspflichten.

grundrechtliche Untermaßverbotsprüfung im engeren Sinne einer konkreten staatlichen Wahrnehmung einer grundrechtlichen Schutzpflicht handelt. In diesem Zusammenhang ist, was die grundrechtliche Untermaßverbotsprüfung anbetrifft, irrelevant, ob die Drittwirkung der Grundrechte unmittelbar oder mittelbar ist. Unabhängig davon, ob das Recht auf Leben des Nasciturus direkt oder mittelbar der schwangeren Mutter gegenüber Drittwirkung entfaltet, ist die staatliche Abtreibungsregelung am Maßstab der grundrechtlichen Schutzpflicht des Staates zu messen. Denn Maßstab der grundrechtlichen Untermaßverbotsprüfung ist die einschlägige staatliche grundrechtliche Schutzpflicht. Eine nur mittelbare Drittwirkung der Grundrechte bleibt jedoch immer im Hinblick auf die Begründung der grundrechtlichen Schutzpflichten problematisch.

Die unmittelbare Drittwirkung[1034] der Grundrechte wird andererseits unabdingbarer Bestandteil einer grundrechtlichen Untermaßverbotslehre, welche das grundrechtliche Untermaßverbot nicht ausschließlich als staatsgerichtet definiert. Wenn also als grundrechtliches Untermaßverbot das Verbot der untermäßigen Wahrnehmung von grundrechtlichen Handlungspflichten oder grundrechtlichen Nicht-Eingriffspflichten bezeichnet wird,[1035] dann ist die unmittelbare Drittwirkung doch direkt ein maßgeblicher Angelpunkt der grundrechtlichen Untermaßverbotslehre. Danach begründen die Grundrechte auch private Nicht-Eingriffspflichten. Die schwangere Mutter ist grundsätzlich grundrechtlich verpflichtet, in das Leben des Ungeborenen nicht einzugreifen. Das grundrechtliche Untermaßverbot überprüft diesmal, ob die Privaten untermäßig ihre grundrechtlichen Nicht-Eingriffspflichten wahrgenommen haben. Maßstab der Untermaßverbotsprüfung sind auch hier die Grundrechte. Gegenstand der Prüfung ist jedoch nicht eine staatliche Schutzmaßnahme, sondern eine private Handlung.

D. h. es wird im Rahmen eines Falles geprüft, ob die Mutter ihre grundrechtliche Nicht-Eingriffspflicht dem Leben des Ungeborenen gegenüber untermäßig wahrgenommen hat und nicht, ob ein Abtreibungsgesetz die staatliche grundrechtliche Pflicht zum Schutz des Lebens des Ungeborenen untermäßig wahrgenommen hat. Oder ob die Verlaghäuser im Fall Blinkfüer ihre grundrechtlichen Nicht-Eingriffspflichten in die Pressefreiheit von Blinkfüer durch ihren Boykottaufruf untermäßig respektiert haben[1036]. Der Treffpunkt zwischen Drittwirkungsdogmatik und Untermaßverbotsdogmatik ist das grundrechtliche Untermaßverbot im engeren Sinne. Um Mißverständnisse zu vermeiden, ist je-

---

[1034] Für eine unmittelbare Drittwirkung der Grundrechte BAGE 1, 185, 193ff.; 24, 438, 441; 16, 95, 100ff.; 13, 168, 174ff.; 7, 256, 260; 4, 22, 25; 2, 221, 224f.; Nipperdey, in: Enneccerus/Nipperdey, Allgemeiner Teil des Bürgerlichen Rechts, § 15 II 4; ders., Die Würde des Menschen, S. 20ff.; Laufke, Vertragsfreiheit und Grundgesetz, S. 145ff.; Ramm, Die Freiheit der Willensbildung, S. 38ff., 56ff.; Leisner, Grundrechte und Privatrecht, S. 285ff.; Gamilschweg, AcP 164 (1964), S.385ff. (419ff.); Steindorff, Persönlichkeitsschutz im Zivilrecht, S. 12; Hager, JZ 1994, S. 373ff. Zu dem Stand der Rechtssprechung des BAG s. ferner Heither, JöR 1984, S. 315ff. Zur Kritik gegen die unmittelbare Drittwirkung der Grundrechte und zu weiteren Ansätze zur Problematik der Drittwirkung der Grundrechte, s. Heinrich, Formale Freiheit und materiale Gerechtigkeit, S. 112ff. Vgl. auch Hesse, Grundzüge des Verfassungsrechts, Rdnr. 351ff. In dieser Arbeit ist jedoch weder die Argumentation für eine mittelbare Drittwirkung noch die Argumenten für eine unmittelbare Drittwirkung der Grundrechte abschließend zu erörtern.

[1035] Ohne als Adressaten dieser grundrechtlichen Handlungspflichten nur die staatlichen Funktionen anzusehen.

[1036] S. BVerfGE 25, 256ff. (268) wo implizit eine unmittelbare Drittwirkung der Pressefreiheit vertreten ist.

doch zu bemerken, daß die Privaten nur Adressaten der Nicht-Eingriffspflichten[1037] sind. Die grundrechtlichen Schutzpflichten so wie die anderen grundrechtlichen Handlungspflichten sind nur staatsgerichtet[1038].

[1037] Die Privaten sind Grundrechtsverpflichtete nur bei den „Schutz durch Eingriff" Konstellationen. Wo ein Privater Grundrechtsverpflichtet ist, wird eine staatliche grundrechtlich Schutzpflicht ausgelöst.
[1038] Vgl. auch Bleckmann, DVBl. 1988, S. 938ff. (945): „Das bedeutet aber, daß das Grundgesetz zwar die Hilfe an Dritte grundsätzlich nicht verbietet, aber andererseits die Individuen zu einer solchen Hilfe auch nicht verpflichten kann."

KAPITEL 6: ZUSAMMENFASSUNG

1. Schuppert verwendet als erster den Ausdruck Untermaßverbot. Beim Ausdruck „Untermaßverbot" handelt es sich um keine spontane Wortschöpfung. Damit werden die Ausführungen im ersten Fristenlösungsurteil zum Fragenkreis der verfassungsrechtlichen Grenzen bei der Wahrnehmung von grundrechtlichen Schutzpflichten auf den Begriff gebracht. Schuppert hält das Untermaßverbot bei allen über die abwehrrechtliche hinausgehenden Grundrechtsfunktionen anwendbar. Die grundrechtlichen Schutzpflichten stellen nach Schuppert den wichtigsten, aber nicht den einzigen Anwendungsbereich der neuen dogmatischen Figur dar.

2. Das Untermaßverbot ist ein verfassungsrechtliches Prinzip. In der Staatsrechtslehre wird der Untermaßverbotsgedanke allerdings nicht völlig rezipiert. Das Untermaßverbotsprinzip hat weder einen festen Platz noch feste Konturen gewonnen. Es ist darüber hinaus nicht einheitlich gewürdigt, d. h. die Vorstellungen reichen von einer zurückhaltenden Befürwortung bis zur kritischen Erörterung und dogmatischen Ablehnung.

3. Die Lehre von den grundrechtlichen Schutzpflichten, die Wesensgehaltsgarantie, die Argumentation mit den funktionell-rechtlichen Grenzen der Verfassungsinterpretation und die Auseinandersetzung um das Verhältnis des Untermaßverbots zu dem Übermaßverbot stellen vier Säulen bzw. Angelpunkte der Diskussion zum Untermaßverbot dar.

4. Die erste maßgebliche Säule der Untermaßverbotsdogmatik ist die grundrechtliche Schutzpflichtenlehre. Die grundrechtlichen Schutzpflichten sind die staatlichen Pflichten zum Schutz der Bürger vor nicht-staatlichen Eingriffen in ihre Grundrechte. Die grundrechtlichen Schutzpflichten bieten einen wichtigen, aber nicht den einzigen Anwendungsraum des Untermaßverbots.

5. Canaris unterscheidet zwischen der Frage nach den Adressaten (Drittwirkungsproblematik) der Grundrechte und der Frage nach der Geltung der Grundrechte im Privatrecht überhaupt. Er erklärt, daß, obwohl Adressaten der Grundrechte nur die Staatsorgane sind, die Grundrechte auch im Privatrecht unmittelbar in Hinsicht auf die Handlungen der Staatsorgane gelten. Weiterhin vertritt er die These, daß die Grundrechte im Privatrecht entweder als Eingriffsverbote oder als Schutzgebote zum Ausdruck kommen. Die Grundrechte als Schutzgebote entfalten nach Ansicht von Canaris eine schwächere Wirkung. Dieser Vorgehensweise ist die Dogmatik der unmittelbaren Drittwirkung der Grundrechte entgegenzustellen.

Canaris verankert das Untermaßverbot dogmatisch in der Schutzgebotsfunktion der Grundrechte. Mit guten Gründen befürwortet er die Eigenständigkeit des Untermaßverbots sowohl der grundrechtlichen Schutzpflicht als auch dem Übermaßverbot gegenüber. Canaris hat das Untermaßverbot in den Mittelpunkt der Interessen der allgemeinen Grundrechtslehre geführt und den Weg für weitere Überlegungen eröffnet.

6. Isensee vertieft den Zusammenhang zwischen grundrechtlichem Untermaßverbot und grundrechtlichen Schutzpflichten. Er versucht die Dogmatik der grundrechtlichen Schutzpflichten, und damit das Untermaßverbot, in das klassische freiheitliche Grundrechtsverständnis einzufügen. Unter diesem Blickwinkel plädiert er für die Anwendung des Untermaßverbots nur bei Rechtsbeziehungen deliktsrechtlicher Natur. Der Ausschluß der Schutzpflichtendogmatik und der Untermaßverbotsprüfung von den rechtsgeschäftlichen Beziehungen überzeugt allerdings nicht. Schließlich plädiert Isensee für eine Aktualisierung der grundrechtlichen Untermaßverbotsprüfung zugunsten der durch die alltägliche Praxis vernachlässigten Persönlichkeitsrechte.

7. Das verfassungsrechtliche Untermaßverbot findet weit über die staatlichen grundrechtlichen Schutzpflichten hinaus Anwendung. Die Überlegungen von Götz und Würtenberger bringen die Verbindungslinie zwischen Untermaßverbot, Staatsaufgabe Sicherheit und Rechtsstaatsprinzip zum Ausdruck. Das verfassungsrechtliche Untermaßverbot thematisiert sowohl das Verbot der untermäßigen Wahrnehmung von grundrechtlichen Schutzpflichten als auch das Verbot der untermäßigen Durchsetzung von anderen verfassungsrechtlichen Pflichten des Staates.

8. Die Wesensgehaltsgarantie des Art. 19 Abs. 2 GG ist die zweite Säule der Untermaßverbotsdogmatik. Nach überwiegender Auffassung ist die Wesensgehaltsgarantie auf alle Grundrechtsfunktionen anwendbar. Damit öffnet sich der Weg zur Verbindung des grundrechtlichen Untermaßverbots, das im Rahmen der Schutzfunktion der Grundrechte entwickelt worden ist, mit der Wesensgehaltsgarantie. Das grundrechtliche Untermaßverbot betrifft nicht nur die grundrechtlichen Schutzpflichten, wie Huber meint. Es gilt für alle „Grundrechtsfunktionen der zweiten Generation", wie Scherzberg erklärt. Aus Art. 19 Abs. 2 GG wird jedoch, entgegen dem Ansatz von Scherzberg, nur teilweise das grundrechtliche Untermaßverbot begründet. Die positive Herleitung des grundrechtlichen Untermaßverbots fließt aus Art. 19 Abs. 2 GG i. V. m. dem jeweils einschlägigen Grundrecht unter besonderer Berücksichtigung seiner Schranken.

9. Die Argumentation mit den funktionell-rechtlichen Grenzen der Verfassungsinterpretation bzw. der Verfassungsgerichtsbarkeit bildet einen kritischen Ansatz gegen die Anwendung des Untermaßverbots. Sie plädiert für eine eher zurückhaltende Untermaßverbotsprüfung durch die Rechtsprechung. Bei der Verfassungsmäßigkeitsprüfung der staatlichen Maßnahme gibt es keine Unterscheidung zwischen Handlungsnorm und Kontrollnorm. Für eine solche Unterscheidung besteht keine überzeugende dogmatische Begründung.

10. Der vierte Grundpfeiler der Untermaßverbotsdogmatik ist das Übermaßverbot. Genauer geht es um den Zusammenhang zwischen Übermaßverbot und Untermaßverbot. In einem Teil der Theorie wird die Auffassung vertreten, daß sich Übermaß- und Untermaßverbot bei Dreieckskonstellationen decken. Es bestehe keine Spanne zwischen Mindest- und Höchstmaß, zwischen Unter- und Obergrenze gesetzgeberischen Handelns. Beide Grenzen fallen vielmehr zu-

sammen. Der dabei erforderliche schonendste Ausgleich zwischen den gegenüberstehenden Belangen ergebe sich allein aus der Verhältnismäßigkeitsprüfung.

Nach mittlerweile überwiegender Ansicht werden jedoch die Grundrechtskollisionsfälle durch den Korridor zwischen Übermaß- und Untermaßverbot gesteuert. Die beiden Maßstäbe fallen nicht in eins. Das Übermaßverbot stelle die verfassungsrechtlich nicht zu überscheitende Grenze der staatlichen Eigriffe und das Untermaßverbot die verfassungsrechtlich nicht zu unterschreitende Grenze des staatlichen Schutzniveaus dar. Zwischen Übermaß- und Untermaßverbot entfaltet sich der staatliche Gestaltungsspielraum.

Das Untermaßverbot, so wie es bis jetzt konturiert worden ist, und das klassische Verhältnismäßigkeitsprinzip sind keinesfalls deckungsgleich. Die Anhänger der Kongruenzthese gehen jedoch von einer ergänzten Verhältnismäßigkeit aus, die sich mit einer bestimmten Konkretisierung des Untermaßverbots decken kann. Die Hauptfrage ist jedoch nicht, ob sich Übermaß- und Untermaßverbot decken. Denn die Beantwortung dieser Frage hängt von der jeweiligen Konkretisierung sowohl des Übermaß- als auch des Untermaßverbots ab. Es gibt unterschiedliche Konturierungen der zwei dogmatischen Figuren, die zu verschiedenen Antworten auf die Frage nach dem Verhältnis zwischen Übermaß- und Untermaßverbot führen können. Die zentrale Frage ist, welcher Maßstab für die Auflösung von Grundrechtskollisionen anzuwenden ist. Das klassische Verhältnismäßigkeitsprinzip, seine durch die Kongruenzlehre ergänzte Variante, der Korridor zwischen dem klassischen Übermaßverbot und dem Untermaßverbot und das hier entwickelte grundrechtliche Untermaßverbot im weiteren Sinne stellen konkurrierende Lösungen dar.

11. Der einzige plausible Einwand gegen das grundrechtliche Untermaßverbot ist derjenige, der mit guten Gründen dessen Unbestimmtheit kritisiert. Das grundrechtliche Untermaßverbot ist in der Tat weiter konkretisierungsbedürftig. Die Konkretisierung des grundrechtlichen Untermaßverbots in der Rechtsprechung und in der Theorie vollzieht sich auf zwei deutlich abzugrenzenden Ebenen. Zum einen werden Gliederungen bzw. Konkretisierungen des grundrechtlichen Untermaßverbots vorgeschlagen. Zum anderen werden konkrete Kriterien zur Veranschaulichung und Anwendung dieser Gliederung entwickelt.

12. Was die Gliederung bzw. schrittweise Konkretisierung des grundrechtlichen Untermaßverbots in Rechtsprechung und Theorie anbetrifft, sind die vorgeschlagenen Lösungen m. E. wenig ergiebig. In der Rechtsprechung wird das grundrechtliche Untermaßverbot zum einen als das Verbot von evident unzureichenden Schutzmaßnahmen und zum anderen als Angemessenheits- bzw. Wirksamkeitsgrenze konturiert. In der Theorie werden verschiedene Gliederungen des grundrechtlichen Untermaßverbots nach dem Vorbild des dreigliedrigen Verhältnismäßigkeitsprinzips sowie andere kritische Ansätze vertreten.

13. Rechtsprechung und Dogmatik haben allerdings auch überzeugende Kriterien zur Aktualisierung der Gliederung des grundrechtlichen Untermaßverbots entwickelt. Diese sind die Intensität des Grundrechtseingriffs, die Restituti-

onsfähigkeit des Grundrechtseingriffs, die Möglichkeit des Selbstschutzes und die Art des einschlägigen Grundrechts.

14. Das Untermaßverbotsprinzip hat vereinzelt Anwendung auch im Allgemeinen Verwaltungsrecht gefunden. Hoffmann-Riem führt die Diskussion über das Untermaßverbot weiter, indem er sowohl das Untermaßverbot als auch den Korridor zwischen Übermaß- und Untermaßverbot im Rahmen des Allgemeinen Verwaltungsrechts untersucht und so in das einfache Recht einordnet. Nach Ansicht von Hoffmann-Riem schreibt das Untermaßverbot eine Abweichung von dem im Allgemeinen Verwaltungsrecht herrschenden Antragsprinzip vor.

15. Der Untermaßverbotsgedanke spielt ergänzend auch im Rahmen des Steuerrechts eine Rolle. Das Untermaßverbot im Steuerrecht, so wie es Seer skizziert, ist kein nur grundrechtliches Untermaßverbot. Es fließt nicht aus den grundrechtlichen Schutzpflichten. Das steuerrechtliche Untermaßverbot setzt finanzbehördlicher Zurückhaltung im Interesse der Allgemeinheit der Steuerzahler eine Untergrenze.

16. Im Umweltrecht spielt das Untermaßverbot eine wichtige Rolle. Das umweltrechtliche Untermaßverbot betrifft sowohl die umweltrelevanten grundrechtlichen Schutzpflichten, als auch die staatliche Schutzpflicht aus Art. 20a GG. Von der Untermaßverbotsprüfung sind grundsätzlich die Restrisiken nicht auszuschließen. Nach herrschender Auffassung in Rechtsprechung und Literatur verlangt das Untermaßverbot im Umweltrecht lediglich eine Evidenzprüfung. Im Schrifttum wird jedoch auch die in der zweiten Abtreibungsentscheidung entwickelte Untermaßverbotsprüfung befürwortet. Die Reversibilität der staatlichen umweltschützenden Maßnahmen, die verfahrensrechtliche Absicherung bei der Wahrnehmung von grundrechtlichen Schutzpflichten und der Schutz der umweltrechtlichen Lebensgrundlagen auch für die künftigen Generationen sind Ansätze, welche zur Konturierung des umweltrechtlichen Untermaßverbots brauchbar sind.

17. Das Untermaßverbot wird auch im Polizeirecht entfaltet. Es spielt eine maßgebliche Rolle im Bereich des Polizeiverfassungsrechts. Das Untermaßverbotsprinzip erlangt eine besondere praktische Bedeutung im Hinblick auf die Frage nach der Reduzierung des polizeilichen Ermessens und angesichts des privaten Anspruchs auf Einschreiten der Polizei. Weiterhin ist es bei der Frage nach der Privatisierung polizeilicher Aufgaben praktisch relevant.

18. Das grundrechtliche Untermaßverbot ist das Verbot des staatlichen untermäßigen Schutzes eines Grundrechts. Der Anwendungsraum des grundrechtlichen Untermaßverbots ist umfangreich. Das grundrechtliche Untermaßverbot betrifft alle Funktionen jeder Grundrechtsverbürgung. Es erfasst die abwehrrechtliche Funktion, die Schutzfunktion und die Förderfunktion. Die grundrechtliche Untermaßverbotsprüfung ist zu praktizieren unabhängig davon, ob eine Grundrechtsregelung im Rahmen eines Falles als Institutsgarantie, Verfahrensgarantie, Leistungspflicht, Förderpflicht, Schutzpflicht oder Nicht-

Eingriffspflicht zur Anwendung kommt. Das grundrechtliche Untermaßverbot ist jedenfalls keine Besonderheit der grundrechtlichen Schutzpflichten.

19. Ein erster wichtiger Konkretisierungsansatz des grundrechtlichen Untermaßverbots ist die Differenzierung zwischen grundrechtlichem Untermaßverbot im engeren und im weiteren Sinne. Diese Unterscheidung ist notwendige Vorbedingung jeder weiteren Überlegung. Wenn man von grundrechtlichem Untermaßverbot spricht, soll man deutlich machen, welche der zwei Arten des grundrechtlichen Untermaßverbots gemeint ist.

20. Das grundrechtliche Untermaßverbot im engeren Sinne thematisiert das Verbot der untermäßigen Wahrnehmung einer grundrechtlichen Handlungspflicht oder Nicht-Eingriffspflicht. In diesem engeren Sinne überprüft das grundrechtliche Untermaßverbot, ob staatliche Organe durch ihre Maßnahme einer sie verfassungsrechtlich bindenden grundrechtlichen Handlungspflicht bzw. Nicht-Eingriffspflicht genügen, sie also nicht untermäßig, durchgesetzt haben. Prüfungsmaßstab ist nur ein Grundrecht. Die endgültige bzw. allseitige Verfassungsmäßigkeit des zu prüfenden staatlichen Handelns ist dadurch nicht zu entscheiden.

21. Ein staatliches Tätigwerden oder Untätigsein verstößt gegen das grundrechtliche Untermaßverbot im engeren Sinne erstens, wenn dadurch der Wesensgehalt eines Grundrechts im Rahmen des konkreten Falles angetastet wird oder zweitens, wenn der Schutzbereich des relevanten Grundrechts im Rahmen eines konkreten Falles ungerechtfertigt beeinträchtigt wird. Wann dies der Fall ist, läßt sich aufgrund der für jedes einzelne Grundrecht gesonderten Schranken vermitteln.

Als allgemeine Schranke eines Grundrechts ist auch das Verbot der Antastung des Wesensgehalts der mit ihm kollidierenden Grundrechte anzusehen. Aus Art. 19 Abs. 2 GG i. V. m. jeder Grundrechtsregelung ist implizit die folgende wichtige Orientierungsregel zu entnehmen: Eine staatliche Maßnahme verstößt ausnahmsweise nicht gegen das grundrechtliche Untermaßverbot im engeren Sinne, obwohl sie den Schutzbereich[1039] eines Grundrechts prima facie ungerechtfertigt verletzt, wenn sie strikt notwendig (d. h. die einzige Lösung) für die Nicht-Antastung des Wesensgehalts eines anderen Grundrechts ist.

22. Wenn es um die verfassungsrechtliche Überprüfung der staatlichen Wahrnehmung einer grundrechtlichen Handlungspflicht geht, dann hat das grundrechtliche Untermaßverbot im engeren Sinne auch einen dritten „korrektiven" Schritt. Nach der Feststellung des Verstoßes der geprüften staatlichen Maßnahme gegen das grundrechtliche Untermaßverbot im engeren Sinne, wird anschließend geprüft, ob es trotzdem andere staatliche Maßnahmen gibt, welche die Wahrnehmung der einschlägigen grundrechtlichen Handlungspflicht nicht gegen das grundrechtliche Untermaßverbot durchsetzen. Das grundrechtliche Untermaßverbot im engeren Sinne fordert im Bereich der grundrechtlichen

[1039] Das gilt jedoch nicht für die Verletzung des Wesensgehalts. Eine staatliche Verletzung des Wesensgehalts bedeutet immer die Verletzung des grundrechtlichen Untermaßverbots sowohl im engeren als auch im weiteren Sinne.

Handlungspflichten, daß die grundrechtliche Handlungspflicht praktisch (d. h. durch vorhandene staatliche Maßnahmen) nicht untermäßig wahrgenommen wird. Ob diese nicht untermäßige Wahrnehmung durch die jeweils zu prüfende staatliche Handlung, eine andere staatliche Maßnahme oder ein Gefüge von mehr als einer staatlichen Maßnahme erfolgt, ist für das grundrechtliche Untermaßverbot irrelevant.

23. Wo mehrere verfassungsrechtliche Regelungen im Rahmen eines Falles relevant sind, ist das grundrechtliche Untermaßverbot im engeren Sinne zur endgültigen verfassungsmäßigen Lösung des Falles nicht allein entscheidend. Die Prüfung des grundrechtlichen Untermaßverbots im weiteren Sinne ist nach der hier vertretenen Ansicht eine mehrseitige Verfassungsmäßigkeitsprüfung. Das grundrechtliche Untermaßverbot im weiteren Sinne prüft in einem „Schutz durch Eingriff"-Fall die staatlichen Schutzmaßnahmen hinsichtlich sowohl der einschlägigen grundrechtlichen Schutzpflicht als auch des einschlägigen Abwehrrechts.

24. Die hier vorgeschlagene grundrechtliche Untermaßverbotsdogmatik baut sich auf bestimmten Gesichtspunkte auf: 1) Die Grundrechte sind weder Prinzipien, die auf Realisierung bzw. Optimierung im Rahmen des faktisch Möglichen drängen, noch nur aus der Wesensgehaltsgarantie oder aus der Menschenwürdegarantie fließende Mindestschutzpflichten. 2) Die Antastung des Wesensgehalts eines Grundrechts bedeutet immer einen Verstoß gegen das grundrechtliche Untermaßverbot. 3) Der prima facie ungerechtfertigte Eingriff in den Schutzbereich eines Grundrechts ist verfassungsmäßig, wenn er strikt notwendig für die Nicht-Antastung des Wesensgehalts eines anderen Grundrechts ist. 3) Zur Auflösung einer Grundrechtskollision spielen die Schranken der kollidierenden Grundrechte eine entscheidende Rolle. Die Schutzbereiche von kollidierenden Grundrechten sind weit über ihre Schranken hinaus grundsätzlich nicht abzuwägen. 4) Bei Grundrechtskollisionen ergänzt sich das klassische dreigliedrige Verhältnismäßigkeitsprinzip um eine „Angemessenheit-Verhältnismäßigkeit" bzw. Verhältnismäßigkeit im engeren Sinne.

25. Man soll das Verhältnismäßigkeitsprinzip im engeren Sinne in die schrittweise Gliederung des grundrechtlichen Untermaßverbots im weiteren Sinne einordnen, wenn man seinen Verfassungsrang akzeptiert. Nach herrschender Auffassung wird das Verhältnismäßigkeitsprinzip aus dem Verfassungsrecht abgeleitet.

26. Die Frage nach der Drittwirkung der Grundrechte ist nur mittelbar ein Bestandteil einer grundrechtlichen Untermaßverbotslehre, die das grundrechtliche Untermaßverbot als notwendig staatsgerichtet versteht. Ihre Erörterung stellt nur eine Vorbedingung für die dogmatische Begründung einer grundrechtlichen Schutzpflicht dar. Die Bejahung einer grundrechtlichen Pflicht des Staates zum Schutz vor einem privaten Eingriff setzt dogmatisch plausibel die Bejahung einer unmittelbaren Drittwirkung der Grundrechte voraus. Ohne die unmittelbare Drittwirkung beruht die Dogmatik der grundrechtlichen Schutzpflichten auf schwachen Füßen. Die unmittelbare Drittwirkung der Grundrechte ist jedoch

unabdingbarer Bestandteil einer grundrechtlichen Untermaßverbotslehre, welche auch private Nicht-Eingriffspflichten anerkennt und das grundrechtliche Untermaßverbot nicht ausschließlich als staatsgerichtet definiert.

LITERATURVERZEICHNIS

Achterberg, Norbert: Das nachvertragliche Wettbewerbsverbot aus verfassungsrechtlicher Sicht, JZ 1975, S. 713ff.

-Bundesverfassungsgericht und Zurückhaltungsgebote. Judicial, political, processual, theoretical self-restraints, DÖV 1977, S. 649ff.

Aischilos: Xohforoi, Papanoutsos (Hrsg.), Arxaioi Ellines Suggrafeis, Athina 1957.

Albrecht, Rüdiger Konradin: Zumutbarkeit als Verfassungsmaßstab. Der eigenständige Gehalt des Zumutbarkeitsgedankens in Abgrenzung zum Grundsatz der Verhältnismäßigkeit, Berlin 1995.

Alexy, Robert: Theorie der Grundrechte, Frankfurt/M. 1985.

-Theorie der juristischen Argumentation, 3. Aufl., Frankfurt/M. 1996.

-Grundrechte als subjektive Rechte und als objektive Normen, Der Staat 29 (1990), S. 49ff.

-Grundrecht und Status, in: Paulson, Stanley/Schulte, Martin (Hrsg.): Georg Jellinek. Beiträge zu Leben und Werk, Tübingen 2000, S. 209ff.

Alivizatos, Nikolaos: O abebaios eksygchronismos kai i tholi syntagmatiki anatheorisi, Athina 2001

Alshut, Jörg: Der Staat in der Rechtsprechung des Bundesverfassungsgerichts, Berlin 1999.

Appel, Ivo: Grundrechtsgleiche Rechte, Prozeßgrundrechte oder Schranken-Schranken?, Jura 2000, S. 571ff.

Arango, Rodolfo: Der Begriff der sozialen Grundrechte, Baden-Baden 2001.

Aristoteles: Politika, Biblio D, Zaxaropoulos Ioannis (Hrsg.), Bibliothiki ton arxaion ellhnon pezografon kai poiiton, Athina 1939.

-Ithika Nikomochia, Papiros, Epistimoniki Etaireia ton Ellhnon suggrafeon, Amarousion 1975.

Armin, Hans Herbert von: Demokratie vor neuen Herausforderungen, Berlin 1999.

Arnauld, Andreas von: Die Freiheitsrechte und ihre Schranken, Baden-Baden 1999.

-Die normtheoretische Begründung des Verhältnismäßigkeitsgrundsatzes, JZ 2000, S. 276ff.

Arndt, Hans-Wolfgang/Rudolf, Walter: Öffentliches Recht, 12. Aufl., München 1999.

Aulehner, Josef: Polizeiliche Gefahren- und Informationsvorsorge, Berlin 1998.

Aussem, Uwe: Die Ausstrahlungswirkung der Grundrechte auf das Arbeitsrecht, Köln 1994.

Badura, Peter: Die parlamentarische Demokratie, in: Isensee, Josef/Kirchhof, Paul (Hrsg.), Handbuch des Staatsrechts der Bundesrepublik Deutschland, Band I, 1987, § 23, S. 953ff.

-Persönlichkeitsrechtliche Schutzpflichten des Staates im Arbeitsrecht, in: Gammillscheg, Franz/Rüthers, Berndt/Stahlhacke, Eugen (Hrsg.), Festschrift für Karl Molitor zum 60. Geburtstag, München 1988, S. 1ff.

-Kodifikatorische und rechtsgestaltende Wirkung von Grundrechten, in: Böttcher, Reinhard/Götz, Hueck/Jähnke, Burghard (Hrsg.), Festschrift für Walter Odersky, Berlin, New York 1996, S. 159ff.

Badura, Peter/Roellecke, Gerd: Der Zustand des Rechtsstaates, Köln 1986.

Bar, Christian von: Der Einfluß des Verfassungsrechts auf die westeuropäischen Deliktsrechte, RabelsZ 1995, S. 203ff.

Bartlsperger, Richard: Das Abwägungsgebot in der Verwaltung als objektives und individualrechtliches Erfordernis konkreter Verhältnismäßigkeit, in: Erbguth, Wilfried/Oebbecke, Janbernd/Rengeling, Hans-Werner/Schulte, Martin (Hrsg.): Abwägung im Recht, Werner Hoppe zur Emeritierung, Köln 1996, S. 79ff.

-Planungsrechtliche Optimierungsgebote, DVBl. 1996, S. 1ff.

Battis, Ulrich/Gusy, Christoph: Einführung in das Staatsrecht, 4. Aufl., Heidelberg 1999.

Beaucamp, Guy: Das Ozongesetz vor den Verwaltungsgerichten, JA 1999, S. 170ff.

Benda, Ernst: Verfassungsrechtliche Aspekte des Umweltrechts, UPR 1982, S. 241ff.

Benda, Ernst/Maihofer, Werner/Vogel, Hans-Jochen (Hrsg.): Handbuch des Verfassungsrechts der Bundesrepublik Deutschland, 2. Aufl., Berlin 1994.

Bender, Bernd/Sparwasser, Reinhard/Engel, Rüdiger, Umweltrecht, 4. Aufl., Heidelberg 2000.

Benz, Angelika: Privatisierung und Deregulierung. Abbau von Staatsaufgaben?, Die Verwaltung 28 (1995), S. 337ff.

Bergner, Daniel: Grundrechtsschutz durch Verfahren. Eine rechtsvergleichende Untersuchung des deutschen und britischen Verwaltungsverfahrensrechts, München 1998.

Berka, Walter: Probleme der grundrechtlichen Interessenabwägung - dargestellt am Beispiel der Untersagung von Versammlungen, in: Griller, Stefan/Korinek, Karl/Potacs, Michael (Hrsg.), Grundfragen und aktuelle Probleme des öffentlichen Rechts, Festschrift für Heinz Peter Rill, Wien 1995, S. 3ff.

Bethge, Herbert: Zur Problematik von Grundrechtskollisionen, München 1977.

-Grundrechtsverwirklichung und Grundrechtssicherung durch Organisation und Verfahren, NJW 1982, S. 1ff.

-Der Grundrechtseingriff, VVDStRL 57 (1998), S. 7ff.

Berkemann, Jörg: Das Bundesverfassungsgericht und „seine" Fachgerichtsbarkeiten. Auf der Suche nach Funktion und Methodik, DVBl. 1996, S. 1028fff.

Bernsdorff, Norbert: Positivierung des Umweltschutzes im Grundgesetz (Art. 20a GG), NuR 1997, S. 328ff.

Bizer, Johann: Forschungsfreiheit und informationelle Selbstbestimmung. Gesetzliche Forschungsregelungen zwischen grundrechtlicher Förderungspflicht und grundrechtlichem Abwehrrecht, Berlin 1993.

Blaesing, Heiner: Grundrechtskollisionen, Berlin 1974.

Blank, Michael/Fangmann, Helmut/Hammer, Ulrich (Hrsg.), Grundgesetz Basiskommentar, 2. Aufl., Frankfurt/M. 1996.

Blanke, Hermann-Josef: Vertrauensschutz im deutschen und europäischen Verwaltungsrecht, Tübingen 2000.

Bleckmann, Albert: Neue Aspekte der Drittwirkung der Grundrechte, DVBl. 1988, S. 938ff.

-Begründung und Anwendungsbereich des Verhältnismäßigkeitsprinzips, JuS 1994, S. 177ff.

-Die Entwicklung staatlicher Schutzpflichten aus den Freiheiten der Europäischen Menschenrechtskonvention, in: Beyerlin, Ulrich/Bothe, Michael/Hofmann, Rainer/Petersmann, Ernst-Ulrich, Recht zwischen Umbruch und Bewahrung, Festschrift für Rudolf Bernhardt, Berlin 1995, S. 309ff.

-Staatsrecht II - Die Grundrechte, 4. Aufl., Köln, Berlin, Bonn, München 1997.

Böckenförde, Ernst-Wolfgang: Grundrechtstheorie und Grundrechtsinterpretation, NJW 1974, S. 1529ff.

-Geschichtliche Entwicklung und Bedeutungswandel der Verfassung, JA 1984, S. 325ff.

-Demokratische Willensbildung und Repräsentation, in: Isensee, Josef/Kirchhof, Paul (Hrsg.), Handbuch des Staatsrechts der Bundesrepublik Deutschland, Band II, 1987, S. 29ff.

-Zur Lage der Grundrechtsdogmatik nach 40 Jahren Grundgesetz, München 1989.

-Grundrechte als Grundsatznormen, Der Staat 29 (1990), S. 1ff.

-Staat, Verfassung, Demokratie. Studien zur Verfassungstheorie und zum Verfassungsrecht, Frankfurt/M. 1991.

-Demokratie als Verfassungsprinzip, in: Redaktion Kritische Justiz (Hrsg.), Demokratie und Grundgesetz, Baden-Baden 2000, S. 8ff.

Böckenförde, Ernst-Wolfgang (Hrsg.), Soziale Grundrechte, Heidelberg, Karlsruhe 1981.

Bodin, Jean: Les six Livres de la Republique (1583), Paris 1993.

Boemke, Burkhard: Kontrahierungszwang im Arbeitsrecht wegen Grundrechtsverletzung, NJW 1993, S. 2083ff.

Bogdandy, Armin von: Gubernative Rechtsetzung. Eine Neubestimmung der Rechtssetzung und des Regierungssystems in dem Grundgesetz unter der Perspektive gemeineuropäischer Dogmatik, Tübingen 2000.

Böhm, Monika: Der Normmensch. Materielle und prozedurale Aspekte des Schutzes der menschlichen Gesundheit vor Umweltschadstoffen, Tübingen 1995.

Borowski, Martin: Grundrechte als Prinzipien. Die Unterscheidung von prima facie-Position und definitiver Position als fundamentaler Konstruktionsgrundsatz der Grundrechte, Baden-Baden 1998.

Braczyk, Boris Alexander: Rechtsgrund und Grundrecht. Grundlegung einer systematischen Grundrechtstheorie, Berlin 1995.

Brenner, Michael: Möglichkeit und Grenzen grundrechtsbezogener Verfassungsänderung dargestellt anhand der Neuregelung des Asylrechts, Der Staat 32 (1993), S. 493ff.

-Die neuartige Technizität des Verfassungsrechts und die Aufgabe der Verfassungsrechtsprechung, AöR 120 (1995), S. 248ff.

Brockmann, Karin-Meinert: Die Einschränkung von Grundrechten, Münster 1985.

Brohm, Winfried: Die Funktion des BVerfG - Oligarchie in der Demokratie?, NJW 2001, S. 1ff.

Brönnecke, Tobias: Umweltverfassungsrecht. Der Schutz der natürlichen Lebensgrundlagen im Grundgesetz sowie in den Landesverfassungen Brandenburg, Niedersachsens und Sachsens, Baden-Baden 1999.

Brugger, Winfried: Grundrechte und Verfassungsgerichtsbarkeit in den Vereinigten Staaten von Amerika, Tübingen 1987.

-Einführung in das öffentliche Recht der USA, 2. Aufl., München 2001.

Brünning, Christoph: Der Private bei der Erledigung kommunaler Aufgaben. Insbesondere der Abwasserbeseitigung und der Wasserversorgung, Berlin 1997.

-Voraussetzungen und Inhalt eines grundrechtlichen Schutzanspruchs - BVerwG, NVwZ 1999, 1234, JuS 2000, S. 955ff.

Bryde, Brun-Otto: Verfassungsentwicklung, Stabilität und Dynamik im Verfassungsrecht der Bundesrepublik Deutschland, Baden-Baden 1982.

-Die Effektivität von Recht als Rechtsproblem, Berlin 1993.

Bubnoff, Daniela von: Der Schutz der künftigen Generationen im deutschen Umweltrecht. Leitbilder, Grundsätze und Instrumente eines dauerhaften Umweltschutzes, Berlin 2001.

Bucher, Annegret: Privatisierung von Bundesfernstraßen, Berlin 1996.

Bueß, Peter: Private Sicherheitsdienste. Zur Tätigkeit freier Unternehmer auf dem Gebiet der öffentlichen Sicherheit und Ordnung, Stuttgart 1997.

Bumke, Christian: Der Grundrechtsvorbehalt. Untersuchung über die Begrenzung und Ausgestaltung der Grundrechte, Baden-Baden 1998.

Burghart, Axel: Die Pflicht zum guten Gesetz, Berlin 1996.

Burgi, Martin: Mitgliedstaatliche Garantenpflicht statt unmittelbare Drittwirkung der Grundfreiheiten, EWS 1999, S. 327ff.

-Funktionale Privatisierung und Verwaltungshilfe. Staatsaufgabendogmatik - Phänomenologie - Verfassungsrecht, Tübingen 1999.

Buschlinger, Gerold: Der Anspruch auf polizeiliches Einschreiten aus verfassungsrechtlicher Sicht, DÖV 1965, S. 374ff.

Calliess, Christian: Rechtsstaat und Umweltstaat - Zugleich ein Beitrag zur Grundrechtsdogmatik im Rahmen mehrpoligen Verfassungsrechtsverhältnisse, Tübingen 2001.

Calliess, Christian/Kallmayer, Axel: Der praktische Fall - Öffentliches Recht: Abwehrrechte und Schutzpflichten aus Grundrechten, JuS 1999, S. 785ff.

Calliess, Christian/Ruffert, Matthias (Hrsg.): Kommentar des Vertrages über die Europäische Union und des Vertrages zur Gründung der Europäischen Gemeinschaften -EUV/EGV-, 2. Aufl., Berlin 2002.

Canaris, Claus-Wilhelm: Die Feststellung von Lücken im Gesetz. Eine methodologische Studie über Voraussetzungen und Grenzen der richterlichen Fortbildung praeter legem, 2. Aufl., München 1983.

-Grundrechte und Privatrecht, AcP 184 (1984), S. 201ff.

-Erwiderung, AcP 185 (1985), S. 9ff.

-Zur Problematik von Privatrecht und verfassungsrechtlichem Übermaßverbot, JZ 1988, S. 494ff.

-Grundrechtswirkungen und Verhältnismäßigkeitsprinzip in der richterlichen Anwendung und Fortbildung des Privatrechts, JuS 1989, S. 161ff.

-Grundrechte und Privatrecht - eine Zwischenbilanz- , Berlin, New York 1999.

-Das Recht auf Meinungsfreiheit gemäß Art. 5 Abs. 1 GG als Grundlage eines arbeitsrechtlichen Kontrahierungszwangs. Gedanken anläßlich der Entscheidung des Bundesverfassungsgerichts im „Schülerzeitungsfall“, in: Isensee, Josef/Lecheler, Helmut (Hrsg.), Freiheit und Eigentum, Festschrift für Walter Leisner, Berlin 1999, S. 413ff.

-Wandlungen des Schuldvertragsrechts - Tendenzen zu seiner „Materialisierung“, AcP 200 (2000), S. 273ff.

Caspar, Johannes: Nationale Grundrechtsgarantien und sekundäres Gemeinschaftsrecht, DÖV 2000, S. 349ff.

Chlosta, Joachim: Der Wesensgehalt der Eigentumsgewährleistung, Berlin 1975.

Classen, Claus Dieter: Die gekündigten Hausmeister, Jura 1997, S. 542ff.

Cremona, John Joseph: The Proportionality Principle in the Jurisprudence of the European Court of Human Rights, in: Beyerlin, Ulrich/Bothe, Michael/Hofmann, Rainer/Petersmann, Ernst-Ulrich (Hrsg.), Recht zwischen Umbruch und Bewahrung, Festschrift für Rudolf Bernhardt, Berlin, Heidelberg 1995, S. 323ff.

Dagtoglou, Prodromos: H tritenergeia ton atomikon dikaiomaton (idios tis diathikis kai tis isotitas ton fullon), Gutachten, NoB 1982, S. 780ff.

-Syntagmatiko Dikaio, Atomika Dikaiomata A΄, Athina 1991.

Dechsling, Rainer: Das Verhältnismäßigkeitsgebot. Eine Bestandaufnahme der Literatur zur Verhältnismäßigkeit staatlichen Handelns, München 1989.

Decker, Andreas: Der Rechtsschutz im Genehmigungsfreistellungsverfahren, JA 1998, S. 799ff.

Degenhart, Christoph: Das allgemeine Persönlichkeitsrecht, JuS 1992, S. 361ff.

Denninger, Erhard: Gewalt, innere Sicherheit und demokratischer Rechtsstaat, ZRP 1973, S. 268ff.

-Vom Elend des Gesetzgebers zwischen Übermaßverbot und Untermaßverbot, in: Däubler-Gmelin, Herta/Kinkel, Klaus/Meyer, Hans/Simon, Helmut (Hrsg.), Gegenrede-Aufklärung-Kritik-Öffentlichkeit, Festschrift für Ernst Gottfried Mahrenholz, Baden-Baden 1994, S. 561ff.

-Staatsaufgaben und Menschenrechte, in: Assmann, Heinz-Dieter/Brinkmann, Thomas/Gounalakis, Georgios/Kohl, Helmut/Walz, Rainer (Hrsg.): Wirtschafts- und Medienrecht in der offenen Demokratie, Freundesgabe für Friedrich Kübler, Heidelberg 1997, S. 77ff.

-Staatliche Hilfe zur Grundrechtsausübung durch Verfahren, Organisation und Finanzierung, in: Isensee, Josef/Kirchhof, Paul (Hrsg.), Handbuch des Staatsrechts der Bundesrepublik Deutschland, Band V, 2. Aufl., Heidelberg 2000, § 113, S. 291ff.

Determann, Lothar: BVerfG zur staatlichen Pflicht zur Schutz der Gesundheit vor elektromagnetischen Feldern, NJW 1997, S. 2501ff.

-Entwicklung der Rechtsprechung zur Gesundheitsverträglichkeit elektromagnetischer Felder, NVwZ 1997, S. 647ff.

Diederichsen, Uwe: Innere Grenzen des Rechtsstaates, Der Staat 34 (1995), S. 33ff.

-Das Bundesverfassungsgericht als oberstes Zivilgericht. Ein Lehrstück der juristischen Methodenlehre, AcP 198 (1998), S. 171ff.

Dieterich, Thomas: Die Grundrechtsbindung von Tarifverträgen, in: Schlachter, Monika/Ascheid, Reiner/Friedrich, Hans-Wolf (Hrsg.), Tarifautonomie für ein neues Jahrhundert, Festschrift für Günter Schaub, München 1998, S. 117ff.

Dietlein, Johannes: Der Anspruch auf polizei – oder ordnungsbehördliches Einschreiten, DVBl. 1991, S. 685ff.

- Die Lehre von den grundrechtlichen Schutzpflichten, Berlin 1992.

-Das Untermaßverbot, ZG 1995, S. 131ff.

Di Fabio, Udo: Risikoentscheidungen im Rechtsstaat. Zum Wandel der Dogmatik im öffentlichen Recht, insbesondere am Beispiel der Arzneimittelüberwachung, Tübingen 1994.

-Die Ermessensreduzierung – Fallgruppen, Systemüberlegungen und Prüfprogramm - VerwArch 86 (1995), S. 214ff.

Dimitropoulos, Andreas: I syntagmatiki prostasia tou anthropou apo tin idiotiki exousia, Athina 1981.

-Zitimata Syntagmatikou dikaiou, Athina 1997.

Dirnberger, Franz: Das Recht auf Naturgenuß und Eingriffsregelung, Berlin 1990.

-Grundrechtliche Schutzpflichten und Gestaltungsspielraum. Eine kurze Betrachtung zur Rechtsprechung des Bundesverfassungsgerichts, DVBl. 1992, S. 879ff.

Doehring, Karl: Das Staatsrecht der Bundesrepublik Deutschland, 3. Aufl., Frankfurt/M. 1984.

Dreier, Horst: Dimensionen der Grundrechte, Hannover 1993.

-Menschenwürde und Schwangerschaftsabbruch, DÖV 1996, S. 1036ff.

-Verantwortung im demokratischen Verfassungsstaat, in: Neumann, Ulfrid/Schulz, Lorenz (Hrsg.), Verantwortung in Recht und Moral, Stuttgart 2000, S. 27ff.

Dreier, Horst (Hrsg.): Grundgesetz. Kommentar, Band I, Artikel 1-19, Tübingen 1996.

-Grundgesetz. Kommentar. Band II, Artikel 20-82, Tübingen 1998.

Dreier, Johannes: Die normative Steuerung der planerischen Abwägung. Strikte Normen, generelle Planungsleitbegriffe, Planungsleitlinien und Optimierungsgebote, Berlin 1995.

Drews, Bill/Wacke, Martin/Vogel, Klaus/Martens, Wolfgang: Gefahrenabwehr, 9. Aufl., Köln 1986.

Dürig, Günter: Grundrechte und Zivilrechtsprechung, in: Maunz, Theodor (Hrsg.), Festschrift für Hans Nawiasky, München 1956, S. 157ff.

Dworkin, Ronald: Täking Rights Seriously, London 1977.

Eckhoff, Rolf: Der Grundrechtseingriff, Köln1992.

Ehlers, Dirk: Eigentumsschutz, Sozialbindung und Enteignung bei der Nutzung von Boden und Umwelt, VVDStRL 51 (1992), S. 211ff.

Ehmke, Horst: Prinzipien der Verfassungsinterpretation, VVDStRL 22 (1963), S. 53ff.

Eissen, Marc-André: Le principe de proportionalité dans la jurisprudence de la Cour européenne des droits de l' homme, in: Petiti, Louis-Edmond/Decaux, Emmanuel/Imbert, Pierre-Henri, La Convention Européenne des droits de l ' homme. Commentaire article par article, Paris 1996, S. 65ff.

Enderlein, Wolfgang: Abwägung in Recht und Moral, Freiburg 1992.

Enders, Christoph: Neubegründung des öffentlich-rechtlichen Nachbarrechts aus der grundrechtlichen Schutzpflicht. Konsequenzen aus dem Gentechnikbeschluß des VGH Kassel vom 6. 11. 1989, AöR 115 (1990), S. 610ff.

-Die Privatisierung des Öffentlichen durch die grundrechtliche Schutzpflicht und seine Rekonstruktion aus der Lehre von den Staatszwecken, Der Staat 35 (1996), S. 351ff.

-Die Menschenwürde in der Verfassungsordnung: zur Dogmatik des Art. 1 GG, Tübingen 1997.

Erbguth, Wilfried/Oebbecke, Janberndt/Rengeling, Hans-Werner/Schulte, Martin (Hrsg.): Abwägung im Recht, Werner Hoppe zur Emeritierung, Köln 1996.

Erichsen, Hans-Uwe: Zur Verfassungswidrigkeit der lebenslagen Freiheitsstrafe, NJW 1976, S. 1721ff.

-Das Übermaßverbot, Jura 1988, S. 387ff.

-Die Drittwirkung der Grundrechte, Jura 1996, S. 527ff.

-Grundrechtliche Schutzpflichten in der Rechtsprechung des Bundesverfassungsgerichts, Jura 1997, S. 85ff.

-Allgemeines Verwaltungsrecht, 11. Aufl., Berlin 2000.

Ermacora, Felix: Das Verhältnismäßigkeitsprinzip im österreichischen Recht sowie aus der Sicht der EMRK, in: Kutscher, Hans (Hrsg.), Der Grundsatz der Verhältnismäßigkeit in der europäischen Rechtsordnungen, Heidelberg 1985, S. 67ff.

Eyermann, Erich: Die Hausbesetzungen und der Grundsatz der Verhältnismäßigkeit, UPR 1981, S. 14ff.

Feik, Rudolf C.: Staatliche Gewährleistungspflichten und Nachbarrechte im gewerblichen Betriebsanlagenrecht, in: Grabenwarter, Christoph/Thienel, Rudolf (Hrsg.), Kontinuität und Wandel der EMRK, Kehl 1999, S. 205ff.

Felix, Dagmar: Einheit der Rechtsordnung. Zur verfassungsrechtlichen Relevanz einer juristischen Argumentationsfigur, Tübingen 1998.

Fischer, Hans Georg: Art. 5, 30 EGV: Pflicht der Mitgliedstaaten zum Schutz des Warenverkehrs, JA 1998, S. 838ff.

Flanz, Gisbert: Constitutions of the countries of the world, New York 1996.

Fleury, Roland: Das Vorsorgeprizip im Umweltrecht, Köln 1995.

Floren, Dieter: Grundrechtsdogmatik im Vertragsrecht, Berlin 1999.

Fluck, Jürgen: Grundrechtliche Schutzpflichten und Gentechnik, UPR 1990, S. 81ff.

Forsthoff, Ernst: Der Staat der Industriegesellschaft dargestellt am Beispiel der Bundesrepublik Deutschland, 2. Aufl., München 1971.

-Rechtsstaat im Wandel, 2. Aufl., München 1976.

Friauf, Karl-Heinrich, Polizei- und Ordnungsrecht, in: Schmidt-Aßmann, Eberhard (Hrsg.), Besonderes Verwaltungsrecht, 10. Aufl., Berlin 1995, S. 132ff.

Frowein, Jochen Abr./Peukert, Wolfgang: Europäische Menschenrechtskonvention. EMRK-Kommentar, 2. Aufl., Kehl 1997.

Funk-Rüffert, Petra: Kooperation von Europäischem Gerichtshof und Bundesverfassungsgericht im Bereich des Grundrechtsschutzes, Berlin 1999.

Gallwas, Hans Ulrich: Grundrechte, 2. Aufl., Berlin 1995.

-Dulden wider Willen als Problem der Grundrechtsdogmatik. Ein Aspekt der Kreuzentscheidung, in: Ruland, Franz/Baron von Maydell, Berndt/Papier, Hans-Jürgen (Hrsg.), Verfassung, Theorie und Praxis des Sozialstaates, Festschrift für Hans Zacher, Heidelberg 1998, S. 185ff.

Gamillscheg, Franz: Die Grundrechte im Arbeitsrecht, AcP 164 (1964), S. 385ff.

Geddert-Steinacher, Tatjana: Menschenwürde als Verfassungsbegriff, Berlin 1990.

Gellermann, Martin: Grundrechte in einfachgesetzlichem Gewande. Untersuchung zur normativen Ausgestaltung der Freiheitsrechte, Tübingen 2000.

Gentz, Manfred: Zur Verhältnismäßigkeit von Grundrechtseingriffen, NJW 1968, S. 1600ff.

Gern, Alfons: Güterabwägung als Auslegungsprinzip des öffentlichen Rechts, DÖV 1986, S. 462ff.

-Die Ermessensreduzierung auf Null, DVBl. 1987, S. 1194ff.

Gerontas, Apostolos: Die Bindung des BVerfG an Prognosen des Parlaments, BayVBl 1981, S. 618ff.

Giebel, Christoph: Vereinbarungen als Instrument des Umweltschutzes. Eine vergleichende Untersuchung des französischen, deutschen und europäischen Rechts, Baden-Baden 2001.

Glavic, Jürgen: Handbuch des privaten Sicherheitsdgewerbes, Stuttgart 1995.

Goerlich, Helmut: Schutzpflicht-Grundrechte-Verfahrenschutz, NJW 1981, S. 2616ff.

-Grundrechte als Verfahrensgarantien, Baden-Baden 1981.

-Nachbarschutz durch Verfahrensrechte, DÖV 1982, S. 631ff.

Götz, Volkmar: Die Staatsaufgaben in der Verfassungsordnung, JZ 1969, S. 89ff.

-Grundpflichten als verfassungsrechtliche Dimension, VVDStRL 42 (1983), S. 7ff.

-Innere Sicherheit, in: Isensee, Josef/Kirchhof, Paul (Hrsg.) Handbuch des Staatsrechts der Bundesrepublik Deutschland, Band III, Heidelberg 1988, § 79, S. 1007ff.

-Verfassungsschranken interventionistischer Regulierung nach europäischem Gemeinschaftsrecht im Vergleich mit dem Grundgesetz, JZ 1989, S. 1021ff.

-Die Verwirklichung der Grundrechte durch die Gerichte im Zivilrecht, in: Heyde, Wolfgang/Starck, Christian (Hrsg.), Vierzig Jahre Grundrechte in ihrer Verwirklichung durch die Gerichte, München 1990, S. 35ff.

Gotzen, Hans-Heiner: Das Untermaßverbot, Verwaltungsrundschau 1994, S. 139.

Grabitz, Eberhard: Der Grundsatz der Verhältnismäßigkeit in der Rechtsprechung des Bundesverfassungsgerichts, AöR 98 (1973), S. 568ff.

-Freiheit und Verfassungsrecht, Tübingen 1976.

-Freiheit der Person, in: Isensee, Josef/Kirchhof, Paul (Hrsg.), Handbuch des Staatsrechts der Bundesrepublik Deutschland, Band VI, Heidelberg 1989, § 130, S. 109ff.

Gramm, Christoph: Schranken der Personalprivatisierung bei der inneren Sicherheit, VerwArch. 90 (1999), S. 329ff.

-Notwendige Staatsaufgaben, Berlin 2001.

Greifeld, Andreas: Öffentliche Sachherrschaft und Polizeimonopol, DÖV 1981, S. 906ff.

Greiner, Arwed: Die Verhinderung verbotener Internetinhalte im Wege polizeilicher Gefahrenabwehr, Hamburg 2001.

Grimm, Dieter: Verfahrensfehler als Grundrechtsverstöße, NVwZ 1985, S. 865ff.

-Die Zukunft der Verfassung, 2. Aufl., Frankfurt/M. 1991.

Gröpl, Christoph: Haushaltsrecht und Reform. Dogmatik und Möglichkeiten der Fortentwicklung der Haushaltswirtschaft durch Flexibilisierung, Dezentralisierung, Budgetierung, Ökonomisierung und Fremdfinanzierung, Tübingen 2001.

Groß, Thomas: Grundlinien einer pluralistischen Interpretation des Demokratieprinzips, in: Redaktion Kritische Justiz (Hrsg.), Demokratie und Grundgesetz, Baden-Baden 2000, S. 93ff.

Grunsky, Wolfgang: Abwehraussperrung und Allgemeininteresse im Arbeitskampf, ZRP 1976, S. 131ff.

Guislain, Pierre: Les privatisations: un defi strategique juridique et institutionel, Paris 1995.

Guradze, Heinz: Die Schutzrichtung der Grundrechtsnormen in der europäischen Menschenrechtskonvention, in: Dietz, Rolf/Hübner, Heinz (Hrsg.), Festschrift für Hans Carl Nipperdey, München und Berlin 1965, S. 759ff.

-Die Europäische Menschenrechtskonvention, Berlin 1968.

Gusy, Christoph: „Verfassungspolitik" zwischen Verfassung und Rechtspolitik, Heidelberg 1983.

-Der Grundrechtschutz von Ehe und Familie, JA 1986, S. 183ff.

-Rechtsgüterschutz als Staatsaufgabe - Verfassungsfragen der „Staatsaufgabe Sicherheit", DÖV 1996, S. 573ff.

-Privatisierung von Staatsaufgaben. Kriterien-Grenzen-Folgen, Baden-Baden 1998.

-Polizeirecht, 4. Aufl., Tübingen 2000.

Häberle, Peter: Die Wesensgehaltsgarantie des Art. 19 Abs. 2 GG, 3. Aufl., Heidelberg 1983.

-Die offene Gesellschaft der Verfassungsinterpreten, JZ 1975, S. 297ff.

Habermas, Jürgen: Faktizität und Geltung. Beiträge zur Diskurstheorie des Rechts und des demokratischen Rechtsstaates, Frankfurt/M. 1992.

Hagemeister, Adrian von: Die Privatisierung öffentlicher Aufgaben, München 1992.

Hager, Johannes, Grundrechte im Privatrecht, JZ 1994, S. 373ff.

-Grundrechte im Privatrecht, Berlin 1995.

Hailbronner, Kay: Die Einschränkung von Grundrechten in einer demokratischen Gesellschaft. Zu den Schrankenvorbehalten der Europäischen Menschenrechtskonvention, in: Bernhardt, Rudolf/Geck, Wilhelm Karl/ Jaenicke, Günther/Steinberger, Helmut (Hrsg.), Völkerrecht als Rechtsordnung. Internationale Gerichtsbarkeit. Menschenrechte, Festschrift für Hermann Mosler, Heidelberg 1983, S. 359ff.

Hain, Karl-Eberhard, Der Gesetzgeber in der Klemme zwischen Übermaß- und Untermaßverbot?, DVBl. 1993, S. 982ff.

-Das Untermaßverbot in der Kontroverse, ZG 1996, S. 75ff.

-Die Grundsätze des Grundgesetzes. Eine Untersuchung zu Art. 79 Abs. 3 GG, Baden-Baden 1999.

Hain, Karl-Eberhard/Schlette, Volker/Schmitz, Thomas, Ermessen und Ermessenreduktion - ein Problem im Schnittpunkt von Verfassungs- und Verwaltungsrecht, AöR 122 (1997), S. 32ff.

Hassemer, Winfried: Strafen im Rechtsstaat, Baden-Baden 2000.

Haus, Klaus Ludwig/Wolfarth, Jürgen: Allgemeines Polizei- und Ordnungsrecht, Baden-Baden 1997.

Häußling, Eva M. K.: Soziale Grundrechte in der portugiesischen Verfassung von 1976, Baden-Baden 1997.

Heinrich, Christian: Formale Freiheit und materiale Gerechtigkeit. Die Grundlagen der Vertragsfreiheit und Vertragskontrolle am Beispiel ausgewählter Probleme des Arbeitsrechts, Tübingen 2000.

Heinsohn, Stephanie: Der öffentlichrechtliche Grundsatz der Verhältnismäßigkeit, München 1997.

Heintzen, Marcus: Staatliche Warnungen als Grundrechtsproblem, VerwArch 81 (1990), S. 532ff.

Heither, Friedrich: Die Rechtsprechung des Bundesarbeitsgerichts zu den Grundrechten, JöR 32 (1984), S. 315ff.

Hellermann, Johannes: Die sogenannte negative Seite der Freiheitsrechte, Berlin 1993.

Henneke, Hans-Günther: Der Schutz der natürlichen Lebensgrundlagen in Art. 20a GG, NuR 1995, S. 325ff.

Hennig, Anke: Die Rechtsprechung des Bundesverfassungsgerichts auf dem Prüfstand. Neue Erkenntnisse aus der Lehre von den grundrechtlichen Schutzpflichten für eine Maßstabsgenerierung zivilgerichtlicher Entscheidungsfindung und ihrer verfassungsgerichtlichen Nachprüfung im Hinblick auf eine adäquate Grundrechtsverwirklichung im Individualvertragsrecht, Hamburg 1999.

Herbert, Georg: Der Wesensgehalt der Grundrechte, EuGRZ 1985, S. 321ff.

Herdegen, Mathias: Objektives Recht und subjektive Rechte. Bemerkungen zu verfassungsrechtlichen Wechselbeziehungen, in: Heckmann, Dirk/Masserschmidt, Klaus (Hrsg.), Gegenwartsfragen des öffentlichen Rechts – Bundesstaatliche Ordnung und europäische Integration. Objektives Recht und subjektive Rechte. Information und Staatsfunktion, Berlin 1988, S. 161ff.

Hermes, Georg: Das Grundrecht auf Schutz von Leben und Gesundheit. Schutzpflicht und Schutzanspruch aus Art. 2 Abs. 2 Satz 1 GG, Berlin 1987.

-Grundrechtsschutz auf neuer Grundlage? Das BVerfG zu Schutzpflicht und mittelbarer Drittwirkung der Berufsfreiheit, NJW 1990, S. 1764ff.

Hermes, Georg/Walther, Susanne: Schwangerschaftsabbruch zwischen Recht und Unrecht. Das zweite Abtreibungsurteil und seine Folgen, NJW 1993, S. 2337ff.

Herzog, Roman: Grundrechte aus der Hand des Gesetzgebers, in: Fürst, Walter/Herzog, Roman/Umbach, Dieter (Hrsg.), Festschrift für Wolfgang Zeidler, Band II, Berlin, New York 1987, S. 1415ff.

-Ziele, Vorbehalte und Grenzen der Staatstätigkeit, in: Isensee, Josef/Kirchhof, Paul (Hrsg.), Handbuch des Staatsrechts, Band III, Heidelberg 1988, § 58, S. 83ff.

-Demokratie als Friedensstrategie, Baden-Baden 1997.

Hesse, Konrad: Funktionelle Grenzen der Verfassungsgerichtsbarkeit, in: Recht als Prozeß und Gefüge, Festschrift für Hans Huber, Bern 1981, S. 267ff.

-Verfassungsrecht und Privatrecht, Heidelberg 1988.

-Die verfassungsrechtliche Kontrolle der Wahrnehmung grundrechtlicher Schutzpflichten des Gesetzgebers, in: Däubler-Gmelin, Herta/Kinkel, Klaus/Meyer, Hans/Simon, Helmut (Hrsg.), Gegenrede. Aufklärung-Kritik-Öffentlichkeit. Festschrift für Ernst Gottfried Mahrenholz, Baden-Baden 1994, S. 541ff.

-Die Bedeutung der Grundrechte, in: Benda, Ernst/Maihofer, Werner/Vogel, Hans-Jochen (Hrsg.), Handbuch des Verfassungsrechts der Bundesrepublik Deutschland, 2. Aufl., Berlin, New York 1994, S. 127ff.

-Grundzüge des Verfassungsrecht der Bundesrepublik Deutschland, 20. Aufl., Heidelberg 1995.

-Stufen der Entwicklung der deutschen Verfassungsgerichtsbarkeit, JöR 46 (1998), S. 1ff.

Hesse, Hans Albrecht/Kauffmann, Peter: Die Schutzpflicht in der Privatrechtsprechung, JZ 1995, S. 219ff.

Heun, Werner: Funktionell-rechtliche Schranken der Verfassungsgerichtsbarkeit, Baden-Baden 1992.

Heß, Reinhold: Grundrechtskonkurrenzen. Zugleich ein Beitrag zur Normstruktur der Freiheitsrechte, Berlin 2000.

Hilf, Meinhard/Pache, Eckhard: Das Bosman-Urteil des EuGH, NJW 1996, S. 1169ff.

Hill, Hermann: Umweltrecht als Motor und Modell einer Weiterentwicklung des Staats- und Verwaltungsrechts, in: Jahrbuch des Umwelt- und Technikrechts, 1994, S. 91ff.

Hilllgruber, Christian: Abschied von der Privatautonomie?, ZRP 1995, S. 6ff.

Hillgruber, Christian/Schemmer, Franz: Darf Satire wirklich alles?, JZ 1992, S. 946ff.

Hippel, Eike von: Grenzen und Wesensgehalt der Grundrechte, Berlin 1965.

-Keine Entschädigung für Waldsterben?, NJW 1998, S. 3254ff.

Hirsch, Günter: Das Verhältnismäßigkeitsprinzip im Gemeinschaftsrecht, Bonn 1997.

Hirschberg, Lothar: Der Grundsatz der Verhältnismäßigkeit, Göttingen 1981.

Hobbes, Thomas: Leviathan oder Stoff, Form und Gewalt eines kritischen und bürgerlichen Staates (1651).

Hochhuth, Martin: Relativitätstheorie des Öffentlichen Rechts, Baden-Baden 2000.

Höfling, Wolfram: Die Unantastbarkeit der Menschenwürde – Annäherungen an einen schwierigen Verfassungsgrundsatz, JuS 1995, S. 857ff.

Hoffmann-Remy, Ulrich: Die Möglichkeiten der Grundrechtseinschränkung nach den Art. 8-11 Abs. 2 der Europäischen Menschenrechtskonvention, Berlin 1976.

Hoffmann-Riem, Wolfgang: Übergang der Polizeigewalt auf Private?, ZRP 1977, S. 277ff.

-Reform des allgemeinen Verwaltungsrechts. Vorüberlegungen, DVBl. 1994, S. 1381ff.

-Von der Antragsbindung zum konsentierten Optionsermessen - Überlegungen zum immissionsschutzrechtlichen Genehmigungsverfahren mit UVP-, DVBl. 1994, S. 605ff.

-Vom Staatsziel Umweltschutz zum Gesellschaftsziel Umweltschutz, Die Verwaltung 28 (1995), S. 425ff.

-Effizienz als Herausforderung an das Verwaltungsrecht - Einleitende Problemskizze, in: Hoffmann-Riem, Wolfgang/Schmidt-Aßmann, Eberhard (Hrsg.), Effizienz als Herausforderung an das Verwaltungsrecht, Baden-Baden 1998, S. 11ff.

-Justizdienstleistungen im kooperativen Staat. Verantwortungsteilung und Zusammenarbeit von Staat und Privaten im Bereich der Justiz, JZ 1999, S. 421ff.

-Das Grundgesetz – zukunftsfähig?, DVBl. 1999, S. 65ff.

-Modernisierung von Recht und Justiz. Eine Herausforderung des Gewährleistungsstaates, Frankfurt/M. 2001.

Holly, Hans G.: Grundsatz der Verhältnismäßigkeit und Ultima-ratio-Prinzip im arbeitsvertraglichen Kündigungsrecht, Bielefeld 1989.

Holoubek, Michael: Bauelemente eines grundrechtsdogmatischen Argumentationsschemas: Schutzbereich-Eingriff-Schranken, in: Grabenwarter, Christoph (Hrsg.), Allgemeinheit der Grundrechte und Vielfalt der Gesellschaft, Stuttgart 1994, S. 61ff.

-Zur Begründung des Verhältnismäßigkeitsgrundsatzes. Verwaltungs-, verfassungs- und gemeinschaftsrechtliche Aspekte, in: Griller, Stefan/Korinek, Karl/Potacs, Michael (Hrsg.), Grundfragen und aktuelle Probleme des öffentlichen Rechts, Festschrift für Heinz Peter Rill, Wien 1995, S. 97ff.

-Der Grundrechtseingriff. Österreichische und konventionsrechtliche Aspekte, DVBl. 1997, S. 1031ff.

-Wer ist durch die Grundrechte gebunden?, ZÖR 1999, S. 63ff.

Hoppe, Werner/Beckmann, Martin/Kauch, Petra, Umweltrecht, 2. Aufl., München 2000.

Horn, Hans-Detlef, Die grundrechtsunmittelbare Verwaltung. Zur Dogmatik des Verhältnisses zwischen Gesetz, Verwaltung und Individuum, Tübingen 1999.

Huber, Peter: Allgemeines Verwaltungsrecht, 2. Aufl., Heidelberg 1997.

-Das Menschenbild im Grundgesetz, Jura 1998, S. 505ff.

-Art. 19 Abs. 2 GG, in: Mangoldt, Hermann von/Klein, Friedrich/Starck, Christian (Hrsg.), Das Bonner Grundgesetz, Kommentar. Band I: Präambel, Artikel 1 bis 19, 4. Aufl., München 1999.

Hund, Michael: Staatliche Schutzpflichten statt Teilhaberechte? Zum Grundrechtsverständnis des Bundesverfassungsgerichts vor und nach dem Urteil zur Privatschulfinanzierung von 8. April 1987, in: Fürst, Walter/Herzog, Roman/Umbach, Dieter (Hrsg.), Festschrift für Wolfgang Zeidler, Band II, Berlin, New York 1987, S. 1445ff.

Huster, Stefan: Rechte und Ziele. Zur Dogmatik des allgemeinen Gleichheitssatzes, Berlin 1993.

Iliadou, Ekaterini: Forschungsfreiheit und Embryonenschutz. Eine verfassungs- und europarechtliche Untersuchung der Forschung an Embryonen, Berlin 1999.

Iliopoulos-Strangas, Julia: H tritenergeia ton atomikon kai koinonikon dikaiomaton tou Syntagmatos 1975, Athina 1990.

-Grundrechtsschutz im europäischen Raum, Baden-Baden 1993.

-Die allgemeinen Rechtsgrundsätze in der Praxis der Straßburger Organe am Beispiel des Verhältnismäßigkeitsprinzips, RabelsZ 1999, S. 414ff.

-La protection des droits socieaux fondamentaux dans les Etats de l` Union européenne, Athènes, Bruxelles, Baden-Baden 2000.

Incesu, Lotte: Grundrechte: Fristenlösung mit Beratungsmodell beim Schwangerschaaft-sabbruch, JA 1993, S. 313ff.

Ipsen, Jörg: Staatsrecht II, Grundrechte, 4. Aufl., Berlin 2001.

-Gesetzliche Einwirkungen auf grundrechtlich geschützte Rechtsgüter, in: Schuppert, Folke Gunnar (Hrsg.), Das Gesetz als zentrales Steuerungsinstument des Rechtsstaates, Symposion anläßlich des 60. Geburtstages von Christian Starck, Baden-Baden 1998, S. 85ff.

-Staatsorganisationsrecht, 13. Aufl., Berlin 2001.

Isensee, Josef: Die Friedenspflicht der Bürger und das Gewaltmonopol des Staates, in: Müller, Georg/Rhinow, René A./Schmid, Gerhard/Wildhaber, Luzius (Hrsg.), Staatsorganisation und Staatsfunktion im Wandel, Festschrift für Kurt Eichenberger, Basel, Frankfurt/M. 1982, S. 23ff.

-Das Grundrecht auf Sicherheit. Zu den Schutzpflichten des freiheitlichen Verfassungsstaates, Berlin 1983.

-Freiheit ohne Pflichten? Zum verfassungsrechtlichen Status des Bürgers im Staat des Grundgesetzes, Münster 1984.

-Das staatliche Gewaltmonopol als Grundlage und Grenze der Grundrechte. Der Vorbehalt der Friedriechkeit als Kriterium des Grundrechtstatbestandes und der Schutzpflicht, in: Franßen, Everhardt/Redeker, Konrad/Schlichter, Otto/Wilke, Dieter (Hrsg.), Bürger-Richter-Staat, Festschrift für Horst Sendler, München 1991, S. 39ff.

-Das Grundrecht als Abwehrrecht und als staatliche Schutzpflicht, in: Isensee, Josef/Kirchhof, Paul (Hrsg.), Handbuch des Staatsrechts der Bundesrepublik Deutschland, Band V, 2. Aufl., Heidelberg 2000, § 111, S. 143ff.

-Kunstfreiheit im Streit mit Persönlichkeitsschutz, AfP 1993, S. 619ff.

-Das Grundrecht auf Ehre, in: Ziemske, Burkhart/Langheit, Theo/Wilms, Heinrich/Haverkate, Görg (Hrsg.), Staatsphilosophie und Rechtspolitik, Festschrift für Martin Kriele, München 1996, S. 5ff.

-Bundesverfassungsgericht- quo vadis?, JZ 1996, S. 1085ff.

-Vertragsfreiheit im Griff der Grundrechte. Inhalltskontrolle von Verträgen am Maßstab der Verfassung, in: Hübner, Ulrich/Ebke, Werner (Hrsg.), Festschrift für Bernhard Großfeld, Heidelberg 1999, S. 485ff.

-Vom Stil der Verfassung. Eine typologische Studie zur Sprache, Thematik und Sinn des Verfassungsgesetzes, Berlin 1999.

-Subsidiaritätsprinzip und Verfassungsrecht. Eine Studie über das Regulativ des Verhältnisses von Staat und Gesellschaft, 2. Aufl., Berlin 2001.

Isiodos: Erga kai Hmerai, in: Skartsis, Arxaia Ellhnikh grammateia, „Oi Ellhnes", Athina 1993.

Jäckel, Harmut: Grundrechtsgeltung und Grundrechtssicherung. Eine rechtsdogmatische Studie zu Art. 19 Abs. 2 Grundgesetz, Opladen 1967.

Jaeckel, Liv: Schutzpflichten im deutschen und europäischen Recht, Baden-Baden 2001.

Jaensch, Michael: Die unmittelbare Drittwirkung der Grundfreiheiten, Baden-Baden 1997.

Jakobs, Michael G.: Der Grundsatz der Verhältnismäßigkeit mit einer exemplarischen Darstellung seiner Bedeutung im Atomrecht, Köln 1985.

-Der Grundsatz der Verhältnismäßigkeit, DVBl. 1985, S. 97ff.

Jarass, Hans D.: Grundrechte als Wertentscheidungen bzw. objektivrechtliche Prinzipien in der Rechtsprechung des Bundesverfassungsgerichts, AöR 110 (1985), S. 363ff.

-Bausteine einer umfassenden Grundrechtsdogmatik, AöR 120 (1995), S. 345ff.

Jarass, Hans D./Pieroth, Bodo: Grundgesetz für die Bundesrepublik Deutschland, 6. Aufl., München 2002.

Jaschinski, Martin: Der Fortbestand des Anspruchs aus enteignendem Eingriff, Berlin 1997.

Jeand`Heur, Bernd: Grundrechte, staatliche Schutzpflichten und Untermaßverbot - Die Bedeutung der Entscheidung zum Schwangerschaftsabbruch vom 28. 5. 1993 für eine kindfreundlichere Rechtspolitik, RdjB 1994, S. 91ff.

-Von der Gefahrenabwehr als staatlicher Angelegenheit zum Einsatz privater Sicherheitskräfte, AöR 119 (1994), S. 107ff.

-Grundrechte im Spannungsverhältnis zwischen subjektiven Freiheitsgarantien und objektiven Grundsatznormen, JZ 1995, S. 161ff.

Jellinek, Georg: Allgemeine Staatslehre, 3. Aufl. 1914, Nachdruck Berlin 1960.

Jerouschek, Günter: Straftat und Traumatisierung. Überlegungen zu Unrecht, Schuld und Rehabilitierung der Strafe aus viktimologischer Perspektive, JZ 2000, S. 185ff.

Jeßberger, Florian: Kooperation und Strafzumessung. Der Kronzeuge im deutschen und amerikanischen Strafrecht, Berlin 1999.

Jestaedt, Mathias: Grundrechtsentfaltung im Gesetz, Tübingen 1999.

Kadelbach, Stefan: Allgemeines Verwaltungsrecht unter europäischem Einfluß, Tübingen 1999.

Kahl, Wolfgang: Das Grundrechtsverständnis der postsozialistischen Verfassungen Osteuropas, Berlin 1994.

Kainer, Freiedemann: Grundfreiheiten und staatliche Schutzpflichten - EuGH, NJW 1998, 1931, JuS 2000, S. 431ff.

Kämmerer, Jörn Axel: Privatisierung. Typologie – Determinanten – Rechtspraxis – Folgen, Tübingen 2001.

Kassimatis, Georgios: To Zitima tis Tritenergeias ton atomikon kai koinonikon dikaiomaton, ToS 1981, S. 1f.

-Meletes III. 1974-1999. Themeliodh dikaiomata kai koinoniko kratos, Athina 2000.

Katranis, Andreas, H theoria tis tritenergeias ton dikaiomaton tou anthropou, ToS 1978, S. 237ff.

Kersten, Jens: Georg Jellinek und die klassische Staatslehre, Tübingen 2000.

Kimmel, Adolf: Die Verfassungen der EU-Mitgliedstaaten, Textausgabe, 5. Aufl., München 2000.

Kimms, Frank/Schlünder, Irene (Hrsg.), Verfassungsrecht II, Grundrechte, München 1998.

Kirchhof, Paul: Mittel staatlichen Handelns, in: Isensee, Josef/Kirchhof, Paul (Hrsg.), Handbuch des Staatsrechts der Bundesrepublik Deutschland, Band III, Heidelberg 1988, § 59, S. 121ff.

-Gleichmaß und Übermaß, in: Badura, Peter/Scholz, Rupert (Hrsg.), Wege und Verfahren des Verfassungslebens, Festschrift für Peter Lerche, München 1993, S. 133ff.

Klein, Eckart: Diplomatischer Schutz und grundrechtliche Schutzpflicht, DÖV 1977, S. 704ff.

-Bundesverfassungsgericht und Ostverträge, Bonn 1977.

-Grundrechtliche Schutzpflichten des Staates, NJW 1989, S. 1633ff.

Klein, Hans-Hugo: Die grundrechtliche Schutzpflicht, DVBl. 1994, S. 489ff.

-Gedanken zur Verfassungsgerichtsbarkeit, in: Burmeister, Joachim (Hrsg.), Verfassungsstaatlichkeit, Festschrift für Klaus Stern, München 1997, S. 1135ff.

Kloepfer, Michael: Zum Grundrecht auf Umweltschutz, Berlin 1978.

-Umweltschutz und Verfassungsrecht – Zum Umweltschutz als Staatspflicht, DVBl. 1988, S. 311ff.

-Umweltschutz als Verfassungsrecht: Zum neuen Art. 20a GG, DVBl. 1996, S. 73ff.

Kloepfer, Michael, Umweltrecht, 2. Aufl., München 1998.

Klowait, Jürgen: Die Beteiligung Privater an der Abfallentsorgung, Baden-Baden 1995.

Kniesel, Michael: Polizeiliche Gefahrenvorsorge im Spannungsfeld von Freiheit und Sicherheit, Die Polizei 1991, S. 185ff.

Koch, Hans-Joachim: Die normtheoretische Basis der Abwägung, in: Erbguth, Wilfried/Oebbecke, Janberndt/Rengeling, Hans-Werner/Schulte, Martin (Hrsg.): Abwägung im Recht, Werner Hoppe zur Emeritierung, Köln 1996, S. 9ff.

Koch, Torsten: Der Grundrechtsschutz des Drittbetroffenen. Zur Rekonstruktion der Grundrechte als Abwehrrechte, Tübingen 2000.

Köck, Wolfgang: Risikovorsorge als Staatsaufgabe, AöR 121 (1996), S. 1ff.

König, Klaus/Benz, Angelika (Hrsg.): Privatisierung und staatliche Regulierung, Baden-Baden 1996.

Kopp, Ferdinand: Fiskalgeltung und Drittwirkung der Grund- und Freiheitsrechte im Bereich des Privatrechts, in: Baltl, Hermann (Hrsg.), Festschrift für Walter Wilburg, Graz 1975, S. 149ff.

Korinek, Karl: Die Verfassungsgerichtsbarkeit im Gefüge der Staatsfunktionen, VVDStRL 40 (1981), S. 7ff.

-Grundrechte und Verfassungsgerichtsbarkeit, Wien 2000.

Kramer, Rainer: Die nach dem Atomgesetz erforderliche Schadensvorsorge als Grundrechtsproblem, NJW 1981, S. 260ff.

Krauss, Ruppert von: Der Grundsatz der Verhältnismäßigkeit und seine Bedeutung für die Notwendigkeit des Mittels im Verwaltungsrecht, Hamburg 1955.

Krebs, Walter: Vorbehalt des Gesetzes und Grundrechte. Vergleich des traditionellen Eingriffsvorbehalts mit den Grundrechtsbestimmungen des Grundgesetzes, Berlin 1975.

-Kontrolle in staatlichen Entscheidungsprozessen. Ein Beitrag zur rechtlichen Analyse von gerichtlichen, parlamentarischen und Rechnungshof-Kontrollen, Heidelberg 1984.

-Art. 19 Abs. 2, GG, in: Münch, Ingo von/Kunig Philip, Grundgesetz-Kommentar, Band I, 5. Aufl., München 2000.

Kriele, Martin: Das demokratische Prinzip im Grundgesetz, VVDStRL 30 (1971), S. 46ff.

-Befreiung und politische Aufklärung. Plädoyer für die Würde des Menschen, Freiburg 1980.

-Recht – Vernunft – Wirklichkeit, Berlin 1990.

-Einführung in die Staatslehre. Die geschichtlichen Legitimationsgrundlagen des demokratischen Verfassungsstaates, 5. Aufl., Opladen 1994.

-Ehrenschutz und Meinungsfreiheit, NJW 1994, S. 1897ff.

Krölls, Albert: Privatisierung der öffentlichen Sicherheit in Fußgängerzonen?, NVwZ 1999, S. 233ff.

Krogmann, Mario: Grundrechte im Sport, Berlin 1998

Krüger, Herbert: Allgemeine Staatslehre, 2. Aufl., Stuttgart 1966.

-Der Verfassungsgrundsatz, in: Schnur, Roman (Hrsg.), Festschrift für Ernst Forsthoff, München 1972, S. 187ff.

-Der Wesensgehalt der Grundrechte, in: Krüger, Herbert/Seifert, Jürgen: Die Einschränkung der Grundrechte, Hannover 1976, S. 37ff.

Kruis, Konrad: Der gesetzliche Ausstieg aus der „Atomwirtschaft" und das Gemeinwohl, DVBl. 2000, S. 441ff.

Kühling, Jürgen: Staatliche Handlungspflichten zur Sicherung der Grundfreiheiten, NJW 1999, S. 403ff.

Kuhlmann, Hartmut: Der Mittelschutz im gesamtdeutschen Grundgesetz, NuR 1995, S. 1ff.

Kunig, Philip: Das Rechtsstaatsprinzip, Tübingen 1986.

-Grundrechtlicher Schutz des Lebens, Jura 1991, S. 415ff.

Lagodny, Otto: Strafrecht vor den Schranken der Grundrechte. Die Ermächtigung zum strafrechtlichen Vorwurf im Lichte der Grundrechtsdogmatik dargestellt am Beispiel der Vorfeldkriminalisierung, Tübingen 1996.

Lampe, Mareike: Gerechtere Prüfungsentscheidungen. Möglichkeiten und Grenzen der Herbeiführung materieller Gerechtigkeit durch gerichtliche Kontrolle und Gestaltung des Verwaltungsverfahrens, Berlin 1999.

Leidinger, Tobias: Hoheitliche Warnungen, Empfehlungen und Hinweise im Spektrum staatlichen Informationshandelns, DÖV 1993, S. 925ff.

Leisner, Anna: Geeignetheit als Rechtsbegriff - Ein Beitrag zur Dogmatik des Rechtsstaatsprinzips, dargestellt am Beispiel nicht durchgesetzter Parkverbote, DÖV 1999, S. 807ff.

Leisner, Walter: Grundrechte und Privatrecht, München 1960.

-Demokratie. Selbstzerstörung einer Staatsform?, Berlin 1979.

-„Abwägung überall" – Gefahr für den Rechtsstaat, NJW 1997, S. 636ff.

-Der Abwägungsstaat, Berlin 1997.

-Der gütige Staat. Die Macht der Geschenke, Berlin 2000.

Lerche, Peter: Übermaß und Verfassungsrecht. Zur Bindung des Gesetzgebers an die Grundsätze der Verhältnismäßigkeit und der Erforderlichkeit, Köln 1961.

-Grundrechtswirkungen im Privatrecht, Einheit der Rechtsordnung und materielle Verfassung, in: Böttcher, Reinhard/Götz, Hueck/Jähnke, Burghard (Hrsg.), Festschrift für Walter Odersky, Berlin, New York 1996, S. 215ff.

-Grundrechtlicher Schutzbereich, Grundrechtsprägung und Grundrechtseingriff, in: Isensee, Josef/Kirchhof, Paul (Hrsg.), Handbuch des Staatsrechts der Bundesrepublik Deutschland, Band V, 2. Aufl., Heidelberg 2000, § 121, S. 739ff.

-Grundrechtsschranken, in: Isensee, Josef/Kirchhof, Paul (Hrsg.), Handbuch des Staatsrechts der Bundesrepublik Deutschland, Band. V, 2. Aufl., Heidelberg 2000, § 122, S. 775ff.

Lindner, Josef Franz: Anmerkung zu: EuGH Urteil vom 9.12.1997- Rs. C- 265/95, BayVBl. 1999, S. 336ff.

Locke, John: Two Treatises of government, 1690.

Looschelders, Dirk: Verfassungsrechtliche Grenze der deliktischen Haftung Minderjähriger – Grundsatz der Totalreparation und Übermaßverbot- Zugleich Anmerkung zum Beschluß des BVerfG vom 13. 8. 1998 (1 BvL 25/ 96) VersR 98, 1289-, VersR 1999, S. 141ff.

-Die Ausstrahlung der Grundrechte auf das Schadensrecht, in: Wolter, Jürgen/Riedel, Eibe/Taupitz, Jochen (Hrsg.), Einwirkungen der Grundrechte auf das Zivilrecht, Öffentliche Recht und Strafrecht, Heidelberg 1999, S. 93ff.

Lorenz, Dieter: Wissenschaft darf nicht alles! Zur Bedeutung der Rechte anderer als Grenze grundrechtlicher Gewährleistung, in: Winkler, Dieter/Weber, Harald (Hrsg.), Festschrift für Friedrich Klein, München 1977, S. 267ff.

-Recht auf Leben und auf körperliche Unversehrtheit, in: Isensee, Josef/Kirchhof, Paul (Hrsg.), Handbuch des Staatsrechts der Bundesrepublik Deutschland, Band VI, Heidelberg 1989, § 128.

Lübbe, Weyma: Naeminem laedere? Zur Zukunft der Handlungsfolgenverantwortung, in: Neumann, Ulfrid/Schulz, Lorenz (Hrsg.), Verantwortung in Recht und Moral, Stuttgart 2000, S. 73ff.

Lübbe-Wolf, Gertrude: Die Grundrechte als Eingriffsabwehrrechte. Struktur und Reichweite der Eingriffsdogmatik im Bereich staatlicher Leistungen, Baden-Baden 1988.

-Satzungsrechtliche Betretungsrechte und Art. 13 GG, DVBl. 1993, S. 762ff.

Lücke, Jörg: Die Grundsätze der Verhältnismäßigkeit und der Zumutbarkeit, DÖV 1974, S. 769ff.

-Das Grundrecht des Einzelnen gegenüber dem Staat auf Umweltschutz, DÖV 1976, S. 289ff.

-Die Drittwirkung der Grundrechte an Hand des Art. 19 Abs. 3 GG. Zur horizontalen Geltung der Grundrechte in neuer Sicht, JZ 1999, S. 377ff.

Ludwig, Frank: Die Privatisierung staatlicher Aufgaben im Umweltschutz, Berlin 1998.

Luhmann, Niklas: Recht und Automation in der öffentlichen Verwaltung. Eine verwaltungswissenschaftliche Untersuchung, Berlin 1966.

Luthe, Ernst-Wilhelm: Optimierende Sozialgestaltung. Bedarf – Wirtschaftlichkeit – Abwägung, Tübingen 2001.

Mampel, Dietmar: Art. 14 GG fordert sein Recht, NJW 1999, S. 975ff.

Mangoldt, Hermann von/Klein, Friedrich/Starck, Christian (Hrsg.), Das Bonner Grundgesetz. Kommentar. Band I: Präambel, Artikel 1 bis 19, 4 Aufl., München 1999.

Manssen, Gerrit: Privatrechtsgestaltung durch Hoheitsakt. Verfassungsrechtliche und verwaltungsrechtliche Grundfragen, Tübingen 1994.

-Grundrechte, München 2000.

Manterfeld, Norbert: Die Grenzen der Verfassung. Möglichkeiten limitierender Verfassungstheorie des Grundgesetzes am Beispiel E.- W. Böckenfördes, Berlin 2000.

Mästle, Tobias: Der zivilrechtliche Schutz vor sexueller Belästigung am Arbeitsplatz, Berlin 2000.

Maunz, Theodor/Zippelius, Reinhold: Deutsches Staatsrecht, 30. Aufl., München 1998.

Maunz, Theodor: Art. 19 Abs. 2 GG, in: Maunz, Theodor/Dürig, Günter/Herzog, Roman/Scholz, Rupert/Lerche, Peter/Papier, Hans-Jürgen, Randelzhofer, Albrecht/ Schmidt-Aßmann, Eberhard (Hrsg.), Grundgesetz Kommentar, Band II, Art. 12a-37, München 1993.

Maurer, Hartmut: Staatsrecht, 2. Aufl., München 2001.

-Allgemeines Verwaltungsrecht, 13. Aufl., München 2000.

Maurias, Kostas: Syntagmatiko Dikaio I, Athina-Komotini 2000.

Mayer-Tasch, Peter Cornelius: Ökologie und Grundgesetz. Irrwege, Auswege, Frankfurt/M. 1980.

Medicus, Dieter: Der Grundsatz der Verhältnismäßigkeit im Privatrecht, AcP 192 (1992), S. 35ff.

Meier, Gert: Anmerkung, EuZW 1998, S. 87ff.

Menzer, Jörg K., Privatisierung der atomaren Endlagerung, DVBl. 1998, S. 820ff.

Merten, Detlef: Grundrechtliche Schutzpflichten und Untermaßverbot, in: Hochschule für Verwaltungswissenschaften Speyer, Akademische Gedenkfeier Willi Geiger, Speyer 1994.

-Zur verfassungsrechtlichen Herleitung des Verhältnismäßigkeitsprinzips, in: Hengstschläger, Johannes/Heribert, Franz/Korinek, Karl/Stern, Klaus/Serra, Antonio Truyoll (Hrsg.), Für Staat und Recht, Festschrift für Herbert Schambeck, Wien 1994, S. 349ff.

Meßerschmidt, Klaus: Gesetzgebungsermessen, Berlin 2000.

Meurer, Thomas: Verpflichtung der Mitgliedstaaten zum Schutz des freien Warenverkehrs, EWS 1998, S. 196ff.

Meyer, Jürgen: Der Rechtsstaat lebt von Reformen. Ausgewählte Schriften und Parlamentsreden zu Kultur, Strafrecht und Europa aus den Jahren 1962 bis 2001, Baden-Baden 2001.

Michael, Lothar: Der allgemeine Gleichheitssatz als Methodennorm komparativer Systeme, Berlin 1997.

-Methodenfragen der Abwägungslehre. Eine Problemskizze im Lichte von Rechtsphilosophie und Rechtsdogmatik, JöR 48 (2000), S. 169ff.

-Die drei Argumentationsstrukturen des Grundsatzes der Verhältnismäßigkeit - Zur Dogmatik des Über- und Untermaßverbotes und der Gleichheitssätze, JuS 2001, S. 148ff.

-Grundfälle zur Verhältnismäßigkeit, JuS 2001, S. 866ff.

Miener, Günter: Drittschützende Wirkung von Grundrechten, Nürnberg 1994.

Morgenthaler, Gerd: Freiheit durch Gesetz. Der parlamentarische Gesetzgeber als Erstadressat der Freiheitsgrundrechte, Tübingen 1999.

Möstl, Markus: Probleme der verfassungsprozessualen Geltendmachung gesetzgeberischer Schutzpflichten - Die Verfassungsbeschwerde gegen legislatives Unterlassen -, DÖV 1998, S. 1029ff.

-Anmerkung, JZ 1999, S. 202ff.

Müller, Friedrich: Normstruktur und Normativität. Zum Verhältnis von Recht und Wirklichkeit in der juristischen Hermeneutik entwickelt an Fragen der Verfassungsinterpretation, Berlin 1966.

-Die Einheit der Verfassung. Elemente einer Verfassungstheorie III, Berlin 1979.

-Juristische Methodik, 7. Auf., Berlin 1997.

Müller, Jörg P.: Die Verfassungsgerichtsbarkeit im Gefüge der Staatsfunktionen, VVDStRL 40 (1981), S. 53ff.

Münch, Ingo von: Grundbegriffe des Staatsrechts II, 4. Aufl., Stuttgart 1987.

Münch, Ingo von/Kunig, Philip (Hrsg.): Grundgesetz-Kommentar, Band I, 5. Aufl., München 2000.

Münch, Ingo von/Goderch, Pablo Salvador/Josep, Ferer i Riba (Hrsg.), Zur Drittwirkung der Grundrechte, Frankfurt/M. 1998.

Murswiek, Dietrich: Der Umfang der verfassungsgerichtlichen Kontrolle staatlicher Öffentlichkeitsarbeit. Zum Grundsatz des judicial self-restraint, DÖV 1982, S. 529ff.

-Die staatliche Verantwortung für die Risiken der Technik, Berlin 1985.

-Die Pflicht des Staates zum Schutz vor Eingriffen Dritter nach der Europäischen Menschenrechtskonvention, in: Konrad, Hans Joachim (Hrsg.), Grundrechtsschutz und Verwaltungsverfahren unter besonderer Berücksichtigung des Asylrechts. Internationaler Menschenrechtsschutz, Berlin 1985, S. 213ff.

-Zur Bedeutung der grundrechtlichen Schutzpflichten für den Umweltschutz, WiVerw. 1986, S. 179ff.

-Entschädigung für immissionsbedingte Waldsterben, NVwZ 1986, S. 611ff.

-Umweltschutz als Staatsaufgabe. Die ökologische Legitimationsgrundlage des Staates, Bonn 1995.

-Staatsziel Umweltschutz (Art. 20a GG), NVwZ 1996, S. 222ff.

-Schutzpflicht bezüglich elektromagnetischer Felder, JuS 1998, S. 184ff.

-Grundrechte als Teilhaberechte, soziale Grundrechte, in: Isensee, Josef/Kirchhof, Paul (Hrsg.), Handbuch des Staatsrechts der Bundesrepublik Deutschland, Band V, 2. Aufl., Heidelberg 2000, § 112, S. 243ff.

Muscheler, Karlheinz: Relativismus und Freiheit, Heidelberg 1984.

Neuer, Jörg: Privatrecht und Sozialstaat, München 1999.

Neumann, Volker: Sozialstaatsprinzip und Grundrechtsdogmatik, DVBl. 1997, S. 92ff.

Nipperdey, Hans Karl: Die Würde des Menschen, in: Neuman, Dirk/Nipperdey, Hans Karl/Scheuner, Ulrich (Hrsg.), Die Grundrechte, Band IV, 1954, S. 140ff.

-Grundrechte und Privatrecht, Krefeld 1961.

-Grundrechte und Privatrecht, in: Festschrift für Erich Molitor, Herausgegeben im Auftrag der Mitarbeiter von Hans Karl Nipperdey, Berlin 1962, S. 17ff.

Nitz, Gerhard: Private und öffentliche Sicherheit, Berlin 2000.

Oeter, Stefan: „Drittwirkung" der Grundrechte und die Autonomie des Privatrechts, AöR 119 (1994), S. 529ff.

Oldiges, Martin: Neue Aspekte der Grundrechtsgeltung im Privatrecht, in: Wendt, Rudolf/Höfling, Wolfram/Karpen, Ulrich/Oldiges, Martin (Hrsg.), Staat, Wirtschaft, Steuern, Festschrift für Karl Heinrich Friauf, Heidelberg 1996, S. 281ff.

Ossenbühl, Fritz: Abwägung im Verfassungsrecht, in: Erbguth, Wilfried/Oebbecke, Janberndt/Rengeling, Hans-Werner/Schulte, Martin (Hrsg.): Abwägung im Recht, Werner Hoppe zur Emeritierung, Köln 1996, S. 25ff.

-Verkehr, Ökonomie und Ökologie im verfassungsrechtlichen Spannungsfeld, NuR 1996, S. 53ff.

-Der Grundsatz der Verhältnismäßigkeit (Übermaßverbot) in der Rechtsprechung der Verwaltungsgerichte, Jura 1997, S. 617ff.

-Maßhalten mit dem Übermaßverbot, in: Badura, Peter/Scholz, Rupert (Hrsg.), Wege und Verfahren des Verfassungslebens, Festschrift für Peter Lerche, München 1993, S. 151ff.

Otto, Hans: Schranken der Kündigungsfreiheit außerhalb des allgemeinen Kündigungsschutzes, in: Hanau, Peter/Lorenz, Egon/Mathes, Hans-Christoph (Hrsg.), Festschrift für Günther Wiese, 1998, S. 353ff.

Papier, Hans Jürgen: Das Mittbestimmungsurteil des Bundesverfassungsgerichts. Eine kritische Würdigung aus verfassungsrechtlicher Sicht, ZGR 1979, S. 449ff.

Pauly, Walter: Georg Jellineks „System der subjektiven öffentlichen Rechte", in: Paulson, Stanley/Schulte, Martin (Hrsg.): Georg Jellinek - Beiträge zu Leben und Werk, Tübingen 2000, S. 227ff.

Peilert, Andreas: Das Recht des Auskunftei- und Detekteigewerbes, Berlin 1996.

-Police Private Partnership, DVBl. 1999, S. 282ff.

Pelinka, Anton: Grundzüge der Politikwissenschaft, Wien 2000.

Pestalozza, Christian Graf von: Kritische Bemerkungen zu Methoden und Prinzipien der Grundrechtsauslegung in der Bundesrepublik Deutschland, Der Staat 2 (1963), S. 447ff.

Peters, Werner: Mitte und Maß, in: Guggenberger, Berndt/Hansen, Klaus (Hrsg.), Die Mitte. Vermessungen in Politik und Kultur, Opladen 1993, S. 31ff.

Peters, Hans: Geschichtliche Entwicklung und Grundfragen der Verfassung, Heidelberg 1969.

Petersen, Frank: Schutz und Vorsorge, Berlin 1993.

Petev, Valentin: Das Recht der offenen Gesellschaft. Grundlegung einer Philosophie des Rechts, Berlin 2001.

Pieroth, Bodo/Schlink, Bernhard: Grundrechte, Staatsrecht II, 17. Aufl., Heidelberg 2001.

Pietrzak, Alexandra: Die Schutzpflicht im verfassungsrechtlichen Kontext, JuS 1994, S. 748ff.

Pietzcker, Jost: Der Anspruch auf ermessensfehlerfreie Entscheidung, JuS 1982, S. 106ff.

-Drittwirkung-Schutzpflicht-Eingriff, in: Maurer Hartmut (Hrsg.), Das akzeptierte Grundgesetz, Festschrift für Günter Dürig, München 1990, S. 345ff.

Pindaros: Puthionikos 2 in Lazanas (Hrsg.), Pindarou Epinikoi, Athina 1997.

Pitschas, Rainer: Gefahrenabwehr durch private Sicherheitsdienste, DÖV 1997, S. 393ff.

-Neues Polizeirecht, Speyer 1999.

Pitschas, Rainer/Stober, Rolf (Hrsg.): Kriminalprävention durch Sicherheitspartnerschaften, Köln, Berlin, Bonn, München 2000.

Pollak, Christiana: Verhältnismäßigkeitsprinzip und Grundrechtsschutz in der Judikatur des Europäischen Gerichtshofs und des Österreichischen Verfassungsgerichtshofs, Baden-Baden 1991.

Preu, Peter: Freiheitsgefährdung durch die Lehre von den grundrechtlichen Schutzpflichten – Überlegungen aus Anlaß des Gentechnikanlagenbeschlusses des Hessischen Verwaltungsgeichtshofs, JZ 1991, S. 88ff.

Raabe, Marius: Grundrechte und Erkenntnis. Der Einschätzungsspielraum des Gesetzgebers, Baden-Baden 1998.

Rädler, Peter: Die Unverfügbarkeit der Menschenwürde in Deutschland und Frankreich, DÖV 1997, S. 109ff.

Ramm, Thilo: Die Freiheit der Willensbildung, Stuttgart 1960.

-Drittwirkung und Übermaßverbot, JZ 1988, S. 489ff.

Rasch, Ernst: Polizei und Grundrechte, DVBl. 1987, S. 194ff.

Reich, Andreas: Magdeburger Kommentar zum Grundgesetz für die Bundesrepublik Deutschland, Magdeburg 1998.

Reichert, Bernd/Ruder, Karl-Heinz/Fröhler, Oliver: Polizeirecht, 5. Aufl., Baden-Baden 1997.

Reinhardt, Michael: Konsistente Jurisdiktion. Grundlegung einer verfassungsrechtlichen Theorie der rechtsgestaltenden Rechtsprechung, Tübingen 1997.

Remmert, Barbara: Verfassungs- und verwaltungsgeschichtliche Grundlagen des Übermaßverbotes, Heidelberg 1995.

Rengeling, Hans-Werner: Grundrechtsschutz in der Europäischen Gemeinschaft, München 1993.

-Rechtsfragen zur Langzeitsicherheit von Endlagern für radioaktive Abfälle, Köln 1995.

Ress, Georg: Der Grundsatz der Verhältnismäßigkeit im deutschen Recht, in: Deutsche Sektion der Internationalen Juristen-Kommission (Hrsg.), Der Grundsatz der Verhältnismäßigkeit in europäischen Rechtsordnungen, Heidelberg 1985, S. 16ff.

Richardi, Reinhard/Wlotzke, Otfried (Hrsg.): Münchener Handbuch zum Arbeitsrecht, Band I, Individualarbeitsrecht I, München 1992.

Richter, Ingo/Schuppert, Gunnar Folke (Hrsg.): Casebook Verfassungsrecht, 3. Aufl., München 1996.

Riepe, Hilmar: Soziale Grundrechte in den Verfassungen der Länder Brandenburg, Mecklenburg-Vorpommern, Sachsen, Sachsen-Anhalt und Thüringen, Hamburg 1996.

Rinken, Alfred: Demokratie und Hierarchie. Zum Demokratieverständnis des Zweiten Senats des Bundesverfassungsgerichts, in: Redaktion Kritische Justiz (Hrsg.), Demokratie und Grundgesetz, Baden-Baden 2000, S. 125ff.

Rixen, Stephan: Lebensschutz am Lebensende. Das Grundrecht auf Leben und die Hirntodkonzeption. Zugleich ein Beitrag zur Autonomie rechtlicher Begriffsbildung, Berlin 1999.

Robbers, Gerhard: Sicherheit als Menschenrecht, Baden-Baden 1987.

Roller, Gerhard: Der Gefahrenbegriff im atomrechtlichen Aufsichtsverfahren, DVBl. 1993, S. 20ff.

Ronellenfitsch, Michael: Staat und Markt: Rechtliche Grenzen einer Privatisierung kommunaler Aufgaben, DÖV 1999, S. 705ff.

Roßnagel, Alexander: Grundrechte und Kernkraftwerke, Berlin 1979.

Rossen, Helge: Grundrechte als Regeln und Prinzipien, in: Grabenwarter, Christoph/Hammer, Stefan/Pelzl, Alexander/Schulev-Steindl, Eva/Wiederin, Ewald (Hrsg.), Allgemeinheit der Grundrechte und Vielfalt der Gesellschaft, Stuttgart, München, Hannover, Berlin, Weimar, Dresden 1994, S. 41ff.

Roth, Wolfgang: Faktische Eingriffe in Freiheit und Eigentum. Struktur und Dogmatik des Grundrechtstatbestandes und der Eingriffsrechtfertigung, Berlin 1994.

-Die Grundrechte als Maßstab einer Vertragsinhaltskontrolle, in: Wolter, Jürgen/Riedel, Eibe/Taupitz, Jochen (Hrsg.), Einwirkungen der Grundrechte auf das Zivilrecht, Öffentliche Recht und Strafrecht, Heidelberg, 1999, S. 229ff.

Röthel, Anne: Verfassungsprivatrecht aus Richterrecht?, JuS 2001, S. 424ff.

Ruffert, Matthias: Vorrang der Verfassung und Eigenständigkeit des Privatrechts. Eine verfassungsrechtliche Untersuchung zur Privatrechtswirkung des Grundgesetzes, Tübingen 2001.

Rüfner, Wolfgang: Drittwirkung der Grundrechte. Versuch einer Bilanz, in: Selmer, Peter/Münch, Ingo von (Hrsg.), Gedächtnisschrift für Wolfgang Martens, Berlin, New York 1987, S. 215ff.

-Grundrechtsadressaten, in: Isensee, Josef/Kirchhof, Paul (Hrsg.), Handbuch des Staatsrechts der Bundesrepublik Deutschland, Band V, 2. Aufl., Heidelberg 2000, § 117, S. 485ff.

Rüpke, Giselher: Schwangerschaftsabbruch und Grundgesetz, Frankfurt/M. 1975.

Rupp, Hans Heinrich: Vom Wandel der Grundrechte AöR 101 (1976), S. 161ff.

-Die Unterscheidung von Staat und Gesellschaft, in: Isensee, Josef/Kirchhof, Paul (Hrsg.), Handbuch des Staatsrechts der Bundesrepublik Deutschland, Band I, Grundlagen von Staat und Verfassung, 2. Aufl., 1995, § 28, S. 1187ff.

Rütten, Frank: Institutionelle Arbeitslosigkeit und Grundgesetz. Eine grundrechtstheoretische Betrachtung des Verhältnisses von Arbeitslosigkeit und Kündigungsschutzrecht, Berlin 2000.

Sachs, Michael: Auskunftsrecht des nichtehelichen Kinders auf Benennung des Vaters, JuS 1998, S. 262ff.

-Verfassungsmäßigkeit der Kleinbetriebsklausel, JuS 1999, S. 184ff.

-Verfassungsrecht II, Grundrechte, Berlin, Heidelberg, New York 2000.

Sachs, Michael (Hrsg.): Grundgesetz. Kommentar, 2. Aufl., München 1999.

Sacksofsky, Ute: Umweltschutz durch nicht-steuerliche Abgaben: Zugleich ein Beitrag zur Geltung des Steuerstaatsprinzips, Tübingen 2000.

Sarcevic, Edin: Der Rechtsstaat. Modernität und Universalitätsanspruch der klassischen Rechtsstaatstheorien. Zugleich ein Beitrag zur Geltung des Steuerstaatsprinzips, Tübingen 1996.

Schack, Friedrich: Die verfassungskonforme Auslegung, JuS 1961, S. 269ff.

Schapp, Jan: Grundrechte als Wertordnung, JZ 1998, S. 913ff.

-Privatautonomie und Verfassungsrecht, ZBB 1999, S. 30ff.

Scharpf, Fritz Wilhelm: Grenzen der richterlichen Verantwortung. Die politikal-question-Doktrin in der Rechtsprechung des amerikanischen Supreme Court, Karlsruhe 1965.

Schefold, Dian: Gewaltenteilung und alternative Modelle demokratischer Legitimation, in: Redaktion Kritische Justiz (Hrsg.), Demokratie und Grundgesetz, Baden-Baden 2000, S. 148ff.

Schenke, Ralf P.: Verfassungsrechtliche Probleme einer präventiven Überwachung der Telekommunikation. Eine Untersuchung anhand telekommunikativer Standortbestimmungen, AöR 125 (2000), S. 1ff.

Schenke, Wolf-Rüdiger: Der Umfang der bundesverfassungsgerichtlichen Prüfung, NJW 1979, S. 1321ff.

-Polizeirecht, in: Steiner, Udo (Hrsg.), Besonderes Verwaltungsrecht, 6. Aufl., Heidelberg 1999, S. 209ff.

Scherer, Inge: Grenzen des Streikrechts in den Arbeitsbereichen der Daseinsvorsorge. Schutz der Bürger vor gezielter Schädigung durch Streiks, Berlin 2000.

Scherzberg, Arno: Grundlage und Typologie des subjektiv-öffentlichen Rechts, DVBl. 1988, S. 128ff.

-„Objektiver" Grundrechtsschutz und subjektives Recht. Überlegungen zur Neukonzeption des grundrechtlichen Abwehrrechts, DVBl. 1989, S. 1128ff.

-Grundrechtschutz und „Eingriffsintensität". Das Ausmaß individueller Grundrechtsbetroffenheit als materiellrechtliche und kompetenzielle Determinante der verfassungsgerichtlichen Kontrolle im Rahmen der Urteilverfassungsbeschwerde der Fachgerichtsbarkeit, Berlin 1989.

-Wertkonflikte vor dem Bundesverfassungsgericht – zur Bewältigung politisch-moralischer Streitfragen im Verfassungsrecht, DVBl. 1999, S. 356ff.

-Die Öffentlichkeit der Verwaltung, Baden-Baden 2000.

Scheuner, Ulrich: Pressefreiheit, VVDStRL 24 (1965), S. 53ff.

-Verfassungsgerichtsbarkeit und Gesetzgebung, DÖV 1980, S. 473ff.

Schilling, Theodor: Bestand und allgemeine Lehren der bürgerschützenden allgemeinen Rechtsgrundsätze des Gemeinschaftsrechts, EuGRZ 2000, S. 3ff.

Schindler, Dierk: Die Kollisionen von Grundfreiheiten und Gemeinschaftsgrundrechten. Entwurf eines Kollisionsmodells unter Zusammenführung der Schutzpflichten- und der Drittwirkungsdogmatik, Berlin 2001.

Schlaich, Klaus: Die Verfassungsgerichtsbarkeit im Gefüge der Staatsfunktionen, VVDStRL 20 (1981), S. 99ff.

Schlaich, Klaus/Korinek, Karl: Das Bundesverfassungsgericht, 5. Aufl., München 2001.

Schlette, Volker: Die Verfassungswidrigkeit des „Ozon- Gesetzes", JZ 1996, S. 327ff.

Schlink, Bernhard: Abwägung im Verfassungsrecht, Berlin 1976.

-Freiheit durch Eingriffsabwehr – Rekonstruktion der klassischen Grundrechtsfunktion, EuGRZ 1984, S. 457ff.

-Der Grundsatz der Verhältnismäßigkeit, in: Badura, Peter/Dreier, Horst (Hrsg.), Festschrift für 50 Jahre Bundesverfassungsgericht, Band II, Tübingen 2001, S. 445ff.

Schmalz, Dieter: Grundrechte, 3. Aufl., Baden-Baden 1997.

Schmehl, Arndt: Der Ruf des Muezzin und das Lautsprecherverbot, JA 1997, S. 866ff.

Schmidt, Thorsten Ingo: Grundpflichten, Baden-Baden 1999.

Schmidt-Aßmann, Eberhard: Anwendungsprobleme des Art. 2 Abs. 2 GG im Immissionschutzrecht, AöR 112 (1981), S. 215ff.

-Der Rechtsstaat, in: Isensee, Josef/Kirchhof, Paul (Hrsg.), Handbuch des Staatsrechts der Bundesrepublik Deutschland, Band I, 1995, § 24, S. 987ff.

-Effizienz als Herausforderung an das Verwaltungsrecht – Perspektiven der verwaltungsrechtlichen Systembildung, in: Hoffmann-Riem, Wolfgang/Schmidt-Aßmann, Eberhard (Hrsg.), Effizienz als Herausforderung an das Verwaltungsrecht, Baden-Baden 1998, S. 245ff.

-Das allgemeine Verwaltungsrecht als Ordnungsidee, Berlin, Heidelberg 1999.

Schmidt-Aßmann, Eberhard/Hoffmann-Riem, Wolfgang (Hrsg.): Strukturen des Europäischen Verwaltungsrechts, Baden-Baden 1999.

Schmidt-Bleibtreu, Bruno/Klein, Franz (Hrsg.): Kommentar zum Grundgesetz, 9. Aufl., Berlin 1999.

Schmidt-Preuß, Mathias: Die Entwicklung des deutschen Umweltrechts als verfassungsgeleitete Umsetzung der Maßgaben supra- und internationaler Umweltpolitik, JZ 2000, S. 581ff.

Schmitt Glaeser, Walter: Planung und Grundrechte, DÖV 1980, S. 1ff.

-Rechtspolitik unter dem Grundgesetz, AöR 107 (1982), S. 337ff.

Schnapp, Friedrich: Die Verhältnismäßigkeit des Grundrechtseingriffs, JuS 1983, S. 850ff.

Schnapp, Friedrich/Kaltenborn, Marcus: Grundrechtsbindung nichtstaatlicher Instutitionen, JuS 2000, S. 937ff.

Schneider, Ludwig: Der Schutz des Wesensgehalts von Grundrechten nach Art. 19 Abs. 2 GG, Berlin 1983.

Schnell, Martin: Der Antrag im Verwaltungsverfahren, Berlin 1986.

Schoch, Friedrich: Grundfälle zum Polizei- und Ordnungsrecht, JuS 1994, S. 570ff., S. 754ff.

-Privatisierung von Verwaltungsaufgaben, DVBl. 1994, S. 962ff.

Scholz, Rupert: Nichtraucher contra Raucher - OVG Berlin NJW 1975, 2261 und VG Schleswig JR 1975, 130, JuS 1976, S. 232ff.

Schreiner, Helmut: Grundpflichten, ZÖR 1999, S. 109ff.

Schulte, Martin: Gefahrenabwehr durch private Sicherheitskräfte im Lichte des staatlichen Gewaltmonopols, DVBl. 1995, S. 130ff.

Schulze-Fielitz, Helmuth: Art. 20 GG, in: Dreier, Horst (Hrsg.), Grundgesetz Kommentar, Band II, Tübingen 1998.

Schumacher, Joachim: Verwetbarkeit rechtswidrig erhobener Daten im Polizeirecht, Aachen 2001.

Schuppert, Gunnar Folke: Zur Nachprüfung gerichtlicher Entscheidungen durch das BVerfG, AöR 103 (1978), S. 43ff.

-Funktionell-rechtliche Grenzen der Verfassungsinterpretation, Königstein 1980.

-Aussprache, in: VVDStRL 40 (1981), S. 193.

-Grundrechte und Demokratie, EuGRZ 1985, S. 525ff.

-Self-restraints der Rechtsprechung – Überlegungen zur Kontrolldichte in der Verfassungs- und Verwaltungsgerichtsbarkeit, in: Hoppe, Werner/Krawietz, Werner/Schulte, Martin (Hrsg.), Rechtsprechungslehre, Münster 1988, S. 129ff.

Schuppert, Gunnar Folke (Hrsg.): Das Gesetz als zentrales Steuerungsinstument des Rechtsstaates, Symposion anläßlich des 60. Geburtstages von Christian Starck, Baden-Baden 1998.

Schuppert, Gunnar Folke/Bumke, Christian (Hrsg.): Bundesverfassungsgericht und gesellschaftlicher Grundkonsens, Baden-Baden 2000.

Schütz, Peter: Die Antragsbefugnis bei der Normenkontrolle von Bebauungsplänen nach dem 6. VwGOÄndG. Zugleich ein Beitrag zur Diskussion um ein subjektives öffentliches Recht auf gerechte Abwägung, Berlin 2000.

Schwabe, Jürgen: Die sogenannte Drittwirkung. Zur Entwicklung der Grundrechte auf den Privatrechtsverkehr, München 1971.

-Bundesverfassungsgericht und „Drittwirkung" der Grundrechte, AöR 99 (1975), S. 442ff.

-Probleme der Grundrechtsdogmatik, Darmstadt 1977.

-Grundrechte und Privatrecht, AcP 185 (1985), S. 1ff.

Schwarz, Kyrill-Alexander: Das Postulat lückenlosen Grundrechtsschutzes und das System grundgesetzlicher Freiheitsgewährleistung, JZ 2000, S. 126ff.

Schwarze, Jürgen: Europäisches Verwaltungsrecht. Entstehung und Entwicklung im Rahmen der Europäischen Gemeinschaft, Band II, Baden-Baden 1988.

-Anmerkung: Zum Anspruch der Gemeinschaft auf polizeiliches Einschreiten der Mitgliedstaaten bei Störungen des grenzüberschreitenden Warenverkehrs durch Private, EuR 1998, S. 53ff.

Schwerdtfeger, Gunther: Grundrechtlicher Drittschutz im Baurecht, NVwZ 1982, S. 5ff.

Seer, Roman: Möglichkeit und Grenzen eines „maßvollen" Gesetzesvollzugs durch die Finanzverwaltung, FR 1997, S. 553ff.

Seewald, Otfried: Zum Verfassungsrecht auf Gesundheit, Königstein 1981.

Seifert, Jürgen: Grundrechte und ihre Einschränkung, in: Krüger, Herbert/Seifert, Jürgen: Die Einschränkung der Grundrechte, Hannover 1976, S. 7ff.

Sieckmann, Jan-Reinard: Regelmodelle und Prinzipienmodelle des Rechtssystems, Baden-Baden 1990.

Siekmann, Helmut/Duttge, Gunnar: Staatsrecht I: Grundrechte, Thüngersheim-Nürnberg 1998.

Simon, Helmut: Die verfassungskonforme Gesetzesauslegung, EuGRZ 1974, S. 85ff

-Verfassungsgerichtsbarkeit, in: Benda, Ernst/Maihofer, Werner/Vogel, Hans-Jochen (Hrsg.), Handbuch des Verfassungsrechts der Bundesrepublik Deutschland, 2. Aufl., Berlin, New York 1994, § 34, S. 1668ff.

Simson, Werner von: Das demokratische Prinzip im Grundgesetz, VVDStRL 30 (1971), S. 3ff.

Singer, Reinhard: Vertragsfreiheit, Grundrechte und der Schutz des Menschen vor sich selbst, JZ 1995, S. 1133ff.

Skouris, Wasileios: Die Grundrechte im Rahmen der Privatisierung, in: Häberle, Peter/Morlok, Martin/Skouris, Wassileios (Hrsg.), Staat und Verfassung in Europa, Festschrift für Dimitrios Tsatsos, Baden-Baden 2000, S. 91ff.

Sobota, Katharina: Das Prinzip Rechtsstaat - Verfassungs- und verwaltungsrechtliche Aspekte, Tübingen 1997.

Sodan, Helge: Der Anspruch auf Rechtsetzung und seine prozessuale Durchsetzbarkeit, NVwZ 2000, S. 601ff.

Söhnlein, Berd: Landnutzung im Umweltstaat des Grundgesetzes, Stuttgart 1999.

Spallek, Joachim: Staats- und Verfassungsrecht, allgemeine Staatslehre, Deutsche Verfassungsgeschichte, 13. Aufl., Witten 1999.

Spieß, Gerhard: Inhaltskontrolle von Verträgen. Das Ende privatautonomer Vertragsgestaltung?, DVBl. 1994, S. 1222ff.

Starck, Christian: Grundrechtliche und demokratische Freiheitsidee, in: Isensee, Josef/Kirchhof, Paul (Hrsg.), Handbuch des Staatsrechts der Bundesrepublik Deutschland, Band II, 1987, S. 3ff.

-Der verfassungsrechtliche Schutz des ungeborenen menschlichen Lebens, JZ 1993, S. 816ff.

-Grundrechtliche Schutzpflichten, in: ders., Praxis der Verfassungsauslegung, Baden-Baden, 1994, S. 46ff.

-Anmerkung, JZ 1997, S. 777ff.

-Mifegyne und die Abtreibungsgesetzgebung, NJW 2000, S. 2714ff.

Steegmann, Christoph: Verkehrsüberwachung durch Private?, NJW 1997, S. 2158ff.

Steiger, Heinhard: Entwicklung im Grundrechtsverständnis in der Rechtsprechung des Bundesverfassungsgerichts - zur Rechtsprechung des Bundesverfassungsgerichts zu Art. 2 Abs. 2 Satz 1 GG, in: Berberich, Thomas/Holl, Wolfgang/Maaß, Kurt-Jürgen (Hrsg.), Neue Entwicklungen im öffentlichen Recht, Stuttgart, Berlin, Köln, Mainz 1979, S. 255ff.

Stein, Ekkehart/Götz, Frank: Staatsrecht 17. Aufl., Tübingen 2000.

Steinberg, Rudolf: Grundfrage des Öffentlichen Nachbarrechts, NJW 1984, S. 459ff.

-Verfassungsrechtlicher Umweltschutz durch Grundrechte und Staatszielbestimmung, NJW 1996, S. 1986ff.

Steindorff, Ernst: Persönlichkeitsschutz im Zivilrecht, Heidelberg 1983.

Steinwedel, Ulrich: „Spezifisches Verfassungsrecht" und „einfaches Recht". Der Prüfungsmaßstab des Bundesverfassungsgerichts bei Verfassungsbeschwerden gegen Gerichtsentscheidungen, Baden-Baden 1976.

Stelzer, Manfred: Das Wesensgehaltsargument und der Grundsatz der Verhältnismäßigkeit, Wien 1991.

Stern, Klaus: Zur Entstehung und Ableitung des Übermaßverbots, in: Badura, Peter/Scholz, Rupert (Hrsg.), Wege und Verfahren des Verfassungslebens, Festschrift für Peter Lerche, München 1993, S. 165ff.

-Das Staatsrecht der Bundesrepublik Deutschland, Band III/1, München, 1988.

-Das Staatsrecht der Bundesrepublik Deutschland, Band III/2, München 1994.

-Idee der Menschenrechte und Positivität der Grundrechte, in: Isensee, Josef/Kirchhof, Paul (Hrsg.), Handbuch des Staatsrechts der Bundesrepublik Deutschland, Band V, 2. Aufl., Heidelberg 2000, § 108, S. 3ff.

Sterzel, Dieter: Die Einheit von Grundrechtsidee und Demokratieprinzip des Grundgesetzes, in: Redaktion Kritische Justiz (Hrsg.), Demokratie und Grundgesetz, Baden-Baden 2000, S. 156ff.

Stober, Rolf: Grundpflichten und Grundgesetz, Berlin 1979.

-Staatliches Gewaltmonopol und privates Sicherheitsgewerbe, NJW 1997, S. 889ff.

-Police-Private Partnership aus juristischer Sicht, DÖV 2000, S. 261ff.

Streinz, Rudolf/Leible, Stefan: Die unmittelbare Drittwirkung der Grundfreiheiten. Überlegungen aus Anlaß von EuGH, EuZW 2000, 468 - Angonese, EuZW 2000, S. 459ff.

Stürner, Rolf: Die Unverfürgbarkeit ungeborenen menschlichen Lebens und die menschliche Selbstbestimmung, JZ 1990, S. 709ff.

Suhr, Dieter: Entfaltung der Menschen durch die Menschen. Zur Grundrechtsdogmatik der Persönlichkeitsentfaltung, der Ausübungsgemeinschaften und des Eigentums, Berlin 1976.

-Die Freiheit vom staatlichen Eingriff als Freiheit zum staatlichen Eingriff?, JZ 1980, S. 166ff.

-Grundrechte in sterbender Umwelt - Kritik und Rekonstruktion der Schutznormdoktrin, in: Baumann, Wolfgang (Hrsg.), Rechtschutz für den Wald, Heidelberg 1986, S. 45ff.

Szczekalla, Peter: Besprechung von: Unruh, Zur Dogmatik der grundrechtlichen Schutzpflichten, DVBl. 1997, S. 1077.

-Grundfreiheitliche Schutzpflichten – eine neue Funktion der Grundfreiheiten des Gemeinschaftsrechts. Zugleich Besprechung von EuGH, Urteil vom 9. Dezember 1997- Rs. C-265/95 (Kommission/Frankreich), DVBl. 1998, S. 219ff.

-Grundrechte, in: Rengeling, Hans-Werner (Hrsg.), Handbuch zum europäischen und deutschen Umweltrecht, Band I: Allgemeines Umweltrecht, Köln 1999, S. 315ff.

-Gewalt und Grundrechte - Ein gemeineuropäisches Thema, EuGRZ 1999, S. 350f.

Testart, Alain: Die Experten, das Gesetz und der Bürgersinn, Le Monde diplomatique- die Tageszeitung/WoZ vom 13. Oktober 2000, S. 14ff.

Tettinger, Peter: Die Ehre – ein ungeschütztes Verfassungsgut?, Köln 1995.

Thielmann, Georg: Sittenwidrige Verfügungen von Todes wegen, Berlin 1973.

Triantafyllou, Dimitris: Zur Europäisierung des subjektiven öffentlichen Rechts, DÖV 1997, S. 192ff.

Trute, Hans-Heinrich: Die Forschung zwischen grundrechtlicher Freiheit und staatlicher Institutionalisierung, Tübingen 1994.

Tsai, Tzung-Jen: Die verfassungsrechtliche Umweltschutzpflicht des Staates, Berlin 1995.

Tsiliotis, Charalambos: Der verfassungsrechtliche Schutz der Wettbewerbsfreiheit und seine Einwirkung auf die privatrechtlichen Beziehungen, Berlin 2000.

Tzemos, Vasileios: Die dogmatische Herleitung der grundrechtlichen Schutzpflichten, Magisterarbeit, Freiburg 1999.

Uerpmann, Robert: Das öffentliche Interesse. Seine Bedeutung als Tatbestandsmerkmal und als dogmatischer Begriff, Tübingen 2000.

Unruh, Georg Christof von/Greve, Friedrich/Schliesky, Utz (Hrsg.): Grundkurs Öffentliches Recht: Eine Einführung in das Staats-, Europa und Verwaltungsrecht mit Grundzügen der allgemeinen Staatslehre, 5. Aufl., Berlin 2001.

Unruh, Peter: Die Herrschaft der Vernunft. Zur Staatsphilosophie Immanuel Kants, Baden-Baden 1993.

-Zur Dogmatik der grundrechtlichen Schutzpflichten, Berlin 1996.

Urban, Sandra: Der Kündigungsschutz außerhalb des Kündigungsschutzgesetzes. Das Arbeitsverhältnis im Spannungsfeld zwischen Kündigungsfreiheit und Kündigungsschutz, Berlin 2001.

Vogel, Joachim: Strafrechtsgüter und Rechtsgüterschutz durch Strafrecht im Spiegel der Rechtsprechung des Bundesverfassungsgerichts, StV 1996, S. 110ff.

Volkmann, Uwe: Der dezente Staat - Verhaltenssteuern im Umweltstaat, JuS 2001, S. 521ff.

Völmicke, Christine: Privatisierung öffentlicher Leistungen in Deutschland, Frankfurt/M. 1996.

Vollstädt, Oliver: Die Beendigung von Arbeitsverhältnissen durch Vereinbarung einer Altersgrenze, Köln 1997.

Voßkuhle, Andreas: Das Kompensationsprinzip, Grundlagen einer prospektiven Ausgleichsordnung für die Folgen privater Freiheitsbetätigung - Zur Flexibilisierung des Verwaltungsrechts am Beispiel des Umwelt- und Planungsrechts, Tübingen 1999.

–Theorie und Praxis der verfassungskonformen Auslegung von Gesetzen durch Fachgerichte. Kritische Bestandsaufnahme und Versuch einer Neubestimmung, AöR 125 (2000), S. 177ff.

-„Schlüsselbegriffe" der Verwaltungsrechtsreform, VerwArch 92 (2001), S. 184ff.

Waechter, Kay: Umweltschutz als Staatsziel, NuR 1996, S. 321ff.

-Kooperationsprinzip, gesellschaftliche Eigenverantwortung und Grundpflichten, Der Staat 38 (1999), S. 279ff.

Wagner, Hellmut (Hrsg.): Rechtliche Rahmenbedingungen für Wissenschaft und Forschung. Forschungsfreiheit und staatliche Regulierung. Band 1: Freiheit von Wissenschaft und Forschung, Baden-Baden 2000.

Wagner, Erwin/Ruder, Karl Heinz: Polizeirecht, Baden-Baden1999.

Wahl, Rainer: Der Vorrang der Verfassung, Der Staat 20 (1981), S. 485ff.

-Der Vorrang der Verfassung und die Selbständigkeit des Gesetzes, NVwZ 1984, S. 401ff.

-Die Einschaltung privatrechtlich organisierter Verwaltungseinheiten in den Straßenbau, DVBl. 1993, S. 517ff.

-Die Doppelfunktion des subjektiven öffentlichen Rechts, DVBl. 1996, S. 641ff.

Wahl, Rainer (Hrsg.): Prävention und Vorsorge. Von den Staatsaufgaben zu den verwaltungsrechtlichen Instrumenten, Bonn 1995.

Wahl, Rainer/Masing, Johannes: Schutz durch Eingriff, JZ 1990, S. 552ff.

Wahrig, Deutsches Wörterbuch, 6. Aufl., Gütersloh 1997.

Wank, Rolf: Arbeitsrecht und Methode- am Beispiel der rangkonformen Auslegung-, RdA 1999, S. 130ff.

Wendt, Rudolf: Der Garantiegehalt der Grundrechte und das Übermaßverbot. Zur maßstabsetzenden Kraft der Grundrechte in der Übermaßprüfung, AöR 1979, S. 414ff.

Westhoff, Stefan: Wirtschaftliche und verfassungsrechtliche Legitimation von Wttbewerbsverboten, RdA 1976, S. 360ff.

Wieacker, Franz: Geschichtliche Wurzeln des Prinzips der verhältnismäßigen Rechtsanwendung, in: Lutter, Marcus/Stimpel, Walter/Wiedemann, Herbert (Hrsg.), Festschrift für Robert Fischer, Berlin 1979, S. 867ff.

Wiegand, Dietrich: Sozialstaatsklausel und soziale Teilhaberechte, DVBl. 1974, S. 657ff.

Wilke, Dieter: Der Anspruch auf behördliches Einschreiten im Polizei-, Ordnungs- und Baurecht, in: Achterberg Norbert/Krawietz, Werner/Wyduckel Dieter (Hrsg.), Recht und Staat im sozialen Wandel, Festschrift für Ulrich Scupin, Berlin 1983, S. 831ff.

Wilkes, Florian: John Rawls, Theorie der Gerechtigkeit, und Ronald Dworkin, These der Rechte: Positionen neuer amerikanischer Rechtsphilosophie zwischen Liberalismus, Utilitarismus, Positivismus und Naturrecht, Frankfurt/M. 1997.

Windel, Peter A.: Über Privatrecht mit Verfassungsrang und Grundrechtswirkungen auf der Ebene einfachen Privatrechts, Der Staat 37 (1998), S. 385ff.

Wollenteit, Ulrich/Wenzel, Frank: Das Bundesverfassungsgericht und das Ozongesetz, NuR 1997, S. 60ff.

Wolf, Erik: Maß und Gerechtigkeit bei Solon, in: Constantopoulos, Dimitrios/Wehberg, Hans (Hrsg.), Gegenwartsprobleme des internationalen Rechtes und der Rechtsphilosophie, Festschrift für Rudolf Laun, Hamburg 1957, S. 449ff.

Wolff, Heinrich Amadeus: Ungeschriebenes Verfassungsrecht unter dem Grundgesetz, Tübingen 2000.

Würtenberger, Thomas: Akzeptanz durch Verwaltungsverfahren, NJW 1991, S. 257ff.

-Innere Sicherheit muß das Ziel der Gesetzgebung sein, in: Zeitschrift zur politischen Bildung 1993, S. 10ff.

-Die Akzeptanz von Verwaltungsentscheidungen, Baden-Baden 1996.

-Verwaltungsprozeßrecht, München 1998.

-Zur Legitimität des Verfassungsrichterrechts, in: Guggenberger, Bernd/Würtenberger, Thomas (Hrsg.), Hüter der Verfassung oder Lenker der Politik? Das Bundesverfassungsgericht im Widerstreit, Baden-Baden 1998, S. 57ff.

-Rechtliche Optimierungsgebote oder Rahmensetzungen für das Verwaltungshandeln?, VVDStRL 58 (1999), S. 139ff.

-Umweltschutz und Grundrechtsdogmatik, in: Leipold, Dieter (Hrsg.), Umweltschutz und Recht in Deutschland und Japan, Heidelberg 1999, S. 3ff.

-Zu den Wurzeln des Rechtsstaates in Deutschland, in: Rill, Bernd (Hrsg.), Fünfzig Jahre freiheitlich-demokratischer Rechtsstaat. Vom Rechtsstaat zum Rechtswegestaat, Baden-Baden 1999, S. 15ff.

-Die Akzeptanz von Gesetzen, in: Friedrichs, Jürgen/Jagodzinski, Wolfgang (Hrsg.), Soziale Integration, Opladen/Wiesbaden 1999, S. 380ff.

-Polizei- und Ordnungsrecht, in: Achterberg, Norbert/Püttner, Günter/Würtenberger, Thomas (Hrsg.), Besonderes Verwaltungsrecht, Band II, 2. Aufl., Heidelberg 2000, § 21, S. 381ff.

-Freiheit und Sicherheit - Die Grenzen der Persönlichkeitsentfaltung, in: Rill, Bernd (Hrsg.), Grundrechte - Grundpflichten: eine untrennbare Verbindung, 2001, S. 15ff.

Würtenberger, Thomas/Heckmann, Dirk/Riggert, Rainer: Polizeirecht in Baden-Württemberg, 4. Aufl., Heidelberg 1999.

Wyss, Martin Philipp: „Wer Grundrechte ausübt, muss die Grundrechte anderer beachten." Grundrechtstheoretische Überlegungen und staatsrechtliche Thesen zu Rechten Dritter als Schranke der Grundrechtsausübung, in: Solothurnischer Juristenverein (Hrsg.), Solothurner Festgabe zum Schweizerischen Juristentag, Solothurn1998, S. 59ff.

Zacher, Hans Friedrich: Freiheitliche Demokratie, München 1969.

Zippelius, Reinhold: Das Verbot übermäßiger gesetzlicher Beschränkung von Grundrechten, DVBl. 1956, S. 353ff.

-Juristische Methodenlehre, 7. Auflage, München 1999.

Zöllner, Wolfgang: Regelungsspielräume im Schuldvertragsrecht – Bemerkungen zur Grundrechtsanwendung im Privatrecht und zu den sogenannten Ungleichsgewichtslagen, AcP 196 (1996), S. 1ff.

Peter Lang · Europäischer Verlag der Wissenschaften

Julia Kaiser

Freiheit oder Schutz?

Die Scheidungsfolgenvereinbarung im deutschen und im englischen Recht

Frankfurt am Main, Berlin, Bern, Bruxelles, New York, Oxford, Wien, 2003.
254 S.
Internationalrechtliche Studien. Beiträge zum Internationalen Privatrecht, zum Einheitsrecht und zur Rechtsvergleichung.
Herausgegeben von Ulrich Magnus. Bd. 28
ISBN 3-631-51394-1 · br. € 45.50*

Die vertragliche Gestaltung der Scheidungsfolgen bietet den Vorteil einer individuellen Regelung. Allerdings ist damit auch das Risiko einer Benachteiligung des Vertragspartners sowie die Gefahr einer Beeinträchtigung von Drittinteressen verbunden. So steht bei der Frage der Vertragsfreiheit im Scheidungsfolgenrecht die Autonomie der Eheleute der Forderung nach einer staatlichen Kontrolle gegenüber. Dieser Streit zeigt sich nicht nur im Vergleich zwischen deutschem und englischem Recht, sondern tritt auch innerhalb der jeweiligen Rechtsordnung hervor. Die Arbeit setzt sich mit diesem Konflikt auseinander und entwickelt eine Lösung, die auf der differenzierenden Betrachtung des jeweils beeinträchtigten Interesses beruht. Darüber hinaus wird die besondere Problematik der vorsorgenden Verträge berücksichtigt.

Aus dem Inhalt: Regelungsgegenstand einer Scheidungsfolgenvereinbarung · Umfang der Vertragsfreiheit im deutschen und im englischen Recht · Der Schutz vor drittbelastenden Vereinbarungen · Der Schutz vor einer Übervorteilung durch den Vertragspartner · Die besondere Problematik der vorsorgenden Verträge

www.ingramcontent.com/pod-product-compliance
Ingram Content Group UK Ltd.
Pitfield, Milton Keynes, MK11 3LW, UK
UKHW021909290926
8980IPUK00015B/1143

9 783631 526057